**Under the Influence**

행동의 전염

# 행동의 전염

문제는 사람이 아니라 상황이다

**초판 1쇄 인쇄일** 2021년 4월 20일    **초판 1쇄 발행일** 2021년 4월 30일

**지은이** 로버트 H. 프랭크 | **옮긴이** 김홍옥
**펴낸이** 박재환 | **편집** 유은재 | **관리** 조영란
**펴낸곳** 에코리브르 | **주소** 서울시 마포구 동교로15길 34 3층(04003) | **전화** 702-2530 | **팩스** 702-2532
**이메일** ecolivres@hanmail.net | **블로그** http://blog.naver.com/ecolivres
**출판등록** 2001년 5월 7일 제201-10-2147호
**종이** 세종페이퍼 | **인쇄 · 제본** 상지사 P&B

ISBN 978-89-6263-221-7 03300

책값은 뒤표지에 있습니다.    잘못된 책은 구입한 곳에서 바꿔드립니다.

# 행동의
# 전염

문제는
사람이 아니라
상황이다

로버트 H. 프랭크 지음 | 김홍옥 옮김

에코리브르

본보기, 그것은 좋은 것이든 나쁜 것이든 강력한 영향을 미친다.

-조지 워싱턴(George Washington), 1780년 3월 5일

# 차례

●

머리말                                        009

---

**1부  도입**           01  논쟁의 개요                    021

---

**2부  행동 전염의 기원**  02  맥락이 인지에 미치는 영향        049

                       03  동조 욕구                      069

---

**3부  행동 전염의 사례**  04  행동 전염의 역학                089

                       05  성 혁명 재고                   113

                       06  신뢰                          135

                       07  흡연, 식생활 그리고 음주          157

                       08  소비의 폭포 효과                177

                       09  기후 위기                      215

**4부 행동 전염의 정책적 함의**

10 규제자는 행동 전염을 무시해야 하는가   243

11 좀더 지원적인 환경 조성하기   263

12 모든 인지적 착각의 어머니   299

13 그저 질문하라, 말하지 말고   319

맺음말   355

감사의 글   367

주   369

옮긴이의 글   407

찾아보기   411

# 머리말

●

우리가 대다수 사람들의 짐작보다 한층 더 긴밀하게 서로 이어져 있다는 생각은 유구한 것이다. 그 생각이 커다란 진척을 이룬 것은 한참 거슬러 올라간 1929년의 일이다. 헝가리 작가 프리제시 커린치(Frigyes Karinthy: 1887~1938—옮긴이)가 《연쇄(Lánczszemek(Chains)》라는 제목의 단편소설을 출간한 해다. 그 소설에서 2명의 주요 등장인물은, 살아 있는 두 사람은 누구든 최대 5단계 지인 사슬만으로도 서로 이어질 수 있다고 추측한다. **그런 모종의** 사슬이 존재한다는 거야 그리 놀라운 일이 아니다. 우리 대다수도 몇 다리만 건너면 연결되는 먼 데 사람들을 쉽게 떠올릴 수 있으니 말이다. 커린치의 추측에 따른 물고 물리는 측면에 의하면 거의 **어떤 경우든** A와 E라는 사람은 E를 아는 D를 아는 C를 아는 B를 아는 A, 이렇게 하나의 사슬로 연결될 수 있다.

이러한 주장을 실제로 시험해본 최초의 체계적 시도가 1960년대에 이루어졌다. 심리학자 스탠리 밀그램(Stanley Milgram)이 일련의 실험[이른바 '작은 세상 실험(small world experiment)'이다—옮긴이]을 실시한 것이다. 그중 한 실험에서 밀그램은 네브래스카주 오마하(Omaha)에서 무작위로 선정한 피험자 96명에게 소포로 작은 소책자를 보냈다. 밀그램은 동봉한 편지에서 그들에게 개인적 지인 사슬을 이용해 그 소책자를 매사추세츠주 보스턴에 살고 있는 특정 거주자에게 다시 보내달라고 요청했다. 그러면서 보스턴 거주자의 주소와 이름 그리고 그가 증권 중개인으로 일하고 있다는 사실을 알려주었다. 더불어 그 사슬의 첫 번째 대상은 반드시 절친한 사람이어야 한다고 당부했다. 밀그램은 또한 피험자들에게 본인보다 (아마 타깃의 거주지와 직업으로 미루어) 사회적으로 그 타깃에 더 가까울 것으로 짐작되는 사람을 선택하라고 조언했다. 그 사슬에서 이어지는 수령인들도 동일한 지시문을 전달하라는 요청을 받았다.

오마하의 수령인 상당수는 밀그램의 소책자를 쓰레기통에 처넣었다. 그러니만큼 보스턴의 타깃이 96개 소포 중 18개를 받았다는 사실은 주목할 만하다. 그 18건의 사슬에서 평균 연결 고리 수치는 5.9였다. 하지만 이제는 낯익은 표현인 **여섯 단계 분리**(six degrees of separation) 개념이 널리 알려진 것은 그로부터 몇십 년 뒤인 1990년, 극작가 존 궤어(John Guare)가 브로드웨이에서 처음 공연한 같은 제목의 연극 덕분이었다.

그 개념은 1994년 올브라이트 칼리지(Albright College)의 학생 4명이 '케빈 베이컨의 여섯 단계(Six Degrees of Kevin Bacon)'라는 게임을 도입하면서 완전히 밈(meme)으로 자리 잡았다. 생존해 있든 사망했든 어느 배우가 케빈 베이컨이라는 미국 영화배우와 직업적으로 얼마나 가까웠는지 측정하기 위해 고안한 게임이다. 해당 배우는 가령 베이컨과 같은 영화에 출연했으면 베이컨 넘버 1이 된다. 베이컨이 나온 영화에 출연한 배우와 함께 영화에 나온 배우는 베이컨 넘버 2가 된다. 이런 식의 과정이 이어진다. 베이컨 넘버가 달린 배우들의 평균 수치는 2.955였다. 이들 가운데 베이컨과 가장 거리가 먼 윌리엄 루퍼스 섀프터(William Rufus Shafter)라는 배우조차 베이컨 넘버가 7에 불과했다. 남북전쟁 기간 동안 북부군 장교였던 섀프터는 1898년 영화 두 편에 출연했다.

사회적 연결성(social connectedness)을 연구하는 학자들이 여섯 단계 개념에 관심을 기울인 것은 1998년이 되어서였다. 사회학자 던컨 와츠(Duncan Watts)와 수학자 스티븐 스트로가츠(Steven Strogatz)가 기념비적인 논문 〈작은 세상 네트워크의 집단적 역학(Collective Dynamics of Small-World Networks)〉을 〈네이처(Nature)〉에 발표한 해다. 그때 이후 수년 동안 이 논문은 사회과학자들이 사용한 분석 틀에 수학적 기초를 제공함으로써, 그들로 하여금 생각과 행동이 어떻게 감염병처럼 사람들 사이에 퍼져나가는지 연구하는 데서 주목할 만한 성공을 거두도록 도왔다. 이미 다른 학자들에 의해 3만 8000회 넘게 인용된 이 논문은 여러 학문 분야를 통틀어 가장 널리 인용되는 기출간 논문 가운데 하나다.

진화생물학자 리처드 도킨스(Richard Dawkins)는 1976년 출간한 책 《이기적 유전자(The Selfish Gene)》에서 '밈'이라는 용어를 처음 사용했다. 이제 웹스터 사전에도 등재된 이 단어는 "한 문화권 내에서 사람들 사이에 퍼져나가는 생각, 행동, 양식, 혹은 용례"라는 뜻이다. 도킨스의 설명에 따르면 밈과 문화적 전달의 관계는 유전자와 생물학적 전달의 관계와 같다.

찰스 다윈(Charles Darwin)의 주요 통찰 가운데 하나는 자연선택이 개별 유기체의 생존 및 생식 능력을 향상시키는 유전 변이를 선호한다는 것이다. 대다수의 경우 그러한 변이는 좀더 큰 집단에 이득이 된다. 하지만 그렇지 않은 사례도 더러 있다. 일테면 아무도 보지 않을 때 부정행위를 저지르는 경향성은 개인에게는 득이 될지 모르나 그런 행위가 만연해지면 거의 언제나 집단 입장에서는 상황이 나빠진다. 밈의 경우도 마찬가지다. 가장 성공적으로 전파되는 밈은 대개 개인에게도, 집단에게도 이롭다. 그러나 이 경우 역시 늘 그런 것은 아니다. 법학자 제프리 스테이크(Jeffrey Stake)가 주장했다시피 "생각을 무생물로 간주해선 안 된다. 대신 때로 그들이 처한 환경에 모종의 영향을 미치는 생물로 여겨야 한다. 생각 가운데 어느 것은 다른 것보다 더 능란하게 살아남지만, 그렇게 생존한 생각이 반드시 인간에게 좋은 것은 아닐 수도 있다".[1]

보통 특정 행동이 밈으로서 적절한지를 판가름하기란 어렵다. 게다가 만약 그렇더라도 그 특정 행동의 결과가 모든 것을 감안할 때 긍정적인지 부정적인지 판단하는 것 또한 대체로 어렵다. 하지만 명확한 근거를 통해 긍정·부정 여부를 가를 수 있는 영역도 더러 있다.

우리는 가령 사람들이 담배를 피우게 될지 말지 예측하는 가장 강력한 지표가 흡연하는 친한 친구의 비율임을 알고 있다. 따라서 흡연은 분명 하나의 밈이다. 흡연이 건강에 미치는 부정적 효과는 문서로 확실하게 정리되어 있으며, 흡연자 대다수도 담배를 배우게 된 걸 후회하고 있다고 표현한다. 그렇다면 흡연은 정의상 명확하게 사회적으로 해로운 밈으로서 자격을 가진다.

그 장부(帳簿)의 반대쪽을 보자. 우리는 태양 전지판의 채택은 사회적으로 전염성이 있을 뿐 아니라 환경에 미치는 영향이라는 측면에서도 거의 한결같이 긍정적임을 보여주는 강력한 증거를 가지고 있다. 따라서 그 조치를 사회적으로 이로운 밈이라고 부르는 데 반대할 사람은 거의 없다.

경제학의 아버지라고 널리 인정받는 애덤 스미스(Adam Smith)는 흔히 경쟁적인 시장이 최대 다수에 최대 이득을 안겨준다는 주장을 지지한 인물로 인용되곤 한다. 하지만 이는 결코 스미스의 입장이 아니었다. 그를 특징짓는 통찰은, 편협한 이기심이 흔히 사회적으로 이로운 결과를 낳기도 하지만 늘 그런 것은 아니라는 주장이었다. 생각들 간의 경쟁에 대해서도 똑같은 말을 할 수 있다. 좋은 생각은 대체로 승리를 거두지만, 생각들이 서로 다투는 시장이, 특히 단기적으로는 더 그렇지만, 공공선을 믿을 만하게 촉진한다고 추정하기는 어렵다. 내가 이 책에서 가장 힘주어 강조하는 바는, 그러므로 우리는 강력하고도 합법적인 공공 정책을 입안하는 데서 사회적으로 이로운 믿음 장려하고 해로운 믿음 저지하는 데 관심을 기울여야 한다는 것이다.

대다수 사람들은 어떤 생각을 받아들이고 어떤 행동을 모방할 것인지에 대한 결정이 오로지 개인의 책임이라고 주장한다. 이런 견해를 지지하는 이들이라면 내 주장에 반대할 공산이 크다. 나 역시 그와 같은 입장 아래 깔린 감정에는 공감한다. 누구도 국민을 과잉보호하는 오웰류의 국가에서 살고 싶지는 않을 테니 말이다. 그러나 나는 우리의 선택을 좌우하는 사회적 힘을 적어도 부분적으로나마 집단적으로 통제하는 정책이 왜 우리에게 이로운지 설명하고, 그러한 정책을 실시하는 데 실패하면 우리의 생존 자체가 위험에 빠질 수도 있다고 주장하려 한다.

우리가 직면한 가장 큰 생존 위협은 단연 기후 위기다. 2018년 10월 유엔 산하 '정부간기후변화위원회(Intergovernmental Panel on Climate Change, IPCC)'는 온실가스 배출을 삭감하기 위한 과감한 조치를 시행하지 않으면 2040년까지 평균 지구 기온이 파괴적 수준으로까지 줄곧 상승하게 되리라고 보고했다. 여러 기후 모델의 예측치는 악명 높을 정도로 부정확하다. 따라서 지구 기온은 예측치보다 덜 상승할 수도 있지만, 반대로 그보다 상당히 높게 올라갈 가능성도 있다. 현재 기온이 섭씨 1도(화씨 1.8도)만 올라갔음에도 이미 인류 역사에서 유례가 없는 규모의 홍수·가뭄·화재 등이 빈발하고 있다. 데이비드 월러스웰스(David Wallace-Wells)가 《거주 불능 지구(The Uninhabitable Earth)》의 첫 문장에서 언급한 대로 "상황은 당신이 생각하는 것보다 더 나쁘다. 아니 훨씬 더 나쁘다".[2] 만약 기온 상승이 IPCC의 예측치에 근접한다면 수억 명의 사람이 목숨을 잃을 테고, 지구 상에 존재하는 부(富)의 상당 부분이 파괴될 것이다.

이러한 위협에 대한 반응은 나라마다 제각각이다. 미국에서는 그린 뉴딜(Green New Deal) 지지자들이 기후 변화와 경제 불평등을 동시에 해결하는 광범위한 법률 어젠다를 제안했다. 반면 수많은 좌파 진영 인사를 포함한 비판론자들은 두 가지 문제를 한꺼번에 다루면 두 영역 모두에서 실패하기 십상이라며 반대를 표시했다. 그린 뉴딜 지지자들은 그에 대해 만약 우리가 불평등의 영향을 완화하는 정책을 포함하지 않으면 당면한 교착 상태를 뛰어넘는 광범위한 정치 연합체를 꾸리는 것이 불가능하다고 맞받아쳤다.

심리학자들이 타인의 행동을 모방하는 경향성이라고 정의한 행동 전염(behavioral contagion)의 위력을 좀더 깊이 이해하면 그린 뉴딜이 수많은 비판론자가 생각하는 것보다는 타당함을 알 수 있다. 우리가 영향을 주고받는 사례 가운데 가장 고비용인 것은 지극히 낭비적인 개인의 소비 의사 결정을 강화하는 것이다. 간단한 예를 하나 들어보자. 우리는 상대적으로 가벼운 자동차를 몰면 위험하기 때문에 상대적으로 무거운 차를 산다. 하지만 모두가 더 무거운 차를 구매하면 모든 사람의 상해와 사망 위험은 내려가는 게 아니라 외려 올라간다. 앞으로 살펴보겠지만, 전염이 어떻게 이러한 소비 패턴을 강화하는지 이해하면 연간 수조 달러를 탄소 프리 에너지원의 지원에 투자하는 정책을 모색할 수 있다. 하나같이 아무에게도 고통스러운 희생을 요구하지 않는 정책이다. 그와 동일한 정책은 경제 불평등을 낮추고 좋은 일자리의 창출을 촉발한다. 나는 본문에서 그렇다고 주장할 것이다.

하지만 그 같은 시도에 뛰어들기 앞서 이어지는 지면에 어떤 내용을 담을지 간략하게 소개하고자 한다. 글쓰기에 관한 책은 대부분 간결함을 중시한다. 예를 들어 유명 저서 《글쓰기의 요소(Elements of Style)》〔윌리엄 스트렁크 2세(William Strunk Jr.)와 E. B. 화이트(E. B. White)가 쓴 영어 학습서다─옮긴이〕의 17번 법칙은 글쓴이에게 "필요 없는 단어는 생략하라"고 권한다. 대체로 나는 문장을 쓸 때나 어떤 주제를 생략할지 결정할 때 이 법칙을 따르려 노력한다. 하지만 이어서 간단히 설명할 몇 가지 이유 때문에 빼면 책이 한결 간략해질 수도 있었을 내용을 집어넣기도 했다.

《글쓰기의 요소》 초판은 1918년 윌리엄 스트렁크 교수가 썼다. 스트렁크가 사망하고 13년이 지난 1959년, 그가 과거에 가르친 학생이자 열성적인 〈뉴요커(New Yorker)〉의 직원 E. B. 화이트가 대폭 손본 개정 증보판이 나왔다. 스트렁크 앤드 화이트(Strunk & White)라고 잘 알려진 이 개정판에서, 화이트가 쓴 서문은 스트렁크가 학생들에게 17번 법칙을 소개하는 광경을 묘사한 인상적인 구절을 담고 있다. "간결함에 대해 수업 시간에 학생들에게 강의할 때, 그는 교탁 앞으로 몸을 내밀고 코트 옷깃을 붙들면서 허스키하고 음모라도 꾸미는 듯한 목소리로 이렇게 말했다. '17번 법칙. 필요 없는 단어는 생략하라! 필요 없는 단어는 생략하라! 필요 없는 단어는 생략하라!'"3

만약 필요 없는 단어를 생략하는 게 좋다면, 왜 스트렁크는 그 문구를 세 번씩이나 되풀이했을까? 화이트의 말에 따르면, 그것은 그의 스승이 필요 없는 단어를 생략하는 데 무자비할 정도로 능란했기 때문이다. "내가 수업을 듣고 있던 시기에 그는 필요 없는 단어를 너무 많이 생략했고, 게다가 너무 강압적으로, 너무 열렬히, 너무 즐거운 게 분명해 보이도록 생략해서 종종 스스로를 난감한 처지로 내몰곤 했던 것 같다. 채울 시간

은 남았는데 더 이상 할 말이 남지 않은 사람처럼, 시간을 너무 앞질러간 라디오 진행자처럼 말이다."⁴

나 자신이 강의실에서 겪은 경험은 그와 다른 해석을 시사한다. 13장에서 나는 내 전공 분야인 경제학의 개론 강좌가 해마다 수강하는 수백만 명의 학생들에게 오래가는 인상을 남기지 못하는 실상을 담은 연구에 대해 언급한다. 실망스러운 교수들이 이처럼 실망스러운 실적을 내놓는 주된 이유는 거의 예외 없이 학생들에게 지나치게 많은 내용을 가르치려 애쓰기 때문이라고 나는 믿는다. 수많은 교육자가 "오늘 그들에게 얼마나 많은 것을 보여줄 수 있을까?" 자문하고, 용케도 1시간에 100장 넘는 파워포인트를 재빠르게 보여주는 과업을 완료했을 때 스스로 뿌듯해한다. 하지만 경제학자들이 지난 200년에 걸쳐 저술해온 온갖 아이디어를 개론 강좌에서 다 다루려 들면, 모든 내용은 대다수 학생에게 그저 흐릿하게 스쳐가고 만다.

학습 이론가들은 이런 식으로 접근하지 말라고 충고한다. 우리는 매일 테라바이트(terabyte: 1조 바이트─옮긴이) 단위로 쏟아지는 정보 세례를 받고 있으므로, 인간의 뇌는 오직 우리 감각에 반복적으로 도달하는 정보에만 의식적인 주의를 기울이는 무의식적 필터를 가동한다. 인간의 뇌는 그때서야 모종의 것이 새로운 신경 연결 통로를 건설하기에 충분할 만큼 가치 있다고 결론 내린다.

한마디로 스트렁크 교수가 17번 법칙을 세 차례나 얘기한 것은 아마도 반복이 학습을 촉진한다는 사실을 직관적으로 이해했기 때문이라고 짐작해볼 수 있다. 적어도 경제학의 경우에는 이것이 명쾌한 통찰이다. 오직 한줌밖에 안 되는 기본 법칙이 힘든 일의 대부분을 담당하고 있기 때문이다. 내 경험에 따르면 이 법칙들을 여러 친숙한 맥락에서 되풀이해보고

사용하는 학생은 단 한 가지 강좌만으로도 그것들을 심도 있게 습득할 수 있다.

그와 같은 경험을 인용함으로써 여기 도입 부분에서뿐 아니라 이어지는 장들의 절반 넘는 곳에서 내가 흡연이라는 밈을 언급한 까닭을 설명하고자 한다. 나는 우리 삶을 주조하는 사회적 맥락(context: 저자의 핵심 개념으로, 이 책에서는 글의 흐름에 따라 맥락·정황·상황·환경으로 다양하게 번역한다—옮긴이)에 영향을 미치는 공공 정책을 줄곧 옹호해왔는데, 아마도 가장 논쟁의 여지없이 간명하게 그 점을 보여주는 예가 바로 흡연일 것이다. 앞으로 언급할 다른 몇 가지 예는 의견 불일치를 드러낼 가능성이 그보다 더 많다. 그러나 차후에도 설명하려 애쓰겠지만, 각각의 예는 모든 관련된 상세한 측면에서 흡연의 예와 흡사하다.

내가 본문에서 한 번 이상 반복하게 될 또 다른 하나는 **모든 인지적 착각의 어머니**(mother of all cognitive illusions)라는 문구다. 나는 이 문구를 써서 수많은 부유한 유권자들이 견지하는 믿음, 즉 최고 세율을 더 높이면 본인에게 고통스러운 희생이 뒤따른다는 믿음에 대해 설명하고자 한다. 이 믿음은 명백한 잘못이다. 부자들 자신도 순순히 인정하듯 그들은 사람들이 합리적 수준에서 필요하다고 여기는 것보다 훨씬 더 많은 재산을 가지고 있다. 그러나 세금이 올라가도 부자들은 자기가 원하는 특우량 제품을 구매하는 능력에 손상을 입지 않는다. 그런 제품은 항상 공급이 부족하므로 손에 넣으려면 그걸 원하는 다른 사람들보다 더 높은 가격을 지불할 수 있어야 한다. 부자들은 전혀 인식하지 못하지만, 실제로 성공리에 높은 가격을 치를 수 있는 그들의 능력은 오직 본인의 '상대적' 가처분 소득에 달려 있을 따름이고, 그것은 높은 세금과는 아무 관련이 없다.

부자들은 세금이 올라가면 '절대적' 의미에서 자신들의 가처분 소득이 줄어들기 때문에, 높은 세금이 본인에게 해가 될 거라고 생각한다. 하지만 그들이 실제로 경험한 거의 모든 소득 감소는 남들의 소득은 변하지 않는데 본인의 소득만 줄어들 때에 한한다. 누군가가 이를테면 사업 파탄, 가옥 화재, 건강상 위기, 혹은 이혼 따위를 경험할 때 벌어지는 상황이다. 이런 사태가 발생하면 당신이 원하는 것을 손에 넣기 위해 성공적으로 입찰가를 부르는 일이 실제로 어려워진다. 하지만 부자들 모두가 높은 세금을 내는 경우라면 이야기가 완전히 달라진다. 360도 뷰(view)의 한 개 층을 독차지한 전망 좋은 아파트는 종전과 마찬가지로 동일한 사람들 수중에 돌아간다.

나는 상이한 이유에서 이 책에 등장하는 두 가지 다른 반복 요소를 언급할 것이다. 수십 년 동안 내가 진행한 연구는 상당 부분 두 가지 질문에 집중했다. 첫째, 맥락은 어떻게 소비 패턴에 영향을 미치는가? 둘째, 심지어 경쟁이 지극히 살벌한 환경에서조차 어떻게 진정한 정직성을 유지할 수 있는가? 이 질문들에 관한 나의 답은 사회적 힘에 크게 의존하므로 참고 자료 없이 행동 전염에 대해 글을 쓰는 작업은 불가능해 보였다. 6장에서는 점점 더 우려스러운 탈세와 신뢰의 출현에 대해 내가 연구한 작업을 간략히 정리한다. 8장은 사회적 맥락이 소비 패턴에 어떻게 영향을 미치는지 조명한 나의 연구를 개괄하고, 우리가 이런 패턴을 스스로에게 이롭게끔 바꾸는 방안에 대해 기술한다.

이런 주제들을 다룬 내 논문을 읽은 이는 세계 인구의 극히 일부에 불과하겠지만, 혹여 거기에 속한 사람은 6장과 8장을 건너뛰어도 무방하다.

1부
도입

# 논쟁의 개요

내게는 성인이 된 아들이 넷 있는데, 그중 흡연자는 아무도 없다. 언젠가 친구에게 아이들이 성장하던 시기에 내가 담배를 피웠더라면 넷 중 적어도 둘은 흡연 습관을 들였을 거라고 말한 적이 있다.

그 대화를 나눌 때 옆에서 듣고 있던 아들 크리스(Chris)가 냉큼 물었다. "2명 누구요?" 나는 대답했다. "데이비드(David: 맏아들)는 거의 확실하고, 헤이든(Hayden: 막내아들)도 아마 그랬을 거야." 그리고 제이슨(Jason)은 출생 순서와 상관없이 담배를 피울 가능성이 가장 적었을 거라고 덧붙였다.

크리스는 삐진 척했다. 그 애는 약 10년 동안 뉴욕시에서 뮤지션으로 일했다. 그 도시에서는, 특히 그 애가 속한 집단에서는, 흡연이 내 어린 시절처럼 거의 유행이다시피 했다. 크리스는 본인 역시 아버지가 담배를 피우는 환경에서 자랐더라면 흡연자가 되었을지도 모른다고 생각했다.

내가 1959년 14세에 흡연을 시작했을 때, 친구들 중 상당수는 이미 몇 년 동안 담배를 피워온 상태였다. 부모님은 내가 담배 피우는 걸 원치 않으셨지만 당신들 역시 흡연자였던지라 그 반대는 공허하게 들렸다. 당시에는 미국 남성의 60퍼센트 이상이 흡연자였고, 여성 흡연자 수도 상당했다. 흡연은 그저 대다수 사람이 하는 일이었다.

하지만 그때조차 담배 피우는 이들 대부분이 스스로가 흡연자라는 사실에 만족하는 것 같지는 않았다. 오늘날 흡연자의 약 90퍼센트는 담배를 피우기 시작한 걸 후회한다고 말하고 있으며, 그중 약 80퍼센트가 끊고 싶은 바람을 피력한다.[1] 흡연자의 거의 절반가량은 매년 금연에 도전하지만 성공하는 사람은 5퍼센트도 되지 않는다.[2] 나 역시 금연을 대여섯 차례 시도했으나 번번이 실패했다. 따라서 용케 대학 입학 전에 그 습관을 떨쳐냈다는 사실을 천만다행으로 여긴다.

우리 부모님은 그러지 못했지만 나는 아이들이 담배를 피우지 않도록 키워내는 데 성공했다. 그 까닭은 오늘날의 환경이 우리 부모 때와는 다르기 때문이다. 어떤 사람이 흡연을 하게 될지 말지 예측할 수 있는 가장 강력한 지표는 담배 피우는 친한 친구의 수가 몇이나 되느냐다. 만약 그 수가 예컨대 20명에서 30명 사이로 늘어나면 흡연할 가능성은 약 25퍼센트 증가한다.[3] 나의 10대 친구 대부분은 흡연자였던 데 반해 내 아들들의 친구 가운데는 흡연자가 상대적으로 적었다. 2017년에는 미국 남성의 18.6퍼센트만이 흡연자였고, 여성의 비율은 14.3퍼센트에 그쳤다.[4]

오늘날의 환경이 과거와 달라진 것은 우리가 주로 흡연을 억제하기 위해 도입한 세금 제도, 금지 규정, 그리고 기타 규제 조치 때문이다. 1950년대에 미국 일부 지역에서는 카멜 담배 한 갑을 고작 25센트(현재 시세로는 2.15달러)면 살 수 있었다. 하지만 오늘날 많은 지역에서 그 가격은 세금을 부과해 10달러 넘게 치솟았고, 뉴욕시의 경우 13달러 이하로는 정상적으로 담배 한 갑을 살 수 없다. 1950년대부터 오늘날까지 우리는 또한 식당·술집·공공건물에서 흡연을 금지했다. 일부 사법권 관할 구역은 실외 공적 공간으로까지 금연 대상을 넓혔다. 우리는 흡연을 억제하기 위해 그간 미디어 캠페인에 수십억 달러를 쏟아부었다.

미국인이 사회공학에 오랫동안 적의를 품어왔음을 감안하면 짐작할 수 있는 일이지만, 이러한 조치 역시 하나같이 심각한 저항에 부딪쳤다. 그런 조치를 어떻게 정당화할 수 있느냐는 질문에 규제자들은 자신들이 늘 해오던 반응을 되풀이했다. 개인의 자유를 제한하는 조치야말로 때로 무고한 옆 사람에게 지나친 피해를 입히는 사태를 막는 유일한 방법이라고 말이다.

타인에게 피해를 주는 사례로 규제자들이 흔히 인용하는 것은 옆 사람으로서는 쉽게 벗어나기 어려운 해악을 주는 간접흡연이다. 이러한 설명은 자동차 촉매 변환 장치의 필요성을 역설하는 논리와 일맥상통한다. 즉 우리에게 그 장치가 필요한 까닭은, 만약 그것이 없다면 타인에게 과도한 해를 끼치게 될 오염을 미리 막아야 하기 때문이다.

엄격한 자유지상주의자조차 원칙적으로는 이러한 논리가 타당하다고 수긍한다. 서방 세계에서 가장 적극적으로 개인의 자유를 옹호한 인물로 여겨지는 존 스튜어트 밀(John Stuart Mill)은 《자유론(On Liberty)》에서 이렇게 인상적으로 말했다. "문명화한 공동체의 구성원에게 그의 의사에 반해 정당하게 권력을 행사할 수 있는 유일한 목적은 타인에게 입힐 피해를 막는다는 것뿐이다. 그 자신의 이익은 신체적인 것이든 도덕적인 것이든 충분한 보증서가 못된다. ……개인은 그 자신에 대해, 그의 신체와 정신에 대해 주권을 지니고 있다."[5] 자유지상주의자의 반대를 슬그머니 피해가고 싶은 소망은 규제자들로 하여금 흡연 반대 조치를 옹호할 때 간접흡연을 들먹이게끔 영향을 미쳤다. 이는 흡연자가 스스로에게 피해를 입히는 것까지 막으려는 취지는 아니라는 규제자들의 주장과 일치한다. 게다가 간접흡연에 노출되는 데 따른 건강상의 위협은 확실하게 문서로 잘 정리되어 있어 논란의 여지가 없다.[6]

그렇다면 이러한 위험은 흡연을 말리는 극단적 조치를 정당화하는 데 충분한 요소일까? 만약 당신이 환기 장치도 제대로 작동하지 않는 북적이는 술집에서 일하는 게 아니라면, 간접흡연의 피해는 스스로 흡연자가 됨으로써 입는 피해와 비교할 때 극히 사소할 것이다. 즉 미국의 폐암 사망자 중 85퍼센트 이상이 흡연 때문이지만, 그 나머지는 오직 일부만이 간접흡연에 노출된 사실과 관련이 있다. 따라서 흡연 규제 조치는 그것이 실제로 미치는 영향이라는 관점에서 볼 때, 죄 없는 옆 사람을 간접흡연으로부터 보호하기보다는 흡연자를 본인 자신으로부터 보호하는 데 더 많은 기여를 한다.

흡연을 규제하기 위한 두 번째 논리는 46개 주 법무장관을 위시한 여러 사람이 1990년대에 담배 회사를 상대로 제기한 소송에서 언급된 것이다. 이 소송에서 손해 배상은 흡연이 흡연자와 비흡연자 모두에게 부과된 세금으로 지급하는 메디케이드(Medicaid)에 부담을 준다는 주장을 근거로 삼았다. 이 소송으로 1998년 '담배기본정산협약(Master Settlement Agreement)'이 체결되었고, 이는 담배 한 갑의 가격을 25센트 인상하는 결과를 낳았다.[7] 하지만 흡연자가 진짜로 납세자에게 부담을 주는지 여부는 여전히 상당한 논란거리로 남아 있다. 예컨대 경제학자 킵 비스쿠시(Kip Viscusi)가 주장한 바와 같이, 흡연자는 조기에(평균적으로 약 65세경에) 사망하는 경향이 있으므로 연방 정부와 주 정부 기관은 도리어 상당액의 비용을 절감할 수 있다.[8]

간접흡연과 재정적 영향으로 초점을 좁히면 흡연자가 타인에게 입히는 피해를 턱없이 과소평가하기 쉽다. 흡연자가 되기로 한 누군가의 결정이 낳는 최대의 해악은 다른 사람들도 담배를 따라 피울 가능성을 높이는 데 따른 피해다.

누군가가 흡연자가 되면 그의 친구들은 모두 자신의 동료 집단에 흡연자가 한 사람 더 늘어나는 셈이다. 따라서 그 집단의 구성원은 모두 흡연 가능성이 그만큼 커진다. 흡연 습관을 들인 이들은 다시 그들 동료 집단 구성원 모두의 흡연 가능성을 그만큼 높여주는 역할을 한다. 이런 과정이 계속 되풀이된다. 게다가 이 새로운 흡연자들은 저마다 다른 사람의 흡연 가능성을 높일 뿐 아니라, 비록 그보다 더 작은 정도이긴 하나 좌우지간 간접흡연으로 인한 진짜 피해도 키워준다.

한마디로 모종의 규제들이 누군가의 흡연을 막아준다 해도 그의 간접 흡연 혹은 그가 정부의 의료 예산에 주는 부담으로 인해 타인에게 안기는 피해는 실제로 예방한 전체 피해의 극히 일부에 지나지 않는다.

오늘날의 환경은 내가 성장하던 때와 다르다. 그것은 대체로 우리가 흡연을 말리기 위해 채택해온 세금 및 기타 규제 조치 덕분이다. 하지만 미국 성인의 15퍼센트 이상이 아직도 담배를 피우며, 저소득층 성인 등 일부 집단에서는 그 비중이 한층 높다. 그렇다면 규제자들로서는 훨씬 더 강력한 반흡연 정책을 실시해야 할까? 예산에 주는 부담이나 간접흡연에 따른 피해만으로는 그 주장을 납득시키기 어렵다. 그러나 행동 전염이 일으키는 피해까지 모두 고려한 '비용-편익' 균형에 비추어보면 이야기가 달라진다.

하지만 수많은 규제 반대자들은 이내 행동 전염은 정부 개입을 정당화하는 데 적합한 근거가 아니라고 반박한다. 그들의 주장에 따르면, 간접흡연으로 천식이 심해진 누군가를 보호하는 것, 그리고 단지 누군가의 행동이 타인의 흡연 가능성을 높인다는 이유로 그들을 처벌하는 것은 전혀 다른 문제다. 규제 반대자들은 사람들이 '행위 주체성(agency)'을 지니고 있으며, 담배를 피울지 말지 결정하는 것은 어디까지나 개인의 책임이지 국가의 책임이 아니라고 주장한다.

이러한 말은 분명 수사적 힘을 지닌다. 흡연할지 말지 결정하는 상황에 직면한 이들은 실제로 간접흡연으로 피해 입은 사람들보다 더 강한 행위 주체성을 갖는다. 그리고 다른 조건이 모두 같다면, 규제자들의 입증 책임은 분명 두 번째보다 첫 번째 경우에 더 무겁다.

하지만 행동 전염에 따른 흡연도 그 피해에서 벗어나도록 하는 실질적 수단이 없는 수많은 이들에게 해악을 안겨주기는 매한가지다. 가령 이미 자녀가 담배를 피우지 못하도록 말리고자 가능한 모든 합리적 조치를 다 취해본 부모들이 있다 치자. 우리는 이제 흡연이 건강에 미치는 영향에 대해 잘 알고 있으니만큼 누구도 그들이 그런 목표를 추구하고자 애쓴다고 비난하기는 어렵다. 하지만 통계적으로 분명하게 밝혀진 대로, 흡연자 비중이 높은 환경에서는 그 같은 목표를 성취하는 데 실패하는 부모가 그렇지 않은 이들보다 더 많다. 이런 부모들은 간접흡연의 희생자와 마찬가지로 목표를 이루지 못한 데서 오는 고통에서 벗어날 도리가 없다. 그로 인한 피해는 수량화하기가 어렵지만 분명 적지는 않을 것이다. 또한 때 이르게 사망하는 모든 흡연자는 수많은 친구와 친지들에게 상처를 안겨준다.

그런가 하면 흡연을 막는 좀더 엄격한 조치는 심지어 흡연자 자신조차 더 행복하게 만드는 듯하다. 2005년 실시한 어느 연구에서, 경제학자 조너선 그루버(Jonathan Gruber)와 센딜 멀레이너선(Sendhil Mullainathan)은 흡연 경향성이 높은 이들은 담뱃세가 더 비싼 지역에서 유의미할 정도로 더 행복해한다는 사실을 확인했다.[9] 이 조사 결과는 대다수 흡연자들이 절대 담배를 배우지 말았어야 한다고 후회한다는 사실, 그리고 더 엄격한 규제 조치야말로 그들의 금연 노력이 성공할 가능성을 더욱 높여준다는 사실을 떠올리면 그리 이상할 게 없는 것처럼 보인다.

정당한 열망이 서로 갈등을 일으킬 때, 우리가 어느 쪽에 서든 사람들이 자기 하고 싶은 대로 할 수 있는 자유는 제약을 받게 마련이다. 따라서 행동 전염이 흡연에 반대하는 규제적 개입을 정당화하는 논리라는 주장은 개인의 권리와 행위 주체성이라는 슬로건 아래 그저 일축하고 말기가 어렵다. 행동 전염에 대해 좀더 분명하게 사고하려면 경쟁하는 여러 자유 유형들 간의 트레이드오프(trade-offs: 질과 양 면에서 어느 한쪽을 늘리면 다른 한쪽은 그만큼 줄어드는 것―옮긴이)를 면밀히 따져보아야 한다. 또한 자유 의지를 비롯한 여러 골치 아픈 철학적 이슈를 놓고 까다로운 논의를 전개해야 한다.

이러한 논의는 진행해볼 가치가 있는가? 행동 전염이 흡연 여부를 선택하는 상황뿐 아니라 그 밖의 수많은 중대 결정에서도 중요한 역할을 하므로 이 질문에 답하기는 한결 쉬울 것이다.

우리가 살아가는 환경은 우리의 행동에 강력한 영향을 끼친다. 더러는 더 좋은 쪽으로, 하지만 좀더 흔하게는 더 나쁜 쪽으로 말이다. 분별력 있는 식습관이나 규칙적 운동처럼 건강을 증진하는 행동은 대개 습득하기가 어렵다. 좌우간 이런 행동으로 얻을 수 있는 이익은 지금 당장이 아니라 상당한 시간이 흐른 뒤에 드러나며, 인간 역시 다른 대다수 동물과 마찬가지로 근시안적 경향성을 지닌다. 우리는 즉각적 보상과 처벌은 턱없이 강조하고, 적잖은 시간이 흐른 뒤 나타나는 보상과 처벌은 지나치게 등한시한다. 대다수 사람의 경우, 건강에 이로운 행동은 그러한 행동을 널리 행하는 공동체에서 훨씬 더 습득하기 쉽다. 예컨대 최근의 한 연구에 따르면, 비만율이 높은 지역에 배치된 군인 가족의 구성원은 그렇지 않은 통제 집단보다 비만해질 가능성이 더 높았다.[10]

---

사회심리학자들은 "문제는 사람이 아니라 상황"이라는 말을 좋아한다. 그들이 지적하고자 하는 바는 남들이 하는 일을 설명할 때 우리가 흔히 성격이나 인성 같은 내적 요인은 과대평가하고, 외적(즉 상황적) 요인은 과소평가한다는 사실이다. 심리학자들은 이를 **기본적 귀인 오류**(fundamental attribution error)라고 부른다.

이 오류를 말해주는 분명한 예는 1950년대에 심리학자 솔로몬 애시(Solomon Asch)가 실시한 실험들이다.[11] 특정한 환경적 신호가 사람들이 자기 스스로의 감각에 대한 확실한 증거를 무시하는 데 얼마나 영향을 미치는지 알아보는 것이 목적이었다. 한 실험에서는 피험자와 애시의 실험 협력자(공모자) 7명에게 질문이 주어졌다. 그림 1.1의 오른쪽 네모 칸에 있는 선분 3개 중 어느 것이 왼쪽 네모 칸의 선분과 같은 길이인지를 묻는 질문이었다. 언뜻 보아도 선분 2가 유일하게 가능한 정답이다. 하지만 애시가 선분 3이 정답이라고 말하도록 실험 협력자 7명에게 지시하자 피험자의 37퍼센트 정도가 그들에게 동조했다. 피험자들에게 실험 협력자가 없는 상태로 같은 질문을 던질 경우에는 오답률이 채 1퍼센트도 되지 않았다.

애시의 실험과 관련한 글을 읽는 이들은 하나같이 자기 자신의 판단력만큼은 그런 식으로 조작할 수 없을 거라고 확신한다. 하지만 애시가 실

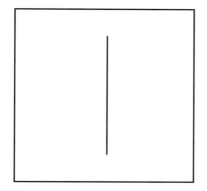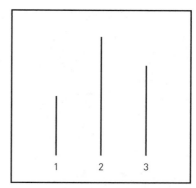

**그림 1.1** 애시의 실험. Solomon E. Asch, "Opinions and Social Pressure," *Scientific American* 193, no. 5 (November 1955): 31–35에서 가져와 새로 만들었다.

제로 증명해 보였듯이 그들 중 상당수는 오답 쪽에 선다. 사람들의 말이나 행동은 놀랄 정도로 심하게 사회적 환경에 영향을 받는 것이다.

10년 뒤, 심리학자 스탠리 밀그램은 사회적 맥락의 위력을 좀더 극적으로 보여주는 일련의 실험에 착수했다.[12] 실험실은 실험자가 학습 관리를 돕는 피험자를 뽑는다는 설정이다. 각 실험에는 실험자(밀그램 자신으로 그림 1.2의 E), '선생(사실상 그 실험의 피험자로 그림 1.2의 T)' 그리고 '학생(또 다른 피험자로 묘사되지만 실은 밀그램의 실험 협력자인 그림 1.2의 L)', 이렇게 세 사람이 참가했다. 실험자가 학생에게 문제를 내고, 학생이 정답을 맞히면 또 다른 문제를 낸다. 하지만 학생의 답이 틀리면, 실험자는 학생에게 전기 충격을 가하는 기계의 버튼을 누르라고 선생에게 지시한다. (피험자는 모르는 일이지만, 실제로는 전기 충격이 전달되지 않았다.)

선생은 실험자로부터 학생이 틀린 답을 말할 때마다 그 기계가 전달하는 전기 충격의 강도가 높아질 거라는 말을 들었다. 그리고 피험자들이 계속해서 연속적으로 충격을 주자 학생은 고통스럽다는 듯 비명을 지르

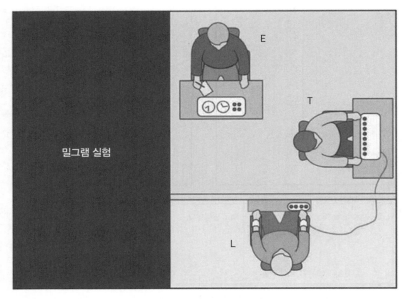

밀그램 실험

**그림 1.2** Stanley Milgram, "Behavioral Study of Obedience," *Journal of Abnormal and Social Psychology* 67, no. 4 (1963): 371–378에서 가져와 새로 만들었다.

기 시작했다. 하지만 피험자의 65퍼센트는 가장 높은 수준(그들은 450볼트까지 올라간다는 이야기를 들었다)까지 계속 전기 충격을 높여나갔다.

이 실험에 대해 읽는 대다수 사람은 자신이 밀그램의 피험자들보다 훨씬 더 이른 시점에 전기 충격을 가하는 행위를 멈출 거라고 자신 있게 말한다. 하지만 그 피험자들이 다른 사람보다 특별히 공감 능력이 떨어진다거나 도덕적 책임감이 부족하다고 볼 만한 근거는 없다.

좀더 그럴듯한 설명은 이 실험에 대해 읽은 수많은 사람이 '기본적 귀인 오류'에 영향을 받는다는 것이다. 우리는 사회적 맥락의 여러 세부 사항—이 경우는 기성 권위자가 특정 방식으로 행동하도록 지시하고 있다—이 우리 자신의 행동에 얼마나 많은 영향을 미치는지 과소평가한다. 〔밀그램의 피험자 대다수는 실제로 학생이 느끼는 분명한 고통을 바라보면서 눈에 띌 정도로 거북해했다. 게다가 이 실험은 오늘날이라면 피험자옹호위원회(human subjects committees: 인간 대상의 연구를 검열하는 기관으로 미국에서 처음으로 구성되었다. 연구 절차가 연구 참여자에게 미칠 신체적·심리적 장단기 효과에 대해 검열을 실시한다—옮긴 이)의 승인을 받지 못했을 게 거의 틀림없다.〕

사회적 맥락이 행동에 강력한 영향을 미친다는 것은 예리한 눈으로 사회를 관찰하는 이들에게는 오랫동안 더없이 분명한 사실이었다. 가령 1842년 일리노이주 소재 '스프링필드 워싱턴 금주동맹협회(Springfield Washington Temperance Society)'에서 행한 연설에서 에이브러햄 링컨은 청중에게 사회적 영향이 발휘하는 위력을 돌아보라고 촉구했다. 그즈음의 금주 운동은 문제성 음주의 가장 주된 원인으로 성격적 결함을 꼽았지만, 당시 33세에 불과했던 링컨은 다음 구절에서 좀더 맥락 지향적인 접근법을 제안했다.

하지만 혹자들은 이렇게 말하죠. ……사회적 영향력은 차지하려고 다툴 만한 가치가 있는 강력한 엔진이 아니라고요. 우리, 이 문제를 좀 따져봅시다. 이 입장을 완강히 고수할 법한 사람에게 질문을 하나 해보죠. "어느 정도 보상을 해주면 일요일에 아내의 보닛(bonnet: 끈을 턱 밑에서 묶게 되어 있는 모자—옮긴이)을 머리에 쓰고 교회에 가서 예배 시간에 앉아 있겠습니까?"라고요. 장담컨대 사소한 보상으로는 어림도 없겠죠. 한데 왜 그러면 안 되죠? 그 행동에는 반종교적이라고 할 만한 것도 없고 비도덕적이지도 않고 딱히 거북할 것도 없잖아요. 그런데 왜 그렇게 하면 안 됩니까? 그 복장이 지극히 유행에 맞지 않아 보이기 때문 아닙니까? 그러니 유행에 대한 영향력 때문이지요. 유행에 대한 영향력이 무엇일까요? 다른 사람의 행동이 우리 자신의 행동에 미치는 영향력,

**그림 1.3**  알렉산더 가드너(Alexander Gardner), 에이브러햄 링컨, 무광 콜로디온 프린트, 1863년 11월.

우리가 모든 이웃이 하는 행동을 볼 때 우리도 그렇게 해야 할 것처럼 느끼는 강력한 경향성입니다. 하지만 유행에 대한 영향력은 어느 특정 사태, 혹은 일련의 사태에만 국한하지 않습니다. 게다가 그 같은 영향력은 다른 이슈에서도 강력합니다.[13]

애시와 밀그램의 실험 결과를 보았다 해도 링컨은 결코 놀라지 않았을 것이다.

맥락이 중요한 것은 부분적으로 모든 인간의 결정은 평가적 판단에 크게 의존하고, 그 판단은 다시 그것을 둘러싼 맥락에 크게 의존하기 때문이다. 맥락은 거리 같은 일상적인 물리량에 대한 우리의 판단에도 영향을 끼친다. 당신이 여섯 살배기 딸아이를 데리고 부모님을 찾아뵈러 운전해 가고 있는데 딸이 "거의 다 왔어요?"라고 물었다고 치자. 이동 거리가 12마일인데 10마일 정도 남았다면 당신은 아마 "아니, 아직 멀었어"라고 대답할 것이다. 하지만 이동 거리가 120마일인데 똑같이 10마일이 남았다면 "응, 거의 다 왔어"라고 대답할 것이다.

맥락은 기온에 관한 판단에도 영향을 준다. 만약 누군가가 바깥 날씨가 춥냐고 묻는다면, 당신의 답변은 몬트리올의 화창한 3월 오후를 배경으로 한 섭씨 15도냐, 마이애미의 11월 저녁을 배경으로 한 섭씨 15도냐에 따라 달라질 것이다. 나는 마이애미에서 자랐는데, 기온이 그 정도인 날 저녁에 고등학교 풋볼 경기가 열리면 우리가 가지고 있는 것 가운데 가장 두꺼운 코트를 챙겨 입곤 했다.

맥락과 평가 간의 관련성은 행동과학자들 사이에서는 논란의 여지가 없다. 그럼에도 그 사실이 얼마나 중요한지는 공공 정책에 관한 수많은 논의에서 거의 완벽할 정도로 무시되고 있다. 대체로 그것은 대다수 정책 관련 논의의 이론적 기초가 되는 전통적 경제 모델에서 맥락이 인간의 판단에 어떤 영향을 미치는지를 전혀 고려하지 않기 때문이다.

솔로몬 애시의 피험자가 자신의 감각이 말해주는 분명한 증거를 기꺼이 무시한 결과를 연상케 하는 행위와 관련해, 나의 동료 경제학자 대부분은 사람들의 구매는 남들이 무엇을 사느냐와 완전 별개라고 가정한다. 하지만 맥락은 분명 그것이 거나 기온에 대한 우리의 평가에 영향을 미치는 것과 마찬가지로, 경제 재화 및 서비스에 대한 우리의 평가에도 영향을 준다. 예를 들어 수많은 자동차 구매자가 기백 넘치는 성능의 자동차를 사고 싶어 한다. 하지만 1950년에 대다수 운전자들이 액셀의 힘이 좋다고 여기던 자동차가 오늘날의 운전자에게는 굼뜬 차처럼 느껴질 수도 있다. 그와 비슷하게, 어떤 특정 규모의 집은 같은 지역 환경의 다른 집들보다 상대적으로 더 클 때 충분히 크다고 여겨질 가능성이 있다. 그리고 효과적인 면접용 정장이란 그저 동일 직종에 지원한 다른 지원자들이 입은 것과 비교해서 더 나은 정장일 따름이다.

맥락과 평가의 관련성을 고려하면 애덤 스미스의 유명한 '보이지 않는 손(Invisible Hand)' 이론이 퇴색한다. 스미스 자신은 실제로 가장 열정적인 오늘날의 그 추종자 상당수보다 본인의 이론에 훨씬 더 신중했다. 그들은 시장의 힘이 믿을 만하게 개인의 이기심을 이용해 최대 다수의 최대 행복을 창출한다고 주장한다.

보이지 않는 손에 관한 이러한 견해는 크게 부풀려진 것이다. 가령 어떤 종류의 간판을 세울지 결정해야 하는 기업주들이 있다고 해보자. 그들이 선택하는 무질서한 간판이, 마치 보이지 않는 손에 의한 것처럼, 더 넓은 공동체의 이익에 가장 잘 부합하는 식으로 들어설까? 답은 회의적인데, 그것을 뒷받침하는 근거는 이렇다. 즉 어떤 것이 미학적으로 기분 좋은 도시 풍광인가에 관한 여러 판단은 분명 다툼의 소지가 있으나, 사업적 결정은 종종 그런 풍광을 만들어내는 데 실패한다는 것에 대해서만큼은 다들 대체로 동의한다.

하지만 우리가 일부 도시에서 보는 것 같은 시각적 황폐함이 미적 감각의 부족 때문이라거나, 아니면 독점 혹은 기타 일반적으로 인용되는 시장의 실패 탓이라고 결론짓는 것은 잘못이다. 대부분의 경우 문제는 그저 제 소임을 다하는 간판의 능력이 맥락에 좌우된다는 데 있다. 간판은 눈에 띄려면 어떤 식으로든 이웃한 간판들보다 튀어야 한다. 그 간판이 다른 것들보다 더 튀어나오거나 더 키가 크거나 더 밝거나 하면 성공이다. 그렇지 못하다면 실패다. 이 단순한 사실은, 합리적인 기업주들이 지나가는 자동차 운전자의 눈길을 끌기 위해 제지받지 않는 경쟁을 벌일

그림 1.4  Findlay/Alamy Stock Photo.

경우 거의 불가피하게 간판들의 시각적 불협화음이 초래되는 이유를 설명해준다.

물론 어떤 사람이 황폐하다고 생각하는 것을 다른 사람은 자본주의의 수용과 활력을 보여주는 징표로서 받아들일 수도 있다. 보이지 않는 손의 효과에 관한 의견 불일치는, 이 경우에서와 마찬가지로, 개인의 이해가 좀더 넓은 집단의 이해와 충돌할 때 더욱 두드러진다. 모든 기업 소유주는 좀더 눈에 잘 띄는 간판을 원하지만, 그런 간판이 반드시 더 넓은 공동체에 최선의 결과를 안겨주는 것은 아니다.

또한 여기서도 흡연의 사례에서와 마찬가지로, 규제가 일부 사람의 자유를 제한한다는 단순한 사실이 그 규제가 신중하지 못하다는 근거는 아니다. 만약 판례법이 지표가 될 수 있다면, 기업 소유주 집단과 그들이 봉사하는 좀더 넓은 공동체는 흔히 우리가 규제받지 않는 환경에서 보는 상업 간판보다 덜 비싸고 덜 튀는 편을 좋아할 것이다. 어쨌거나 대다수 도시는 간판의 크기, 위치, 그 밖의 특성을 제한하는 토지이용제한법(zoning laws)을 시행한다. 그런데 이 법은 흔히 시민뿐 아니라 그 법에 의해 제약을 당하는 바로 그 기업주들로부터도 광범위한 지지를 받는다.

그렇다면 토지이용제한법이 다른 의미에서는 너무 가혹하거나 잘못된 판단일까? 확실히 그렇다. 내가 여기서 말하려는 것은 그저 개인과 집단의 이해가 상충할 때, 권리나 자유에 관한 슬로건은 거의 유용한 지침이 되어주지 못한다는 것뿐이다. 이런 상황에서는 대체로 다른 집단에 훨씬 더 큰 피해를 안겨주지 않으면서 한 집단이 피해 입지 않도록 막는 것이 불가능해진다. 이 같은 규제에 관한 신중한 입장은 상충하는 자유들 간의 적절한 트레이드오프 문제를 해결하기 위한 노력을 필요로 한다.

있을 법한 오해를 막기 위해 나는 보이지 않는 손의 열정적인 찬미자임을 확실히 밝혀두어야 할 듯하다. 보이지 않는 손은 그에 대한 다른 사람들의 지나친 요구와 상충된다는 나의 주장은 애덤 스미스가 보여준 통찰의 중요성을 부정하자는 게 아니다. 스미스 이전 사람들도 기업이 '제품-디자인'을 개선하고 비용 절감형 혁신 기술을 개발하는 것은 인류에 봉사하기 위해서가 아니라, 어떻게든 경쟁사들로부터 시장 점유율을 빼앗아옴으로써 자신의 수익을 늘리기 위해서라는 사실을 이해했다. 하지만 애덤 스미스는 이야기가 거기서 끝나지 않는다는 점을 다른 사람들보다 분명하게 꿰뚫어보았다. 경쟁사들은 발 빠르게 새로운 디자인이며 생산 방식의 개선을 모방한다. 그리고 그러한 경쟁을 벌인 결과, 더 낮아진 새로운 생산비를 감당하기에 충분한 정도 수준으로까지 가격이 떨어진다. 스미스의 설명에 따르면, 이런 과정으로 인한 궁극적 수혜자는 끊임없이 더 개선되고 더 값싼 제품을 이용할 수 있는 소비자다. 스미스의 보이지 않는 손은 왜 소득이 과거의 기나긴 인류 역사보다 오늘날 훨씬 더 높은지 설명해주는 가장 중요한 단일 요소다. 하지만 이 말이 시장의 힘은 믿을 만하게 개인의 이기심을 이용해 최대 다수의 최대 행복을 낳는다는 의미는 아니다.

---

내가 이 책에서 방어할 논의는 이미 언급한 몇 가지 예에서 암묵적으로 드러났겠지만, 다음의 일곱 가지 전제로 요약된다.

1. 맥락은 많은 사람이 의식적으로 깨닫고 있는 것보다 훨씬 더 많은 정도로 우리의 선택에 영향을 끼친다.
2. 맥락은 때로 긍정적 영향을 미친다. 이웃 대부분이 규칙적으로 운동하고 분별력 있는 식사를 하는 공동체에서 살아간다면, 사람들이 그렇게 따라 할 공산이 커지는 경우를 예로 들 수 있다.
3. 그런가 하면 맥락은 때로 부정적 영향을 미치기도 한다. 흡연자로 둘러싸인 채 살아가는 이들에게서 담배를 배울 가능성이 커지는 경우, 혹은 이웃한 사업주가 보기 싫은 간판을 내거는 경우 등을 예로 들 수 있다.
4. 우리의 선택에 영향을 미치는 맥락은 그 자체로 우리가 행한 개별적 선택의

집단적 결과다.

5. 하지만 개별적 선택은 각각 이러한 맥락에 무시할 수 있을 정도의 영향만 끼치므로, 사익을 추구하는 합리적인 개인들은 대체로 전제 4에서 기술한 순환 고리를 무시하는 경향이 있다.

6. 우리는 흔히 이로운 맥락은 북돋우고 해로운 맥락은 억제하는 선택을 장려하는 집단적 조치를 취함으로써 더 나은 결과를 얻을 수 있다.

7. 더 나은 환경을 조성하는 데서는 흔히 과세 제도가 규제 제도보다 지시적·계몽적 성격은 덜하고 효과는 더 낫다.


행동과학자들 사이에서 이들 전제 가운데 앞의 다섯 가지에 대해서는 전혀 이론의 여지가 없다. 그들이 의견 일치를 보지 못한 것은 전제 6과 7뿐이다.

전제 6의 경우, 흡연의 예에서 보듯 행동 전염이 피해를 낳는다는 사실을 모두가 인식할 때조차, 흔히 우리 행동에 영향을 미치는 맥락을 바꿔주는 집단적 조치에 합의하기란 어렵다. 부분적으로 그 어려움은 종종 개인적 유인(incentive)과 집단적 유인이 크게 다르기 때문이기도 하다. 하지만 전제 6에 대한 반대는 일반적으로 규제를 적대시하거나 규제가 늘 문제를 개선해준다고는 보지 않는 오랜 미국적 전통에 그 기원을 두고 있다. 시장은 이따금 최적의 결과를 내놓는 데 실패하지만 정부의 개입 역시 불완전하기는 마찬가지인 것이다.

전제 7에 대해 시비 논란이 분분한 것은 순전히 대다수 사람이 과세를 싫어하기 때문이다. 하지만 잠깐 생각해보면 이내 이 영역에서 흥미로운 질문은 우리가 세금을 내야 하는가가 아니라 무엇에 대해, 어느 정도 세금을 내야 하는가와 연관되어 있음을 알 수 있다. 당신이 작은 정부를 지지하는 보수주의자든 개방적인 진보주의자이든, 값진 공적 서비스를 실시하기 위해 세금이 필요하다는 데는 이견이 없을 것이다.

오늘날 우리는 다른 사람에게 해를 끼치지 않을 뿐 아니라 실제로 사람들의 삶을 개선하는 행동에 세금을 부과함으로써 세수를 올린다. 가령 우리 대부분은 기업이 더 많은 직원을 고용하는 것을 좋은 일이라 여기지만, 기업이 제공하는 봉급에 많은 세금을 부과함으로써 다시 기업이 고용을 꺼리게끔 만든다. 더 나은 선택지는 우리의 선택에 나쁜 영향을 끼치는 맥락을 바꿔주는 세금처럼, 피해를 초래하는 행동을 억제하기 위해 세금을 부과하는 쪽일 것이다.

맥락은 일테면 안전에 관한 결정과 깊이 관련되어 있다. 나의 아들 크리스는 열네 살 때 심각한 자전거 사고를 당했다. 아들을 치료한 응급실 의사가 나에게 그 애가 쓰고 있던 헬멧을 보여주었다. 왼쪽 앞부분 4분면이 완전히 박살난 상태였다. 그는 나에게 만약 크리스가 헬멧을 쓰고 있지 않았다면, 부러진 쇄골이 더 악화하지 않도록 막아주는 조처가 아니라 장례식에 대해 논의하고 있었을 거라고 말했다.

나는 상당한 노력을 기울였음에도 크리스의 형들이 자전거 헬멧을 쓰도록 만들 수 없었다. 그들은 다른 애들도 누구 하나 자전거 헬멧을 쓰지 않는다며 조목조목 따졌고, 내가 눈에 보이지 않을 때면 헬멧 없이 자전거를 타곤 했다. 따라서 나는 뉴욕주 입법자들에게 얼마나 감사한지 모른다. 첫째와 둘째 아들이 집을 떠나고 몇 년 뒤, 18세 이하 아동과 청소년은 반드시 자전거를 탈 때 헬멧을 착용하도록 하는 법을 제정했기 때문이다. 그 법이 없었다면 크리스는 아마 지금 살아 있지 않을 것이다.

심지어 수많은 자유지상주의자조차 이런 식의 개입주의적(paternalistic) 법률이 미성년자에게는 정당할 수 있다고 동의한다. 미성년자는 제 자신의 복지와 관련해 책임 있는 결정을 내릴 만한 경험과 지식을 갖추지 못하기 마련이니 말이다. 하지만 18세가 되면 마치 마법처럼 갑자기 없던 지혜가 생기고 또래 압력으로부터 자유로워지는 것은 아니다. 따라서 그 같은 법을 다 큰 성인에게 적용할 때 그것을 정당화할 수 있는 논리는 무엇일까?

프랑스에서 연구년을 보낼 때, 같은 사무실에서 함께 일한 어느 동료는 교통 체증이 심한 파리의 도심을 뚫고 45분 걸리는 거리를 매일 자전거로 출퇴근하면서도 헬멧을 쓰지 않았다. 내가 언젠가 유행에 신경 쓰느라 헬멧을 안 쓰는 거냐고 도발적으로 묻자 그녀는 불쾌한 기색을 내비쳤다. 아닌 게 아니라 그녀는 우리 사무실에서 함께 일하는 연구자 가운데 유행에 가장 둔감한 사람이었다.

하지만 몇 주 뒤, 그녀가 내 사무실 문을 노크하더니 말했다. 주말에 갤러리 라파예트(Galeries Lafayette: 프랑스 파리 중심부에 위치한 유명 백화점─옮긴이)에서 자전거용 헬멧을 몇 개 써보았노라고. 그러곤 멋쩍어하면서, 거울에 비친 본인 모습을 보고 이내 자신이 헬멧 쓴 모습을 남들한테 드러내는 걸 달가워하지 않는다는 사실을 깨달았다고 말했다. 에이브러햄 링컨이 분명하게 이해한 대로, 유행은 스스로가 그에 전혀 민감하지 않다고 여기는 사람에게조차 영향을 미치는 힘이다.

어떤 사람들은 자전거 사고에서 다치는 이들을 치료하는 사회적 비용을 절감해준다는 근거로 헬멧 착용 의무화 조치를 합리화한다. 하지만 수많은 자전거 사고는 요절이든 즉사든 사망을 초래하므로, 정부가 사회보장제도(Social Security)나 메디케어(Medicare: 미국의 건강보험 제도─옮긴이)에 의한 만성적 질병 치료를 위해 많은 경비를 지출할 필요 자체가 사라진다. 모든 것을 감안할 때, 헬멧을 쓰지 않고 자전거를 타는 사람은 아마도 정부가 돈을 절약하도록 해주는 듯하다. (앞서 언급했듯이 흡연자에 대해서도 마찬가지로 이야기할 수 있다.)

내가 오토바이를 갖게 되었을 때, 바람에 머리카락을 나부끼며 라이딩하는 게 그렇게 좋았고, 헬멧을 쓰지 않아도 되는 상태로 지낼 수 있다는 사실이 기뻤다. 하지만 자유방임은 흡연과 관련해 우리가 할 수 있는 최선의 선택이 아닐 수도 있다는 생각과 상통하는 수많은 이유가 헬멧에도 고스란히 적용되는 듯하다. 만약 나의 그 젊은 파리 사무실 동료가 파리에서 일어난 자전거 사고에서 죽거나 중상을 입었다면 그녀의 친구나 가족은 크나큰 상처를 입고 고통당할 것이다. 그들로서는 그런 상처를 미연에 방지하는 데서 그녀에게 헬멧을 쓰도록 촉구하는 것 외에는 딱히 다른 실제적인 조치가 없다.

헬멧을 쓰는 것이 유행에 맞느냐 맞지 않느냐는 얼마나 많은 다른 사람이 그것을 착용하느냐에 달려 있다. 만약 자전거를 타는 어떤 사람이 헬멧을 쓰지 않으면 그는, 너무 미미해서 지각하지 못할 수도 있지만, 헬멧 착용이 유행에 맞지 않는다는 인상을 심어주는 데 기여하는 꼴이다. 따라서 그의 선택은 스스로에게 잠재적 해를 끼칠 뿐 아니라 그에게 영향받는 다른 사람들에게 해를 끼치는 데도 얼마간 기여한다. 사회 전체의 관점에서 볼 때, 그의 개인적 '비용-편익' 분석은 헬멧 없이 자전거 타는 일을 오해할 만큼 매력적으로 보이게 해준다.

문제를 이런 틀에 비추어보면 가장 직접적인 구제책은 헬멧을 의무화하는 게 아니라 헬멧 없이 자전거 타는 일을 덜 매력적으로 만들어주는 방향이 되어야 함을 알 수 있다. 예를 들어 우리는 바람에 머리를 날리며 자전거를 타고 싶어 하는 과거의 나 같은 사람에게 약간의 연간 요금을 내고 메달을 보유하도록 허용할 수 있다. 그것을 자전거에 달면 헬멧 없이도 합법적으로 자전거 탈 수 있는 권리를 부여하는 것이다.

헬멧 없이 자전거 타는 일이 자기 사이클링 경험의 정녕 중요한 부분인 사람들로서는 그 요금을 지불하는 게 그럴 만한 가치가 있는 투자임을 발견할 것이다. 하지만 그럴 이유를 못 느끼는 사람들—대체로 절대 다수일 것이다—은 요금을 지불하지 않는 쪽을 택한다. 그리고 일단 헬멧 쓴 사람의 수가 충분히 많아지면 헬멧 쓰는 일이 더 이상 애처로울 정도로 형편없는 패션으로 보이지는 않는다. 게다가 그 정책의 부수적 효과로서 그렇게 거둔 요금 액수에 비례해 이로운 행동에 과세할 필요성은 줄어든다. 이는 완벽한 해결책은 아니지만, 모든 사람에게 헬멧을 요구하는 조치보다는 훨씬 덜 훈계조인 데다 더욱 유연한 방법이다.

경제학자들은 **외부성**(externality)을 비용 혹은 이익의 창출에 대한 통제력이 없는 제삼자가 초래하거나 받게 되는 비용 혹은 이익이라고 정의한다. 경제학 고급 과정을 수강한 사람이라면 헬멧 문제에 대해 내가 제기한 해법이 대기 오염 및 수질 오염 같은 환경 외부성에 대한 전통적 경제 해법과 대단히 유사함을 인식할 것이다. 이런 문제들의 경우, 표준적 해법은 예컨대 배출물에 대해 각 단위당 세금을 부과하거나, 혹은 그와 마찬가지로 각 단위당 '거래 가능한(marketable)' 배출권을 구입하도록 요구하는 조치다. 1960년대에 경제학자들이 산성비 문제를 이런 식으로 해결하자고 제안했을 때, 비판론자들은 돈 많은 기업에 마음껏 오염시킬 수 있는 허가증을 부여하는 행위를 옹호한다며 그들을 비웃었다.

하지만 그런 비판론자들의 견해는 지나친 공해를 일으키는 경제적 힘에 대한 완전한 오해를 드러낸다. 기업이 독소를 공짜로 대기나 강·바다에 방출해도 좋다는 허락을 받을 경우, 그들이 그렇게 하는 것은 오염을 발생시키는 데 즐거움을 느끼기 때문이 아니라 독소를 필터로 처리하는 데 비용이 들기 때문이다. 다르게 말하자면, 규제받지 않는 환경에 처한 기업은 오염 행위가 매력적이라는 오도된 판단을 내리게 된다. 그들에게 각 배출 단위당 비용을 부과하는 조치는 오염 행위를 덜 매력적으로 만듦으로써 그 문제를 해결해준다.

경제학자들이 처음으로 이산화황 배출권 거래를 촉구한 때로부터 1990년 청정대기법 수정안(Clean Air Act Amendments)에 따라 그들의 제안을 실제로 이행하기까지는 약 30년의 세월이 걸렸다. 하지만 일단 새로운 정책이 시행되자 기업들은 발 빠르게 자사의 이산화황 배출을 줄일 수 있는 효과적 방안을 찾아냈다. 한때 뉴스를 장악하던 산성비 문제는 처방적 규제라는 전통적 제도를 실시했을 때 가능했을 정도보다 훨씬 더 빠르고 저렴하게 해결되었다.

특정한 어떤 오염 감축 목표를 달성하는 데서 사회적 관심은 가능한 한 비용을 최대한도로 낮추는 것이다. 오염세는 자사의 배출을 가장 저렴하게 줄일 수 있는 기업의 손에 절감 노력을 집중시킴으로써 그 목표에 이바지한다. 가장 비용이 적게 드는 청정한 생산 공정을 마련할 여력이 있는 기업이, 그런 공정을 채택하는 편이 현재의 공정을 고수하고 많은 세금을 무는 쪽보다 더 매력적임을 발견하게 되기 때문이다. 그런 대안을 마련할 수 없는 기업은 계속 오염을 일으키고, 그렇게 하는 만큼 세금을 물게 될 것이다. 이런 식으로 오염에 과세하면 가능한 한 가장 낮은 비용으로 목표 수준의 감축에 도달할 수 있다.

정확히 그와 같은 논리가 자전거 헬멧 미착용자에게 부과하는 요금과 흡연자에 대한 과세에도 그대로 적용된다.

---

맥락이 대다수 사람이 생각하는 것보다 더 강력하게, 때로는 더 좋은 쪽으로 때로는 더 나쁜 쪽으로, 우리 행동에 영향을 끼친다는 걸 보여주는 분명한 증거를 제시해보겠다. 맥락과 선택의 관련성은 상호적이다. 즉 맥락은 우리의 선택에 영향을 미칠 뿐 아니라, 그 선택이 모여 만들어진 결과이기도 하다. 하지만 각각의 선택이 낳는 효과는 너무 사소해서 고려할 가치가 없는 것처럼 보인다. 그에 따라 우리는 널리 만연한 일련의 '맥락 외부성(context externalities)', 즉 '행동 외부성(behavioral externalities)'에 직면한다. 행동 외부성은 모든 면에서 대기 오염 및 수질 오염 같은 전통적 외부성(traditional externalities)과 유사하다.

흡연 같은 예에서 보듯, 우리가 오늘날 세금이나 규제를 통해 해결하고 있는 문제 상당수는 전통적 외부성으로서 묘사되어왔다. 하지만 흡연으로 인한 피해의 원천을 면밀히 따져본 결과 분명히 드러난 대로, 반(反)흡연 조치가 예방한 가장 중요한 피해는 행동 외부성에 기인한 것들이다.

이어지는 장에서 나는 행동 외부성이 담배를 피울 것이냐 말 것이냐, 흉한 간판을 세울 것이냐 말 것이냐, 그리고 헬멧 없이 자전거를 탈 것이냐 말 것이냐에 관한 결정을 비롯해 다른 수많은 중요한 선택에도 영향을 끼친다는 걸 보여주는 증거에 대해 기술할 것이다. 앞으로 보게 되겠지만, 각각의 경우에서 절대적 의미로 볼 때 행동 외부성에 따른 손실은 크다. 하지만 두 가지 특정 영역에서 행동 외부성은 다른 경우에서보다 손실 규모가 훨씬 더 크다.

첫 번째 영역은 행동 전염이 전반적 소비 패턴에 미치는 영향이다. 일반적으로 사람은 자신의 소득을 어떻게 소비할지에 대해 최적의 판단을 내린다고 경제학자들이 가정함에도 불구하고, 개인의 합리적 소비 결정이 때로 군사적 무기 경쟁과 흡사한 방식으로 서로 상쇄되고 있음은 주지의 사실이다. 국가는 경쟁국보다 유리한 위치를 차지하려는 바람에서 추가로 무기를 비축하지만 다른 국가도 같은 전략을 따를 경우 힘의 균형은 조금도 달라지지 않는다. 만약 모든 국가가 무기에 투자하는 비용을 줄이고 교육이나 의료에 투자하는 비용을 늘린다면 사는 형편이 한결 나아질 것이다. 하지만 일방적 군비 감축은 한 국가의 정치적 주권을 위험에 빠뜨린다.

그와 비슷하게, 개인 차원의 합리적 소비 결정 역시 비생산적인 경우가 허다하다. 예를 들어 부자는 저택을 더 크게 지으면서, 늘어난 생활 공간이 거기 투자한 비용에 값할 만큼 충분히 쾌적하게 느껴질 거라는, 누가 봐도 합리적인 기대를 품는다. 하지만 '널찍함'을 정의하는 기준은 본질적으로 맥락 의존적이다. 모든 저택이 넓어질 경우 그 기준도 덩달아 올라간다. 일정 수준을 넘어서면 소유한 대지가 더 커질 경우 성가신 일도 더 늘어나고, 따라서 추가 경비가 발생해 실제로 그 부자가 전보다 덜 행복해질 소지도 있다. 앞으로 보게 되겠지만, 이런 식으로 상호 상쇄식 소비 패턴에 따른 경제적 낭비액은 미국 한 나라에서만 연간 수조 달러를 상회한다.

하지만 우리는 그런 규모의 손실조차 기후 변화로 인해 겪을 손실에 비해서는 하찮은 수준임을 보게 될 것이다. 한 권위 있는 추정치는 세계인의 1인당 소득이 이번 세기말에 이르면 지구 온난화가 없었을 경우와 비교해 약 4분의 1 감소할 것으로 전망한다.[14] 반가운 소식은 행동 전염이 온실가스 배출과 낭비적 소비 패턴에서 맡은 역할을 좀더 분명하게 이해하면, 그 두 가지 손실의 원천을 예방하는 방안을 고안해낼 수 있으리라는 사실이다.

특정 맥락이 부정적 결과를 낳는 행동을 부추기는 문제라면 그것을 해결하는 최선의 방책은 앞서 그 맥락을 야기한 개인적 유인을 변화시키는 방향이 될 것이다. 이런 식의 접근법은 흡연 영역에서는 놀라울 정도로 효과적이었다. 우리가 실제로 채택한 정책에 대해 그릇된 논리를 제공했는데도 말이다. 우리의 정책적 대응은, 우리가 해결하고자 애쓰는 문제의 실질적 원인을 정확하게 이해하는 데 기반한다면 다른 영역에서도 더욱 효과적일 것이다.

2부

행동 전염의
기원

# 맥락이 인지에 미치는 영향

그림 2.1의 세 타원형 가운데 어느 것이 가장 어둡게 보이는가? 당신은 아마도 속임수일 거라고 의심하면서 모두 같다고 말할지도 모르겠다. 만약 그렇다면 당신이 옳다. 하지만 만약 당신이 실제로 모두 똑같아 보인다고 생각한다면, 신경과 의사를 찾아가는 편이 낫겠다. 정상적으로 작동하는 뇌일 경우 왼쪽에 있는 타원형이 배경과의 대비 때문에 가장 어둡게 보인다.

당신이 심리학자가 아니라면 당신의 뇌가 그러한 결론에 이르도록 만드는 감각 과정은 아마도 철저히 의식의 영역 밖에서 이루어질 것이다. 어려운 환경에서 살아남으려면 우리는 수많은 복잡한 자극을 그때그때 봐가면서 빠르게 판단할 수 있어야 한다. 그리고 시각적 자극과 마찬가지로 다른 수많은 경우에도 우리는 사회적 환경이라는 맥락에 영향을 받게끔 설계되어 있다. 이 과정에서 핵심 역할을 담당하는 것은 상대적 비교다.

내 전공 분야의 종사자들이 대체로 간과해온 것이 바로 이 상대적 비

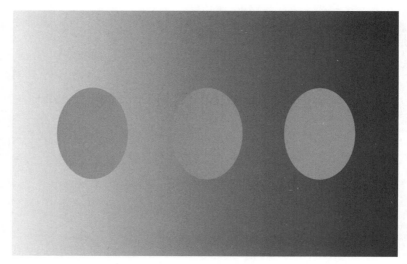

그림 2.1

교의 역할이다. 물론 예외도 있다. 가령 경제학자 리처드 레이어드(Richard Layard: 영국 정경대학교 교수—옮긴이)는 기억하기 좋게 "가난한 나라에서는 남편이 자신의 아내에게 장미를 한 송이 줌으로써 사랑을 표현하나, 부자나라에서는 같은 경우 장미 한 다발이 필요하다"고 적었다.[1] 하지만 오늘날의 경제학자들 사이에서 레이어드는 이단아 취급을 받는다. 다른 행동과학 연구자들과 달리 대다수 경제학자는 사실상 모든 인식과 평가가 준거 틀에 크게 좌우된다는 사실을 무시한다.

대부분 시간 동안 가장 중요한 준거 틀은 동료 행동처럼 우리의 직접적 환경에서 유래한 것들이다. 하지만 만약 동료 행동을 비롯한 여러 맥락적 단서가 우리의 평가 하나하나에 영향을 미친다면, 그 신호들은 우리가 하는 모든 선택에도 영향을 준다. 이것이 바로 맥락과 인지의 관련성을 더욱 잘 이해하는 게 행동 전염의 위력을 이해하는 데서 가장 중요한 단계인 이유다.

사회심리학자들은 사회적 영향력의 중요성을 과소평가하는 우리의 일반적 경향성을 오래전부터 지적해왔지만, 정작 그런 경향성이 드러나는 까닭에 대해서는 그만큼 진지하게 따져보지 않았다. 이러한 불균형이 드러나는 이유는 부분적으로 대개 맥락적 요소보다 사람이 더욱 우리의 주목을 끌기 때문이다.[2] 사람은 생생하다. 하지만 맥락적 요소는 따분하다. 적어도 사람과 비교해볼 때는 그렇다. 하지만 내 생각에 그 같은 불균형이 드러나는 또 다른 이유는 사회적 힘을 비롯한 기타 맥락적 신호는 대개 부지불식간에 우리에게 영향을 미치기 때문이다.[3]

우리는 날마다 많은 양의 결정과 마주하므로 인간의 신경계가 환경적 정보를 해석하도록 하는 감각 메커니즘은 분명 자동적으로, 그리고 지극히 빠른 속도로 자극에 반응한다.[4] 인지 메커니즘의 해부학적 복잡성 자체와 그것이 정보를 처리해야 하는 속도 때문에 그 메커니즘은 거의 전적으로 의식적인 인식의 영역 밖에서 이루어질 수밖에 없다. 따라서 우리가 사회적 힘을 비롯한 여러 맥락적 신호를 거의 고려하지 않는 것은 전혀 놀랄 일이 못된다. 우리는 대체로 그것들을 의식하지 않는다.

이 장에서 나의 목적은 인간의 감각이 어떤 식으로 우리를 둘러싼 사회적·물리적 환경을 판단하는지 보여주는 것이다. 이러한 판단은 대개 개략적이고 더러 오도되는 경우마저 있다. 하지만 이런 평가 없이 기능한다는 것은 불가능하므로 우리가 물리적·사회환경적 신호에 의존하는 것을 전체적으로 보아 해롭다고 결론 내려선 안 된다. 따라서 반대되는 중요한 예가 없지는 않지만, 인간의 감각은 주로 적응적 방식으로 환경으로부터 추론을 이끌어낸다고 가정하는 편이 안전하다.

빛이 얼마나 밝아 보이는가, 혹은 음의 소리가 얼마나 큰가 따위도 결정적으로 이러한 자극이 일어나는 맥락에 따라 달라진다. 예를 들어 다가오는 자동차의 전조등은 낮에는 반대편에서 지나가는 차량 운전자가 거의 알아차리지 못할 정도지만, 밤에는 거슬리는 게 일반적이다. (우리나라의 경우는 전조등을 밤에만 켜는 게 보통이지만, 미국을 비롯한 일부 외국에서는 차량이 자동 설정으로 온종일 전조등을 켜고 달리기 때문에 가능한 표현이다―옮긴이.) 인간의 인지는 절대적 강도보다 밝기의 대비에 훨씬 더 민감하기 때문이다.

마찬가지로 우리의 감각은 절대적 감각 수준보다는 유관한 맥락에서의 변화에 훨씬 더 잘 반응한다. 이게 바로 남편이 텔레비전 소리가 시끄러운 상황에서도 잠을 잘 이루지만 아내가 텔레비전을 끄면 갑자기 잠에서 깨는 이유다. 변화에 대한 민감성은 우리가 정적 요소보다 시각 영역의 움직임에 훨씬 더 강하게 주목하는 이유이기도 하다. 또한 이러한 맥락적 힘이 거의 전적으로 의식적인 인식의 영역 밖에서 작용한다는 사실은 우리가 왜 그 힘의 중요성을 과소평가하곤 하는지 설명해준다.

대조와 적응은 냄새를 인지하는 데서도 비슷한 역할을 담당한다. 가령 저녁 식사에 초대된 손님들이 처음 도착하면, 그들은 단박에 오븐에서 고기 굽는 냄새를 알아보고 그에 대해 언급한다. 하지만 정작 몇 시간 동안 부엌에서 요리한 사람은 그 동일한 냄새를 거의 알아차리지 못한다.

우리가 물체의 크기를 인지하는 경우를 생각해보자. 그림 2.2에서 왼쪽 중간에 있는 원은 오른쪽 중간에 있는 원과 같은 크기다. 하지만 왼쪽 중간 원은 그것을 둘러싼 다른 원들보다 크기 때문에, 더 큰 원들에 둘러싸인 오른쪽 중간의 원보다 훨씬 더 커 보인다.[5]

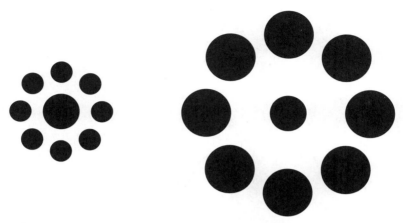

그림 2.2　Andrew M. Colman, "Titchener Circles," *A Dictionary of Psychology* (New York: Oxford University Press, 2009)에서 가져와 새로 만들었다.

　　인간의 인지 작용에 대해 적어도 어렴풋하게나마 이해하고 있는 미술가들은 상당히 혼란스러운 이미지를 창출해내곤 한다. 뇌는 2차원 이미지가 그것들이 표현하고 있는 삼차원 물체에 대해 무엇을 전달하는지 해석하는 데서 체계적인 맥락적 규칙을 사용한다. 그림 2.3에 나타난 펜로즈(Penrose) 삼각형을 생각해보라. 스웨덴 미술가 오스카르 레우테르스베르드(Oscar Reutersvärd)가 1934년 처음으로 그리고, 나중에 영국 정신과 의사 라이어널 펜로즈(Lionel Penrose)와 수학자인 그의 아들 로저 펜로즈(Roser Penrose)가 세상에 알린 삼각형이다. 뇌는 묘사된 3차원 물체의 속성을 추론하는 데 경험에 비춘 인지 규칙을 적용하면 난관에 부딪친다. 펜로즈 부자는 이 그림을 "가장 순수한 형태의 불가능성"이라고 표현했다.[6]

　　펜로즈 삼각형은 네덜란드 화가 에스허르(M. C. Escher)가 그린 수많은 혼란스러운 이미지들 가운데 가장 잘 알려진 작품인 1961년 석판화 〈폭

그림 2.3 펜로즈 삼각형.

포(The Waterfall)〉에 분명하게 드러나 있다. 그림 2.4에서 보는 바와 같이, 이 송수로의 담들은 분명 내리막으로, 아래쪽으로 기울어져야 마땅하다. 하지만 물은 정확히 그 물이 처음 발원한 지점 위로 송수관을 타고 흐른다. 어떻게 이런 일이 가능한가?

웹사이트 opticalillusion.net은 어떤 식으로 펜로즈 삼각형이 에스허르가 부리는 마술의 기저가 되는지 보여주려고 비밀의 장막을 들춘다.[7] 그림 2.5의 오른쪽 면은 우리 뇌에는 상당히 혼란스러운 송수관의 본질을 묘사한다. 에스허르의 석판화에서 보듯 물은 아래쪽으로 흘러가는 것처럼 보이지만, 결국 그 물이 시작된 지점으로 이어진다. 하지만 삽화 중앙

그림 2.4 M. C. 에스허르, 〈폭포〉, © 2019 The M. C. Escher Company—The Netherlands. 판권 소유.
www.mcesher.com.

에 있는 작은 이미지가 분명하게 보여주듯, 오른쪽 그림은 펜로즈 삼각형 2개(즉 삼각형 ABC, 삼각형 CDE)에 불과하다. 하나가 다른 하나 위에 쌓인 모습으로 별개의 수직선(선분 BD)이 둘을 이어준다.

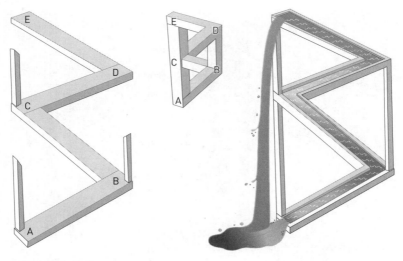

**그림 2.5** Opticalillusion.net.

　이 도해의 왼쪽 패널은 다시 송수관을 표현하고 있는데, 이번에는 수직 기둥이 중간 높이에서 잘려나간 모습이다. 기둥 길이가 줄어들면 우리 뇌는 분명 그 기둥의 꼭대기가 대략 수평면에 놓여 있는 것으로 해석한다. 그리고 기둥들을 그 구조의 다른 지점으로 연결할 필요가 없을 경우, 우리는 송수관의 물길이 분명 수평 상태에서 뒤로 물러난다고 해석하지, 불가능하게도 정확히 그것이 시작된 위쪽 지점으로 돌아간다고 해석하지 않는다.

　화가들이 착시를 이용해 우리를 속일 수 있다고 해서 우리가 진짜로 어리석은 것은 아니다. 그와 반대로 이런 착시의 기저를 이루는 맥락과 인지의 관련성은 대개의 경우 우리에게 기여하는 바가 제법 많다. 흔히 적대적 환경에서 살아남고자 투쟁하는 유기체로서 우리 인간은 세상을 그것이 실제 존재하는 대로 인지하는 데 깊은 관심을 기울인다. 따라서 인

그림 2.6 Richard Russell, "A Sex Difference in Facial Contrast and Its Exaggeration by Cosmetics," *Perception* 38, no 8 (2009): 1215, SAGE Publications.

간 종이 그렇게나 오랫동안 살아남았다는 사실은, 맥락과 인지를 연관 짓는 것이 유용한 정보를 전략적으로 사용하고자 하는 진화적 노력임을 적어도 희미하게나마 보여주는 증거다.

하지만 찰스 다윈이 분명하게 규명한 대로, 자연선택은 거친 도구다. 자연선택이 주조하는 인지 체계는 모든 환경에서 가장 정확하게 현실을 보여주는 도구라기보다 폭넓은 적응력을 지닌 장치로 해석해야 한다. 우리가 때로 착시에 취약하다는 사실은 인지 체계의 결점이라기보다 거의 모든 공학적 디자인 문제에서 발생하는 까다로운 트레이드오프의 증거로서 바라보는 게 옳다.

흔히 이러한 트레이드오프가 제기하는 딜레마의 속성은 얼굴에 대한 우리의 평가에서 분명하게 드러난다. 그림 2.6의 두 사진은 같은 사람을 찍은 것이다. 하지만 사람들이 이 이미지의 성별을 분간해보라는 요청을 받으면, 대다수는 왼쪽이 여성이고 오른쪽이 남성이라고 답한다.

심리학자 리처드 러셀(Richard Russell)이 제시한 이 사진에서[8] 왼쪽 이미지가 여성처럼 보이는 까닭은 피부 톤이 오른쪽 이미지보다 훨씬 더 밝다는 사실에 기인한다. 이러한 차이는 얼굴의 가장 어두운 부분—입술과 눈—과 가장 밝은 부분인 피부가 현저히 대비되도록 이끈다. 우리 대부분은 이러한 얼굴의 대조가 평균적으로 남성에서보다 여성에서 더욱 두드러진다는 사실을 의식적으로 인식하고 있지는 않을지도 모른다.[9] 하지만 그렇다고 우리가 그런 차이를 근거로 성별을 추론하는 경향성—대부분의 경우 추론의 결과가 맞는다—을 막을 도리는 없다.

한마디로 우리가 행하는 모든 평가는 사실상 암묵적으로든 명시적으로든 준거 틀에 기댄다. 특히 중요한 한 가지 준거 틀은 우리가 평가하고자 시도하는 모든 자극의 절대적 수준이다. 마음과 물체의 관계를 규명하는 정신물리학에서 중요시하는 '베버의 법칙(Weber's law)'에 따르면, 어떤 자극의 변화에 대한 우리의 인지는 원래 자극의 비율로 측정한 변화의 크기에 의존한다.[10] 따라서 변화는 비교의 관점에서 클 때만 크게 느껴진다.

이 법칙은 그와 유관한 최소 식별 차이(just noticeable difference: 간신히 알아차릴 수 있을 정도의 차이—옮긴이)라는 개념을 낳았다. 가령 대다수 사람은 만약 하나가 100와트고 다른 하나가 101와트일 때 둘 중 어느 전구가 밝은지 분간할 수 없다. 하지만 두 번째 전구의 와트를 점차 늘려서 그 수치가 105에 도달하면 절반가량이 그 전구가 더 밝다는 정확한 답을 내놓는다. 따라서 베버의 법칙에 따르면, 밝기에서 최소 식별 차이는 5퍼센트다. 그러므로 대다수 사람이 200와트보다 더 밝은 것으로서 정확히 인지하려면 그 전구는 210와트 이상이 되어야 한다.

베버의 법칙은 다양한 감각 인지 전반에 적용되며, 비슷한 방식으로 거의 모든 척추동물 종에 걸쳐 작동한다. 이 법칙이 지니는 함의는 자극 간의 미세한 차이를 구분하는 인간의 능력은 강도에 따라 줄어드는데, 이는

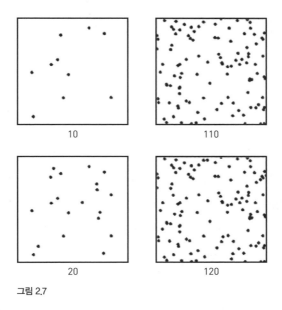

그림 2.7

우리가 거리, 온도, 소란도, 음 높이, 무게, 고통, 밝기, 숫자, 다른 수많은 신호 등 그 어떤 것을 평가할 때도 마찬가지라는 사실이다.

예를 들어 그림 2.7에서 왼쪽 아래 사각형에는 왼쪽 위 사각형보다 점이 10개 더 많다. 그리고 거의 모든 사람이 한눈에 왼쪽 아래 사각형에 있는 점의 수가 더 많다는 것을 알아차린다. 하지만 오른쪽 아래 사각형도 오른쪽 위 사각형보다 점이 10개 더 많지만, 사람들은 이 두 사각형 내의 점을 비교해 판단하는 것이 한층 더 어렵다고 느낀다.

증거에 따르면 베버의 법칙이 말해주는 인지 유형은 학습된다기보다 타고나는 것이다. 어린아이들은 0에서 10까지 있는 척도의 중간점에 숫자 3을 놓을 것이다. 하지만 4학년쯤 되면 그간 수와 관련해 좀더 공식적인 교육을 받은 결과, 대다수 아이들이 같은 척도에서 3을 30퍼센트 위치에 더 가깝게 놓는다. 공식적인 교육을 거의 받지 못한 외딴 지역의 성년

들은 그 숫자 척도를 마치 어린아이처럼 다룬다.[11]

또한 인간의 감각은 진화한 구조다. 생물학자들이 그 감각의 특성을 설명하려 애쓸 때 출발점은 인간의 구조와 행동의 다른 모든 측면에 대한 것과 동일하다. 즉 수천 년 동안 자연선택은 우리가 생존과 생식에 필요한 자원을 추구함에 있어 좀더 효율적으로 기능하도록 만들어주는 변이체를 선호해왔다. 예를 들어 이러한 시각은 곤충 겹눈이 지닌 설계상의 구체적 특성이 어떻게 자연광의 해상도와 회절 사이에 적절한 균형을 맞추는지 규명해준다. 또한 왜 포유동물은 정확히 보행에 드는 에너지 소모를 최소화하는 시점에 걷기에서 속보나 뛰기로 걸음걸이를 바꾸는지 해명해준다.[12] 그와 비슷한 다윈식 추론은 생물학자들이 인간의 감각을 이해하는 데 영향을 미친다.

적은 수들 간의 미세한 차이를 구분하는 능력이 훨씬 더 많은 수들의 경우에서보다 더 유용한 까닭은 무엇인가? 컴퓨터과학자 라브 바르시니(Lav Varshney)와 존 선(John Sun)이 말한 대로 "당신이 지금 마주하고 있는 사자가 세 마리냐 다섯 마리냐를 파악하는 것은 당신이 지금 몰고 있는 사슴 떼가 100마리냐 98마리냐를 아는 것보다 더 중요할 수 있기" 때문이다.[13]

인지 체계와 관련해 중요한 문제 가운데 하나는 환경에 대한 신호에는 유관한 정보뿐 아니라 상당량의 '방해 요소(noise)'도 함께 포함되어 있다는 사실이다. 또 다른 논문에서 바르시니와 그의 동료들은 베버의 법칙의 지배를 받는 인지 체계는 우리가 현실에서 흔히 부딪치는 신호의 통계적 분포에서 상대적 방해 요소를 최소화하려는 바람직한 특성을 지녔음을 보여준다.[14] 따라서 그들의 조사 결과는 우리의 인지 체계가 광범위한 적응력을 지니고 있다는 주장을 이론적으로 정당화해준다.

하지만 그렇다고 세상을 상대적 관점에서 보는 편이 늘 이롭다는 의미는 아니다. 적어도 어떤 상황에서는 그렇게 하면 잘못된 길로 접어들 수 있다. 예를 들어 비용 절감 조치의 중요성은 당신이 비용을 어느 정도 비율로 줄이느냐가 아니라 절대적인 절감액에 달려 있다. 당신은 20달러짜리 램프를 10달러에 사기 위해 시내를 가로질러 운전하겠는가? 이 질문을 받으면 대다수 사람은 그러겠노라고 답한다. 부분적으로 물건 구매가의 50퍼센트를 절감하는 것은 상당한 이득인 듯 보이기 때문이다. 하지만 같은 사람들에게 4000달러짜리 TV를 사면서 10달러를 절감하기 위해 시내를 가로질러 운전하겠느냐고 물으면, 거의 대다수는 싫다고 답한다. 절감액이 구매가에서 차지하는 비율이 너무 하찮아 보이는 탓이다.

두 질문 모두에 맞는 답이란 없지만, 합리적인 개인의 답이라면 두 가지가 같아야 한다. 두 경우에서 시내를 가로질러 운전하는 데 따른 이득은 정확히 10달러로 동일하다. 따라서 운전하는 수고가 그렇게 귀찮은 상황을 감수하는 데 주어지는 10달러보다 더 값지다면 두 경우 모두에서 답은 '아니요'가 되어야 마땅하다. 하지만 10달러가 운전의 번거로움보다 더 큰 가치를 지닌다고 판단한다면 두 경우 모두에서 시내를 가로질러 운전하는 것이 타당한 결정이 된다.

또한 맥락적 신호는 다른 면에서 우리를 잘못된 길로 안내할 수도 있다. '뷔리당의 당나귀(Buridan's Ass)' 우화에서는 굶주린 당나귀가 동일한 두 건초 더미로부터 같은 거리에 서 있다. 하지만 두 건초 더미에 끌리는 정도가 정확하게 같기 때문에, 녀석은 어느 쪽으로 다가갈지 결정할 수 없어 마침내 굶어죽고 만다.[15] 인간을 굶어죽게 만드는 그 같은 우유부단한 상황을 상상하기란 어렵지만, 수많은 사람이 거의 비슷하게 매력적인 두 가지 선택지를 놓고 결정하도록 강요받으면 상당한 불안을 경험한다.

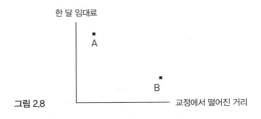

그림 2.8

한 달 임대료

A

B

교정에서 떨어진 거리

만약 그 선택지들이 실제로 동일하게 매력적이라면 당연히 어느 쪽을 선택하느냐는 전혀 중요하지 않을 것이다. 하지만 그 같은 상황에서 일부 사람이 겪는 불안은 실재하며, 그들은 오류를 불러일으키는 맥락적 신호에 더욱 갈팡질팡할 것이다.

가령 당신이 그림 2.8에서 A와 B로 표기된 두 아파트 중 하나를 선택해야 하는 상황에 처한 학생이라고 가정해보자. A는 교정에서 가까워 편리하다는 게 매력이지만 임대료가 꽤나 비싸다. 반면 B는 임대료가 더 싸다는 게 장점이지만 교정에서 더 멀리 떨어져 있다. 우리는 임대료 및 거리와 관련한 가치를 적절하게 조작해서, 특정한 개인이 보기에 기본적으로 거기서 거기인 아파트 A와 B가 있다고 가정해볼 수 있다. 하지만 흥미로운 점은 이렇게 한다고 해서 선택이 쉽다고 느끼는 것은 아니라는 사실이다. 그와 반대로 수많은 사람은 마치 뷔리당의 당나귀처럼 이러한 선택에 직면하면 우왕좌왕한다.

이제 선택을 강요받을 때 절반은 A를, 나머지 절반은 B를 고를 수 있도록, 우리가 거대한 인간 집단을 모집하고 A와 B의 거리 및 임대료 가치를 조작한다고 가정해보자. 당신은 우리가 같은 집단에 3개의 아파트—전과 동일한 A와 B, 그리고 그림 2.9에서 보듯 C라는 선택지를 추가한다—가운데 하나를 선택하라고 요구한다면 무슨 일이 벌어질 거라고 생각하는가? 전통적인 합리적 선택 이론에 따르면, 아파트 C는 적절

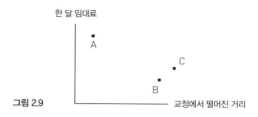

그림 2.9

한 선택지가 아니다. 임대료와 거리, 두 가지 차원 모두에서 B보다 나쁘기 때문이다. 그리고 실제로 C를 선택지로 추가했을 때 그것을 선택한 사람은 아무도 없었다.

하지만 C라는 선택지의 존재는 그 자체로 A와 B 사이의 선택 유형에 지대한 영향을 끼친다. 이 경우 B를 선택하는 사람은 전보다 많아지고, A를 선택하는 사람은 전보다 적어진다.[16] 이런 현상에 대한 확실한 설명은 사람들이 C와의 비교를 통해 B를 선택하기가 한결 쉬워진다는 것, 그리고 C의 존재는 불안을 유발하는 A-B 간의 선택에 직면한 사람들에게 옵션 B를 더 좋아하게 만드는 후광 효과를 안겨준다는 것이다.

노련한 판매 사원은 어슷비슷한 대안들을 놓고 선택에 어려움을 겪는 이들을 상대할 때 그와 같은 전략을 사용할 수 있다. 거래를 성사시키려면 고객에게 원래 제시한 선택지들 중 하나보다 모든 차원에서 더 나쁜 새로운 선택지를 제시하는 것만으로도 충분한 것이다.

우리의 인지에 커다란 영향을 미치는 또 다른 맥락적 신호는 확연한 비대칭성이다. 즉 우리가 부정적 특성을 띠는 사건과 비교해서 긍정적 특성을 띠는 사건을 바라보는 경향에는 확연한 비대칭성이 드러난다. 모든 조사 결과가 일관되게 보여주는 바에 따르면, 사람들이 이미 가진 어떤 것을 지키기 위해 기울이는 노력은 아직 가지고 있지 않은 뭔가를 얻기 위해 기울이는 노력보다 훨씬 더 크다. 이러한 비대칭성은 **손실 기피**(loss aversion)라고 알려져 있는데, 행동과학자들은 그것을 인간에게서 볼 수 있는 가장 뿌리 깊은 경향성이라고 말한다.[17]

문제의 소유물이 커피 머그잔처럼 그리 중요하지 않은 물건이라면, 사람들에게는 그것과 결별하는 조건으로 그걸 처음 소유할 때 기꺼이 지불했을 법한 액수의 2배 정도를 제안하면 충분할 것이다.[18] 그런데 그 소유물이 건강이나 안전처럼 그보다 좀더 중요한 어떤 것이라면, 동일한 조건의 제안액이 극적으로 불어나게 된다.

한 실험에서, 피험자들은 발병률이 1000분의 1쯤 되는 치명적인 희귀병에 노출되었다고 상상하도록 요청받았다. 피험자들은 유일하게 이용 가능한 치료제에 단지 2000달러를 지불할 의향이 있다고 답했다.[19] 같은 피험자들은 이용 가능한 치료제가 없을 경우, 그 병에 자진해서 노출되도록 자신들을 설득하려면 그 250배에 달하는 돈을 지불해야 한다고 답했다. 이러한 비대칭성은 놀랍다. 왜냐하면 두 경우 모두에서 사람들이 자신의 사망 가능성 1000분의 1 감소를 구매하고 있다는 사실은 동일하기 때문이다.

손실 기피가 우리의 인지에 어떤 식으로 영향을 미치는지 생생하게 보여주는 또 다른 예가 있다. 피험자들에게 미국은 기이한 질병의 발발에 대비하고 있는데, 그 병은 아무 조치를 취하지 않을 경우 600명을 사망에 이르게 할 것으로 추정되며, 그걸 퇴치하기 위한 두 가지 대안 프로그램이 제안되었다고 말해주는 것으로 시작한 연구다.

한 집단은 두 프로그램의 결과가 정확히 다음과 같다고 가정하라는 지시를 들었다.

만약 프로그램 A를 채택하면, 200명을 구제할 것이다.

만약 프로그램 B를 채택하면, 600명을 구제할 가능성은 3분의 1이고, 아무도 구제하지 못할 가능성은 3분의 2다.

피험자들에게 어느 쪽이 더 좋은지 묻자 72퍼센트는 프로그램 A를, 28퍼센트는 프로그램 B를 선택했다. 이런 유형의 실험에 참여한 피험자들은 위험을 혐오하는 것처럼 보였다. 그들은 동일한 인원의 목숨을 구하는 불안한 전망을 선택하기보다 200명의 목숨을 확실하게 구하는 쪽을 선택하는 편으로 확연하게 기울었다.

실험자들은 두 번째 피험자 집단에게 동일 질병에 대해 들려준 뒤, 다음의 두 가지 옵션 가운데 하나를 선택하도록 요청했다.

만약 프로그램 C를 채택하면, 400명의 사람이 죽을 것이다.
만약 프로그램 D를 채택하면, 아무도 죽지 않을 가능성은 3분의 1이고, 600명이 사망할 가능성은 3분의 2다.

이번에는 22퍼센트만이 프로그램 C를 선택하고, 78퍼센트는 D를 선택했다. 좀더 안전한 선택지를 선호한 것처럼 보이는 첫 번째 집단과 달리, 이 두 번째 집단은 더 위험한 선택지를 선호하는 듯했다.

대체로 이 경우에서 보듯 기댓값이 동일한 두 가지 옵션 중 하나를 선택해야 하는 상황에서 대다수 사람은 더 안전한 옵션을 선택한다. 그것이 물론 첫 번째 집단이 실제로 한 일이다. 그들의 선택지는 구제하는 인원을 기준으로 제시되었다. 하지만 사망자 수에 의거해 선택지를 제시받은 두 번째 집단은 더 위험한 선택지를 골랐다. 이 조사 결과와 관련해 대단히 흥미로운 점은 잠깐만 생각해보아도 알 수 있듯이 프로그램 A는 프로그램 C와 동일하고, 프로그램 B는 프로그램 D와 동일하다는 것이다. 두 집단이 이용할 수 있는 선택지 쌍이 기능적으로 **동일한데도** 두 번째 집단은, 그 어떤 손실도 피할 수 있는 기회를 유지해준 더 위험한 선택지를 고름으로써 전통에 도전했다. 실험자들은 두 번째 집단이 비합리적 선택을 했다고 주장하지는 않았다. 다만 관찰된 선택 유형을 사람들이 얼마나 손실을 혐오하는지 분명하게 보여주는 증거로 해석했다.

진지한 행동과학자라면 누구도 맥락이 우리의 인지와 평가에 큰 영향을 미친다는 사실을 반박하지 않는다. 대다수 과학자 또한 자연선택이 우리가 살아가는 환경에 대해 정확한 정보를 제공하는 인지 체계를 더 선호함에도, 그 체제가 완벽한 것과는 거리가 멀다는 데 동의한다.

이제껏 보아온 바와 같이 특정 유형의 자극은 우리 상당수가 확실하게 현실에 대해 그릇된 추론을 하도록 이끈다. 심리학과 경제학의 교차 지점에 놓인 행동경제학 분야에 종사하는 학자들은 주로 이런 유의 오류에 주목해왔다. 이 활기 넘치는 분야에 커다란 도움을 준 연구를 실시한 아모스 트버스키(Amos Tversky)는 이렇게 말하기를 좋아했다. "내 동료들은 인공 지능(artificial intelligence, 인공적 지성)을 연구하죠. 저요? 저는 자연적 어리석음(natural stupidity)을 연구해요." ('인공 지능'이 굳어진 표현이라 우리말로 옮겨놓으니 본래의 묘미가 잘 살지 않으나, 원문은 artificial과 natural, intelligence와 stupidity가 대구를 이루는 재미있는 언어유희다─옮긴이.)

이어지는 장들에서 내가 주력하고자 하는 내용은 자연적 어리석음과는 거의 상관이 없을 것이다. 나는 이 장에서 우리가 자기 자신을 둘러싼 환경에 대해 추론하도록 해주는 인지 기제는 대체로 의식적인 인식 영역 바깥에서 작용한다는 걸 보여주는 예들을 제시했다. 그 사실은 이러한 기제가 정확한 판단을 뒷받침해줄 때뿐 아니라 이따금 그렇지 않은 순간에도 적용된다.

행동 전염이 야기하는 가장 심각한 해악은 우리의 평가가 상대적 크기에 의존하는 경향성에서 비롯된다고 나는 주장할 것이다. '뜨겁다'는 상대적 의미에서 뜨겁다는 뜻이다. '멀다'는 상대적 의미에서 멀다는 뜻이다. '부유하다' 역시 상대적 의미에서 부유하다는 뜻이다. 이런 유의 상황적 평가에 크게 의존하지 않는 사람은 누구라도 경쟁에서 상당히 불리한 위치에 놓일 것이다.

그러나 점차 분명해지겠지만, 이런 식의 의존은 더러 집단에 엄청난 손실을 안겨주기도 한다. 4부의 각 장들에서 나는 채택할 경우 누구에게도 버거운 희생을 요구하지 않고 이와 같은 손실 가운데 가장 심각한 부분을 제거해줄 수 있는 간단한 정책을 기술할 것이다. 겉보기에 이는 수많은 사람에게 타당하지 않은 주장처럼 여겨질지도 모르겠다. 이런 정책이 존재한다면 우리는 왜 진작 그것을 취하지 않았단 말인가? 12장에서 보게 되겠지만, 그것은 우리 가운데 너무나 많은 이들이 내가 말한 이른바 '모든 인지적 착각의 어머니'로 인해 고통받고 있기 때문이다.

# 동조 욕구

요한 폰 괴테(Johann von Goethe)의 《젊은 베르테르의 슬픔(The Sorrows of Young Werther)》은 예민한 젊은 예술가가 한 친구에게 쓴 편지 형태를 띤 다소 자전적인 소설이다. 주인공은 다른 남자와 약혼한 여인을 사랑하게 된다. 짝사랑으로 인한 고통은 젊은 베르테르가 견딜 수 있는 수준을 넘어서고, 그는 급기야 스스로 목숨을 끊는다.

1774년 발표된 이 소설은 광범위한 평단의 찬사를 받았지만, 이어지는 세월 동안 유럽 전역을 자살의 물결 속으로 몰아넣었다. 조사자들은 희생자 상당수가 괴테의 내러티브에 크게 영향받았다는 사실을 발견했다. 자살은 일종의 밈이 되었다. 심리학자 폴 마스든(Paul Marsden)은 정책 입안자들의 대응에 대해 이렇게 기술했다. "불안을 느낀 관계 당국은 모방 자살이다 싶은 현상을 막기 위한 노력의 일환으로, 유럽 일부 지역에서 그 책의 판매를 금지했다."[1]

이어지는 200년 동안 학자들은 행동 전염이라 불리는 이론을 활발하게 탐구해왔다. 행동 전염이란 대략적으로 "사회문화적 현상은 합리적 선택의 과정을 통해서보다 오히려 홍역이나 수두의 발병처럼 사람들 사이에 널리 퍼져나가 급격히 불어날 수 있다"는 주장이다.[2]

그 결과 발표된 문헌 상당수는 모방 행동을 비판적 시각에서 바라본다. 이 주제에 관해 고민하면서 30여 년의 세월을 보내는 동안 내가 만나본 것 가운데 이러한 특징을 지지하는 듯 보이는 가장 생생한 예는 앨런 펀트(Alan Funt)의 1970년 영화 〈벌거벗은 여인에 대해 어떻게 생각하시나요?(What Do You Say to a Naked Lady?)〉다. 이 영화는 장기간 방영된 펀트의 텔레비전 시리즈 〈몰래 카메라(Candid Camera)〉에서 묘사한 것과 같은 비네트(vignette: 특정한 사람·상황 등을 분명하게 보여주는 짧막한 글이나 삽화―옮긴이) 모음이다. 그중 하나에서 펀트는 보수가 높은 직종에 면접을 보고자 하는 지원자를 뽑기 위해 광고를 싣고, 거기에 응해온 사람들과 만날 약속을 잡는다. 장면이 펼쳐지면서 카메라는 인터뷰를 보러 와서 다른 대여섯 명의 지원자가 이미 도착해 앉아 있는 대기실로 안내받은 한 지원자에게 초점을 맞춘다. 그 남성은 응당 다른 사람들 역시 면접을 보러 왔을 거라고 짐작한다. 하지만 시청자들은 그들이 펀트의 실험 협력자들임을 알고 있다.

아무런 일 없이 얼마간 시간이 흐른 뒤, 실험 협력자들이 느닷없이 일어서서 옷을 벗기 시작한다. 카메라는 피험자의 얼굴을 클로즈업한다. 그의 얼굴은 처음에는 당혹감에 휩싸이지만, 지금 무슨 일이 벌어지고 있는지 알아내려 안간힘을 쓰면서 서서히 걱정스러운 표정으로 바뀐다. 하지만 약간의 시간이 더 흐르자 그는 마침내 전환점에 이른 듯하다. 그 역시 일어나서 옷을 벗기 시작한다. 장면이 끝날 때, 그와 나머지 사람들은 모두 벌거벗은 상태로 다음에 어떻게 해야 할지 지시가 떨어지길 기다리고 있다.

이 장면을 시청한 수많은 사람은 자신은 결코 펀트의 피험자가 한 것처럼 행동하지 않을 거라고 확신한다. 우리는 펀트가 자신이 원하는 장면을 얻기까지 실험을 몇 번이나 되풀이했는지 알지 못하므로 그들의 말이 맞을는지도 모른다.

하지만 그 남성의 행동을 너무 서둘러 조롱하지는 말아야 한다. 그는 꽤나 이성적으로, 자신이 현재 받는 것보다 훨씬 더 많은 돈을 벌 수 있는 직장을 구하길 바랐다. 그 실험에 참가한 다른 사람들은 그보다 먼저 도착했으므로, 다음에 어떻게 행동해야 할지에 대해 그들이 자신보다 더 많은 것을 알고 있으리라는 그의 가정 역시 전혀 나무랄 게 없다. 따라서 그가 면접 과정의 다음 단계를 위해서는 아마도 옷을 벗어야 하는 거라고 결론 내린 것은 충분히 사리에 닿는 일이다. 다른 사람들은 이미 그렇게 하기 시작했고, 그로서는 자신보다 나머지 사람들이 더 잘 알고 있으리라 믿는 편이 합리적이므로, 그들이 다음 절차를 미리 취할 가치가 있다고 믿으리라 결론 내리는 것 역시 합리적이었다. 따라서 그가 분명하게 선택할 수 있는 것은 다수에 동조하거나, 아니면 봉급이 상당액 오를 수도 있는 가능성을 포기하거나 둘 중 하나였다. 만약 그가 동조할 경우 약간의 창피함만 감수하면 그만이라고 생각한다면, 다른 사람들과 보조를 맞추는 것은 당연히 분별력 있는 행동이 된다.

그와 유사하게 더 최근에 실시한 학문적 연구는 '무리 행동(herd behavior)'이 대체로 개인의 합리성과 모순을 일으키지 않을 가능성이 있음을 보여주었다. 어쨌거나 주기적인 진척 평가가 유용하다는 사실을 부정하는 연구자는 거의 없다. 실제로 이따금 "제가 어떻게 하고 있나요?"라고 묻지 않는 사람이 우리가 살아가는 경쟁적 환경에서 일을 잘해낼 수 있으리라고 보기는 어렵다. 이 질문에 대한 우리의 반응은 그것을 생각할 때 우리가 떠올리는 준거 틀에 큰 영향을 받는다. 하지만 중요한 결정은 흔히 신중하게 성찰할 수 있는 시간을 갖지 못한 채 이루어질 테니, 그런 준거 틀의 상당수는 거의 전적으로 의식적인 인식의 영역 밖에 놓여 있다.

홍적세 때 부지런히 산딸기류를 찾아다니던 수렵·채집인이 제 부족에 속한 두 사람이 겁에 질린 얼굴로 걸음아 날 살려라 하며 달아나는 광경을 봤다고 치자. 그는 어떻게 행동해야 옳은가? 줄행랑치는 이들은 그 수렵·채집인과는 아무 상관없는 분규에 휘말려 다른 사람들에게 쫓기고 있는 처지일 수도 있다. 이럴 경우 그는 그저 자신이 하던 일을 계속하면 된다. 하지만 내빼는 이들이 성난 호랑이를 피해 달아나고 있을 가능성도 있다. 그렇다면 수렵·채집인이 선택할 수 있는 최선의 행동은 두 남성의 두려움을 간접 경험하고 냅다 도망치는 것이다. 두 번째 경우라면 아무 행동도 하지 않는 쪽은 너무나 큰 대가를 치르게 되므로 일단 달아나고 보는 편이 분별력 있는 선택이다.

이런 관점은 동조를 선호하는 심리적 경향성이 왜 그토록 강력한지 말해준다. 심지어 1장에서 소개한 솔로몬 애시의 피험자 사례처럼 동조를 선호하는 데 따른 아무런 분명한 이유가 없을 때조차 말이다. 하지만 그것은 우리가 타인을 모방하는 경향성은 모든 것을 감안하건대 우리에게 이롭다는 생각과 완벽하게 일치한다. 어쨌거나 다른 사람의 지혜와 경험을 활용하지 않는다면 우리는 일상적으로 마주하는 수많은 복잡한 결정에 대처하기가 거의 불가능함을 발견하게 될 것이다.

다른 사람을 모방하는 경향성은 예컨대 우리가 유용한 새로운 기회에 주의를 기울이는 데에도 도움을 줄 수 있다. 만약 LED 전등이 에너지를 상당량 절감해준다는 사실에 대해 전혀 들은 바가 없다 하더라도, 이웃들이 그것을 선택하는 모습을 본다면 나도 그렇게 할까 생각해보게 된다. 그런가 하면 다른 사람들이 과거에 남의 빈축을 사던 행동을 하는 모습을 본다면 나 역시 그 행동을 시도해보는 데 대한 두려움을 덜 느낄 것이다. 예를 들어 과거에는 서방 국가에서 침술사를 찾아가는 행동을 의심스럽게 여겼다. 그런데 친구들이 침술사에게 진료받고 있다는 사실을 알게 되면 그렇게 행동할 경우 다른 사람들이 나를 얕잡아볼 거라는 두려움에서 벗어날 수 있다.

타인을 모방하지 않을 경우 더러 사회적 대가를 치러야 할 때도 있다. 만약 저녁 식사에 나를 초대한 주최자가 칵테일을 주문한다면, 내가 그를 따르지 않는 것은 사회적으로 어색한 행동이 될 수 있다. 모방은 사회적 연대를 강화하는 데도 도움을 준다. 사회적 연대는 본질적으로뿐 아니라 물질적 이점을 제공한다는 점에서도 더없이 소중하다. 모방 행동은 사회적 정체성을 지탱하는 데 기여한다. 가령 프로 야구에 해박한 것은 동료들과 공유하는 사회적 정체성의 일부가 될 수도 있다. 이는 다시 말해 스포츠에 대한 관심 부족은 나를 믿을 만한 동료가 되지 못하게 만들 소지가 있음을 뜻한다.

요컨대 모든 것을 감안할 때 타인을 모방하고자 하는 잠재의식적 욕구가 우리에게 상당히 많은 이득을 안겨준다고 생각할 만한 이유는 다분하다.

엄청나게 쏟아져 나오는 연구 문헌에 따르면, 모방 행동은 그 진화적 기원이 무엇이든 인간이나 다른 동물에서 이른바 뇌의 거울 뉴런 시스템(mirror neuron system, MNS) 속에 깊이 뿌리내리고 있음을 알 수 있다.[3] 이 시스템은 보고 들은 것을 모방하고자 우리 신경계를 점화(priming)하는 과정을 통해 우리가 접촉하는 타인의 제스처, 얼굴 표정, 몸짓 언어, 목소리어조, 눈동자의 움직임을 실시간으로 기록하는 카메라에 비유되곤 했다. 가령 누군가가 웃는 모습을 볼 때 우리의 거울 뉴런 시스템은 그 미소를 만들어내는 두 가지 주요 근육 집단—즉 입꼬리를 위로 당기는 근육 집단〔zygomaticus major: 대관골근(큰광대근)〕과 눈을 작아지게 만드는 근육 집단〔orbicularis oculi: 안륜근(눈둘레근)〕—의 활성화를 기록한다. 어떤 사람이 컵을 입술로 가져가는 모습을 보면, 거울 뉴런 시스템은 우리 안에서 동일한 근육 운동을 만들어내는 신경 자극을 모방한다. 누군가가 하품하는 모습을 보면 우리 또한 그렇게 할 가능성이 커진다.

심리학자 존 바그(John Bargh)와 타냐 차트랜드(Tanya Chartrand)가 실시한 실험은 거울 뉴런 시스템이 인간의 커뮤니케이션과 유대에서 중추적 역할을 맡고 있음을 보여준다.[4] 그들은 한 연구에서, 실험 집단에 속한 피험자들에게 전에 한 번도 만나본 적 없는 다른 사람들과 협업하라는 임무를 주었다. 피험자들에게는 알리지 않았지만 이 다른 사람들은 바그와 차트랜드의 실험 협력자로서, 협업 파트너를 모방하는 경향성을 억누르도록 훈련받은 조교들이었다. 통제 집단에서는 다른 피험자들이 자기 파트너를 모방하는 자연스러운 경향성을 그대로 드러내는 조교들과 협업하면서 동일한 과제를 수행했다. 실험 후 진행한 설문 조사에서 모방을 억압한 조교들과 상호 작용한 피험자들은 자신의 협업 파트너에 대해 훨씬 호감을 덜 느꼈다고 보고했다.

돌이켜보면 평가의 이러한 차이는 그리 놀랄 게 못되는 듯하다. 서로를 모방하는 경향성은 거의 전적으로 의식적인 인식의 영역 밖에 놓여 있다 하더라도, 측정 가능한 방식으로 우리 뇌의 전기적 활동에 영향을 미친다. 우리는 적어도 잠재의식 속에서나마 대화 상대가 전통적 방식으로 우리를 모방하고 있는지 여부를 의식한다. 모방하지 않는 상대는 관심이 없다거나 주목하고 있지 않다는 이미지를 풍길 공산이 크다.

다른 연구자들은 감정 전염이라는 그와 유관한 현상에 대해 기술한다. 그들에 따르면, 사람은 감정 전염에 의거해 긴밀하게 상호 작용하는 이들의 감정 상태를 경험하는 경향이 있다. 심리학자 일레인 햇필드(Elaine Hatfield), 존 카시오포(John Cacioppo), 리처드 랩슨(Richard Rapson)은 감정 전염을 대화 상대로 하여금 비슷한 감정 상태를 겪게 만드는 일련의 구심적 피드백 단계를 거쳐 발생하는 원초적이고 자동적이고 무의식적 과정이라고 표현했다.[5] 이러한 반응은 관계 형성을 촉진하는 데 유용하다. 하지만 경력 초기의 심리치료사들이 자기가 치료하는 우울증 환자를 접한 뒤 우울감을 호소하는 데서 보듯 더러 유해한 영향을 끼치기도 한다.

모든 모방 행동이 감정 전염과 관계있는 것은 아니다. 경제학자들이 오랫동안 인식해온 바와 같이, 모방 행동은 정보 요인에 의해서만 촉발될 수도 있다. 그리고 오늘날에는 그와 유관한 주제인 "정보의 폭포 효과(information cascades)"[6] 및 "이용 가능성의 폭포 효과(availability cascades)"[7]를 다룬 문헌이 방대하게 쌓여 있다. 법학자 캐스 선스타인(Cass Sunstein)은 2019년 출간한 책에서 이 두 가지 현상이 지니는 함의를 통찰력 있게 탐구했다.[8]

이와 관련한 분야에서 최초이자 가장 영향력 있는 학문적 성과는 경제학자 아브히지트 바네르지〔Abhijit Banerjee: 1961~. 인도계 미국인 경제학자로 2019년 지구촌 빈곤 문제를 경감하기 위해 실험적 접근과 연구를 수행한 공로로 에스테르 뒤플로(Esther Duflo), 마이클 크레머(Michael Kremer)와 함께 노벨 경제학상을 수상했다—옮긴이〕의 연구물이다.[9] 의사 결정자가 갖지 못한 유관 정보를 타인들이 갖고 있는 경우가 흔한지라, 모방 행동은 완전히 이성적인 것임을 그는 실증적으로 보여주었다. 가령 모 후보 정치인에 관해 거의 아는 바 없는 유권자로서는 호의적인 초기 여론 조사나 모금 총액에 대해 그 후보를 더 잘 아는 다른 사람들이 그를 긍정적으로 평가했다는 의미로 해석하는 게 합리적이다.

사람들은 테이블이 대체로 비어 있는 식당에 가기를 꺼리는 경향이 있는데, 이것이 흔히 인용되는 또 다른 예다.[10] 어느 특정 저녁 시간에 전혀 알지 못하는 식당 두 곳 가운데 하나를 고르려고 애쓰는 사람은 남들이 적어도 본인보다는 그 식당들에 대해 잘 알고 있으리라고 자신 있게 가정한다. 따라서 대다수 사람이 선택한 식당을 고르는 결정은 모든 것을 감안하건대 유리한 결과를 낳을 가능성이 높다. 예를 들어 식당에 관한 정보가 거의 없는 사람이 먼저 도착해서 순전히 우연하게 시시한 식당을 선택하면, 뒤이어 도착한 사람들은 그들을 따르게 된다. 그러므로 그 시시한 식당은 내놓는 음식이 형편없음에도 그날 저녁 내내 테이블을 제법 채울 가능성이 있다.

연구 결과 다른 여러 영역에서도 그와 유사한 동료 영향력이 확인되었다. 예컨대 몇 명의 자녀를 가져야 하는지와 관련한 선택은 같은 지역에 사는 다른 사람들의 출산 추이에 크게 영향을 받는다.[11] 새로운 테크놀로지의 채택에 관한 결정 또한 남들의 선택에 상당 정도 좌우되는 것으로 드러났다.[12] 흔히 인용되는 또 다른 예로는 폭동, 도시 괴담(urban legends: 확실한 근거가 없는데도 사실인 양 사람들 사이에 퍼져나가는 놀라운 이야기-옮긴이), 경제적 거품, 공포, 과속, 보디 피어싱, 문신, 성형 따위가 있다.[13] 노르웨이 근로자들은 아버지 육아 휴직 조항을 사용하는 경향이 많은데, 이 역시 행동 전염이 쉽게 일어난다는 것을 보여주는 예다.[14]

행동 전염은 불법적 행동에도 커다란 영향을 미친다. 예를 들어 경제학자 에드워드 글레이저(Edward Glaeser)와 그의 공동 저자들은 무리 행동이 범죄를 저지르는 경향성에 상당한 영향을 끼친다는 사실을 확인했다. 그들은 도시 범죄율과 관련해 그 도시 및 그곳 거주민의 객관적 특성 차이로 설명할 수 있는 비율은 채 30퍼센트도 되지 않음을 보여주었다. 그들은 감염 효과가 가장 강력하게 드러나는 부분은 절도나 자동차 도난이고, 가장 약하게 드러나는 부분은 방화·살인·강간이라고 밝혔다.[15] 사회학자 콜린 로프틴(Colin Loftin)은 폭력적인 공격 사례가 전염성 있는 사회적 과정을 구성한다는 주장을 뒷받침하는 공간 군집(spatial clustering)의 증거를 발견했다.[16]

무리 행동을 보여주는 가장 강력한 예는 주식 시장에서 찾아볼 수 있다. 모 기업의 주식을 소유한 사람들은 기본적으로 그 회사의 현재 및 미래 수입에 대한 지분을 보유하고 있다. 따라서 경제 이론은 공공 증권거래소에서 사고파는 한 기업의 주가는 그 기업의 현재 및 미래 이익에 대해 매긴 현재 가치에 비례해 오르내린다는 것을 시사한다. 하지만 누구도 진정으로 어떤 기업의 미래 이익이 정확히 어떻게 될지 알지 못하므로, 투자자들은 추정치에 의존하지 않을 수 없다. 이러한 추정치는 잘 추론된 시장 분석 결과에 크게 의존하는 게 보통이지만, 투자자들은 한 기업의 주가가 더러 전반적 낙관론이나 비관론 신호에 반응하기도 한다는 것을 알고 있다. 존 메이너드 케인스(John Maynard Keynes)가 과거에 말한 바와 같이, 증권 컨설턴트의 과제는 자신이 느끼기에 가장 실적이 좋을 것 같은 기업을 가려내는 작업이 아니라 다른 투자자들이 최고 실적을 낼 거라고 여기는 기업을 예측하는 작업이다.[17]

투자자들은 한 기업의 주가는 오직 제한적인 소수만이 소유한 정보에 크게 좌우된다는 사실도 알고 있다. 따라서 적극적인 거래자들의 가장 절박한 관심사는 널리 알려지기 전에 어떻게든 그러한 정보를 알아내려고 가능한 모든 조치를 취하는 것이다. '좋은 기회를 놓치는 데 따른 두려움 (fear of missing out, FOMO)'은 이러한 투자자들의 행동을 추동하는 가장 강력한 동기 가운데 하나다. 그리고 그 두려움을 가장 거세게 자극하는 요소는 공개적으로 활용 가능한 새로운 정보로는 설명할 수 없는 어느 기업 주가의 급격한 변화다.

이러한 주가 변화는 투자자들로 하여금 다른 곳의 누군가가 그들 자신으로서는 알지 못하는 모종의 정보를 알고 있는 게 틀림없다고 결론 내리게끔 이끈다. 따라서 우리는 위험을 꺼리는 일부 투자자가 왜 어떤 기업의 느닷없는 비예측 주가 하락을 미래 수익의 감소에 관한 내부 정보의 증거로 해석하는지 쉽게 이해할 수 있다. 그리고 만약 그러한 해석이 일부 투자자로 하여금 그들의 주식을 팔도록 내몬다면, 그 주가는 점점 더 떨어질 테고, 그러면 다른 투자자도 그에 질세라 주식을 팔도록 자극받을 것이다. 그러한 연쇄 효과가 내내 이어진다. 주가가 그것이 토대를 두고 있는 기본적인 기업의 수익 흐름보다 훨씬 더 불안정해지는 현상은 이러한 정보 폭포 효과 때문으로, 하나도 신기할 게 없다.

그런가 하면 현대 정보 이론의 사회적 차원은 정치 지도자들이 취하는 일견 이상해 보이는 수많은 태도에 대해 그럴듯한 설명을 제공한다. 예를 들어 사형을 비효과적이고 도덕적으로도 역겨운 제도라고 믿는 정치인들조차 공개 석상에서 그 제도를 열렬히 지지하는 사태가 빈번한 까닭은 무엇일까? 그에 대한 개략적인 답변은 경제학자 글렌 로리(Glenn Loury)가 1994년 발표한 논문에 제시되어 있다.[18] 사회학자 어빙 고프먼(Erving Goffman)이 수행한 초기 저작을 기반으로 한 논문이다.[19]

정치인들은 범죄에 강경하게 대처하는 것처럼 보이고 싶어 하지만, 유권자는 지도자들의 실제 신념이 무엇인지에 대해 불완전한 정보밖에 갖고 있지 못하다. 유권자는 사형에 대한 공적 진술이 범죄에 대한 그 정치인의 강경함 여부를 보여주기에는 미흡한 척도임을 이해하고 있을 수도 있다. 하지만 올바르게도 범죄에 대해 강경한 정치인이 그렇지 않은 쪽보다 적어도 약간이나마 사형을 좀더 찬성한다고 믿는다. 로리가 기술한 역학을 시작하는 데 필요한 것은 오직 그것뿐이다.

범죄에 대해 강경한 인물로 인식되는 쪽이 이로우므로 개인적으로는 사형 제도를 반대하는 일부 정치인도 공개적으로는 찬성한다고 선언한다. 이런 조치를 취하는 데 강한 동기를 지닌 이들은 범죄에 대해 진짜로 강경한 사람들, 그리고 사형을 꺼리는 마음이 거의 없는 사람들이다. 하지만 공개적으로 솔직하게 발언해야 할 때 사형 제도에 대해 계속 침묵을 유지하는 일군의 사람들은 그 수가 점점 적어지고, 범죄에 대해 진짜로 관대한 부류로 간주되어 손가락질받는다. 급기야 사형에 대해 찬성 발언을 해야 한다는 압력은 거의 거부할 수 없는 수준이 된다.

이것이 바로 우리가 비슷한 상황에서 솔직하게 발언하는 사람들의 도덕적 용기에 찬사를 보내는 이유다. 가령 뉴욕 주지사로 재직할 당시 마리오 쿠오모〔Mario Cuomo: 1983~1994년 뉴욕 주지사를 지낸 유명 정치인으로 현 뉴욕 주지사 앤드루 마크 쿠오모(Andrew Mark Cuomo)의 부친—옮긴이〕가 주 입법부에서 큰 표차로 통과된 사형 법안에 거듭 거부권을 행사했다. 그런데도 대다수 유권자는 그를 용서했다. 그의 반대가 범죄가 낳는 비용에 대한 무관심이 아니라 잘 알려진 그의 종교적 신념에 깊이 뿌리내리고 있음을 인정했기 때문이다.

그와 비슷하게 대다수 유권자는 중국에 대한 리처드 닉슨(Richard Nixon: 1969~1974년 재임한 미국의 37대 대통령—옮긴이)의 접근 방식을 기꺼이 수용했다. 그가 반(反)공산주의자라는 데는 의심의 여지가 없었기 때문이다. 만약 휴버트 험프리(Hubert Humphrey: 37대 대통령 선거에서 공화당의 리처드 닉슨과 맞붙은 민주당 대통령 후보—옮긴이)가 대통령이 되었다면, 닉슨과 같은 방식은 훨씬 더 완고한 저항에 부딪쳤을 것이다.

연구자들은 흡연의 예에서 보듯 행동 전염의 부정적 효과에 주목하는 경향이 있다. 하지만 행동 전염에는 긍정적 효과도 있다. 가령 사람들은 자신을 둘러싼 많은 이들이 규칙적으로 운동하면 자신도 그렇게 하기가 한결 쉽다는 것을 발견한다. 그런데도 연구자들이 행동 전염의 긍정적 효과보다 부정적 효과에 치중하는 까닭은 그 효과가 실제로 비대칭적인 데서 비롯되는 듯하다. 경제학자 필립 쿡(Phillip Cook)과 크리스틴 고스(Kristen Goss)가 쓴 대로 "사회적 제약을 받기 십상인 부정적 행동과 신념은, 사람들이 남들의 선택과 상관없이 더 자유롭게 선택하는 사회적으로 바람직한 행동보다 전염을 더 잘 일으키는 것 같다".[20]

---

나는 우리의 선택이 남들의 선택에 크게 좌우된다는 사실을 지적했는데, 거기에는 새로울 것도 시비 논란의 여지도 없다. 수많은 사회학자와 심리학자들이 오래전부터 강조해온 대로, 상황적 요소는 인성이나 성격 같은 개인적 특성보다 사람들이 무엇을 할 것인지에 대해 훨씬 더 정확하게 예측하도록 해주는 지표다.

하지만 역시 이 분야의 학자들이 강조했다시피, 대중은 동료 영향력의 중요성을 과소평가하는 경향이 있다. 나의 동료 경제학자들은 유독 더 그렇다. 그들은 최근의 정보 전달 메커니즘에 흥미를 보이고 있기는 하다. 그러나 대다수 경제학자는 공공 정책을 분석하는 데서 다른 사회적 영향력 차원을 철저히 무시해왔다. 내가 이 책을 쓴 주된 동기는 이런 사회적 영향력을 신중하게 고려하면 훨씬 더 나은 정책적 결정을 내릴 수 있음을 설명하기 위해서다.

우리의 행동이 동료들에 의해 얼마나 많은 영향을 받는지 충분히 인식하는 사람조차 역방향으로 작용하는 인과관계—즉 우리가 하는 일 역시 다른 사람들의 행동에 영향을 미친다—의 중요성은 무시하는 경향을 보인다. 어떤 구체적 선택은 사회적 환경 전반에 무시할 수 있을 정도의 영향만 미치므로 개인들은 자연스럽게 그 역의 인과관계에는 거의 주목하지 않는 것이다. 하지만 당연히 우리의 선택이 환경에 미치는 효과의 총합은 결코 무시할 수 있는 정도가 아니다. 그 결과들이 우리에게 영향을 미치는 사회적 힘의 핵심인 것이다. 한마디로 나는 우리가 스스로에게서 최선을 이끌어내는 환경의 조성을 선택하려는 동기를 지닐 수 있다고 주장하고자 한다.

나는 이미 논의한 흡연의 예에서 사회적 고려가 규제를 위한 전통적 논리를 어떻게 보완해줄 수 있는지 검토함으로써 그 논의의 핵심을 실증적으로 보여주고자 한다. 9장에서 유관한 예를 제시할 텐데, '스포츠 유틸리티 차량(sport utility vehicle, SUV)'을 구매하는 것 역시 사회적으로 전염성이 있다는 증거에 대해 기술하려 한다. 두 가지 예에서, 규제를 지지하는 기본 주장은 존 스튜어트 밀의 언명—정부는 남에게 지나친 피해를 끼치지 않도록 예방하는 데 필요한 경우 빼고는 하고 싶은 대로 할 수 있는 사람들의 권리를 침해해선 안 된다—에 기대고 있다. 만약 담배를 피울지 말지, 혹은 어떤 유형의 자동차를 살지 말지 같은 소비자의 선택이 남에게 부정적 영향을 주지 않는다면 딱히 정책에 관여할 까닭이 없다. 물론 흡연이나 무거운 자동차가 남들에게 해를 끼친다는 사실을 부인할 사람은 아무도 없지만, 우리가 하는 다른 수많은 일도 마찬가지인지라 그런 논리만으로 규제에 찬성하는 데는 무리가 따른다.

만약 어떤 행위의 이득이 그것이 초래하는 해악보다 클 경우 그 활동을 지속하면 전체적으로 비용보다 이득이 늘어나고, 이는 추정컨대 좋은 일일 것이다. 예를 들어 무거운 자동차를 금지하면 다른 사람들이 도로에서 교통사고로 다치거나 사망할 가능성이 낮아져 피해가 줄어들 것이다. 하지만 만약 건설 인부들이 가족 세단에 장비를 실어 날라야 한다면, 건설비가 급상승해 다른 사람들이 피해를 볼 것이다. 그와 비슷하게 흡연을 금지하면 사람들이 다양한 질병에 걸려 사망하는 일이야 줄겠지만, 남들과 동떨어진 장소에서 흡연을 즐기는 애먼 사람들이 손해를 볼 가능성도 있다. 따라서 어떤 활동에 대한 규제를 지지하는 논리는 그로 인한 이익이 그로 인한 피해보다 더 작다는 것을 보여주는 데서 출발해야 한다.

방금 언급한 두 영역에서 이를 입증하고자 시도할 때, 정책 분석가들은 그간 자신들의 관심을 흡연이나 무거운 차량의 사용과 관련해 제삼자에게 가하는 직접적이고 물리적인 피해에만 국한해왔다. 이는 논리적으로 일관된다. 어떤 행동을 하느냐 마느냐와 관련한 개인의 '비용-편익' 산출은 일반적으로 그것이 남들에게 부과하는 비용을 무시하며, 결국 그 행동을 지지하는 쪽에 편중되기 때문이다. 담배 구입에 과세하는 조치, 혹은 무게에 따라 차량에 과세하는 조치는 이러한 편중을 줄이거나 없애는 간단한 방법이다.

하지만 우리가 앞서 살펴본 대로, 담배에 대한 과세를 정당화하는 근거로 언급된 간접흡연의 피해는 흡연 자체가 야기하는 피해의 극히 일부에 불과하고, 흡연율은 무엇보다 담배 피우는 친구의 비율이 커감에 따라 급상승한다. 같은 이유에서 더 무거운 차량에 대한 과세의 이유로 언급되는 피해—가장 두드러진 피해로는 도로 파손, 교통 혼잡, 더 심각해지는 오염, 그리고 무고한 옆 사람들의 부상이나 사망 위험이 커진다는 점을 들 수 있다—는 그 차량을 가장 적절한 쓰임새인 상업용으로만 제한할 경우 그리 심각한 문제가 아니다. SUV가 일으키는 진짜 피해는 동료 영향으로 인해 수백만 명의 다른 자동차 운전자들이 그것을 사도록 만들 때에만 의미가 있다.

회의주의자들은 동료 압력에 따른 부정적 효과를 억제하는 것은 정부가 할 일이 아니라며 반대할지도 모른다. 그들은 필요한 경우 또래 압력을 이겨낼 수 있도록 자녀들을 지도하는 것은 부모의 책임이라고 주장한다. 하지만 자녀들이 또래의 영향에 전혀 휘둘리지 않도록 만들어주는 약이 있다 해도, 부모라면 그 약을 사용하지 않을 정도의 분별력은 있을 것이다. 인간은 지극히 사회적인 동물이므로, 한 집단 내에서 가치와 견해가 지나치게 다르면 흔히 신뢰와 응집력을 유지하는 데 어려움이 따르고, 다른 사람과 조화롭게 어우러지고자 하는 바람은 팀의 임무 수행을 성공으로 이끄는 데 도움을 준다. 따라서 특정 지점을 넘어서면 또래 압력에 대한 저항은 필시 부작용을 낳는다. 좌우간 대다수 부모가 자녀들에게 또래 압력을 이겨내도록 가르치고자 노력함에도, 증거에 따르면 또래 압력은 지속적으로 위력을 발휘한다는 걸 확인할 수 있다. 순전히 실질적인 측면에서만 보자면 또래 환경 자체를 바꾸는 편이 또래에게 영향을 받는 경향성 자체를 없애는 것보다 손쉬울지도 모른다.

우리는 어떻게 이 일을 해야 할까. 이것이 4부의 여러 장에서 내가 주력할 내용이다. 여기서는 그저 다음과 같이 지적하고만 넘어가려고 한다. 만약 어떤 활동이 남에게 과도한 피해를 입힌다는 데 동의할 수 있다면, 그에 과세하는 것 또한 충분히 합리적이라고 말이다. 해로운 행동에 세금을 부과하면 그 일을 하고자 하는 유인을 낮출 수 있고, 따라서 무고한 옆 사람이 입는 피해가 줄어든다. 또한 과세는 금지와 비교할 때 그 활동을 가장 가치 있게 여기는 이들을 한층 더 존중하는 방법이기도 하다. 일테면 진정으로 열렬한 애연가들은 세금도 마다 않고 계속 담배를 피울 수 있다. 흡연에 대한 가치 부여가 그만 못하거나 처음에 아예 시작하지 말았어야 한다고 후회하는 그 밖의 사람들은 담배를 줄이거나 끊을 가능성이 높아진다. 과세는 자신의 행동을 가장 쉽게 바꿀 수 있는 사람들의 행동 변화를 장려하므로, 효율성을 근거로 삼는 경제학자들에게도 인정받는다.

그런가 하면 과세는 공정성을 근거로 보아도 더없이 매력적이다. 해로운 행동을 지속해나가는 사람들에게 거두는 세수가 증가하면 다른 세금을 줄일 수 있으므로, 그 행동에 의해 피해 입는 사람들은 과세 의무액이 줄어드는 혜택을 누릴 테고, 이는 적어도 부분적으로나마 그들이 계속 감내해야 하는 피해가 있다면 그에 대한 보상이 되어준다.

어떤 사람들은 행동 외부성의 완화를 겨냥한 세금이 실제로 바람직한 특성을 지닐 수 있음을 인정하지만 여전히 세금 자체에는 난색을 표시한다. 세금은 사람들이 자기 힘으로는 또래 압박에 저항할 책임이 없다는 견해를 정당화하는 것처럼 보이기 때문이다. 이러한 반대는 진지하게 따져볼 만한 가치가 있기에 10장에서 본격적으로 다룰 참이다.

물론 세금 내는 것을 반기는 경우란 없다. 하지만 우리가 그 어떤 것에도 세금을 부과하지 않으면 사회는 결코 굴러갈 수 없다. 오늘날 정부는 세수의 상당액을 이로운 행동에 부과한 세금을 통해 충당한다. 예컨대 기업이 제공하는 봉급에 세금을 부과하는데, 이는 기업이 추가로 직원을 고용하고자 하는 유인을 떨어뜨린다. 또한 소득에도 과세하는데, 저축은 상당히 중요한 소득의 일부다. 따라서 우리는 저축하고자 하는 값진 의욕을 꺾고 있는 셈이다.

그렇게 하는 대신 남에게 과도한 해를 입히는 행동에 과세함으로써 가능한 한 많은 세수를 확보하면 안 되는 까닭은 무엇인가? 이어지는 장들에서 보겠지만, 일단 행동 외부성이 얼마나 만연한지 깨달으면, 해로운 행동에 대한 과세로 유용한 행동에 부과한 세금을 상쇄할 여지가 크게 늘어난다는 것을 알 수 있다.

3부

# 행동 전염의 사례

# 행동 전염의 역학

1989년 언론인 앤드루 설리번(Andrew Sullivan)은 자신이 쓴 기사에서 전통적으로 이성 간 결혼을 지지하는 데 동원된 것과 동일한 보수적 논의를 언급함으로써 동성 간 결혼의 합법화에 찬성했다.[1] 당시만 해도 동성 간 결혼 합법화는 이단적 견해였고, 그에 대한 대중의 태도를 알아내고자 노력한 여론 조사 기관도 거의 없다시피 했다. 단 하나의 예외가 바로 시카고 대학 산하 내셔널 오피니언 리서치센터(National Opinion Research Center)에서 실시한 '일반 사회 설문 조사(General Society Survey)'였다. 그에 따르면 오직 조사 대상자의 12퍼센트만이 동성 간 결혼 합법화에 찬성했다.

하지만 그로부터 불과 25년 만인 2015년 미 대법원은 오버거펠 대 호지스 사건(Obergefell v. Hodges)을 통해 모든 주에서 이성 간 커플과 동일한 조건으로 동성 간 결혼을 인정해야 한다고 판결했다. 재판관 앤서니 케네디(Anthony Kennedy)가 작성한 5-4 판결문은 설리번이 1989년 한 것과 같은 주장을 상당 부분 근거로 삼았다.[2]

2015년의 법적 분위기에서는 그 재판이 새로운 기원을 열고 있었다고 말하기 어렵다. 당시 동성 간 결혼은 이미 36개 주, 워싱턴 D.C., 괌 (Guam: 북태평양의 미국령 섬―옮긴이)에서 합법적 지위를 얻은 상태였기 때문이다.[3] 오버거펠 판결문은 2015년의 법적 분위기와 여론 조사 데이터를 잘 아는 전문가들로서는 전혀 놀라울 게 없는 결과였다. 하지만 만약 설리번의 기사가 처음 나왔을 때 그걸 읽은 이들 대부분은 그러한 판결문을 거의 상상하기 어려웠을 것이다.

일례로 데이터 저널리스트 네이트 실버(Nate Silver)는 그 시대에 드러내지 못한 동성애자 고등학생으로서 자신이 겪은 일을 이렇게 술회했다.

나는 미시간주 이스트랜싱(East Lansing)에서 자랐다. 그곳은 훌륭한 여러 공립 학교, 아름다운 캠퍼스, 얼마간의 다채로움, 그리고 걸어 다닐 수 있는 활기찬 도심을 둔 대학촌으로, 지내기에 더없이 좋은 장소였다. 하지만 나는 몇 년 동안 그럭저럭 지내오다가 (나는 1978년에 태어났다) 점차 자라면서 동성애자임을 커밍아웃하는 걸 진지하게 고려하게 되었다. 내가 다니는 고등학교에 동성애자임을 공개한 학생은 아무도 없었다. 게다가 미국 사회 전체에서도 동성애자의 롤 모델이라고 할 만한 인물이 거의 없다시피 했다. 텔레비전이나 영화에 등장하는 동성애 남성들도 영 아니올시다였다. 하나같이 '과장된 교태를 부리는 캐릭터(camp characters)', 괴짜, 아니면 에이즈 환자로 그려지고 있었으니 말이다. 그러나 커밍아웃을 고려하지 못한다면 동성애자끼리의 결혼 가능성은 상상할 수 없었다.[4]

설리번의 기사가 처음 발표되었을 때는 미국인의 약 4분의 3이 동성 간 결혼에 반대했으며, 비교적 최근인 2008년에조차 버락 오바마와 힐러

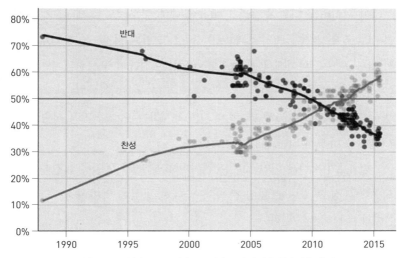

**그림 4.1** 1988년 이후 전국 차원의 여론 조사에서 드러난 동성 간 결혼 찬반 비율. 출처: Roper Center, PollingReport.com, General Society Survey.

리 클린턴 역시 공개적으로 반대를 표명했다. 2009년 1월에는 심지어 자유주의적인 캘리포니아주의 유권자들마저 국민투표를 통해 동성 간 결혼 금지를 승인했다.[5] 하지만 그로부터 불과 6년밖에 지나지 않아 오버거펠 사건을 판결했을 때, 미국인의 60퍼센트 이상이 동성 간 결혼을 합법화해야 한다고 생각했다. 게다가 웨스트버지니아주나 노스캐롤라이나·사우스캐롤라이나주처럼 전통적으로 보수색이 강한 주에서조차 이미 그러한 조치를 취한 상태였다. 2018년 5월 실시한 갤럽 조사에 따르면, 모든 미국인의 3분의 2 이상이 동성 간 결혼을 허용해야 한다고 믿었다.[6]

거의 모든 기준에 비추어볼 때, 이는 정서적으로 대단히 민감한 주제에 관한 대중의 태도가 이례적이리만치 빠르게 변화한 사례다. 또한 이 사례는 행동 전염의 역학에 관해 유용한 교훈을 제공한다. 그렇다면 사태가 어떻게 그렇듯 급속하게 전개되었을까?

네이트 실버는 의견이 달라진 이유에 대해 부분적으로 세대교체 때문일 것으로 추정했다. 즉 수십 년 동안 동성 간 결혼 지지는 일관되게 비교적 젊은 유권자 사이에서 더 높았고, 나이 든 집단의 구성원들이 서서히 사망함에 따라 여론의 구도도 덩달아 달라졌다는 것이다. 하지만 지지 증가 구도에서 그보다 훨씬 더 큰 비중을 차지하는 요소는 많은 사람이 자기 생각을 바꾸게 되는 현상인 것 같았다.

그림 4.2의 점선은 만약 모든 응답자가 10년 전과 동일한 의견을 내내 고수했을 경우 2014년 동성 간 결혼에 대한 찬성이 얼마나 낮아질지를 실버가 추정해놓은 결과다.

그렇다면 사람들은 왜 자신의 생각을 바꾸었을까? 실버는 그에 대한 부분적 답변으로서 유권자가 개인적으로 동성애자와 친해지면 동성 간 결혼을 지지할 가능성이 높아진다고 설명했다. 커밍아웃한 동성애자의 비율 변화에 관한 통계치를 손에 넣기는 더욱 어려워졌지만, 실버가 고등학생이었을 때보다 그 비율이 크게 높아졌다는 사실에는 의심의 여지가 없다. 일례로 퓨(Pew: 리서치센터)가 2013년 실시한 설문 조사에서, 남성 동성애자의 77퍼센트와 여성 동성애자의 71퍼센트가 그들 삶에서 중요한 사람들 모두, 혹은 대부분이 자신의 성적 지향에 대해 알고 있다고 답했다.[7] 동성애자에 대한 미디어의 묘사 또한 설리번의 기사가 나간 이래 시간이 흐르면서 점차 흔해졌고, 훨씬 더 호의적으로 달라졌다.

동성 간 결혼에 찬성하는 공화당원은 민주당원의 약 절반 정도에 불과하다.[8] 하지만 저명 공화당 지도자들은 동성 간 결혼에 대한 찬성이 증가하는 데 공감(empathy)이 맡은 암묵적 역할을 더욱 지지했다. 공화당 출신의 오하이오 상원의원 롭 포트먼(Rob Portman)은 과거에 동성 간 결혼 법안을 반대했지만, 아들 윌(Will)이 자신에게 커밍아웃하면서 견해가 달

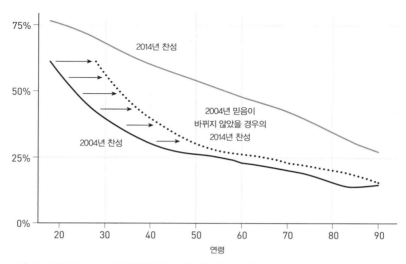

**그림 4.2** 2004년과 2014년, 연령별 동성 간 결혼 찬성 추정치. 출처: General Social Survey and 538. com.

라지기 시작했다고 밝혔다. "그 일을 계기로 이 문제를 새로운 관점에서 생각하게 되었어요. 그리고 그것은 아들을 너무나 사랑하고 그 아들이 다른 형제자매들과 똑같은 기회를 얻길, 제인(그의 아내 제인 포트먼(Jane Portman)—옮긴이)과 내가 26년 넘게 맺어온 것과 똑같은 관계를 갖길 바라는 아버지의 관점이죠."[9] 전직 부통령 딕 체니(Dick Cheney)는 자신의 딸 메리 체니(Mary Cheney)가 파트너 헤더 포(Heather Poe)와 1992년부터 사귀고 있었는데, 2009년 행한 연설을 통해 주(州) 차원에서 동성 간 결혼의 합법화에 지지를 표명했다.[10] 메리 체니와 포 씨(Ms. Poe)는 2012년 워싱턴 D.C.에서 혼례를 치렀다.

동성 간 결혼에 대한 여론이 그토록 급변한 까닭을 이해하기 위해서는, 그와 관련한 문제, 즉 공개적으로 말해도 안전하다는 느낌에 대해 생각해 보면 도움이 된다. 에세이스트 폴 그레이엄(Paul Graham)이 2004년 쓴 대로 "그것은 예나 지금이나 마찬가지인 듯하다. 즉 어느 시대를 막론하고 사람들이 그저 말도 되지 않는다고 믿는 일들은 있게 마련인데, 그 믿음은 너무 강력해서 만약 당신이 그와 다른 말을 하면 극도로 곤란한 지경에 처하게 된다".[11]

오늘날조차 여전히 수많은 나라에서는 그저 동성애자라는 사실이 투옥이나 사형으로 처벌할 수 있는 범죄 취급을 받고 있다.[12] 미국에서는 반(反)동성애 정서가 그렇게까지 유별난 적이 한 번도 없었으며, 심지어 50년 전에도 이미 상당수 미국인이 동성 간 결혼을 허용해야 한다고 믿었다. 하지만 그들 대부분은 만약 남들 앞에서 그런 견해를 밝히면 심각한 공격을 받으리라는 걸 알고 있었다. 반면 오늘날에는 대부분의 미국인이 동성 간 결혼을 허용해야 한다고 공개적으로 말해도 안전하다고 믿고 있는 듯하다.

동성 간 결혼 이외의 다른 문제와 관련해서도 국가 간에, 과거와 현재 간에 커다란 태도 차이가 드러난다. 예를 들어 오늘날 미국에서는 개를 잡아먹는 것이 좋을 수도 있다고 생각하는 사람이 거의 없고, 기꺼이 그렇게 공개 석상에서 말하고자 하는 사람은 더더욱 없다. 하지만 개는 캄보디아·중국·라오스·남한·태국·필리핀·베트남 등지에서 오랫동안 중요한 음식이었다.

이들 나라의 시민은 도덕적으로 문제가 있는가? 아니면 미국인이 중요한 뭔가를 놓치고 있는가? 개를 주로 반려동물로 여기는 나라의 시민은 개를 먹는 관습에 대해 도덕적 잘못으로 간주하는 경향이 있다고 말해야 옳을 것이다. 점점 더 개를 반려동물로 삼게 된 대만은 최근 그 행위를 법으로 금지했다.[13]

그렇다면 우리에 가두어 키운 닭이 낳은 달걀을 먹는 것도 도덕적으로 잘못된 행동일까? 수십 년 전이라면 이런 질문을 깊이 생각해보는 미국인은 거의 없었을 것이다. 하지만 오늘날에는 기꺼이 인도적인 환경에서 기른 닭이 낳은 달걀만 구매하겠다는 사람들 수가 날로 늘고 있다.

신념 유형은 시간이 지남에 따라, 그리고 지리적 위치가 달라짐에 따라 이처럼 큰 차이를 보이는데, 이는 부분적으로 어떤 특정 주제를 믿는 것이 타당한지에 대해 스스로 판단 내릴 만한 능력이 없기 때문이다. 그런지라 우리가 또래들이 믿는 바에 좌우되는 경향이 강하다는 게 어찌 보면 불가피한 것도 같다.

다른 사람들로부터 힌트를 얻는 것은 대부분의 경우 적응성 있는 전략이다. 과거 철학자들은 노예제를 도덕적으로 정당화할 수 있느냐와 관련한 격정적 논쟁에 참가했지만, 오늘날 그런 논의의 세부 사항에 대해 잠깐이라도 생각해보는 사람은 거의 없다. 노예제가 도덕적으로 잘못임은 거의 보편적으로 이미 해결된 문제라고 여기는 것이다. 대다수 사람은 그 역사적 해결책에 이르게 된 논쟁을 신중히 연구한 뒤 그러한 견해에 다다른 게 아니다. 우리가 그것을 다 해결된 문제라고 생각하는 것은 어디까지나 우리가 아는 거의 대다수 사람이 그렇게 생각하기 때문이다. 우리가 지난날 그 문제에 기울인 상당한 에너지를 오늘날에는 여전히 해결되지 않은 다른 수많은 문제, 혹은 다른 좀더 유용한 일에 쏟아부을 수 있다.

이유가 무엇이든 다른 사람들이 우리에게 상당한 영향을 끼친다는 사실 그 자체는 신념 유형이 흔히 시공간에 따라 왜 그토록 변화무쌍한지 이해하는 데 핵심이다. 이러한 불안정성은 행동 전염의 불가피한 결과인 것이다.

만약 가족 구성원·친구·이웃이 커밍아웃하면, 그 사람의 사회적 네트워크에 속한 모든 사람이 이제 동성애자를 한 명 더 알게 된다. 그 과정에서 이 사람들 각각의 사회적 네트워크에 속한 이들은 저마다 동성애자를 바라보는 태도가 미세하게나마 서서히 호의적으로, 관대하게 달라진다. 그리고 그것은 다시 다른 사람들이 커밍아웃하는 일을 조금 더 쉽게 만든다. 그 결과 일어나는 태도 변화 속도가 얼마나 빠른지 예측하려면 이러한 긍정적 피드백 과정의 구체적 규모가 어느 정도인지 좀더 잘 알아야한다. 하지만 공식적 수학 모델러(modeler: 모델링을 수행하는 사람—옮긴이)들이 이 과정의 역학에 대해 알고 있는 내용을 감안하면, 변화가 극도로 빠르게 이루어질 가능성이 있다는 데 놀랄 사람은 아무도 없다.[14]

긍정적 피드백 과정은 여론의 급격한 변화뿐 아니라 극도로 예견하기 어려운 변화도 이끌어낸다. 예를 들어 경제학자 티무르 쿠란(Timur Kuran)이 1997년에 쓴《사적 진실과 공적 거짓말(Private Truths and Public Lies)》에서 기술한 바와 같이, 1980년대 후반에 시작된 소련의 급속한 붕괴를 내다본 정치 전문가는 기실 아무도 없었다. (그 전부터 해마다 소련이 붕괴할 거라고 예견해온 소수의 정치 전문가를 제외하고는 말이다.) 쿠란의 설명에 따르면, 정치 전문가들은 소비에트 블록의 안정성에 대해 과대평가했는데, 그 까닭은 소비에트 블록의 여러 회원국에서 살아가는 대다수 사람이 여론 조사에서 그들 지도자에 대해 변함없는 지지를 보냈기 때문이다. 하지만 정권에 맞서 솔직하게 발언하면 명백한 위험이 따랐기 때문에 여론 조사 데이터는 믿을 만한 척도가 못되었다.[15]

수가 많은 쪽에 서면 안전하다. 솔직하게 말함으로써 치러야 하는 대가는 부분적으로 솔직하게 말하는 다른 사람들의 수가 얼마냐에 달려 있다.

일부 사람들은 어떤 상황에서도 솔직하게 말하지만, 대다수는 오직 충분히 많은 사람이 솔직하게 말하고 있을 때에만 기꺼이 그렇게 한다. 그 결과 언뜻 사소해 보이는 도발이나 처벌 가능성의 작은 변화조차 뜻하지 않게 들불이 번지듯 반대 여론을 촉발할 수 있다. 처음에는 몇 사람이 추가로 솔직히 발언하게끔 만들고, 이어서 다른 사람들이 그렇게 하도록 부추겨 결국에는 거의 완전하게 여론이 역전하는 사태로 귀결되는 것이다. 이런 전개 과정을 들여다보면 왜 거대한 변화가 때로 그렇게 급격하게, 거의 아무런 사전 예고도 없이 이루어지는지 알 수 있다.

어떤 나라 정부에 대한 국민의 지지에 폭발적 변화가 이루어질 가능성을 엿볼 수 있는 것은 물론 단순한 수치적 예라는 맥락에서다. 10명의 시민—그들을 A, B, C, D, E, F, G, H, I, J라고 부르자—으로 구성된 인구를 상상해보자. 그들은 안전하다고 여겨야 공개적으로 반대를 표명할 수 있는 권위주의 정권 아래에서 살아간다. 그들 각자에게는 얼마나 많은 다른 사람이 공개적으로 이야기해야 자신도 그렇게 할 의향이 있는지를 보여주는 한계점이라는 게 있다. 예를 들어 A는 과격한 인물로서 남들과는 무관하게 공개적으로 말할 수 있는 성향을 지녔다. B와 C는 A보다 약간 더 신중해서 최소한 동료 시민의 20퍼센트가 공개적으로 말하면 자신도 그렇게 할 의사가 있다. 나머지 시민들은 그림 4.3의 (1)에 요약해놓은 것처럼 그 한계점이 더 높다. 추정컨대 시민 A는 다른 사람들이 어떻게 하든 공개적으로 말할 것이다. 하지만 A는 전체 인구의 10퍼센트에 불과할 테고, 그것은 그 나머지 사람들의 한계점보다 낮다. 따라서 나머지 사람들은 모두 침묵을 지킨다. 음영 처리한 개인 위에 별표로 표시한 이런 상황에서의 안정적 결과는 따라서 10명의 시민 중 오직 1명만이 공개적으로 말하는 것이다. 정권은 살아남는다.

| 개인 | A* | B | C | D | E | F | G | H | I | J |
|---|---|---|---|---|---|---|---|---|---|---|
| 공개적으로 말하기 위한 한계점 | 0% | 20% | 20% | 30% | 40% | 50% | 60% | 70% | 80% | 90% |

| 개인 | A | B | C | D | E | F | G | H | I | J* |
|---|---|---|---|---|---|---|---|---|---|---|
| 공개적으로 말하기 위한 한계점 | 0% | 10% | 20% | 30% | 40% | 50% | 60% | 70% | 80% | 90% |

그림 4.3

하지만 이제 무슨 일인가로 인해 B가 좀더 대담해졌다고 가정해보자. 아마도 그는 독일의 반체제주의자들이 베를린 장벽을 무너뜨렸을 때 아무런 처벌을 받지 않았다는 뉴스를 접하고 용기를 추슬렀을 수도 있다. 아니면 그 자신이나 가족 구성원이 정권의 만행에 의해 뜻하지 않은 방식으로 고초를 겪었을 수도 있다. 이유가 무엇이든 공개적으로 말하기와 관련한 그의 한계점이 그림 4.3의 (2)에서 보듯 20퍼센트에서 10퍼센트로 떨어진다. A는 이미 공개적으로 말하고 있으므로, B가 새롭게 다소 한계점을 낮춘 결과 그 한계점이 충족되고, 따라서 그 역시 공개적으로 말하게 된다. 이런 과정을 거치면 공개적으로 말하는 시민의 비율이 20퍼센트로 올라간다. 이는 시민 C도 기꺼이 공개적으로 말하도록 부추기고, 결국 그 비율은 30퍼센트가 된다. 이어서 시민 D가 공개적으로 말하기 시작하면, 그렇게 하는 사람의 비율이 40퍼센트로 늘어난다. 이러한 과정이 계속 이어진다.

오직 B 한 사람에게 미친 작은 변화가 순식간에 정권에 맞서 공개적으로 말하는 인구 비율을 10퍼센트에서 음영 표시된 인물 위에 별표를 한 데서 보듯 100퍼센트로 바꾸어놓는다. 이렇게 되면 정권은 무너진다.

이와 같은 개략적 예시는 티핑 포인트(tipping point)의 개념을 실증적으로 보여준다. 티핑 포인트는 사회학자 에버렛 로저스(Everett Rogers)가 처음 만들어내고, 나중에 경제학자 토머스 셸링(Thomas Schelling)이 발전시켰으며, 저술가 맬컴 글래드웰(Malcolm Gladwell)이 널리 알린 용어다.[16] 그와 관련한 작업에서 기후과학자 에드워드 로렌즈(Edward Lorenz)는 나비효과(butterfly effects)라 일컫게 되는 현상에 관해 기술했다. 상호 연관된 시스템의 어느 일부에서 발생한 아주 미미한 변화조차 그 시스템의 향후 행동을 극적으로 변화시킬 수 있다는 주장이다.[17] 이 용어는 어느 지역에서 이루어진 단 한 마리 나비의 날갯짓이 먼 지역의 토네이도를 일으키는 연쇄 사건을 촉발할 수 있다는 발상에 착안한 것이다. 로렌즈가 우연히 이런 통찰을 얻은 것은 데이터를 반올림 처리하는 과정에서 드러나는 작은 변화조차 자신의 수학적 기후 모델 예측치에서 극적 변화를 낳는 일이 빈번함을 확인한 순간이었다. 그보다 일찍 이와 동일한 통찰을 인식한 것은 프랑스 수학자 앙리 푸앵카레(Henri Poincaré: 1854~1912—옮긴이)와 미국 수학자 노버트 위너(Norbert Wiener: 1894~1964—옮긴이)로서, 훗날 제임스 글릭(James Gleick)이 그들의 모델을 널리 알렸다.[18] 그리고 캐스 선스타인은 다양한 학문 분야에 걸친 연구로부터 풍부한 정보를 제공받아 정치 변화에서 감염이 어떤 역할을 하는지 분석하고 탐구했다.[19]

---

미투(Me Too) 운동은 행동 전염의 역학에서 또 한 가지 중요한 사례 연구감이다. 이는 여론을 형성하는 데서 인터넷이 점차 그 역할을 넓혀가

고 있음을 잘 보여준다. 2006년 이른바 미투 운동이 시작된 것은 할렘 활동가 타라나 버크(Tarana Burke)가 소수자 공동체의 성폭력에 대한 대중적 인식을 환기시키기 위해 노력하면서부터였다.[20] 하지만 직장 등에서 나쁜 성적 행위에 관한 증거가 넘쳐나는데도 미투 운동은 이후 10년 동안 별다른 주목을 받지 못했다.

2017년 이 운동이 갑작스레 재점화하도록 촉발한 계기는 여러 가지였다. 그중 하나는 2017년 10월 5일 자 〈뉴욕타임스〉에 실린 조디 캔토(Jodi Kantor)와 메건 투헤이(Megan Twohey)의 기사였다. 두 기자는 기사에서 유명 영화 제작자 하비 와인스타인(Harvey Weinstein)이 오랜 세월에 걸쳐 저지른 극악무도한 성적 불법 행위에 대해 썼다. 당시 와인스타인은 〈섹스, 거짓말, 그리고 비디오테이프(Sex, Lies, and Videotape)〉, 〈크라잉 게임(The Crying Game)〉, 〈펄프 픽션(Pulp Fiction)〉, 〈잉글리시 페이션트(The English Patient)〉, 〈셰익스피어 인 러브(Shakespeare in Love)〉, 〈킹스 스피치(The King's Speech)〉 등 평단으로부터 호평받는 영화를 개봉해온 미라맥스 스튜디오(Miramax Studio)의 최고 경영자였다.

그 〈뉴욕타임스〉 기자들은 이렇게 썼다. "익명을 전제로 제보한 2명의 회사 간부가 들려준 말에 따르면, 30여 년의 세월 동안 성적 괴롭힘, 원치 않는 신체 접촉 등 여러 혐의를 받았을 때 와인스타인은 여덟 차례 넘게 여성들에게 합의금을 건넸다."[21] 와인스타인에게 성적 괴롭힘을 당했다고 토로한 것으로 알려진 이에는 애슐리 저드(Ashley Judd)와 로즈 맥고원(Rose McGowan) 같은 저명 배우도 네댓 포함되어 있었다.

캔토와 투헤이로 하여금 그 기사를 쓰도록 한 것은 부분적으로 와인스타인 회사의 로런 오코너(Lauren O'Connor)가 작성한 내부 직원용 메모였다. 그녀는 메모에서 회사에 만연한 성적 괴롭힘 문화를 이렇게 지적했다. "저는 생계를 꾸리고 경력을 쌓아가기 위해 애쓰고 있는 28세 여성입니다. 64세인 하비 와인스타인은 세계적으로 유명한 남성이고 이곳은 그의 회사입니다. 권력의 균형으로 볼 때 저는 0이고 하비 와인스타인은 10입니다."[22]

〈뉴욕타임스〉 기사가 나가고 채 일주일도 지나지 않아, 이번에는 〈뉴요커〉 온라인판에 로넌 패로(Ronan Farrow)가 훨씬 더 폭발적인 기사를 내보냈다.[23] 패로는 저명 배우 대여섯 명을 더 예로 들었는데, 와인스타인이 강간했다고 고발한 이도 여럿 있었다.

패로의 기사가 실리고 며칠 뒤, 배우 앨리사 밀라노(Alyssa Milano)가 2017년 10월 15일 트위터로 이런 메시지를 전했다.

만약 당신이 성희롱이나 성폭력을 당했다면 이 트위터에 '미투'라고 답하라. 미투.

한 친구가 제안했다. "만약 성희롱과 성폭력을 당한 모든 여성이 '미투'를 상태 메시지로 쓴다면, 우리는 그 문제가 얼마나 중요한지 사람들이 느낄 수 있도록 만들 것이다."

며칠 뒤, 배우 귀네스 팰트로(Gwyneth Paltrow), 앤젤리나 졸리(Angelina Jolie), 케이트 베킨세일(Kate Beckinsale)이 본인들 역시 와인스타인에게 성희롱을 당했노라고 밝혔다. 이런 보도에 힘입어 리즈 위더스푼(Reese Witherspoon), 애나 패퀸(Anna Paquin), 레이디 가가(Lady Gaga), 레이철 에번 우드(Rachel Evan Wood), 그리고 로사리오 도슨(Rosario Dawson)의 폭로를 포함해 추가적인 #미투 발언이 쇄도했다. 그들은 와인스타인이 아닌

다른 엔터테인먼트업계의 거물들에게 성적 학대를 당했노라고 밝혔다.[24]

트위터 기록에 따르면, 채 2주도 되지 않아 미투 해시태그―#MeToo―를 담은 트윗이 170만 건 이상이었으며, 그와 같은 트윗이 85개국에서 1000건 넘게 쏟아졌다.[25]

밀라노의 트윗은 어떻게 해서 인터넷이 행동 전염의 속도와 힘을 극적으로 변화시키는지 잘 보여준다. 트위터의 해시태그 기능―파운드 기호 (#―옮긴이)를 앞에 단 핵심어―은 트윗의 주제를 간명하게 드러내줌으로써 거기에 관심 있는 사람들이 다른 사람들을 만나고 그들과 교류하는 일을 훨씬 더 손쉽게 만들어준다. 미투 운동은 불과 며칠 만에 앞서 11년 동안 가능했던 것보다 한층 더 많은 관심을 끌어모았다.

하지만 인터넷은 부차적이고 덜 명료한 방식으로도 미투 운동에 영향을 미쳤다. 즉 엔터테인먼트 공급사의 역사적 기업 모델과 그에 관해 보도하는 뉴스 기관들을 근본적으로 교란한 것이다. 와인스타인이 1980년 미라맥스 프로덕션을 차릴 무렵에는 매년 약 100편의 영화가 극장에서 개봉되었다. 2016년에는 그 7배 넘는 영화가 쏟아져 나왔지만, 극장에서 널리 개봉되는 영화는 오직 100편 정도에 그쳤다. 미라맥스는 바로 그 틈새시장을 파고들었다. 로런 오코너가 와인스타인 회사의 내부 직원용 메모에서 주장한 내용에 대해 테크놀로지 분석가 벤 톰슨(Ben Thompson)은 이렇게 부연 설명했다.

영화 한 편당 의미 있는 배역이 5개 있다고 치자. 그러면 매년 의미 있는 배역은 고작 500개에 불과하다는 얘기다. 그리고 와인스타인은 그 500개의 역할 중 상당수를 누가 채울지 결정했을 뿐 아니라, 명성을 끌어올리거나 끌어내리는 식으로 그 나머지를 누구로 채울지 결정하는 데 지나치리만치 많은 힘을 행사했다. 와인스타인은 사실상 공급은 무제한이다시피 한데 분배는 한정되어 있는 상황을 좌지우지할 수 있는 게이트키퍼(gatekeeper: 조직체에서 정보의 수집·공표 따위를 정리 및 통제하는 사람—옮긴이)였다. 어떻게든 소비자에게 가닿고 싶은 사람은 그의 명령에 굴복해야 했다. 형사상 문제 될 소지가 있었는데도 말이다. ⋯⋯만약 그가 특정 배우들을 선택하지 않기로 작정하거나, 아니면 언론과의 광범위한 연줄을 동원해 고의적으로 그들의 명성에 흠집을 낸다면, 그들은 할리우드에 발붙일 기회를 영영 얻지 못하고 말 것이다. 좌우간 골라 쓸 사람은 널렸으며 영화에 출연할 수 있는 다른 길은 막혀 있었다.[26]

톰슨은 계속해서 인터넷이 하비 와인스타인 같은 게이트키퍼들의 힘을 급속도로 약화시키고 있다고 주장했다. 재능이나 매력은 영화가 아니라 소비자에게 직접 다가가는 넷플릭스나 HBO(Home Box Office) 같은 분배 회사로 서서히 옮아가고 있기 때문이다. 이것이 그저 다른 게이트키퍼들에 의한 대체로 여겨질까 봐 톰슨은 영상 엔터테인먼트를 시청하는 데 이용할 수 있는 시간이 그렇게나 많다는 사실, 그리고 2016년에 유튜브가 매일 10억 시간 넘는 영상을 제공했다는 사실을 우리에게 상기시켰다. 물론 유튜브의 마이너리그 슈퍼스타들은 유명 영화배우만큼 돈을 벌지는 못하지만, 하비 와인스타인 같은 게이트키퍼의 위협으로부터 거의 완전하다 할 정도로 자유롭다.

톰슨이 지적한 바에 따르면, 인터넷은 게이트키퍼들이 본인을 흠집 내는 기사를 실은 언론 매체를 벌하는 능력을 떨어뜨림으로써 그들의 권력을 한층 약화시켜왔다. 와인스타인에 대한 폭로 가운데 가장 충격적인 내용은 그가 오래전 저지른 성적 학대에 대해 기사를 게재하려 애쓴 기자들로부터 쏟아진 불평이었다. 그들은 적잖은 미라맥스의 광고 수입이 줄어들까 봐 전전긍긍한 발행인들이 그 기사의 게재를 한사코 저지하려고 안간힘 쓰는 모습을 지켜보았다. 하지만 더욱 최근에 사람들은 트위터나 페이스북 같은 매체를 통해 제게 필요한 정보의 상당량을 얻고 있다. 그 결과 오늘날 우리가 접하는 이야기 유형은 과거처럼 자칭 게이트키퍼들이 대중에게 전파하고 싶어 하는 내용이 아니라 대중 자신이 보고 싶어 하는 정보 쪽으로 달라졌다.

---

행동 전염이 대중의 태도에 어떻게 영향을 미치는지 보여주는 마지막 예로서, 대마초 합법화에 대한 견해가 어떻게 달라졌는지 살펴보자. 퓨 리서치센터가 수행한 조사들에 의하면, 지난 반세기 동안 대마초 사용을 합법화해야 한다고 생각하는 미국인의 비율이 극적으로 증가했음을 알 수 있다. 하지만 그 기간 동안의 증가는 1980년대 이래 드러난 동성 간 결혼에 대한 지지와 엇비슷했음에도 그보다 덜 균일한 양상을 띠었다. 그림 4.4에서 보듯 대마초 합법화에 대한 지지는 1969년부터 1970년대 말에 걸친 반문화 혁명(counterculture revolution) 기간 동안 급격하게 증가했으며, 레이건 시대의 반작용으로 거의 그만큼이나 급격하게 줄어들고 난 뒤, 다시 1990년에 증가세를 회복했다.[27]

동성 간 결혼의 경우와 마찬가지로 대마초 합법화에 대한 지지는 젊은 집단에서는 꾸준히 높은 수준을 유지했으며, 스스로를 자유주의자라 여기는 이들은 스스로를 보수주의자라 여기는 이들보다 대마초 합법화에 더욱 찬성하는 경향을 보인다. 하지만 여성은 변함없이 남성보다 동성 간 결혼의 합법화에는 좀더 찬성하지만, 대마초의 경우에는 정확히 그 반대

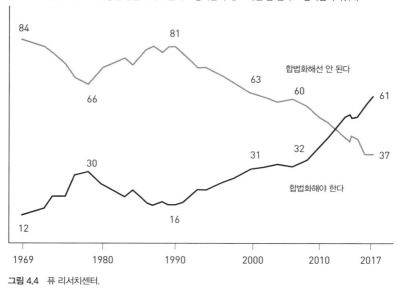

당신은 대마초 사용을 합법화해야 한다고 생각합니까, 그래선 안 된다고 생각합니까?(%)

84

81

합법화해선 안 된다

66

63

60

61

30

31

32

37

합법화해야 한다

12

16

1969    1980    1990    2000    2010    2017

**그림 4.4**   퓨 리서치센터.

입장을 고수한다.

그렇다면 최근에 보이는 대마초 합법화 찬성의 추진력이 앞으로도 지속될까? 조사 데이터를 면밀히 분석해온 학자들에 따르면, 딱 부러지게 말하기는 좀 이르다. 예를 들어 윌리엄 갤스턴(William Galston)과 E. J. 디온 2세(E. J. Dionne, Jr.)는 이렇게 적었다. "국가가 합법화에 대한 압도적 반대로 돌아설 것 같지 않은 거야 분명하지만, 대마초에 대한 의견이 동성 간 결혼에 대한 의견과 정확히 궤를 같이할지 여부는 그보다 한층 덜 분명하다."[28]

한 번 시작된 행동 전염 과정이라고 해서 절대 중단될 수 없는 것은 아니다. 대마초 합법화에 대한 지지가 계속 증가할지 여부는 불확실한데, 그 이유는 부분적으로 그에 대한 찬반 논쟁에는 다른 향정신성 의약품의 합법화에 찬성하거나 반대하는 사람을 특징짓는 애매성이 상당 부분 포함되어 있기 때문이다.

가령 알코올 소비가 과음자 자신에게뿐 아니라 무고한 옆 사람에게까지 엄청난 피해를 끼친다는 것은 논란의 여지가 없다. 이러한 피해를 제한하려는 바람이 결국 미국 내에서 알코올의 생산·수송·판매를 금하는 내용의 수정헌법 제18조의 통과를 이끌었다. 이 수정안을 시행하기 시작한 것은 1920년 1월 볼스테드 법안(Volstead Act)이 통과되면서부터였다. 금지 시행은 10여 년간이었는데, 그 기간 동안 가정 폭력, 간경화로 인한 사망 등 알코올 과다 소비에 따른 잘 알려진 피해의 상당 부분이 큰 폭으로 감소했다.

하지만 부분적으로 뜻하지 않은 수많은 금주 부작용이 드러났기 때문에, 그리고 부분적으로 대공황으로 인해 유권자의 태도가 변화했기 때문에, 금주에 대한 정치적 지지는 1930년대 초 급락했다. 1933년 수정헌법 제21조는 제18조를 공식 철폐했다.[29] 하지만 처음에 금주를 시행하도록 이끈 알코올 관련 피해가 사라진 것은 아니므로, 수많은 정책 분석가들은 노골적인 금지에 따른 대가를 치르지 않으면서도 이러한 피해를 최소화할 수 있는 실질적 방안을 계속 모색하고 있다. (이 부분에 대해서는 7장에서 더 상세히 다루겠다.)

많은 연구는 대마초가 사용자 자신이나 옆 사람에게 끼치는 피해가 알코올보다 더 적다고 밝히고 있다. 그럼에도 연구자들은 그것이 특히 청소년에게 장기적이고 심각한 부작용을 일으킬 가능성에 대해 여전히 우려한다. 갤스턴과 디온은 이렇게 결론 내렸다.

다시 한 번 반대 방향으로이긴 하나 금주가 준 교훈을 되새겨보면 도움이 된다. 금주는 의도치 않은 부작용 때문에 대중적 지지를 잃었다. 이번의 문제는 대마초 합법화가 그것을 지지하는 이들이 약속한 목적을, 뜻하지 않은 숱한 부작용 없이 성취할 수 있는지 여부다. 이 이야기에서는 주들이 도입한 규제 제도가 중요한 부분을 차지할 것이다. 연방 정부가 어떻게 대마초를 합법화한 주들을 다루는가도 주들의 실험을 성공으로 볼 것이냐 실패로 볼 것이냐에서 핵심 역할을 담당한다. 이는 다시 젊은 미국인들의 강력한 합법화 지지가 오래 지속될지, 과거에는 오직 소수만 지지한 대의에 찬성하는 새로운 다수를 창출할지 여부를 결정할 것이다.[30]

---

유행의 세계를 연구해보면 행동 전염이 어떻게 신념 유형을 바꿔놓는지에 대해 부가적인 통찰을 얻을 수 있다. 에세이스트 폴 그레이엄이 말한 대로, 옷 입는 스타일을 추동하는 힘은 좀더 일반적으로 여론 영역에서 유행을 추동하는 힘과 유사하다.

당신은 자신의 과거 사진을 보고 차림새가 왜 저 모양이냐며 당혹감을 느낀 적이 있는가? 우리가 정말 저렇게 옷을 입었단 말인가? 정말 그랬다. 그리고 우리는 우리가 왜 그렇게 바보처럼 보이는지 알지 못했다. 비가시성은 유행의 속성이다. 지구의 운동이 그 위에서 살아가는 우리 모두에게 비가시적인 것과 같은 이치다.[31]

유행이 무엇을 입어야 하는지에 대한 사람들의 생각에 영향을 끼친다는 사실을 중요한 대중적 관심사로 받아들이는 이는 거의 없다. 좌우간 사람들이 "내 넥타이가 얼마나 넓어야 하는가?" 같은 질문에 어떻게 답하느냐는 전혀 지속적인 중요성을 띠는 사안이 아니다. 또한 그 질문에 대한 특정 대답이 옳다고 판단할 만한 딱 부러진 기준이 있는 것도 아니다.

하지만 그레이엄은 유행이 다른 수많은 것에 대한 사람들의 생각에도 영향을 준다고 주장한다. 유행이 의복 수요에 영향을 미치는 경우와 마찬가지로, 그러한 기타 영향들 가운데 일부는 중요한 관심사가 아니다. 일테면 유행이 미술에 관한 취향에 영향을 미쳤기 때문에 누군가 애를 먹었는지는 확실치 않다. 하지만 다른 많은 경우에서 유행이 우리 생각에 미치는 영향은 그 대가가 실로 막대할 수도 있다. 그레이엄은 이렇게 썼다.

> 나를 겁나게 만드는 것은 도덕적 유행도 있다는 사실이다. 그런 유행은 대다수 사람에게 눈에 보이지도 않고 전제적이다. 무엇보다 위험하다. 유행이 좋은 설계로 오도된다. 즉 도덕적 유행이 선으로 여겨지는 것이다. 당신이 이상하게 옷을 입으면 놀림감이 된다. 그와 마찬가지로 당신이 도덕적 유행을 위반하면 해고되거나 추방당하거나 투옥되거나 심지어 살해당할 수도 있다.[32]

우리 대다수가 노예 제도나 동성 간 결혼에 대한 오늘날의 관점이 올바르다고 생각하는 것처럼 도덕적 유행도 그럴 수 있다. 하지만 이러한 주제들에 대한 오늘날의 믿음은 한때 올바르지 않은 것으로 여겨졌던 것이므로, 오늘날의 도덕적 유행에 대해 그저 대다수 사람이 받아들인다고 해서 그것이 올바르다고 가정할 수는 없다.

공공 정책이라는 관점에서 볼 때, 대단히 흥미로운 사례들은 두 가지 관점을 공유한다. 첫째, 사람들의 믿음은 그들 삶에 심대한 영향을 끼치는 방식으로 그들이 지지하는 정책에 영향을 미친다. 둘째, 오늘날 만연한 믿음이 잘못이라고 생각하는 데는 그럴 만한 이유가 있다. 이런 경우들과 관련해 행동 전염 과정을 더욱 잘 이해하면 만연한 믿음을 변화시키는 방법에 대해 유용한 지침을 얻을 수 있다.

이 점을 실증적으로 보여주기 위해, 논란의 여지가 없게끔 동성 간 결혼의 합법화에 대한 믿음이 사람들의 삶에 심오한 영향을 끼쳤다고 가정하자. 그리고 여전히 일부 사람들은 반대하고 있음을 인정하면서 앤드루 설리번의 기사가 1989년 발표되었을 당시 대다수 미국인이 합법화의 결과에 대해 품은 믿음이 틀렸다고 가정하자. 그렇다면 우리가 행동 전염 과정에 대해 알고 있는 것이 이 주제에 관한 사람들의 믿음을 바꾸고자 노력하는 누군가의 전략에 어떤 영향을 주었을까? 우리는 신념이 실제로 변화하도록 만든 일련의 사건을 살펴봄으로써 시사점을 얻을 수 있다.

우리가 추구하는 핵심 목적은 널리 만연한 믿음에 맞선 설득력 있는 논쟁을 기반으로 전염성 있는 대화를 시작하는 것이다. 네이트 실버는 동성 간 결혼에 대한 태도가 달라진 것은 주로 그 지지자들의 합법화 찬성 논의가 지닌 명료함과 설득력 덕택이라고 주장한다.[33] 예를 들어 설리번은 1989년 기사에서 이렇게 썼다.

사회가 그저 함께 살아가는 결혼에 대해 공식 승인을 받기로 결정한 이성애자에게 법적 유리함을 확대해주려는 데는 충분히 그럴 만한 이유가 있다. 그들은 서로에 대해, 그리고 사회에 대해 더 깊이 헌신한다. 그에 대한 보상으로서 사회는 그들에 대한 이익을 더욱 확대해준다. 결혼은 비록 자의적이고 허약한 것이라 하더라도, 우리 모두가 빠져들기 쉬운 타인과의 연인 관계 및 섹스의 혼돈 속에서 닻 구실을 한다. 결혼은 정서적 안정, 경제적 안전, 그리고 이후 세대의 건강한 양육을 가능케 하는 기제가 되어준다. 우리가 결혼에 유리한 법률을 제정하는 것은 핵가족 이외 다른 모든 형태의 관계를 폄훼해서가 아니라, 결혼을 밀어주지 않으면 인간 도덕성에 너무 많은 것을 요구하는 꼴이 될 수 있음을 인식하고 있어서다. 가난한 사람들에 대한 가족의 영향력 약화라는 관점에서 결혼은 사회적 분열을 자초할 수도 있다. 뉴라이트가 추구하는 '가족 가치' 운동이 낳은 최악의 결과는, 그 운동의 극단주의와 다양성 혐오 탓에 결혼 유대 관계의 중요성에 관한 좀더 측정 가능하고 설득력 있는 이 같은 주장이 가려졌다는 사실이다.[34]

설리번은 정확히 똑같은 논의가 동성 간 결혼에도 고스란히 적용된다고 지적했다. 그는 당시 가장 일반적인 동성애 관계의 대안으로 제시된 '생활 동반자 관계(domestic partnership: 결혼은 하지 않고 동거하면서 함께 생활하는 인간관계―옮긴이)' 제도는 "누가 적격자인지에 관한 소송과 주관적인 사법적 판결이라는 판도라 상자를 열게 될 것"이라고 주장하기도 했다. 이러한 주장의 상당 부분은 대법관 케네디〔Justice Kennedy: 미국 연방 대법원의 대법관 앤서니 케네디(Anthony Kennedy)를 말한다―옮긴이〕가 그 자신이 작성한 법정의 오버거펠 판결문에 담은 내용이었다.

물론 심지어 증거가 분명한 주장이라 하더라도 단기적으로 항상 설득력을 얻을 수 있는 것은 아니다. 그러나 진보는 전혀 균일하지 않음에도, 많은 사람은 더 나은 논의가 결국에 가서는 설득력을 얻는 경향이 있다는 데 동의한다. 마틴 루서 킹 2세(Martin Luther King, Jr.)가 말한 바와 같이 "도덕적 경험 세계의 호(arc)는 길지만 결국 정의 쪽으로 구부러진다".[35]

이는 긴 역사에 걸친 관점이다. 19세기의 유니테리언교 목사 시어도어 파커(Theodore Parker)는 노예제 폐지를 열정적으로 옹호한 인물이다. 1853년 발간한 그의 설교 모음집에는 이런 구절이 담겨 있다.

세계의 실상을 보라. 당신은 옳은 것이 계속해서, 점점 더 많이 승리한다는 것을 볼 수 있다. 나는 도덕적 세계를 이해하는 체하지 않는다. 그 호는 길어서 내 눈은 얼마 보지 못한다. 나는 그 호의 굴곡을 짐작할 수도, 육안의 경험만으로는 그 모습을 전체적으로 그려볼 수도 없다. 다만 양심을 통해 그 형상을 짐작할 수 있을 따름이다. 하지만 내가 본 바에 따라 나는 그것이 정의를 향해 구부러져 있다고 확신한다. ……상황은 오랫동안 부당하게 처리되는 사태를 용납하지 않는다. 제퍼슨은 노예제에 대해 생각하면서 치를 떨었고 신은 정의롭다는 사실을 기억했다. 머지않아 미국 전체가 치를 떨게 될 것이다.[36]

그로부터 10년도 되지 않아 남북전쟁이 발발했다.

동성 간 결혼이나 대마초 합법화에 대한 지지와 관련해 여론 궤도의 변화를 살펴보면 실질적 논쟁은 사실 장기적으로 중요하다는 관점에 더욱 힘이 실림을 알 수 있다. 동성 간 결혼에 대한 반대 근거는 주로 동성 커플은 오랫동안 결혼이 금지되어왔다는 사실이었다. 보수적인 철학자이자 정치인인 에드먼드 버크(Edmund Burke: 1729~1797—옮긴이)가 주장했을 법한 대로, 그 사실은 그 자체만으로도 변화를 지지하는 이들에게 상당한 입증 책임을 부여한다. 하지만 변화를 거부하는 사람들은 달리 제공해야 할 게 별로 없다. 특히 그들은 동성 간 결혼을 왜 금지해야 하는지에 대해 신중한 논리를 담은 논쟁을 거의 제공하지 않았다. 반면 동성 간 결혼 지지자들은 수고스럽게도 그런 결혼이 왜 공동체의 이익에 하등 위협을 가하지 않으며 실제로 수많은 긍정적 결과를 내놓는 데 기여하는지 그 이유를 설명하고자 안간힘을 썼다. 일단 사람들이 그러한 논의에 귀 기울이고 토론을 시작하게 되면서 동성 간 결혼 지지자들은 꾸준히 호응을 얻었다.

하지만 너무 낙관적인 그림을 그리는 것은 옳지 않다. 어떤 밈을 효과적으로 만들어주는 특성은 흔히 사회적으로 파괴적인 아이디어의 전파를 장려하기도 한다. 따라서 적어도 단기적으로는 아이디어들이 시장에서 각축을 벌인다고 해서 공동선이 촉진될 거라고 가정할 수는 없다. 게다가 존 메이너드 케인스가 말한 대로 "결국 우리는 모두 죽는다".

오늘날과 같이 극도로 양극화한 정치 지형에서 최대 과제는 우선 동의하지 않는 사람들끼리 그야말로 생산적인 토론을 시작해보는 것이다. 여러 연구 결과에 따르면, 인간이 지구 기후에 영향을 미친다는 사실을 부인하는 사람들은 지구 기온이 과거 과학자들의 예측보다 더욱 빠르게 상승하고 있다는 보고서는 무시하는 반면, 더욱 느리게 상승하고 있다는 보고서는 받아들이는 경향이 있다. 그와 반대로, 인간 활동이 기후 변화에 기여하고 있다고 믿는 사람들은 동일한 과학 보고서에 대해 정반대의 반응 유형을 드러낸다.[37]

좋은 소식이라면, 심리학자를 비롯한 여러 학자가 이런 식의 의사소통 장벽을 어떻게 극복할지 이해하는 데서 다소간 진척을 이루고 있다는 사실이다. 그들의 연구로부터 얻는 교훈에 대해서는 13장에서 집중적으로 다루겠다.

# 성 혁명 재고

2017년은 '사랑의 여름(Summer of Love)' 50주년이 되는 해다. '사랑의 여름' 기간에 10만 명의 젊은이들이 샌프란시스코 헤이트-애시베리(Haight-Ashbury: 1960년대 히피와 마약 문화의 중심지─옮긴이) 지구에 모여서 새로운 사회적 규범을 지지하자고 외쳤다. 당시 사람들의 설명에 따르면 "섹스·마약·로큰롤"을 찬양한 그 여름은 혼전 섹스의 수용을 향한 미국인의 태도 변화에 중대한 변곡점이 되었다.[1]

어떤 사람들은 급작스럽게 경구 피임약을 사용할 수 있게 된 현상을 1960년대 성 혁명의 원인으로 돌렸다. 그 약은 여성에게 임신의 위험을 통제할 수 있는, 눈에는 덜 띄고 효과는 더 좋은 방법이었다.[2] 그러나 경구 피임약이 혼전 섹스를 하는 데 따른 가장 커다란 걸림돌을 제거해준 거야 분명하지만 그 중요성은 과장되었다. 좌우간 성적으로 적극적인 수백만 명의 미혼 여성은 다른 비호르몬성 피임 형태에 의존했고, 지금도 여전히 그렇게 하고 있는 것이다.

그 약 하나만으로 성 혁명이 시작되지는 않았다는 주장은 그리 진기할 게 없다. 역사가 스튜어트 코엘(Stuart Koehl)이 다음과 같이 썼다시피 말이다.

일단 경구 피임약을 사용할 수 있게 되자, 그 약으로 인해 가능해진 행동 상당 수는 이미 미국인의 삶에서, 비록 은밀하게 이루어지기는 하나, 흔히 볼 수 있는 특징이 되었다. 그 약은 주체할 수 없는 불꽃에 기름을 부은 격이었다. 즉 경구 피임약은 그 불꽃을 처음으로 일으키지는 않았지만, 분명 그것이 더욱 불타오르게 거들었고, 그 불길이 확산하도록 보장해주었다.[3]

그 약의 역할을 과대평가하는 경향성은 부분적으로 연구자들이 인간의 의사 결정에 대해 어떻게 사고해야 하는지 안내한 경제학자들의 영향력이 반영된 결과다. 경제학자들의 사고를 이끌어간 '비용-편익' 모델은 특성상 지극히 개인주의적이다. 이 분석 틀에서는 혼전 성관계를 할 것인지 말 것인지에 대한 의사 결정의 규칙이 다른 모든 행동의 경우와 동일하다. 즉 누군가가 행동을 함으로써 얻는 이득이 비용보다 많으면 그는 그 행동을 할 테고, 반대의 경우라면 하지 않을 것이다. 이러한 접근법은 의사 결정권자 자신에게 직접적으로 적용되는 비용과 이익만을 강조한다. 일반적으로 의사 결정권자는 그 행동으로 인해 다른 사람들에게 미치는 긍정적·부정적 효과에 대해서는 거의 혹은 전혀 개의치 않는다. 사회적 환경에 따른 좀더 광범위한 영향력은 더러 '비용-편익' 분석 틀에서 고려되기도 하지만 중앙 무대를 차지하는 일은 좀체 없다.

이쯤에서 나는 사회적 힘은 성 혁명에서 일반적으로 인정받는 것보다 훨씬 더 강력한 역할을 했다고 주장하고자 한다. 사회적 힘의 중요성을 인식하지 못하면 '캐주얼 섹스(casual sex: 원 나이트 스탠드, 혼외정사, 매춘처럼 어쩌다 만난 사람과 행하는, 낭만적 관계에서 벗어난 성행위 — 옮긴이)'에 대해 상반된 의견을 가진 사람들 간의 토론을 이해할 수 없다. 물론 이 영역에서 사회적 힘이 어떤 역할을 담당하는지 좀더 잘 이해한다고 해서 토론을 해결할 수 있는 것은 아니다. 하지만 그러한 이해를 기반으로 하면 반대 진영이 상대의 관점을 좀더 잘 인식하는 데 도움을 줄 수는 있다. 그리고 13장에서 살펴볼 예정이지만, 그것은 진척의 중요한 선결 조건이다.

물론 경구 피임약은 혼전 성관계를 선택한 개인, 특히 여성의 직접적 비용을 큰 폭으로 줄여주었다. 그 결과 더 많은 여성이 자진해서 성적으로 적극성을 띠게 되었다. 경제사학자 클라우디아 골딘(Claudia Goldin)이 말했다.

경구 피임약은 훌륭한 '조력자(enabler)'다. 그 약 덕택에 수많은 여대생이 특히 내과 의사, 변호사, 수의사, 관리자, 학자처럼 교육과 훈련에서 선지급 방식의 장기적 시간 투자를 요구하는 경력을 시작할 수 있었다. 그 약은 훈련 비용을 실제로 낮춤으로써 여성의 경력을 발전시켜주었다. 효과가 좋고, 여성이 통제 및 사용하기에 편리한 피임약이 없다면 섹스는 위험했다. 임신하면 경력의 궤도를 이탈할 가능성이 있는데, 그 약 덕분에 여성들은 계속 궤도를 유지할 수 있었다.[4]

구구절절 맞는 말이다. 하지만 경구 피임약은 혼전 섹스에 따른 직접적 비용과 이익에 영향을 미치는 유일한 요소도, 가장 중요한 요소도 아니었다. 어느 시대에 혼전 성관계를 맺는 사람들의 빈도수를 예측해주는 그보다 훨씬 더 중요한 요소는, 사람들이 그 행동이 사회적으로 용인된다고 믿는 정도였다. 그리고 돌고 도는 방식으로 사람들이 그런 신념을 고수하는 정도 자체는 혼전 성관계를 하는 사람들의 비율에 크게 의존했다. 결국 그 비율은 경구 피임약 이외의 수많은 힘이 작용한 결과였다.

그러한 사회적 힘들 가운데 일부는 그 약의 효과와 유사한 방식으로, 개인의 '비용-편익' 셈법을 변화시켰다. 경제학자 앤드루 프랜시스(Andrew Francis)가 지적한 대로, 페니실린이 매독―프랜시스는 이 병을 "1930년대 말과 1940년대 초의 에이즈"라고 불렀다[5]―치료에 효과가 있다고 밝혀진 것은 1943년이 되어서였다. 몇 년 동안 페니실린은 당시 혼전 성관계를 가지는 데 따른 가장 큰 위험 가운데 하나라고 널리 받아들여진 것(매독―옮긴이)에 대한 걱정을 사라지게 해주었다.

2013년 발표한 논문에서, 프랜시스는 현대적 성생활 시대가 처음 도래한 것은 1960년대 중반이 아니라 1950년대 중반 아니면 후반이라고 주장했다. 그는 이러한 자신의 주장을 뒷받침하기 위해, 1950년대에 매독 감염 사례가 역대급으로 낮아진 것과 긴밀하게 연관된 결과로서 10대 임신율, 혼외 출생, 덜 심각한 성병의 발병 정도 등 위험한 성 행동의 척도가 급증했다고 지적했다. 프랜시스는 이렇게 결론 내렸다. "전체적으로 종합해볼 때 그 조사 결과에 따르면, 페니실린의 발견은 매독에 드는 비용을 줄여주었고, 그에 따라 오늘날의 성생활 문화를 형성하는 데 중요한 구실을 했다."[6] 여러 사건의 타이밍은 적어도 프랜시스의 논쟁과 맞아떨어진다. 즉 1961년 미국에서 최초로 합법적인 산아 제한 처방전이 발급되었음에도, 경구 피임약은 1965년 대법원이 그리스월드(Griswold) 판결을 내리고서야 비로소 수많은 주에서 합법적으로 사용할 수 있게 되었다.

다른 역사가들은 경구 피임약이나 페니실린 같은 기술적 혁신이야말로 혼전 성관계에 대한 태도가 좀더 허용적으로 달라질 수 있었던 까닭을 이해하는 핵심 요소라는 주장을 반박했다. 일례로 린다 고든(Linda Gordon)은 미국 여성들이 효과적인 산아제한법을 활용할 수 있게 된 것이 1910년대의 일이었는데, 제1차 세계대전의 여파로 "전국 차원의 대대적인 산아 제한 운동"이 뒤따랐다고 지적했다.[7] 이러한 상황 전개가 제1차 세계대전 직후 몇 년 동안 젊은 남성이 부족해진 현상과 맞물리면서 1920년대의 '신여성 시대(Flapper Era: Flapper는 1920년대의 자유분방한 신여성을 지칭─옮긴이)'가 출현하는 데 일조했다. '신여성 시대'는 많은 사람이 1960년대의 성 혁명을 미리 예고하는 전조라고 표현한 시대다. 수많은 주에서 피임 반대 법률을 폐지함에 따라 이 기간 동안 가족의 크기는 축소되었고, 혼외 성관계 역시 좀더 흔해졌다.[8] 1950년에 발간된 킨제이 보고서(Kinsey Report)가 확인해준 바에 따르면, 1900년 이전에 태어난 여성 가운데는 오직 14퍼센트만이 25세 이전에 혼전 성관계를 가진 경험이 있다고 인정했는데, 1900년 이후에 태어난 여성들에서는 그 수치가 36퍼센트로 크게 늘었다.[9]

역사학자 일레인 타일러 메이(Elaine Tyler May)도 성적 태도를 변화시키는 원인으로서 지금껏 약제의 역할을 과장했다며 이렇게 주장한다. "의약품은 막강한 영향력을 지니고 있지만 원인이 되어준 요소는 아니다. 성행동은 그 어떤 종류의 것이든 기술적 변화보다는 사회적 변화의 영향을 받아 변화한다."[10]

사회학자 데이비드 존 프랭크(David John Frank)에 의하면, 성 혁명이 싹트는 데 기여한 사회적 변화의 상당수는 비결혼 성관계 혹은 비출산 성관계에 반대하는 법률을 폐지한 현상에 반영되었다. "나는 가족적 사고의 독점을 무너뜨리고 개인적 사고의 우위를 주장하기 시작한 계기도, 출산을 위한 성관계에서 사적 쾌락을 추구하는 성관계로의 변화가 이루어진 계기도 프랑스 혁명이라고 생각한다."[11] 프랭크의 관점에 따르면, 페니실린과 경구 피임약은 이미 본격적으로 진행되고 있는 변화를 더욱 부채질한 것뿐이다. 그는 20세기 중엽에 훨씬 더 보편화한 구강 섹스를 예로 들었다. "그것은 경구 피임약 때문도, 페니실린 때문도, 콘돔 때문도 아니다. 바로 우리가 섹스에 대한 우리 스스로의 생각을 바꾸었기 때문이다."[12]

이러한 설명에 동의한다고 해서 기술적 혁신이 중요하지 않다는 뜻은 아니다. 당연히 우리가 섹스에 대해 생각하는 방식은 너무나 중요하고, 기술적 혁신도 우리가 섹스에 대해 생각하는 방식에서 비록 간접적이기는 하지만 중요한 역할을 담당했다.

그러나 성적 태도에서 급격한 변화를 낳은 가장 결정적인 사회적 힘들 가운데 적어도 몇 가지는 기술적 혁신과 무관했다. 일례로 흔히 경구 피임약 덕분이라고 여겨지는 성 혁명의 절정기인 1960년대 중반 암묵적인 성관계 시장에서 드러난 성비 불균형에 대해 생각해보자. 여성이 자신보다 나이 많은 남성과 데이트하는 것이 오랜 관례였기에, 1960년대 중반 성적 원숙기에 접어든 여성은 정상적으로라면 제2차 세계대전 기간에 태어난 남성과 데이트를 해야 했다. 하지만 그 기간 동안 출생률이 급락했으므로 당시 태어난 남성 수가 크게 부족했다. 따라서 제2차 세계대전 직후 시작된 베이비붐 시기에 태어나고 1960년대 중반에 성적 원숙기에 접어든 여성은 원래 같으면 자신이 데이트했을 나이대의 남성보다 훨씬 더 수가 많았다.

그 당시 남성과 여성이 캐주얼 섹스에 대해 꽤나 상반된 태도를 지니고 있지 않았다면, 이러한 불균형은 구애 관습에 거의 영향을 미치지 않으리라 예측할 수 있다. 하지만 1960년대 중반에 여성의 태도는 남성의 태도와 차이가 있었고, 그때 이후 오랫동안 계속 동일한 상태가 유지되었음을 보여주는 강력한 증거가 있다. 예컨대 경제학자 마리나 애드셰이드〔Marina Adshade: 캐나다 브리티시컬럼비아 대학교 경제학 교수로, 《달러와 섹스: 섹스와 연애의 경제학(Dollars and Sex: How Economics Influences Sex and Love)》의 저자—옮긴이〕가 1970년대 말과 1980년대 초 대학 캠퍼스에서 수행한 어떤 실험에 대해 들려준 내용을 살펴보자.

이 증거는 너무 낡은 것처럼 보일 수도 있지만 사실 타이밍이 완벽했다. 즉 성혁명이 한창이었는데, 연인들은 여전히 다행인지 불행인지 에이즈라는 새로운 질병이 곧 닥치리라는 사실을 그때까지도 눈치채지 못했다. 에이즈는 우리가 캐주얼 섹스에 대해 생각하는 방식을 바꿔놓게 된 질병이었다. 연구를 수행하는 동안, 적당히 매력적인 남성/여성이 대학 캠퍼스에서 여성/남성 쪽으로 걸어가서 말했다. "캠퍼스 주변에서 당신을 줄곧 주시해왔어요. 당신은 정말이지 매력적이에요. ~하시겠어요?" 그런 다음 실험인 줄 모르는 그 참가자에게 세 가지 옵션 가운데 하나를 제안했다. "저랑 오늘 저녁 식사 같이하실래요?" "오늘 밤 제 아파트에 가실래요?" "오늘 밤 저랑 잠자리하실래요?" 타깃 남성과 여성은 상대를 매력적이라고 생각했음에 틀림없다. 저녁 식사를 같이하자는 제안에 좋다고 답한 사람이 각 집단별로 50퍼센트가 넘었으니 말이다(여성의 56퍼센트, 남성의 50퍼센트). 그런데 흥미로운 결과는 제안이 성적으로 노골적이면 노골적일수록 기꺼이 좋다고 답한 비율이 남성의 경우는 증가한 반면 여성의 경우는 감소했다는 점이다. 놀랍게도 임의의 낯선 사람과 기꺼이 저녁 식사를 하겠다는 남성보다 그녀와 기꺼이 섹스를 하겠다는 남성이 50퍼센트나 더 많았다. 게다가 싫다고 답한 남성들(오직 표본의 25퍼센트에 불과하다)조차 그렇게 한 데 대해 후회를 드러냈다. 그 표본의 여성들 가운데는 아무도 잘생겼지만 아무렇게나 만나게 된 낯선 남성과 섹스하는 데 동의하지 않았다. 정말이지 단 한 명도 없었다. 모든 남성이 낯선 사람과의 섹스를 좋아하는 것은 아니듯 낯선 사람과 섹스하기를 좋아하는 여성이 하나도 없다는 것 역시 사실이 아니다. 하지만 그런 여성들이 이를테면 여성 전용 윤락 업소를 수익성 있는 사업으로 만들어줄 만큼 많은 것은 아니다. 좌우간 여성들이 프리섹스 제의를 거절한다면, 과연 누가 그들이 기꺼이 그에 대가를 지불할 거라고 생각할 수 있겠는가?[13]

애드셰이드는 더 나아가, 전국 차원의 조사에서 동시에 여러 파트너와 섹스해보고 싶냐는 질문에 그렇다고 응답한 비율이 남성은 42퍼센트인데 반해, 여성은 8퍼센트에 그쳤다고 밝혔다.[14]

논의의 편의를 위해, 이러한 조사 결과가 시사하는 것만큼 1960년대 중반에도 남성이 여성보다 혼전 성관계에 더 우호적이라는 전통적 정형성이 강했다고 가정해보자. 1960년대 중반 데이트할 조건에 맞는 남성들(다시 한 번 말하거니와 남성들은 그들과 짝을 이루고 싶어 하는 여성들보다 대략 두 살이 많았다)이 부족했다는 점을 감안하건대, 혼전 성관계에 대한 의견 불일치가 남성의 선호에 유리하게끔 해석될 여지가 있었을까?

이 질문에 답하려면 우리는 먼저 1967년 '사랑의 여름' 기간에 실제로 성비 불균형이 어느 정도였는지 살펴보고, 이어서 그런 규모의 불균형이면 구애 관례에 상당한 변화를 가져올 수 있다고 말해주는 증거를 찾아내야 한다.

이론생물학자들은 일반적으로 유성생식 종에서는 수컷 수가 암컷 수와 같아지는 경향이 있다고 주장한다.[15] 그 기저에 깔린 논리는 피셔(R. A. Fisher)가 정립한 것으로, 간단하다. 애초에 전체 인구 집단에서 수컷이 암컷보다 더 많았다고 가정해보자. 이 집단에 속한 암컷은 수컷보다 짝 찾기에 성공할 가능성이 더 높다. 따라서 유전적으로 암컷을 낳을 가능성이 많은 부모는 수컷을 낳는 경향이 높은 부모보다 더 많은 손주를 얻을 거라고 예상할 수 있다. 이런 차이는 결국 그 인구 집단에서 수컷의 비율이 떨어지도록 만든다. 처음에 불균형할 정도로 암컷이 많은 인구 집단의 경우에는 같은 과정이 거꾸로 펼쳐진다. 피셔가 결론지은 바에 따르면, 모든 인구 집단은 결국 수컷과 암컷의 수가 비등비등해지는 경향성을 드러내리라고 예상할 수 있다.

인간 인구 집단의 경우, 태어날 때는 실제로 여성보다 남성이 약간 더 많다.[16] 하지만 남성의 사망률이 여성보다 약간 더 높으므로, 남성의 수적 우세는 시간이 지남에 따라 점차 여성에게 유리한 쪽으로 바뀐다. 어쨌거나 현재 추구하는 목적을 위해 나는 1940년에 출생한 남성과 여성 가운데 거의 동일한 수가 1960년대에 젊은 성년으로 살아남았다고 가정할 것이다.

그림 5.1을 보면 미국에서 제2차 세계대전 이후 출생률이 급격하게 불어났음을 알 수 있다. 1945년에 미국 인구는 약 1억 3200만 명이었고, 그해 출생률은 인구 1000명당 약 20.4명이었으므로 1945년 한 해 동안 270만 명 정도가 태어났다. 그러던 것이 2년 뒤인 1947년에는 전후 베이비붐이 본격적으로 진행되었다. 그에 상응해 그해 인구는 1억 4300만 명, 출생률은 인구 1000명당 26.6명을 기록했다. 그에 따르면 1947년 한 해에 380만 명을 약간 넘는 신생아가 태어난 셈이다.[17]

1967년에 남녀의 평균 초혼 나이차는 2.5년이었다.[18] 1945~1947년 전체 출생아 집단의 규모를 감안하고 그들 집단에서 같은 수의 남녀가 성년기까지 살아남았다고 가정하면, 이는 1967년에 남성 파트너를 찾는 20세

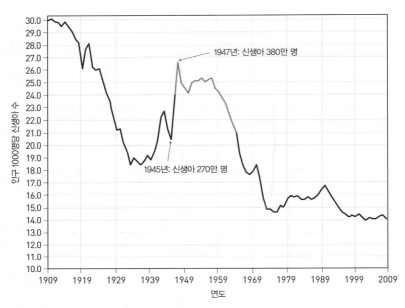

그림 5.1  제2차 세계대전 직후의 베이비붐. 위키피디아.

여성 100명당 22세 남성은 71명에도 못 미친다는 것을 의미한다.

이 정도 규모의 성비 불균형은 문제가 될 만큼 충분히 심각한가? 이 질문에 가장 직접적으로 답하는 증거는 2011년 사회학자 제러미 웨커(Jeremy Uecker)와 마크 레그너러스(Mark Regnerus)가 실시한 연구에서 찾아볼 수 있다. 전국을 대표하는 여대생을 표집한 저자들은 성비가 크게 차이 나는 미국의 대학과 칼리지(대부분 1967년에 젊은 미국인들이 다니던 대학과 칼리지보다 훨씬 심하게 여성 쪽으로 기울어 있었다)에서 데이트 관례와 태도에 대해 조사했다.

저자들은 먼저 1960년대 이후 칼리지에서 데이트 관례에 변화가 일어났다고 설명하는 것으로 시작했다.

남성이 여성에게 데이트를 신청하고 그 비용을 대는 공식적인 데이트는 더 이상 캠퍼스에서 볼 수 있는 주된 이성 관계 각본이 아니다. ……대신 남성과 여성은 대개 파티에서 만나 '훅업(hookup)'—친밀함의 정도에서 키스부터 성관계까지를 두루 아우르며 즉흥적으로 이루어지는 육체적 관계를 기술하는 다의적 용어다—까지 이어간다. 훅업은 낭만적 관계로 이어질 때도 더러 있지만 대체로는 그렇지 않다. 데이트는 없어지지야 않았지만 점차 배타적인 (그리고 아마도 성적인) 관계가 형성되고 난 이후 시작하는 것으로 여겨지는 듯하다.[19]

이 연구의 목적은 대학 캠퍼스 전체 학생 구성상의 중대 변화가 어떻게 데이트 관례의 관측 가능한 변화에 영향을 미치는지 탐구해보려는 것이었다. 1950년대에는 미국의 칼리지와 대학에 다니는 학생 가운데 남학생이 여학생보다 많았지만, 2000년대 초에는 남학생이 여학생 100명당 75명에 불과했다.[20] 저자들은 조사 결과를 이렇게 정리했다.

우리의 조사 결과는 캠퍼스에서 볼 수 있는 여학생—즉 전체 학생 가운데 남학생보다 더 높은 비중을 차지하는 여학생—은 캠퍼스에서 만나는 남학생이나 그들과의 관계에 대해 더 부정적 평가를 내리며, 전통적 의미의 데이트를 덜하고, 대학 내에서 남자 친구를 구할 가능성이 더 적으며, 성적으로 적극적일 가능성이 더 많다는 사실을 시사한다.[21]

저자들은 자신들의 표집 가운데 '진지한 관계(committed relationship)'를 가져본 경험이 없는 여학생은, 전체 학생 가운데 남학생 비율이 많은 캠퍼스보다 적은 캠퍼스에서 급우 남학생과 섹스하는 경향이 더 많다고 보고했다. 예컨대 칼리지 남자 친구를 사귀어본 일이 없다고 보고한 여학생은 급우의 60퍼센트가 여성일 경우에는 섹스한 비율이 46퍼센트였지만, 급우의 47퍼센트만이 여성일 경우에는 그 비율이 오직 31퍼센트에 그쳤다.

또한 저자들은 표집 여성 가운데 한 번 이상 진지한 캠퍼스 관계를 가져본 적이 있다고 보고한 여성에게서 비슷한 경험적 차이가 드러난다는 사실을 발견했다. 즉 남학생이 여학생보다 많은 캠퍼스의 경우 그와 같은 여성의 45퍼센트가 한 번도 섹스를 하지 않았다고 답했다. 하지만 여학생이 남학생보다 많은 캠퍼스의 경우 그 수치가 30퍼센트에 그쳤다.

웨커와 레그너러스가 밝힌 바에 따르면, 캐주얼 섹스의 빈도는 남학생 수보다 여학생 수가 많은 캠퍼스에서 더 높게 나타났다. 즉 그러한 캠퍼스에서는 과거에 남자 친구를 가져본 적이 있지만 현재는 깊이 사귀는 사람이 없다고 보고한 여성의 27퍼센트가 연구를 진행한 달에 섹스를 한 데 반해, 여학생 수보다 남학생 수가 많은 캠퍼스의 경우 그 수치는 20퍼센트로 떨어졌다.

저자들이 발견한 결과는 한마디로, 과거부터 이어져온 데이트 유형이 여학생 수가 더 많은 캠퍼스에서는 지속되는 경향이 낮다는 것이다. 그들은 단독으로든 합세해서든 이 유형을 만들어낸다 싶은 두 가지 상이한 메커니즘에 대해 기술했다. 첫 번째 메커니즘은 그들이 지칭한 이른바 "이원적 권력 명제(dyadic power thesis)"다.[22] 이에 의하면 여성의 수가 많아지면 낭만적 관계와 성적 관계에서 남성이 더 많은 권력을 누리게 되며, "이는 남성의 편에서 헌신 수준이 낮아지고 여성을 덜 호의적으로 대하게 된다는 것, 그리고 좀더 성적으로 허용적인 분위기가 조성된다는 것을 의미한다".[23] 두 번째 메커니즘은 그들이 "인구학적 기회 명제(demographic opportunity thesis)"라고 부르는 것이다. 이에 따르면 "대학 캠퍼스에서의 성비 불균형은 단순하게 여성이 짝으로 삼을 수 있는 남성 수가 더 적다는 의미일 수 있다. 다시 말해, 여성의 경우 잠재적 파트너의 공급 부족으로 관계 탐색에 성공하기가 한층 어려워진다".[24]

두 저자는 비록 두 가지 메커니즘이 동시에 작용하는 것처럼 보일지라도, 자신들의 조사 결과는 첫 번째인 이원적 권력 명제 쪽을 더욱 강력하게 뒷받침한다고 결론지었다. 당연히 여성이 잠재적 파트너를 만날 가능성이 더 적은 환경에서는 전통적인 데이트 유형이 더 드물어질 것이다. 하지만 웨커와 레그너러스는 전통적인 데이트 양상이 줄어드는 규모가 잠재적 파트너 부족으로 설명할 수 있는 정도보다 훨씬 더 크다는 것을 발견했다. 예컨대 여학생 비율이 1퍼센트 줄어들면 여성이 여섯 번 이상 전통적인 데이트를 할 가능성은 3.3퍼센트나 늘어난다는 것이다.[25]

이 같은 연구 결과를 해석할 때 유의해야 할 점은, 관찰 가능한 행동 차이가 성비 차이에서 비롯되는 게 아니라 상이한 유형의 학교를 선택하는 인간 유형의 체계적인 차이에서 비롯될 가능성이다. 가령 캐주얼 섹스에 좀더 허용적인 태도를 지닌 여성이 불균형하다 싶을 만큼 성적으로 좀더 허용적인 캠퍼스에 이끌린다면, 관찰된 성비 패턴은 관찰된 행동 차이의 원인이라기보다 결과일 것이다.

웨커와 레그너러스가 이러한 가능성을 조사한 것은 '진지한 관계'에 대한 여성의 관점이 캠퍼스의 성비와 상관관계를 보이는지 여부를 살펴보는 방식을 통해서였다. 조사 질문지에 대한 응답은 그러한 상관관계를 전혀 드러내지 않았다. 저자들은 이렇게 말했다. "성비가 상이한 캠퍼스들에서 여성은 성적 도덕성과 관련해 유사한 견해를 견지하고 있다. 그리고 그들은 낭만적 관계에 대해 진지하게 받아들일 태세가 되어 있지 않다, 결혼하는 것이 매우 중요한 목표다, 혹은 대학에서 만난 사람과 결혼하고 싶다 같은 질문에 동의하는 정도가 더하지도 덜하지도 않았다. 우리는 여성들이 섹스·헌신·결혼에 대한 자신들의 태도를 기반으로 성비가 상이한 캠퍼스에 이끌린다는 생각에 동의할 수 없음을 확인했다."[26]

또한 웨커와 레그너러스는 자신들의 연구에 대해 발표하고 얼마 지나지 않아 출간한 책에서, 여성이 다수인 캠퍼스에서는 더 많은 여성이 자신들이 싫어하는 성행위에 동조한다는 사실을 토로했다고, 또 어떤 여성들은 자신이 선호하는 횟수보다 더 자주 성관계를 가진다고 말했다고 보고했다.[27] 모든 것을 감안할 때 그들의 작업이 드러낸 실상은, 여학생이 수적으로 남학생을 크게 앞지르는 데이트 풀(pool)에서 살아가면 여학생이 캠퍼스의 성적인 관계에서 발휘할 수 있는 협상력은 줄어든다는 의견과 상당히 일치한다.

웨커와 레그너러스의 연구에서 캠퍼스 여성 비율의 중간값은 53.2퍼센트인 반면, 90백분위수에 위치한 캠퍼스의 여성 비율은 59.6퍼센트였다. 1967년에 20세 여성과 22세 남성으로 이루어진 풀에서 여성 비율은 58.5퍼센트였는데, 이는 캠퍼스 중간값을 크게 웃도는 수치이자, 거의 웨커와 레그너러스의 연구에서 90백분위수에 위치하는 캠퍼스만큼이나 높은 수치다.

한 대학 캠퍼스에서의 상이한 성비는, 전체 데이트 풀에서의 같은 수치보다 성적 협상력의 균형에 영향을 덜 미치는 것 같다. 좌우지간 모든 대학생은 좀더 넓은 공동체에서 파트너를 구할 수 있는 선택권을 가지니 말이다. 하지만 성비가 전체 데이트 풀의 균형을 깨뜨리면, 그때는 그와 비슷하게 의지할 수 있는 게 없다. 따라서 만약 대학 캠퍼스에서의 성비 불균형이 기술한 방식으로 데이트 관례에 영향을 끼친다면, 1967년 전체 데이트 풀의 실질적 불균형이 초래한 결과는 그보다 한층 더 심각했을 것이다.

그러므로 1960년대 중반 미국의 전체 데이트 풀에서 나타난 성비는 너무나 불균형한 나머지 성적인 관계에서 남성에게 훨씬 더 큰 협상력을 부여했다고 결론 내려도 무방하다. 다시 한 번 말하거니와 그렇다고 해서 경구 피임약, 기타 기술적 혁신 등이 성 행동의 패턴 변화에 미친 영향을 부정하는 것은 아니다. 내가 말하려는 바는 그저 사회적 힘은 인간 행동에 일반적으로 인식되는 것보다 훨씬 더 큰 영향을 미칠 개연성이 있다는 것이다.

동료의 영향을 강조하는 설명 방식이 드러내는 또 한 가지 특징은 그것이 긍정적인 피드백 효과를 명확히 인식하고 있다는 점이다. 반면 기술적 혁신에 기반을 둔 설명 방식은 보통 지나치게 정적이다. 과거에 혼전 성관계를 금지하는 가장 강력한 힘은 그것이 도덕적으로 잘못이며, 거기에 발을 들여놓으면 그 행위자의 명성에 흠집이 날 거라는 광범위한 믿음이었다. 하지만 우리가 4장에서 살펴본 대로, 도덕성에 관한 믿음은 대개 더없이 변화무쌍하다. 일단 충분히 많은 사람이 예컨대 동성 간 결혼이 도덕을 위반하는 행위가 아니라고 믿게 되면, 그 밖의 사람들이 계속해서 그것을 잘못이라고 믿는 게 점차 어려워진다. 그리고 앞에서 살펴보았듯이 급격한 변화는 흔히 이런 유의 긍정적인 피드백 효과를 수반하는 사회적 과정의 특성이다.[28]

경제학자들이 즐겨 사용하는 '비용-편익' 접근법에는 흔히 다른 사람들의 의견에 대한 관심이 누락되어 있지만, 그 분석 틀이 본래부터 그러한 누락을 요구하는 것은 아니다. 경구 피임약이 좀더 좁게 보아 혼전 성관계의 물질적 비용을 크게 줄여줌으로써 수많은 개인의 '비용-편익' 분석이 혼전 성관계를 찬성하는 쪽으로 기울도록 만든 것은 엄연한 사실이다. 하지만 '비용-편익' 접근법은 사람들이 마음을 쓰는 다른 무언가, 즉 도덕성에 대한 관심, 남들이 그들에 대해 어떻게 생각하는지에 대한 관심 따위를 계산에 포함하기도 한다. 따라서 경구 피임약은 섹스의 직접적인 물리적 비용을 줄여줌으로써 미혼자들이 성적으로 적극성을 띠게 만들었을 뿐 아니라 사람들이 자신의 명성에 대한 걱정을 누그러뜨리는 간접적인 효과를 낳았을 게 분명하다. 그 약에 대해 광범위한 논의가 이루어짐으로써 혼전 성생활을 둘러싼 금기가 완화되었을 가능성도 있다.

따라서 그 약은 분명 성 혁명을 가속화하는 데 도움을 주었지만, 그것이 성 혁명의 주된 요인은 아니었으리라고 결론 내려야 옳다.

일단 혼전 섹스에 관한 제약이 어느 선을 넘어서까지 느슨해지면, 그것이 촉발한 사회적 힘은 부단히 제약을 줄이는 방향으로 작용하는가? 4장에서 논의한 대로, 여론 변화가 늘 한쪽 방향으로만 흘러가는 것은 아니다. 대마초 합법화에 관한 견해와 마찬가지로, 혼전 성관계에 관한 태도역시 완전하게 정리된 것 같지는 않다. 하지만 우리가 대마초 불법화를 지지하는 데 완전하게 합의했던 과거로 돌아갈 가능성이 없는 것처럼, 우리가 혼전 성관계와 관련해 빅토리아 시대의 도덕률을 다시 받아들일 가능성 역시 없다.

그렇기는 해도 여론은 오늘날 훅업 문화의 다양한 측면에 관해 첨예하게 양분된 상태로 남아 있을 것 같다. 저널리스트 케이트 테일러(Kate Taylor)가 널리 인용되는 〈뉴욕타임스〉 기사에서 쓴 바와 같이 "최근까지만 해도 훅업 문화의 부상을 연구한 이들은 일반적으로 그것을 남성이 주도한다고, 그리고 캐주얼 섹스보다 낭만적인 관계에 더 관심이 많은 여성은 그에 마지못해 따른다고 추정해왔다. 하지만 그들은 이제 젊은 여성들역시 그 문화를 적극 밀어주고 있다는 사실을 서서히 간파하고 있다".[29]

테일러는 이어 펜실베이니아 대학에 다니는 여학생들과의 인터뷰에 대해 기술했다. 자신들의 주된 우선순위가 결혼할 배우자를 찾는 게 아니라 본인의 이력을 챙기는 것이라고 밝힌 여대생들이었다. "그들은 본인의 20대를 아무 방해도 받지 않고 열심히 노력하는 시기로 삼았다. 일테면 그들은 20대 때 한 해는 홍콩의 은행에서 일하고, 이어 경영대학원에 입학하고, 그런 다음 뉴욕의 기업체에서 일자리를 구할 계획을 세운다. 그러니만큼 대다수에게 이 모든 변화를 거치는 기간 동안 단 한 사람과의 관계를 내내 끌고 간다는 것은 받아들이기 힘든 생각이다."[30]

저널리스트 해나 로신(Hanna Rosin)은 훅업 문화를 더없이 친여성적이라고 표현함으로써 한술 더 떴다.

거칠게 말하자면 오늘날 페미니스트적 진보는 주로 훅업 문화의 존재에 의존하고 있다. 그리고 놀랍게도 특히 학교에서 그 문화를 영속시키고, 스스로가 추구하는 목표를 늘 염두에 두면서 자신들의 성공을 위한 공간을 마련하기 위해 그 문화를 영악하게 다루는 것은 (남성이 아니라) 여성이다. 오늘날 여대생에게 지나치게 진지한 구혼자는 마치 19세기에 뜻하지 않은 우연한 임신이 했던 것과 같은 역할을 담당한다. 유망한 미래를 망치지 않으려면 무슨 수를 써서든 피해야 하는 위험인 것이다.[31]

하지만 모두가 오늘날의 데이트 관례에 대한 이 같은 관점을 공유하는 것은 아니다. 예를 들어 미들베리 칼리지(Middlebury College) 4학년 때 리어 페슬러(Leah Fessler)는 훅업 문화가 그녀 자신뿐 아니라 다수의 급우에게 미친 파괴적 영향을 담은 긴 에세이를 출간했다. 그 에세이는 대체로 인상주의적이었지만, 그녀는 좀더 체계적으로 여성들의 태도를 알아보기 위해 일련의 인터뷰와 설문 조사를 진행하기도 했다. 페슬러가 대학에 다닌 몇 년 동안 '진지한 관계'는 찾아보기 어려웠지만, 그녀가 조사한 바에 따르면, 여성 인터뷰 대상자의 100퍼센트, 그리고 여성 설문지 응답자의 75퍼센트는 그러한 관계가 확실히 더 좋다고 말했다. 현재 훅업 관계를 맺고 있는 여성 응답자 가운데 오직 8퍼센트만이 자신의 상황에 만족한다고 밝혔다. 그녀가 인터뷰한 여성들은 "자신의 성적 파트너들과 연결성·친밀성·신뢰성을 구축하길 간절히 원했다. 하지만 현실에서는 그와 반대로 그들 중 거의 대부분이 지독한 자기 회의, 정서적 불안, 외로움을 불러일으키는 훅업에 동조하고 있었다". 그녀는 한 급우에 대해 다음과 같이 묘사했다.

> 그녀는 누군가와의 관계를 청산한 뒤 '전통적인' 훅업 문화를 시도하면서, 마치 자유로운 실험을 해보듯이 여러 남자들과 잠자리를 가졌다. 그녀가 말했다. "나는 외견상 다른 사람들과 훅업하기를 원하는 것처럼 보인다. 하지만 그것이 내 동기의 전부라고는 생각지 않는다. 그리고 상대 남성 대다수는 섹스 이후 심지어 나에게 눈길조차 주지 않거나 파티에서 나를 피하곤 하는데, 그 사실은 내가 지금껏 겪은 가장 가슴 아픈 일이다."[32]

성적 도덕성에 관한 논쟁은 인류 역사 시대 전체에 걸쳐 계속되어왔지만, 그에 대해 완전한 합의에 이르는 것은 여전히 요원해 보인다. 하지만 성 행동과 태도를 지배하는 사회적 힘을 좀더 분명하게 이해하면 다른 사람들이 우리와 상이한 의견을 고수하는 이유가 무엇인지, 그리고 많은 이가 적어도 얼마간 성적 제약이 있는 쪽을 그런 제약이 전혀 없는 쪽보다 선호하는 까닭이 무엇인지 더욱 잘 파악할 수 있다. 한층 중요한 점으로,

동료 효과의 힘을 인식하면, 왜 수많은 사람이 평생 만날 일 없는 이들의 행동으로 인해 자신의 이익이 위협받는다고 느끼는지를 좀더 잘 이해할 수 있다.

대다수 부모는 자녀들이 비흡연자로 성장하기를 바라는 것과 마찬가지 심정으로, 자녀들이 만족스러운 사적 관계를 누리는 성인으로 자라기를 바란다. 사실상 누구도 이런 부모의 열망에 담긴 진정성과 타당성에 이의를 제기하지 않는다. 하지만 그 같은 열망을 추구하면 불가피하게 그와는 다르지만 역시나 타당한 저만의 목적을 추구하는 다른 사람들과 갈등을 일으키게 된다. 첫 번째 경우, 부모가 추구하는 목표를 성취하는 데는 자녀의 또래 가운데 흡연자 비율이 어느 정도냐 하는 점이 영향을 미친다. 두 번째 경우, 부모가 목표에 도달하는 데는 자녀 또래의 성 행동이 어떠냐가 영향을 준다.

대다수 흡연자가 결코 담배를 시작하지 말았어야 했다고 후회하고 있지만, 개중에는 흡연에서 즐거움을 느껴 계속한다고 보고하는 이들도 있다. 내내 흡연을 이어가고자 하는 그들의 바람이 다른 사람에게 피해 입히기를 바란다는 증거는 아니다. 하지만 흡연은 분명 남에게 해를 끼치며, 우리는 이러한 해를 제한하고자 하는 바람에서 흡연에 제약을 가한다. 흡연자들이 본인의 행동 때문에 남이 어떻게 피해 입는지 좀더 분명하게 이해한다면, 그들은 흡연 억제 조치에 좀더 동조하게 될 것이다. 그와 마찬가지로 일부 사람의 흡연 욕구 역시 정당하다는 것을 인식한다면 우리도 가능한 범위 내에서 그들의 흡연권을 보호하는 식으로 규제를 하고자 노력하게 될 것이다.

성 행동 영역에서도 비슷한 이슈들이 있다. 몇 년 전, 내 동료의 중학생 딸이 학교에서 안내문을 한 장 받아왔다. 학부모에게 일부 학생이 아침 등굣길에 스쿨버스 안에서 구강성교를 해왔다는 사실을 알리는 내용이었다. 동료가 이 소식을 접하고 고통스러워했다고 해서 그를 참견하기 좋아하는 사람이라고 치부할 수는 없다. 심리학자인 그가 그 문제에 관심을 기울인 것은 다만 사회적 환경이 성장 중인 자녀가 자유롭게 고려할 수 있는 여러 선택지에 얼마나 큰 영향을 미치는지 이해했기 때문이다. 그가 자신의 사춘기 딸이 자신에게 작업을 거는 처음 보는 남자와 섹스하도록 강요받지 않는 환경에서 성장하길 바라는 게 그렇게 무리한 일은 아니었다.

이런 우려는 우리가 공공 정책에 대해 가지는 견해에 어떤 영향을 줄까? 일례로 수많은 부모가 공립 학교에서 성교육을 실시하는 데 반대한다. 자녀들이 그런 프로그램을 사회가 10대의 섹스를 승인하는 신호로 해석할까 봐 우려해서다. 일부 학부모는 한발 더 나아가 학교가 성교육을 관두고 엄격한 성적 절제를 강조하는 프로그램을 시행하도록 요구하기까지 한다. 동의하지 못하는 제삼자라면 그러한 요구를 부모가 제 자신의 도덕적 시각을 생각이 다른 타인한테까지 강요하는 쓸데없는 기대라고 치부할 수도 있다. 하지만 좀더 자비롭게 해석해볼 여지도 있다. 이러한 부모는 그저 자기 자녀가 이용하는 옵션이 다른 사람들의 자녀가 선택하는 관계에 크게 의존함을 이해하기 때문일 수 있는 것이다. 그리고 만약 그들이 전통적인 성교육 프로그램을 통해 자녀가 성적으로 적극성을 띨 여지가 있다고 본다면, 그러한 프로그램이 그들의 이익을 위협한다고 믿는 것 또한 타당하다.

그러나 부모들이 추구하는 목적이 타당하다고 해서 그 목적에 의해 동기 부여된 모든 정책적 요구를 지지할 수 있는 것은 아니다. 미국은 10대 임신율과 성병 발병률이 다른 어느 선진국보다 높다. 오직 절제만 강조하는 성교육 프로그램이 수많은 사법권 관할 구역에서 채택되었다. 10대 임신율과 성병 발병률을 낮춰줄 거라고 믿은 그 프로그램 지지자들의 등쌀 때문이었다. 하지만 설득력 있는 증거에 따르면, 이런 프로그램은 실제로 역효과를 낳았다.[33] 그런가 하면 몇몇 연구는 전통적인 성교육 프로그램에 노출되면 사춘기 청소년들이 성적으로 활발해지는 연령대가 올라간다는 결과를 보여준다.[34] 절제만 강조하는 프로그램이 일부 학부모의 정당한 바람에 의해 촉발될 수 있다는 사실이, 그 외 사람들의 자녀는 그런 프로그램의 역효과로 고통당해도 좋다는 것을 뜻하지는 않는다.

---

행동 전염은 그 자체의 생명력을 가진다. 사회적 힘을 사회의 안녕과 복지를 촉진하는 데 사용하는 '보이지 않는 손' 따위는 없다. 흡연 영역에서와 마찬가지로 성 행동 영역에서도 사회적 힘이 그 어떤 사회적으로 중요한 의미에서조차 가장 적절한 신념이나 관례를 만들어낼 거라고 가정할 수는 없다.

역사를 통틀어 모든 사회는 성 행동 영역에서 무제한적 자유의 수용을 탐탁잖게 여겼다. 과거의 제한적 조치는 부분적으로 오늘날이라면 현대적 피임법 등을 비롯한 약학적 혁신에 힘입어 예방할 수 있는 피해를 막으려는 목적에서 도입되었다. 하지만 그렇다고 해서 꼭 오늘날의 대다수 부모가 성적 제약이 완전히 사라진 환경에서 자녀가 자라길 바란다는 것은 아니다.

4부의 여러 장에서 살펴보겠지만, 행동 전염의 위력을 좀더 분명하게 이해하면 수많은 영역에서 서로 다투는 공공 정책 이해 집단이 어떻게 균형을 맞출 수 있는지에 대해 유익한 시사점을 얻을 수 있다. 비록 성 행동은 타협에 이르기가 유독 까다로운 영역으로 드러났지만, 여기서조차 행동 전염의 중요성을 인식하면 우리와 다른 입장을 견지하는 이들을 움직이는 동기가 무엇인지 더욱 잘 이해할 수 있다. 그리고 13장에서 살펴보겠다시피 사람들이 왜 자신의 반대자가 본인의 견해를 고수하는지 더 잘 인식하게 된다면, 일치점을 찾으려는 시도가 성공할 가능성도 그만큼 커진다.

# 신뢰

만약 발각되거나 처벌받을 가능성이 없으면 부정행위는 피할 수 없을까? 이것은 어느 시대건 나오는 질문이다. 플라톤은 《국가론(The Republic)》 제2권에서 소유자 마음대로 자신의 모습을 보이지 않게 해주는 가공의 마법 반지, 곧 기게스의 반지(Ring of Gyges)를 사용함으로써 이 문제를 탐구했다. 그 책에서 플라톤의 형 글라우콘(Glaucon)은 사람들이 정의 그 자체에 가치를 부여하지는 않는다고 주장하기 위해, 사람들을 타락시키는 그 반지의 효과에 대해 언급한다. 그가 말한다. "정의를 지키면서 완강하게 버티는 무쇠 같은 성격의 소유자는 상상하기 어렵다. 안전하게 시장에서 자신이 원하는 것을 취할 수 있을 때 제 것 아닌 물건에 손대지 않을 자, 안전하게 남의 집에 들어가 마음 내키는 대로 아무하고나 잠자리를 가질 수 있을 때 그렇게 하지 않을 자, 안전하게 자신이 원하는 대로 사람을 죽이거나 감옥에서 풀어줄 수 있을 때 그렇게 하지 않을 자, 모든 점에서 사람들 사이의 신과 같은 존재가 될 수 있을 때 그것을 거부하는 자, 그런 사람은 없을 것이다." 글라우콘에 따르면 분명한 결론은 "어떤 사람이 정의로운 것은 자발적이지도 않고, 정의가 자신에게 모종의 이익이 된다고 여겨서도 아니요, 그저 부득이한 결과일 따름이다. 누구든 안전하게 부정을 저지를 수 있다고 생각하는 곳이라면 어디서나 부정을 저지른다".[1]

많은 이들은 개인적 이해와 사회적 이해가 좀더 광범위하게 부딪칠 때면 근시안적 이기심이 당연히 승리를 거둔다는 글라우콘의 견해를 지지한다. 하지만 그의 견해와 상반되는 크고 작은 예도 적지 않다.

작은 예를 하나 들어보자. 어떤 여행자가 전에 한 번도 가본 적 없는 외딴 식당에서 팁을 줄지 말지 결정해야 하는 상황을 가정해보자. 미국에서 발전해온 관례에 따르면, 팁은 훌륭한 서비스에 요구되는 가외의 노력을 보상해주는 의미가 있고, 그 서비스가 손님에게 주는 가치는 대체로 팁값을 넘어선다. 사회적 관점에서 보면, 이러한 관례적 팁을 그대로 두는 편이 나을 것이다. 하지만 진정으로 이기적인 손님은 언제나 여행 중일 때는 팁 주기를 꺼리는 경향이 있다. 좌우간 팁은 식사를 마치고 지불하는 것이므로, 서비스를 제공한 종업원이 이미 제공한 서비스를 다시 거둬들일 수는 없다. 또한 대부분의 경우 그 불쾌한 손님은 두 번 다시 오지 않을 테니, 종업원으로서는 나중에 좋은 서비스는 어림도 없다는 식으로 되갚겠다고 단단히 벼를 수도 없다. 팁을 받지 못한 종업원이 말로 투덜거릴 가능성 역시 없는 것 같다. 오직 해고 위험을 높이는 데 기여할 뿐이니 말이다.

그로 인해 예상되는 결말이란, 식당을 찾는 손님들이 여행 중에는 대개 팁을 지불하지 않는다면 주로 여행자를 상대하는 식당의 종업원은 결국 좋은 서비스를 제공하려는 노력을 포기하는 것이다. 하지만 실제로는 그런 식당에서조차 계속 정중한 서비스를 제공하며, 그런 식당에서 팁을 받

는 비율 역시 다른 식당들과 기본적으로 같다.[2]

여행 중에도 팁을 주는 것은 도덕성에 관한 글라우콘의 회의론에 의문을 제기하는 숱한 행위들 가운데 하나에 불과하다. 많은 이들은 자선 단체에 익명으로 기부한다. 또한 습득한 지갑의 돈을 건드리지 않고 주인에게 돌려준다. 그들은 줄이 장사진을 이루어도, 날씨가 궂어도, 그리고 그 어느 나라에서도 후보 간 경쟁이 단 한 표 차로 결정된 사례가 없었음에도 대통령 선거일에 투표에 참가한다. 몇몇 이기적이지 않은 행동의 사례는 위험에 처한 낯선 사람을 구해주려고 자기 목숨을 던지는 경우처럼, 실제로 큰 대가를 요구하기도 한다. 글라우콘의 견해를 받아들이는 사람들이 보기에 이러한 행동은 결코 예상하기 어려운 것이다.

순전히 서술적인 용어로 말하면, 공공선을 위한 개인의 희생은 공감 같은 도덕 감정, 혹은 괜찮은 사람으로 인정받고 싶은 욕구가 낳은 결과인 것처럼 보인다. 가령 다시 올 것 같지 않은 식당에서 식사를 한 뒤 팁을 남기는 이유가 뭐냐고 물으면, 사람들은 대개 종업원이 좋은 서비스에 대해 응당 받으리라고 기대한 보상을 받지 못해 실망하도록 만들고 싶지 않다고 답한다.

흔히 도덕 감정이 사람들을 이끌어간다면 응당 사회 전체로 보아서는 좋은 일이다. 하지만 그것은 글라우콘의 주장뿐 아니라 자연선택에 의한 진화를 주장하는 찰스 다윈의 분석 틀에 비추어서도 흥미로운 문제를 제기한다. 다윈에 따르면, 우리의 신경계에 영향을 미친 선택 압력은 눈이나 '마주 보는 엄지손가락(opposable thumbs)'을 주조한 선택 압력과 매우 유사하다. 즉 만약 어떤 구체적 특성이 생존하거나 후손을 기르는 데 필요한 자원을 획득하는 투쟁에 도움이 되지 않는다면, 그 특성은 선호되지 않을 것이다. 따라서 순전히 다윈식의 용어로 말하자면, 처벌할 수 없거나 처벌받을 가능성이 현저히 낮은 상황에서는 사람들이 부정행위를 저지를 기회를 거부할 거라고 기대하기 어렵다.

나는 초기 학업적 이력 가운데 상당 부분을 이 같은 분명한 모순들을 해결하는 데 투자했다. 앞으로 보게 되겠지만, 사람들이 서로 영향을 주고받는 사회적 신호에 관한 나의 설명은 그 모순들을 화해시키는 데 도움을 줄 수 있다. 정말이지 있을 법한 일련의 상황 아래, 진짜 원칙에 입각한 행동은 심지어 경쟁이 가장 치열한 환경에서도 찾아볼 수 있다.

이에서 보듯 진정한 도덕성에 관한 글라우콘의 회의주의를 완벽하게 정당화하기는 어렵다. 그럼에도 동료들이 부정행위를 저지를 기회를 적극 활용하고 있을 때, 그 기회를 단호히 거부하기란 거의 불가능하다. 앞으로 살펴보겠지만, 부정행위로 안내하는 것은 때로 탐욕보다 훨씬 더 강력한 추진력이다. **규칙을 효과적으로 집행하지 않는 세계에서 규칙을 따르는 사람은 흔히 그들 자신의 재능과 노력에 대한 최소한의 합당한 보상도 받지 못하기 일쑤다.**

간단한 몇 가지 예에서 이러한 주장 뒤에 깔린 논리를 분명하게 볼 수 있다. 먼저, 두 가지 유형의 사람들―기꺼이 개인적 희생을 감수하면서까지 공동선을 촉진하고자 애쓰는 사람들과 가장 협소한 의미에서 이기적인 사람들―간의 경쟁에 대해 생각해보자. 다윈식 분석 틀에 비추어보자면, 한 인구 집단에서 이런 두 가지 유형의 성장률은 물질적 자원을 획득하는 능력이 커짐에 따라 증가한다. 어쨌거나 우리는 도덕 감정을 먹을 수도 없고, 우리 후손에게 먹일 수도 없다. 진화 경쟁에서는 올바른 일을 하는 데서 오는 만족감이 오로지 자원 획득을 촉진하는 한에서만 중요하다.

하지만 '올바른 일을 하는 것'은 그 정의상 회피 가능한(그 일을 하지 않았다면 회피할 수 있었을—옮긴이) 대가를 수반한다. (우리는 그것을 다른 말로 '분별력 있는 일을 하는 것'이라고 부를 생각이다.) 따라서 본능적으로 올바른 일을 하는 쪽으로 동기화한 사람들은 불가피하게 기회주의자한테 밀리게 되는 듯하다.

하지만 그런 일은 일어나지 않았다. 올바른 일을 하고자 하는 충동은 어떻게 그 일로 사람들이 떠안아야 하는 회피 가능한 비용을 보상해주는 물리적 이익을 추가로 발생시키는가?

이 일이 어떻게 일어날 수 있는지 보기 위해 당신이 지역의 성공적인 기업주라고 가정해보라. 당신은 본인 소유 기업의 아웃렛 분점을 내면 320킬로미터 떨어진 지역에 위치한 비슷한 도시에서도 장사가 잘될 거라고 자신하고 있다. 그런데 당신이 직접 그 매장을 관리하기는 어렵다. 그리고 관리인을 고용할 경우 그를 감시하는 능력의 한계 때문에 그가 당신을 속이고 있다는 것을 알아차리지 못할 수도 있다. 당신은 정직한 관리인에게 높은 봉급을 지불하고 충분한 수익을 거두어들일 거라고 기대한다. 하지만 부정직한 관리인은 모험적인 사업에서 돈을 잃게 만드는 식으로 당신을 속임으로써 훨씬 더 많은 이득을 챙길 수 있다. 당신은 기댈 만한 것이 없다. 사업의 실패에는 부정직한 관리 말고도 숱한 이유가 있기 때문이다. 당신은 자기가 고용한 관리인이 속임수를 써왔다는 사실을 증명하는 것은 고사하고 알아차릴 방법조차 없다. 당신은 아웃렛 분점을 내겠는가?

이런 상황에서 고용된 관리인은 내가 말한 이른바 **황금의 기회**(golden opportunity)를 맞게 된다. 들키거나 처벌받을 가능성이 전혀 없는 채로 속임수를 쓸 수 있는 기회 말이다. 경제학자들이 제시한 전통적 이기심 모델은 황금의 기회를 맞은 사람들은 어김없이 부정행위를 저지를 거라고 가정한다. 만약 그 가정이 그럴듯하다고 생각한다면 당신은 아웃렛 분점을 내는 것을 손해 보는 사업이라고 판단할 것이다. 그리고 그런 이유로 어쩔 수 없이 그에 반대하는 결정을 내릴 것이다. 이 결정이 당신은 그 아웃렛을 개점하고 관리인은 그곳을 정직하게 운영하는 경우보다 당신과 잠재적 관리인 둘 다에게 더 나쁜 결과를 초래할 수 있음에 주목하라.

이런 상황은 당신과 잠재적 관리인에게 경제학자 토머스 셸링이 말한 이른바 **헌신 문제**(commitment problem)를 제기한다. 만약 당신이 고용하려는 관리인 자리에 지원한 사람이 왜 그런지는 몰라도 정직하게 일하는 데 헌신할 수 있다면, 그는 그렇게 하기를 원할 것이다. 하지만 단지 정직하게 일하겠다는 의지를 천명하는 것만으로는 불충분할 터이다. 부정직한 관리인도 그런 상황에서는 얼마든지 그런 말을 할 수 있으니 말이다.

그렇다면 당신으로 하여금 누가 정직하게 관리할지 예측하게 해주는 신호에는 어떤 것이 있을까? 다음과 같은 사고 실험은 이 문제를 생각해보는 개념 틀을 암시해준다.

북적거리는 콘서트장에서 막 돌아온 당신이 현금 1만 달러를 잃어버렸다는 사실을 깨달았다 치자. 그 돈은 당신의 이름과 주소가 적혀 있는 봉투 안에 들어 있는데, 틀림없이 콘서트장을 빠져나올 때 코트 주머니에서 그걸 흘렸을 것이다. 당신에게는 혈연이나 혼인 관계로 맺어지지 않은 사람 중 당신의 현금을 돌려줄 거라고 확신하는 이가 있는가?

학생들에게 이 질문을 던지자 거의 모두가 긍정적으로 답했다. 대부분의 경우 그들이 머릿속에 떠올린 사람은 오랫동안 알고 지낸 친한 친구였다.

그들이 그렇게 자신하는 이유는 무엇일까? 그들은 과거에 거의 틀림없이 그렇게 많은 돈을 잃어버린 경험이 없을 테니, 자신의 예상을 지지해줄 만한 친구들과의 유사한 경험에 대해 언급할 수 없다. 압박을 받으면 대다수 사람은 애덤 스미스, 데이비드 흄(David Hume), 그 밖에 초기 도덕철학자들이 인정했을 법한 표현을 써가면서 답변한다. 즉 그 돈을 슬쩍 챙긴다는 생각만으로도 끔찍해할 거라고 확신할 만큼 그들의 친구에 대해 잘 알고 있다고 말이다.

사실상 그들은 그 초기 저술가들이 말한 이른바 동정심(sympathy)이라는 도덕 감정을 언급하고 있다. 동정심은 오늘날의 용례에 비춰보면 공감(empathy)에 좀더 가까운 용어다. 공감으로 아웃렛 분점의 헌신 문제를 해결할 경우, 문자 그대로 관리인의 손을 묶을 필요는 없다는 사실에 주목하라. 만약 정직한 관리인을 고용함으로써 거둔 이익이 충분히 높다면, 당신이 아웃렛 분점을 열었을 때 예상되는 결과는 긍정적일 수 있다. 관리인에 대한 당신의 평가가 정확하지 못할 가능성이 있음에도 불구하고 말이다.

만약 당신 자신의 직관이 나의 학생들 대다수가 표현한 것과 일치한다면, 당신은 경쟁적 환경에서 지속 가능한 도덕 감정에 요구되는 기본 가정을 받아들이고 있는 셈이다. 수익성 있는 특정한 교환은 오직 사람들이 서로를 신뢰할 때만 가능하기에, 사실상 신뢰는 소중한 경제적 자산이 된다. 믿을 만한 관리인은 물론 들킬 가능성이 전혀 없을 때도 속임수를 쓰지 않음으로써 회피 가능한 비용을 발생시킨다. 하지만 만약 다른 사람들이 그를 믿을 만하다고 평가한다면, 그는 그런 비용을 보상하고도 남을 만큼 높은 봉급을 받을 수 있다.

따라서 자연선택은 사람들을 믿을 만하게 만들어주는 도덕 감정의 손을

그림 6.1

들어준다. 위에서 막 기술한 것과 같은 헌신 문제를 해결하는 역량이 있기 때문이다. 이러한 목적에 부합하려면 그 감정은 분명 두 가지 요구 사항을 만족해야 한다. 첫째, 그 감정을 경험하는 사람은 좀더 높은 목표에 봉사하기 위해 편협한 이기심을 기꺼이 포기해야 한다. 둘째, 적어도 몇몇 사람은 장차 거래할 파트너가 이런 식으로 행동하는 경향을 얼마나 보이게 될지와 관련해 통계적으로 믿을 만한 평가를 내릴 수 있어야 한다.

공감을 구체적으로 보여주는 사례에서, 이 두 가지 요구 사항을 충족하고 있음을 보여주는 증거는 많다.[3] 예컨대 다윈은 뇌의 감정 상태, 그리고 불수의적(involuntary) 얼굴 표정과 몸짓 언어의 다양한 미묘함 사이에는 생래적 연관성이 있다고 적었다.[4] 그림 6.1의 조잡한 그림은 오직 몇 개의 세부 사항만 보여줌에도 모든 문화권 사람들은 이것을 슬픔, 공감, 혹은 그와 밀접하게 연관된 다른 몇 가지 감정을 전달하는 표정으로 인식한다. 이런 표정을 지으려면 콧등의 배세모근(pyramidal muscles)과 미간의 눈썹주름근(corrugator muscles)을 특정하게 수축해야 한다. 대다수 사람의 경우 명령을 받고 그 표정을 지을 수는 없다.[5] (거울 앞에 앉아서 그 표정을 한번 지어보라!) 하지만 그 유관 근육들은 그에 상응하는 감정을 경험함과 동시에 곧바로 그 표정을 지어 보인다.[6] 당신의 발가락이 뭔가에 걸려 다쳤다고 가정해보라. 그럴 경우 당신의 모습을 지켜본 지인은 이내 그 표정을 짓는다. 그런 지인을 보면 당신은 그가 믿을 만한 거래 파트너가 될 가능성이 높다고 여긴다. 그런 사태를 보고 아무 표정도 짓지 않는 사람은 당신의 신뢰를 얻지 못하기 십상이다.

간단한 얼굴 표정이 우리가 의존하는 유일한, 혹은 가장 중요한 신호는 물론 아니다. 일반적으로 우리는 다른 수많은 미묘한 신호—대개 오직 무의식적으로 우리의 의식 영역에 들어온다—를 기반으로 오랜 세월에 걸쳐 상대의 성격을 판단한다.[7] 이러한 인상을 토대로 우리는 잠재적 거래 파트너 가운데, 무엇을 할 것인지 결정할 때 오로지 자신의 이익만이 아니라 우리의 이익까지 더불어 고려할 가능성이 가장 높다 싶은 이들을 선택한다.[8] 두 사람이 상대에 대해 강한 공감적 유대 관계를 맺고 있다면 그들은 그 사실을 알아차릴 것이다. 그리고 상대에 대해 협조적으로 행동할 공산이 크다. 들킬 가능성도, 처벌받을 가능성도 없는 상황에서 비협조적으로 행동해야 더 많은 것을 얻을 수 있음에도 불구하고 말이다.

이러한 설명과 관련해 한 가지 분명한 난점이 있다면, 부정직한 사람은 남들이 누군가를 믿을 만하다고 여기는 데 활용하는 신호라면 뭐든 모방하려는 강력한 유인을 가진다는 사실이다. 회의주의자들은 늘 이런 식의 모방 때문에 정직이라는 믿을 만한 신호가 드러나기 어렵다며 반대를 표시한다.

이러한 반대에도 불구하고, 구체적인 감정은 관찰 가능한 특징적 신호를 수반한다는 주장은 확실하게 받아들여지고 있다. 지금껏 수많은 연구자가 우리 뇌 안의 감정 상태는 외부 관찰자들이 볼 수 있는, 자동적인 여러 신경계 반응을 만들어낸다는 다윈의 주장이 맞는다는 것을 확인했다.[9] 그리고 사람들이 사회적 딜레마 상황에서 다른 사람들과 상호 작용할 때 그러한 신호에 의존한다는 것을 보여주는 증거도 적지 않다.[10]

만약 당신이 앞의 사고 실험에서 잃어버린 봉투를 돌려줄 만한 누군가를 확실하게 떠올릴 수 있다면, 당신은 심지어 지독하게 경쟁적인 상황에서도 진정한 도덕 감정이 일어나는 데 필요한 기본 전제를 받아들이고 있는 셈이다. 하지만 사람들은 다른 사람이 본인의 진실성을 테스트하는 상황에서 어떻게 행동할지 예측할 수 있음을 보여주는 실험적 증거도 있다.

예를 들어 나는 코넬 대학에 적을 둔 동료 토머스 길로비치(Thomas Gilovich), 데니스 리건(Dennis Regan)과 함께 진행한 연구에서, 피험자들은 들킬 수 없는 게임에서 누가 부정행위를 저지를 것 같은지 예측하는 상황이 주어졌을 때 놀라울 정도의 정확도를 드러낸다는 것을 발견했다.[11] 전통적인 이기심 모델은 그런 상황이라면 모든 사람이 부정행위를 저지를 거라고 예측한다. 하지만 우리가 진행한 실험들에서는 피험자의 74퍼센트가 정직하게 행동했고, 오로지 26퍼센트만이 부정행위에 가담했다.[12] 이 실험이 주목한 것은 부정행위의 비율이 어느 정도냐가 아니라 피험자들이 자신의 파트너 가운데 누가 부정행위를 저지를 것 같은지 예측할 수 있느냐 여부였다.

멈춘 시계는 적어도 하루에 두 번은 정확한 시간을 말해준다. 피험자의 26퍼센트는 자신들의 파트너를 속였으므로, 부정행위에 대한 무작위 예측치는 정확히 그와 같은 26퍼센트가 될 것이다. 하지만 부정행위를 할 거라고 예측된 파트너들 가운데 57퍼센트가 실제로 그렇게 했다. 이 같은 높은 정확도가 우연히 이루어질 가능성은 1000분의 1도 되지 않는다.

이 실험의 피험자는 애초에 낯선 사람들이었고, 불과 30분 동안 서로 상호 작용하고 난 뒤 예측치를 말했다. 이 예측치가 그보다 더 오랫동안 서로 알고 지낸 사람들의 경우 훨씬 더 정확하리라는 것은 두말할 나위가 없다.

만약 잠재적 거래 파트너를 믿을 만하다고 여기게 해주는 신호를 무상으로 관찰할 수 있고 그 신호가 완벽하게 믿을 만하다면, 사람들은 그런 신호를 드러낸 이들하고만 거래하려 들 것이다. 이런 상황에서는 오직 믿을 만한 사람만이 끝까지 살아남는다. 진화적 투쟁에서는 서로의 부정행위에 영향을 받은 상호 작용에서 이익이 더 낮아지는 특성을 보이므로, 결국 부정직한 사람은 멸종에 이르게 된다.

물론 이것은 우리가 살아가는 세상에는 해당되지 않는 이야기다. 왜냐하면 우리로 하여금 다른 사람의 행동을 예측하도록 해주는 신호는 불완전할 뿐 아니라 관찰하고 평가하는 데 시간과 노력이 들기 때문이다. 만약 어느 인구 집단이 전적으로 믿을 만한 개인으로만 이루어져 있다면 그런 시간과 노력은 낭비일 것이다. 절도 사건이 한 건도 일어난 적 없는 동네에 거주할 경우 값비싼 주택 보안 시스템을 설치하는 것은 낭비이듯 말이다.

이를 통해 우리는 처음부터 오직 믿을 만한 개인으로만 이루어진 환경은 부정직한 돌연변이체들이 이익을 챙기기에 더없이 적합한 여건임을 짐작할 수 있다. 대다수 사람이 잠재적 거래 파트너를 면밀히 살피는 노력을 기울이지 않으므로, 이들 돌연변이체는 사람을 믿는 피해자에게 쉽게 다가갈 수 있다. 이런 과정에서 그들은 웃돈을 얹은 가격에 자원을 획득하고, 그 결과 인구 집단에서 그들의 지분이 점차 커지게 된다. 하지만 부정직한 유형의 수가 충분히 많아지면, 정직한 유형의 사람들은 잠재적 거래 파트너를 선택할 때 훨씬 더 세심하게 주의를 기울인다.

만약 오직 부정직한 개인으로만 이루어진 인구 집단에서 시작한다면, 비슷한 역학이 그와 정반대 방향으로 전개될 것이다. 자신들이 그러한 인구 집단에 속해 있다는 것을 용케 깨닫게 된 일군의 정직한 돌연변이체는 잠재적 거래 파트너를 살펴보는 데 이례적일 정도로 신경을 곤두세운다. 결국 틀림없이 믿을 만하다고 확신할 수 있는 이들하고만 상호 작용을 하게 되는데, 이렇게 선택된 이들은 부정직한 유형의 사람보다 더 많은 이득을 거두며, 부정직한 사람은 상호 간의 부정행위로 인해 적은 이득만 취하게 된다.

이런 유의 진화 모델이 낳는 불가피한 결과로서, 한 인구 집단에는 정직한 유형과 부정직한 유형이 어수선하게 뒤섞인다. 한마디로 이는 실제로 거의 모든 인간 집단에서 관찰된다. 이런 식으로 뒤섞인 인구 집단에서는 행동 전염이 엄청나게 중요해진다.

이게 바로 인간 특이적 신호—어떤 잠재적 파트너의 명성이나 그가 당신을 좋아할 것 같은지 혹은 당신의 이익에 관심을 가질 것 같은지 여부에 대한 당신의 평가 등—가 거의 실패할 위험이 없는 이유다. 따라서 누군가를 믿을 것이냐 말 것이냐는 그 사람에게만 국한한 신호뿐 아니라, 당신이 사람들을 신뢰할 만하게 만들어준다고 알고 있는 좀더 일반적인 특성에 의존한다고 볼 수 있다. 그러므로 특정한 일련의 개인 특이적 신호와 관련해 당신이 누군가를 신뢰할 가능성은, 본인의 과거 경험에 비추어 인구 집단의 오직 30퍼센트가 믿을 만할 때보다 같은 수치가 80퍼센트일 때 더 크다.

그 같은 간단한 경험적 지식은 왜 규칙과 집행이 그토록 중요한지 설명하는 데 도움을 준다. 황금의 기회를 맞이했을 때 믿을 만한 사람이 거래 파트너로 선택되려면 다른 사람이 그에 대해 충분히 정확하게 그렇다(황금의 기회를 맞이했을 때 믿을 만하다—옮긴이)고 확신할 수 있어야 한다. 따라서 진정한 신뢰성은 규칙 없는 세상에서도 나타날 수 있지만, 어떤 인구 집단에서든 신뢰성이 실제로 널리 퍼지려면 법과 규범이 엄격하게 집행되어야 한다.

그 이유를 알아보기 위해서는, 글라우콘의 주장대로 먼저 효과적인 규칙 집행은 부정행위를 하면 대체로 도움이 되지 않는다고 말해줌으로써 사람들로 하여금 몇 가지 신중한 이유에서 정직하게 행동하도록 이끌어준다는 사실에 유의하라. 하지만 황금의 기회(즉 걸릴 가능성 없이 부정행위를 저지를 수 있는 기회)를 맞이했을 때조차 정직하게 행동하는 사람도 많다. 아리스토텔레스가 깨달은 바와 같이, 그러한 절제의 동기가 되어주는 도덕 감정은 느닷없이 만들어지지 않는다. 그렇다기보다 습관의 힘을 통해 길러진다.[13] 철학자 윌 듀랜트(Will Durant)는 아리스토텔레스의 말을 이렇게 다른 말로 바꾸어 표현했다. "우리는 우리 자신이 반복적으로 행하는 모든 것의 총체다. 따라서 빼어남은 행위가 아니라 습관이다."[14]

법과 규범의 집행이 중요한 까닭은, 대다수 상황에서 처벌받을까 봐 두려워 정직하게 행동하는 사람들이 황금의 기회를 맞았을 때조차 정직하게 행동하는 경향성을 키워나갈 가능성이 점차 커지기 때문이다. 따라서 한 인구 집단에서 황금의 기회를 접했을 때조차 믿을 만하게 행동하는 사람의 비율은, 법과 규범을 엄격하게 집행하는 사회에서 한층 더 높아질 것이다.

이제 우리는 신뢰 영역에서 행동 전염의 위력이 놀랍다는 것을 분명하게 확인했다. 한 인구 집단에서 믿을 만한 사람의 비율을 낮춰주는 모종의 환경적 변화—느슨한 법 집행 같은—도 그 비율을 훨씬 더 낮추는 피드백 과정을 가속화할 것이다. 그렇게 비율이 낮아질 때마다 믿을 만한 거래 파트너로 선택되는 데 따른 물리적 보상이 그만큼 줄어들 테고, 그것은 다시 믿을 만한 사람의 실질적 비율을 더욱더 낮추는 데 기여한다. 이와 같은 과정이 계속 이어진다.

한마디로 글라우콘은 규범의 집행이 엄격하게 이루어지지 않을 때도 진정한 신뢰성이 등장할 가능성에 대해 오판한 게 분명하지만, 그렇다고 규범의 집행이 중요하지 않다고 결론 내리는 것은 잘못이다. 그와 반대로 진정한 도덕성은 자연발생적으로 발달할 수도 있지만, 법이나 사회적 압력으로 강력하게 뒷받침해주지 않으면 큰 폭으로 줄어들게 된다.

도덕 영역에서 행동 전염이 발휘하는 위력의 두 번째 차원은 규칙 위반자가 남에게 손해를 끼치면서 이득을 취하는 모습을 볼 때 사람들이 격분한다는 것이다. 이는 현금 팁의 형태로 보수 가운데 상당 부분을 충당하는 식당 종업원의 경우에서 분명하게 확인할 수 있다. 이런 형태의 소득은 세무 당국이 감시하기 어렵다. (실제로 대부분의 사법권 관할 구역에서 세무 당국은 팁이나 그와 유사한 현금 지급액에 대해 감시하고자 노력하고 있으므로, 그러한 지급액을 전혀 고려하고 있지 않다기보다 과소평가하고 있다고 말해야 좀더 정확할 것이다. 하지만 논의를 단순화하기 위해 나는 세무 당국이 팁을 전혀 감시할 수 없다고 가정하고자 한다.)

당신이 세전 주급이 1000달러인 공장에서 일하든가, 아니면 세전 주급 500달러에 같은 금액의 팁을 받고 레스토랑에서 서빙하든가 둘 중 하나를 결정해야 한다고 가정해보자. 당신은 보수와 상관없이 두 가지 일이 동일하게 매력적이라고 생각하며 또한 정직하므로, 출처가 어떻든 간에 벌어들인 모든 소득에 대해 20퍼센트의 세금을 지불한다. 그렇게 하면 어느 쪽을 택하든 세후 소득은 주급 800달러가 될 테고, 당신은 둘 중 아무

래도 좋다고 느낄 것이다.

하지만 이제 수많은 공장 노동자가 두 직종에 대해 단 한 가지 점에서 당신과 의견을 달리한다고 가정해보자. 즉 그들은 세무 당국이 감시하지 못하는 팁을 신고하지 않는 데 대해 아무런 양심의 가책을 느끼지 않는다. 이런 노동자는 레스토랑 서빙 쪽으로 직종을 바꾸길 원할 것이다. 자신이 벌어들인 주급의 절반에 해당하는 액수에 대해 세금을 내지 않을 수 있기 때문이다. 결국 웨이터로서 받는 세후 급료는 그들이 공장에서 벌었을 급료보다 일주일에 100달러가 많아진다.

그 결과 테이블 서빙을 하려는 웨이터들의 공급은 과잉이 될 테고, 공장 업무를 원하는 이들의 공급은 부족해질 것이다. 그로 인한 불가피한 반응으로 노동 시장에서 수요와 공급이 다시 균형을 잡을 때까지 임금은 조정 과정을 거친다. 논의를 단순화하기 위해 해외 경쟁력 때문에 공장 업무에 따른 임금 인상이 가능하지 않다고 가정하면, 전반적인 조정은 테이블 서빙 종업원에게 일어날 것이다. 만약 식당이 팁에 대한 조세 회피를 마다하지 않는 사람으로 가능한 모든 서빙 자리를 채울 수 있다면, 웨이터에게 지급하는 임금은 세후 주급이 공장 노동자의 800달러와 같아질 때까지 계속 떨어질 것이다. 그 결과 서빙 종업원의 주급은 500달러에서 375달러로 낮아진다. (주급 375달러에서 그에 대한 세금 20퍼센트, 즉 75달러를 제한 금액 300달러와 조세를 회피한 팁 500달러를 합하면 공장 노동자의 세후 주급과 같은 800달러가 된다—옮긴이.)[15]

정직한 웨이터가 직면하게 될 어려움은 언뜻 보아도 분명하다. 만약 그가 자신이 팁으로 받는 주급 500달러에 대해 세금을 내면, 세후 주급으로 받는 금액은 700달러에 불과할 것이다. 즉 공장 노동자가 집에 가져가는 주급보다 100달러 적은 액수다. 그리고 그는 순순히 세금 전액을 낸 공장 노동자로서 주당 800달러를 집에 가져갈 수도 있었기에, 자신의 팁에 세금을 부과하는 것이 불공정하다는 합리적 결론에 도달할 가능성이 있다.

이러한 예, 즉 내가 이름 붙인 이른바 **웨이터의 딜레마**(waiter's dilemma)는 부정행위를 저지르라는 사회적 압박이 왜 사회적 고립 상태에서 가능한 정도보다 훨씬 더 커지는지를 실증적으로 보여준다. 사람들이 황금의 기회를 맞이하고서도 약탈하고 싶은 유혹을 이겨내는 예를 우리는 수없이 본다. 하지만 동료들이 아무 처벌도 받지 않은 채 그 같은 황금의 기회를 구가하는 상황에서는 그 기회를 거부하기가 극도로 어려워진다. 실제로 웨이터가 추적 불가능한 현금 소득을 신고하는 일, 즉 본인의 소득을 줄어들게 만드는 일을 불공정하다고 여기는 이유를 우리는 쉽게 이해할 수 있다.

행동 전염과 전통적인 경제 유인이 서로를 강화해주는 현상을 '조세 순응(tax compliance)'보다 더 분명하게 보여주는 정책 영역은 없다. 사람들이 자국의 세법에 어느 정도 복종하는지 조명하는 전통적인 경제 모델은 거의 전적으로 협소하게 정의된 물질적인 유인에만 주목한다.[16] 법과 규범의 집행은 이러한 모델 상황에서조차 중요하지만, 그 중요함의 정도는 우리가 행동 전염의 효과까지 고려할 때보다 훨씬 적다.

경제학자들은 사회적 힘이 이 영역에서 중요한 역할을 한다는 것을 차츰 인식하기 시작했다.[17] 예컨대 제임스 안드레오니(James Andreoni)가 이끈 공동 연구진은 조세 순응 역시 규범과 사회적 상호 작용에 영향을 받는다는 것을 보여주는 증거를 제시했으며, 제임스 앨름(James Alm) 등은 실험을 통해 그 주장을 뒷받침했다.[18] 브라이언 에러드(Brian Erard)와 조너선 파인스타인(Jonathan Feinstein)은 죄책감이나 수치심 같은 도덕 감정 역시 조세 순응에 영향을 미치는 중요한 요소라고 밝혔다.[19] 마이클 스파이서(Michael Spicer)와 베커(L. A. Becker)는 실험을 통해 피험자들은 자신에게 불공정하게 과세된다고 느낄 때 탈세할 가능성이 커진다는 증거를 제시했다.[20]

경제학자 외르크 페촐트(Jörg Paetzold)와 하네스 비너(Hannes Winner)는 창의적인 연구를 통해 동료 행동이 탈세에 어느 정도 영향을 미치는지 조명했다.[21] 이 연구는 오스트리아에서 수집한 자료를 이용했는데, 그 나라에서 정부는 근로자가 세금 정산할 때 통근 비용을 소득에서 공제하도록 허용한다. 통근 비용을 면세해주는 조건하에 근로자는 총 통근 거리를 자진 보고하도록 되어 있으며, 보고의 정확성을 증명하는 것은 고용주의 책임이다. 하지만 수많은 고용주가 증명 과정에 거의 자원을 투자하지 않으므로 잘못된 보고로 처벌받을 위험은 거의 없다. 페촐트와 비너는 소상한 세금 데이터와 고용주 및 직원의 거주지 데이터를 연관 지음으로써 실제로 과도한 통근 비용 공제 요구가 만연함을 증명할 수 있었다.

이 결과는 그것만으로는 전혀 놀라울 게 못된다. 지금 다루는 주제와 관련해, 이 연구에서 훨씬 더 흥미로운 부분은 동료 행동이 과장된 공제 요구에 얼마나 영향을 미쳤는지 저자들이 조사한 결과다. 페촐트와 비너는 그 규모를 추정하기 위해 당기 과세 연도에 새로운 직장으로 자리를 옮긴 직원들에만 초점을 맞추었다. 탈세 정도가 전 직장과 비슷하거나 적은 기업에 새로 고용된 직원들은 탈세 비율에 변화가 없었다. 하지만 탈세가 좀더 일반적인 새 직장으로 옮긴 직원의 경우 그 패턴에 커다란 차이가 드러났다. 즉 이런 직원의 탈세 정도는 새로운 직장 동료들의 탈세가 전 직장 동료들의 탈세를 능가하는 정도보다 훨씬 더 큰 비율로 증가했다.

고용주는 탈세에 따른 처벌 위험이 거의 수반되지 않을 경우, 자신이 필요로 하는 직원을 유치하기 위해 그렇게나 많은 돈을 지불할 필요가 없음을 은연중에 알고 있다. 그에 따른 한 가지 결과로, 직장 동료들이 세금과 관련해 속임수를 쓰고 있음을 깨달은 직원은 앞서 논의한 '웨이터의 딜레마'에 빠지게 된다. 이럴 경우 세금과 관련해 양심적이고 정직한 직원은 마땅하게도 자기 자신이 불공정하게 저임금을 받고 있다고 여기게 된다. 따라서 보통 규칙을 잘 준수하는 나라로 간주되는 오스트리아 같은 국가에서조차 시민들이 동료의 영향에서 완전히 자유롭지는 않다.

조세 순응이 낮은 나라는 운영이 상당히 불리하며, 흔히 광범위한 경제적·사회적 번영을 뒷받침하는 데 필요한 인프라에 투자하기가 어렵다. 반면 조세 순응이 높은 나라는 역사적으로 엄청난 이득을 누려왔다. 미국은 과거에는 확실히 후자였다. 예를 들어 2004년 6점으로 이루어진 조세 순응 척도로 30개 산업 국가의 순위를 매긴 한 연구에서 미국은 4.47점으로 7위에 올랐다.[22] 그 척도에서 1위를 차지한 나라는 5.05점의 싱가포르였고 뉴질랜드(5.00), 오스트레일리아(4.58), 영국(4.67), 홍콩(4.56), 스위스(4.49)가 그 뒤를 이었다. 30개 조사 대상 국가 중 꼴찌는 1.77점을 기록한 이탈리아였다.

높은 수준의 조세 순응은, 대다수가 다른 사람이 정직하게 행동하고 있다고 믿는다면, 상대적으로 유지하기 쉽다. 하지만 그런 믿음은 만약 행동 전염까지 고려한다면 서서히 약화한다. 동료 영향을 무시하는 전통적인 모델들은 조세 집행을 완화하면 사람들이 부정행위를 해도 처벌 가능성이 낮아진다고 여기므로 탈세가 늘어날 거라고 주장한다. 하지만 호구가 된 것 같은 기분을 달가워할 납세자는 거의 없기에, 느슨한 조세 집행의 간접적 영향은 그로 인한 직접적 영향을 압도할 가능성이 있다. 일단 남들이 조세와 관련한 부정행위를 저지르고도 처벌받지 않는다는 것을 사람들이 깨닫게 되면 순식간에 폭발적인 피드백 과정이 뒤따른다.

2011년 이후 미국 공화당 국회의원들은 국세청(Internal Revenue Service, IRS)의 예산을 대폭 삭감하는 법안을 제정했고, 이 조치는 그 기관의 집행 활동이 축소되는 결과를 낳았다. 2017년 전국적으로 국세청 범죄 담당 부서는 세금 사기가 주 범죄인 사례를 795건밖에 기소하지 못했다. 같은 기관의 불과 7년 전 기소 건수보다 25퍼센트나 감소한 수치다.[23] 미국 국세청은 2017년 161건당 1건의 비율로 개인 수익에 대해 회계 감사를 벌였는데, 이는 90건당 1건이던 2011년과 비교해 크게 떨어진 결과다. 그런가 하면 기업 수익의 회계 감사가 이루어진 것은 101건당 1건으로, 2012년의 61건당 1건이던 데서 크게 후퇴했다.[24]

회계 감사를 받을 가능성은 경제 피라미드의 상층을 차지하고 있는 개인이나 기업의 경우 훨씬 더 큰 폭으로 줄어들었다. 2017년 연간 소득 100만 달러 넘는 이들 가운데 오직 4.4퍼센트만이 회계 감사 대상이었는데, 이는 2011년의 12.5퍼센트보다 크게 줄어든 수치다. 자산 가치가 1000만 달러 이상인 기업의 경우 회계 감사를 받은 비율은 2012년의 17.8퍼센트에서 2017년에는 불과 7.9퍼센트로 떨어졌다.[25]

이러한 움직임은 2017년 12월 미국의 세법이 복잡하고도 광범위한 변화를 겪음과 동시에 일어나고 있었던지라 시기가 좋지 않았다. 그러한 법률은 새롭게 상이한 비율로 과세하는 다른 유형의 소득을 구분했고, 그 결과 소득을 재정의함으로써 편법을 쓰고자 하는 강력한 유인을 만들어냈다. 미국 '예산 및 정책 우선순위 센터(Center on Budget and Policy Priorities)'의 에밀리 호턴(Emily Horton)은 이렇게 적었다.

만약 국세청이 이런 유형의 편법을 막을 수 없다면, 감세는 현재 공식 추정치가 보여주는 것보다 더 대가가 크고 더 부자들 쪽으로 기울 가능성이 있다. 하지만 새로운 세법이 제기하는 '한 세대에 한 번(once-in-a-generation)' 집행 과제에도 불구하고, 2018년 정부 예산안은 집행 자금을 대략 전년도 수준으로 묶어놓았다. 편법을 저지를 수 있는 새로운 기회와 일은 과중하되 자금력은 부족해진 국세청의 만남은 부자들에게 아예 새로운 법률의 경계를 뛰어넘으라고 등을 떠미는 격이었다.[26]

국세청의 예산 삭감이 시작되기 전 마무리한 한 연구에 따르면, 진작부터 상위 0.5퍼센트 이내의 소득자들이 모든 미신고 소득의 5분의 1을 차지하고 있었다.[27] 새로운 집행 환경은 분명 미국인의 높은 조세 순응 전통에 훨씬 더 큰 위협을 가하고 있다. 즉 국세청장 존 코스키넌(John Koskinen)은 2015년 이렇게 말했다.

우리는 올해 회계 감사 감소와 세금 징수 사건 종결 처리로 인해 만약 그런 것이 없었더라면 거둬들였을 20억 달러의 정부 세수가 증발하게 될 거라고 추정한다. 기본적으로 정부는 몇억 달러의 예산을 아끼기 위해 수십억 달러를 포기하는 셈이다. 우리의 추정치에 따르면, 국세청의 예산에 투자한 1달러는 4달러의 세수를 거둬들이기 때문이다. 2010년 회계 연도 이후 꾸준히 집행 인력을 감축한 데 따른 누적 효과로 정부가 세수에서 보는 손실액은 매년 70억~80억 달러에 이른다.[28]

코스키넌이 인용한 수치는 국세청의 예산 삭감이 현재 소득에 대한 납세 의무를 게을리 한 데 따른 세수 손실에 미치는 직접적 영향만 언급한 것이다. 하지만 집행 예산의 삭감이 제기하는 그보다 훨씬 더 심각한 위협은, 행동 전염으로 인해 미래의 세수가 훨씬 더 큰 폭으로 감소하게 되리라는 사실이다. 따라서 국세청 예산이 1달러 감소할 때마다 치러야 하는 장기적 대가는 코스키넌이 보고한 4달러 세수 감소보다 훨씬 더 커질 가능성이 있다.

몇몇 사람의 조세 부정행위는 그들과 제아무리 친한 동료라도 결코 알아낼 수 없다. 하지만 조세 부정행위의 적어도 일부는 다른 사람에게 알려질 테고, 사례가 적을 때 그것은 만천하에 공개된다. 2018년 〈뉴욕타임스〉가 발간한 1만 4000개 단어로 이루어진 조사 보고서에 따르면, 도널드 트럼프 대통령이 그의 아버지로부터 받은 수억 달러는 대부분 "분명한 사기 사례를 포함해 1990년대의 수상쩍은 조세 제도"의 결과였다.[29] 이런 유의 폭로 기사는 불가피하게 규칙에 따라 경기하고자 하는 그 인구 집단의 경향성을 약화시킨다.

---

애덤 스미스의 현대 추종자 가운데 상당수는 그의 '보이지 않는 손' 이론을 찬미한다. 그들의 이론에 따르면, 시장의 힘은 이기적인(사적으로 이윤을 추구하는) 개인을 이용해 좀더 넓은 사회의 이익에 기여한다. 스미스가 《국부론》(2권 2장)에 쓴 대로 "우리가 저녁을 먹을 수 있는 것은 정육점 주인, 양조장 주인, 빵 가게 주인의 자비심 덕분이 아니라 자기 이익을 챙기려는 그들의 관심 덕분이다".

하지만 스미스는 '보이지 않는 손'의 위력에 대해, 그의 현대 추종자 상당수보다 훨씬 더 신중했다. 그는 이기심만으로는 최대 다수의 최대 행복에 도달할 수 없음을 간파했다. 게다가 그는 시장이 법이나 윤리 규범이라는 정교한 기반이 없으면 제대로 작동할 수 없다고 믿었다.

노벨 경제학상 수상자 조지 애커로프(George Akerlof)와 로버트 실러 (Robert Shiller)는, 애덤 스미스의 '보이지 않는 손' 내러티브에서 볼 수 있는 유인─즉 판매자들이 비용을 절감하거나 질적으로 개선된 혁신적 요소를 도입하게 만드는 유인─은 소비자를 속이는 돈벌이 되는 기회 중 미사용 상태로 남아 있는 것은 아무것도 없게끔 보장한다고 주장했다.[30]

심지어 인간 본성에 대한 가장 낙관적인 가정 아래서도 그러한 기회(소비자를 속이는 돈벌이 되는 기회─옮긴이)는 풍부하게 남아 있을 것이다. 행동 전염 때문에 성공적인 부정행위 각각의 사회적 비용은 그 행동의 직접적이고 사적인 비용의 몇 배로 불어날 것이다. 따라서 부정행위를 하지 못하도록 막는 노력에 투자한 자원은 일반적으로 추정되는 것보다 훨씬 더 큰 이득을 낳는다.

이런 투자 때문에 불리해지는 사람들은 오직 불리해져야 마땅한 자들일 뿐이다.

# 흡연, 식생활 그리고 음주

"본보기, 그것은 좋은 것이든 나쁜 것이든 강력한 영향을 미친다." 조지 워싱턴(George Washington)은 1780년 3월 5일 그의 혁명전쟁에 동참한 장군 스털링 경(Lord Stirling)에게 띄운 편지에서 이렇게 썼다.[1]

우리는 인간 행동이 상황적 요소, 특히 동료의 행동에 크게 좌우된다는 것을 오래전부터 알고 있었다. 하지만 이들 요소 가운데 상당수는 그 자체로 우리 각자가 한 행동을 모두 합한 결과다. 인과의 화살이 반대 방향으로 작용하기도 한다는 사실은 상대적으로 거의 주목받지 못했다. 그리 놀랄 게 없는 일이다. 환경 전반에 개인의 행동 하나가 미치는 영향력은 대체로 무시해도 좋을 만큼 미미하기 때문이다.

나는 1장에서 흡연자가 될지 말지 결정하는 것과 관련한 맥락에서 이러한 주장을 펼쳤다. 상당한 증거가 뒷받침하듯 누군가가 흡연자가 되느냐 마느냐를 예측해주는 가장 중요한 지표는 담배를 피우는 동료 비율이 어느 정도인지다. 하지만 우리는 담배를 피울지 말지 진지하게 고민하는 사람 중 그렇게 하면 다른 이들이 담배 피우는 습관을 들이도록 부추기는 꼴이라는 점을 고려하는 사람은 거의 없다고 확신할 수 있다.

공중 보건 옹호자들로서는 다행스럽게도, 최근 몇십 년 사이 흡연율은 미국을 비롯한 수많은 산업 국가에서 현저히 낮아졌다. 주로 높은 담뱃세처럼 흡연을 저지하기 위한 목적의 규제 조치 덕택이다. 하지만 규제자들은 이런 조치를 취하기 위한 근거로서 행동 전염을 언급하지는 않았다. 대신 규제가 필요한 이유를 다음의 두 가지로 제시했다. 첫째는 비흡연자가 간접흡연에 따른 피해를 보지 않도록 막기 위해서고, 둘째는 납세자들이 흡연자의 의료비를 보조해주어야 하는 사태를 피하기 위해서다. 하지만 비흡연자가 입는 이 두 가지 피해는 흡연자 자신이 흡연으로 인해 경험하는 피해보다 적다. 그런가 하면 흡연자가 그들 자신에게 가하는 피해는 그들이 다른 사람으로 하여금 흡연 습관을 들이도록 만들 가능성을 높임으로써 야기되는 피해보다 훨씬 적다. 이 점을 이해하면 사람들이 자진해서 하는 행동의 결과까지 정부가 보호해주어야 할 의무는 없다는 반대 의견은 설득력을 잃는다.

사회적 환경이 때로는 좋은 쪽으로 더 흔하게는 나쁜 쪽으로 우리 행동에 커다란 영향을 끼치지만, 사람들은 개인의 행동 역시 사회적 환경에 영향을 준다는 사실을 염두에 두면서 개인행동을 형성하는 데 관심을 기울여야 옳다.

이 장에서는 연구자들이 흡연 영역에서 동료 영향력에 관해 밝혀낸 내용을 좀더 소상하게 탐구할 것이다. 또한 동료 행동이 비만이나 지나친 알코올 소비에 얼마나 큰 영향을 미치는지도 따져볼 참이다.

동료들이 흡연 같은 특정 행동에 어느 정도 영향을 미치는지 추정하는 것은 간단한 문제처럼 보일지도 모른다. 특정한 개인적 특성을 지닌 누군가가 담배를 피우게 될 가능성이 담배를 피우는 그의 동료 비율에 따라 어떻게 달라지는지 측정하면 될 것 같으니 말이다. 게다가 연구자들이 오랫동안 실증적으로 보여주었듯이, 조사 데이터에서 드러난 상관관계는 언제나 높고 정적(positive)이다. 심리학자 로리 체이신(Laurie Chassin)의 연구진은 6학년에서 11학년에 이르는 학생 약 4000명을 대상으로 몇 년 동안 연속해서 그들의 흡연 행동을 조사했다. 그 결과 첫 번째 조사에서 비흡연자였던 학생이 만약 친구 중 많은 수가 흡연자라면 두 번째 조사에서는 흡연을 시작할 가능성이 상당히 높아졌음을 발견했다.[2]

하지만 조사 데이터에 드러난 단순한 상관관계는 정책 결정권자들이 가장 크게 관심을 기울이는 질문—즉 사람은 동료의 행동 변화에 어떻게 반응할까—에 답을 제공해주지 못한다. 경제학자 찰스 맨스키(Charles Manski)가 영향력 있는 1993년 논문에서 설명한 바와 같이, 관찰된 그 어떤 상관관계도 직접적인 동료 영향이 아닌 다른 원인에서 비롯된 결과일 수 있다.[3] 예를 들어 만약 어떤 공동체에서 흡연율이 높고 10대들이 흡연하게 되는 데 주로 그들 부모의 흡연 여부가 크게 영향을 미친다면, 특정한 어떤 10대의 흡연 가능성과 흡연하는 동료의 비율 간에는 상관관계가 있을 것이다. 하지만 부모의 영향력이 그 상관관계의 유일한 원천이었다면, 동료의 흡연율 줄이기를 겨냥한 정책은 어떤 특정 10대가 흡연할 가능성을 낮춰주지 못할 것이다.

그와 비슷하게, 어떤 특정한 이가 담배를 피우게 될 가능성이 동료의 흡연율에 달려 있을 때조차, 그것은 수많은 다른 유전적·환경적 요소로부터도 영향을 받을 게 틀림없다. 게다가 대부분의 경우 또래 집단의 구성원 자격은 무작위로 할당되는 게 아니기에 흔히 유전적·환경적 배경이 유사한 이들이 서로를 친구로 택하는 경향이 있다. 이와 관련해서 우리는 개인의 흡연 가능성과 흡연하는 그 동료의 비율 간에도 상관관계를 관찰할 수 있다. 하지만 그 상관관계는 담배를 피우겠다는 누군가의 결정이 동료로 하여금 그렇게 할 가능성을 더욱 높여준다는 증거는 아니다. 담뱃세는 여전히 또래 집단에 속한 개인에게 흡연을 덜 매력적으로 보이게끔 만들겠지만, 그에 따른 남들의 낮은 흡연율 때문에 특정 개인이 담배를 삼갈 가능성이 더욱 커지는 것은 아니다.

그러므로 연구자들은 정책 결정권자에게 가장 중요한 관심사인 직접적인 동료 영향력을 측정하기 위해 중요한 두 가지 잠재적 교란(confounding) 효과를 통제하는 방법을 찾아내야 한다. 첫째는 직접적 영향력뿐 아니라 다른 외부적 요인과 요소도 문제가 된다는 것이고, 둘째는 동료가 대개 무작위로 집단의 구성원에 할당되는 게 아니라 서로가 서로를 선택한다는 것이다.

청소년 흡연 행동 영역에서, 한 연구는 저자들이 이 잠재적 편중(bias)의 원천을 신중하게 통제하고자 노력한 점에서 단연 두드러진다.[4] 경제학자 미르 알리(Mir Ali)와 데브라 드와이어(Debra Dwyer)는 종단 연구를 위한 전국 차원의 대규모 청소년 표집을 이용한 다변량 통계 모델에서, 수많은 일반적 환경 요소와 동료 선택 메커니즘을 통제했다. 그들은 동료 집단 척도에 친한 친구라고 부를 만한 사람뿐 아니라 기타 급우들까지 포함했다. 동료 집단의 흡연율은 피험자가 자기 자신의 담배 소비에 관해 보고한 내용을 토대로 했다.

알리와 드와이어는 잠재적 교란 변인을 통제한 뒤에도, 동료 행동이 직접적 인과관계에 미치는 영향이 상당하다고 판단했다. 그들의 표집에서는 담배 피우는 급우의 비율이 10퍼센트 증가하면 특정 청소년의 흡연 가능성이 3퍼센트 정도 커졌다. 또한 그들은 동료 영향력이 친구 집단에서 훨씬 더 크다고 보고했다. 예를 들어 만약 친한 친구들 사이에서 흡연자 비율이 10퍼센트 증가하면, 그 청소년의 흡연 가능성은 5퍼센트나 늘어나는 것으로 드러났다.

이처럼 단순한 수치만으로도 동료 영향력이 야기하는 피해가 간접흡연에 노출되어 입게 되는 피해를 크게 앞지른다는 것을 알 수 있다.

100명의 청소년 친구로 이루어진 집단이 있는데, 그 가운데 흡연자 수가 10명에서 20명으로 불어났다고 생각해보자. (본래 10퍼센트이던 그 집단의 흡연율이 20퍼센트로 달라졌다.) 알리와 드와이어에 따르면, 이런 변화에 동료가 직접적으로 끼치는 영향은 각 집단 구성원이 흡연자가 될 (혹은 흡연자로 남아 있을) 가능성을 5퍼센트 높여주는 것이다. 그리고 그 집단은 100명으로 이루어져 있으므로, 예상되는 흡연자의 수가 5명이라는 뜻이다.

하지만 이야기는 거기서 끝나지 않는다. 이 5명의 추가 흡연자는 그 집단의 총흡연자 수를 20명에서 25명으로 올려놓는다. 그 집단의 흡연율을 추가로 5퍼센트 늘린다는 얘기다. 이 두 번째 라운드의 효과로 예상할 수 있는 결과는 흡연자가 2.5명 더 늘어나는 것이다. 그 집단의 처음 흡연율을 추가로 2.5퍼센트 증가시키는 꼴이다. 이는 다시 추가로 흡연자를 1.25명 증가시킨다는 의미며, 이런 과정이 계속된다. 이어지는 라운드의 효과는 물론 빠르게 무시해도 좋을 정도가 된다. 하지만 그 과정이 끝났을 때, 100명으로 이루어진 이 집단의 최종 흡연자 수 증가는 처음 10명의 증가에서 2배만큼 커진다.

물론 대다수 10대는 친구가 100명보다는 적다. 내가 이렇게 큰 집단으로 논의를 시작한 것은 오직 그 예가 설명하기에 좀더 간단하기 때문이다. 하지만 그보다 더 작은 친구 집단을 가진 10대 사례 역시 같은 결과를 보여준다. 예를 들어 친구 5명으로 구성된 집단이 있고, 처음에 흡연자

수가 1명에서 2명으로 늘었다고, 즉 흡연율이 20퍼센트 상승했다고 치자. 알리와 드와이어의 추정치에 따르면, 이는 그 집단의 각 구성원이 흡연자가 되거나 아니면 흡연자로 남아 있을 가능성을 10퍼센트 늘려주는 결과로 이어진다. 이는 5명으로 이뤄진 집단에서 예상되는 추가 흡연자 수가 0.5명이라는 의미다. 흡연자 비율에서 10퍼센트가 증가한 셈이다. 이로써 다시 흡연자 수는 더욱 증가하고, 같은 과정이 되풀이된다. 따라서 처음의 흡연자 수 1명 증가가 가져온 최종 효과는 $1+0.5+0.25+0.125+0.0625+\cdots\cdots=2.0$이 된다. 결국 선택된 동료 집단의 크기는 핵심적 결론—한 집단 내의 동료 영향력은 실제로 각 개인이 흡연자가 될지 말지 결정해주는 효과를 2배로 만든다—을 달라지게 하지 않는다.

하지만 내가 막 기술한 예들은 실제로 10대 흡연에 미치는 또래 영향의 중요성을 과소평가한다. 그 예들이 본래의 동료 집단 경계 밖에서 진행되는 중요한 일련의 동료 전송 채널(peer transmisson channels)은 간과하고 있기 때문이다. 내가 예시한 100명으로 이루어진 본래 집단은 그 집단의 한 특정한 개별 구성원의 입장에서 만든 것이다. 실제로 그 나머지 99명 가운데 상당수는 그 집단의 구성원 중 일부를 저만의 개인적 동료 집단에 포함하고 있을 수도 있지만, 그 집단들에는 외부자도 상당수 포함되어 있을 것이다. 그러므로 본래 동료 집단의 새로운 구성원이 담배를 피우게 되면, 그 다른 집단들 각각에서도 흡연율이 증가할 것이다. 이는 결국 그 밖의 외부자들이 흡연자가 되도록 만들고, 같은 과정이 이어진다.

이런 여러 단계가 궁극적으로 어떻게 귀결될지에는 분명 다른 부가적인 환경적 특성도 영향을 미친다. 그중 특히 주목할 만한 요소는 동료 집단의 개별 구성원들 간의 중첩 정도다. 하지만 우리가 이러한 추가적 동료 전송 채널을 무시하고, 오직 원래 동료 집단 내에서 발생하는 효과에만 주목하고 있다고 가정하자. 알리와 드와이어의 연구에 따르면, 만약 규모와 상관없이 어떤 청소년 친구 집단에서 한 사람이 추가로 흡연을 시작할 경우, 오직 그 집단 안에서만의 직접적 동료 영향은 또 다른 한 명의 10대가 흡연 습관을 들이게 만드는 결과를 초래한다.

정부의 정책 결정권자들은 담뱃세 같은 규제에 대한 자유지상주의적 반대를 막아낼 수 있으리라고 기대하면서, 흡연 억제 조치가 그 자체로 개입주의적인 것도 아니요, 사람들이 자기 스스로에게 피해를 입히는 것까지 막으려는 의도도 아니라고 강조해왔다. 그렇다기보다 그런 조치는 간접흡연으로 인해 무고한 옆 사람들이 입는 피해를 제한하는 의미라고 말이다. 간접흡연에 노출되면 피해를 입는 거야 틀림없는 사실이지만, 앞서 누누이 지적한 대로 그 피해는 본인이 흡연자가 됨으로써 건강이 악화하는 피해와 비교해볼 때는 하찮은 정도다. 어떤 사람이 흡연자가 됨으로써 초래하는 그보다 한층 더 큰 피해는 그가 다른 누군가로 하여금, 만약 그러지 않았다면 시작하지 않았을 흡연을 시작하도록 '만든다'는 데 있다.

물론 규제 반대자들의 말마따나 이런 식으로 동료에 의해 좌우되는 사람은 강압적으로 흡연 습관을 들인 게 아니다. 그들은 '행위 주체성'을 가지며, 실제로 그런 압박을 이겨내는 이들도 없지는 않다. 하지만 대부분의 경우 친구 집단에서 흡연자가 한 명 늘어나면 거의 확실하게 그 집단에 속한 또 다른 한 사람이 흡연자가 되거나 계속해서 흡연자로 남게 된다. 따라서 담배를 피우는 사람은 실상 간접흡연에 노출시키는 데 따른 피해보다 훨씬 더 큰 피해를 타인에게 안겨주는 셈이다. 애써 노력한 결과 그러한 피해를 모면하는 데 성공하는 사람도 없지는 않을 것이다. 하지만 그 외에 자신의 자녀들이 흡연자가 되지 않길 바라는 부모 등 수많은 사람은 달리 어찌해볼 도리가 없다.

주로 미국의 오늘날 흡연율이 내가 10대일 때의 3분의 1 이하로 줄어든 데 힘입은 결과겠지만, 이제 성인이 된 나의 네 아들 가운데는 흡연자가 한 명도 없다. 이런 결과를 낳은 엄격한 규제는, 만약 그 유일한 목적이 간접흡연에 따른 피해를 막는 것이기만 했다면 지지받기 어려울 것이다. 그러나 이러한 규제가 엄청나게 큰 규모로 피해를 막아준 것은 분명한 사실이다. 내내 흡연자 비율이 높은 주목할 만한 인구 집단에서 동료압력은 부단히 엄청난 피해를 초래하고 있다. 만약 우리가 후대에 걸쳐 흡연율을 훨씬 더 큰 폭으로 떨어뜨리는 엄격한 조치를 채택한다면, 누가 되돌아보며 그걸 오도된 것이었다고 하겠는가?

———————

행동 전염은 미국을 비롯한 세계 여러 나라에서 비만 발생의 가파른 증가율에도 영향을 미치는 것으로 드러났다.

비만의 조건은 일반적으로 신장 대비 몸무게의 초과율로 정의된다. 사람들은 공식적으로 본인의 체질량지수(Body Mass Index, BMI)—자신의 몸무게(킬로그램)를 키(미터)의 제곱으로 나눈 값—가 30 이상이면 '비만'으로, 25~30이면 '과체중'으로 분류한다.[5]

비만은 우울증, 2형 당뇨병, 심혈관계 질환, 특정 암 등 다양한 의료적 질환에 걸릴 위험을 늘려주며, 그 밖의 다른 모든 원인에 따른 전반적 치명률을 높인다.[6] 다만 일부 연구자는 이러한 위험이 과장되었다고 주장하기도 한다. 어쨌든 비만한 사람들이 흡연자보다 덜 심각하다는 데 대해서

는 광범위한 합의가 이루어져 있는 상태다.[7]

하지만 비만이 초래하는 위험 역시 적지 않으며 비만 인구가 상승세임은 의심할 나위가 없다. 1960~1994년 과체중 범주에 드는 미국 성년의 비율은 약 31퍼센트 근처를 맴돌았으나, 같은 기간 비만율은 13퍼센트에서 23퍼센트로 껑충 불어났다. 1994년에는 모든 미국 성인의 절반을 훌쩍 넘는 인구가 과체중이거나 비만이었던 것이다.[8] 2004년에 성인 비만 비율은 32퍼센트로 상승했고, 2016년 진행한 조사에서는 그 수치가 거의 40퍼센트에 도달해 있었다.[9] 라틴아메리카계(43퍼센트), 비(非)라틴아메리카계 흑인(48퍼센트) 등 일부 집단에서는 그 비율이 한층 더 높다.[10] 체질량지수가 35 이상인 '고도 비만' 범주에서는 성별 차이 또한 두드러져서 여성이 남성보다 더 많다.[11]

니컬러스 크리스타키스(Nicholas Christakis)와 제임스 파울러(James Fowler)의 혁신적 연구가 2007년 〈뉴잉글랜드 의학 저널(New England Journal of Medicine)〉에 발표된 것을 계기로 비만율이 증가하는 데도 동료 효과가 영향을 미친다는 사실에 학계가 관심을 기울이기 시작했다.[12] 저자들은 유명한 '프레이밍햄 심장 연구(Framingham Heart Study)'의 일환으로 1971년부터 2003년까지 정기적으로 의료적 검사를 받아온 1만 2000여 명의 긴밀하게 이어진 사회 연결망을 탐구했다. 그들은 조사할 때마다 개인의 체질량지수뿐 아니라 그의 체중 증가가 친구·형제자매·배우자·이웃의 체중 증가와 어떤 연관성을 띠는지 알아볼 수 있게 해주는 여러 다양한 데이터도 기록했다.

크리스타키스와 파울러는 행동 전염이 비만 확산에 기여하는 요소로 떠오를 수 있다는 것을 믿게 되었노라고 밝힌 다음과 같은 간단한 개요로 보고서를 시작했다.

비만은 자발적 선택이나 행동의 산물로 여겨지고 있다. 하지만 사람들이 사회 연결망으로 긴밀하게 이어져 있고 그들을 둘러싼 타인의 겉모습과 행동에 영향을 받는다는 사실은 한 사람의 체중 증가가 다른 사람의 체중 증가를 좌우할 가능성이 있음을 시사한다. 비만한 사람과 사회적으로 빈번하게 접촉하면 비만에 관대해지거나 특정 행동(이를테면 흡연, 섭식, 운동)을 하는 데 영향을 받기 쉽다. 이처럼 극도로 사회적인 기제뿐 아니라 생리학적 모방이 일어날 가능성도 배제할 수 없다. 즉 다른 사람이 음식을 먹는 행동을 관찰하면 그러한 행동을 관장하는 뇌 영역이 활성화할 가능성이 있는 것이다. 따라서 행동 전염도 비만을 일으키는 원인으로 생각해볼 수 있다.[13]

크리스타키스와 파울러는 프레이밍햄 심장 연구의 참가자 가운데 비만한 사람들로 이루어진 집단을 꾸준히 관찰했다. 만약 A라는 사람이 B를 친구로 생각하고 A도 B도 애초에는 비만하지 않았다면, B가 비만해질 경우 A가 비만해질 가능성은 57퍼센트 증가한다. 이런 효과는 우정이 상호적일 때 더욱 커진다. 즉 만약 B도 A를 친구라고 생각한다면 B가 비만해질 경우 A가 비만해질 가능성은 171퍼센트나 늘어난다.

이러한 관련성의 강도는 성별에 따라 크게 달라진다. 예컨대 남성과 남성의 관계에서는, 남성 친구가 비만해질 경우 그 남성이 비만해질 가능성이 100퍼센트 증가했다. 하지만 여성과 여성의 관계에서, 여성 친구가 비만해질 경우 그 여성의 비만 가능성은 크게 늘지 않았다. 체중 증가와 관련해서는 이성 친구 간에도 상관관계가 드러나지 않았다.

성인이 된 형제들의 경우, 형제가 비만해지면 그 남성이 비만해질 가능성은 44퍼센트 증가한다. 성인이 된 자매들에서는 같은 수치가 67퍼센트다. 하지만 이성 형제자매 간에는 통계적으로 의미 있는 관련성이 드러나지 않는다. 결혼한 부부 사이에서는 남편이 비만해지면 아내가 비만해질 가능성이 44퍼센트 증가하고, 아내가 비만해지면 남편이 비만해질 가능성이 37퍼센트 증가해서 그 효과가 엇비슷하다.

흡연의 예에서와 마찬가지로, 이러한 상관관계는 그것만으로는 행동 전염의 증거가 아니다. 연구 참여자들이 공유하는 다른 공통된 원인 요소, 혹은 그 선택적 효과의 결과일 수도 있기 때문이다. 크리스타키스와 파울러는 그 비만 집단을 서로 구별되는 세 가지 특성으로 설명했다. 첫째, 그 사람들은 비슷한 이들끼리 어울리기를 선택한다. 즉 '유유상종(homophily)'이다. 둘째, 그 사람들은 본인의 체중이 저절로 변화하도록 만드는 눈에 띄지 않는 사건에 동일하게 영향을 받거나 그런 특성을 공유한다. 즉 '교란 변인(confounding)'이다. 셋째, 그 사람들은 서로에게 사회적 영향력을 행사한다. 즉 '유도 작용(induction)'이다.

프레이밍햄 심장 연구가 놀랄 정도로 풍부하고 소상한 데이터를 제공해준 덕분에, 크리스타키스와 파울러는 비만 집단에 대해 위와 같이 서로 각축을 벌이는 세 가지 설명을 해볼 수 있었다. 한 사람의 체중 증가가 가까운 이웃의 체중 증가에는 영향을 받지 않는다는 사실, 그리고 지리적 거리가 친구나 형제자매에게 끼치는 효과를 달라지게 만들지 않는다는 사실은 지역적 환경 요소에 대한 노출을 군집화(clustering)의 원인에서 배제하도록 해주었다. 두 저자는 또한 사람들의 과거 체중 상태를 통제했다. 이 같은 조치는, 가령 어린 시절의 경험이나 유전적 기질처럼 시간이 지나도 변함없는 교란 변인(독립 변수와 종속 변수에 부분적으로 영향을 끼침으로써 인과적 추론을 방해하는 변인. 이러한 변인의 영향을 제거하기 위해 실험 설계에서는 비교 집단을 마련한다. 잡음 변인, 혼돈 변인, 오염 변인, 혼입 변인, 중첩 변인 등 다양하게 번역할 수 있다―옮긴이)을 처리하는 데 도움을 주었다. 또한 그들은 과거의 체중 상태를 통제함으로써, 비만한 사람들이 끼리끼리 유대 관계를 맺는 경향성에 대해 설명할 수 있었다.

저자들이 직접적인 친구 효과의 특성과 관련해 얻어낸 조사 결과에 따르면, 친구들 간의 비만 관련성은 관찰 못한 환경 요소에 동시에 노출된 결과가 아님을 알 수 있다. (왜냐하면 만약 친구들이 동시에 비만해진다면 그러한 영향이 낳는 효과는 우정 관계의 방향성과 다르지 않을 것이기 때문이다.) 또한 저자들은 결국 동성 친구와 동성 형제자매 사이에서 더 높은 비만 상관관계가 관찰되는 것으로 보아 전염 가설이 옳음을 알 수 있다고 강조한다. 즉 사람들은 자신과 비슷한 이들에게 영향받을 소지가 더 많다는 가정이 타당하다는 것이다.[14]

다시 한 번 강조하거니와 비만이 건강과 삶의 질에 가하는 위협은 흡연으로 인한 같은 위협만은 못하지만 여전히 적지 않다. 비만은 2형 당뇨병의 발병을 설명해주는 첫 번째 위험 요인으로 알려져왔으며, 2형 당뇨병은 다시 심장병 및 신장병을 일으키는 주요 위험 요소다.[15]

비만은 신체적 건강에 상당한 위협을 가할 뿐 아니라 문서로 잘 정리되어 있는 사회적 낙인의 원인이기도 하다.[16] 게다가 이 두 가지로 인해 치르는 대가는 한층 더 커질 것으로 예상된다. 즉 2011년 〈랜싯(Lancet)〉에 발표된 자세한 시뮬레이션 모형은 2030년이면 미국 성인의 약 50퍼센트가 비만으로 분류될 거라고 예측했다.[17]

비만이 사회적으로 전염된다는 것을 더욱 잘 보여주는 증거는 군인들이 새로운 지역으로 이동하는 상황 같은 자연적 실험에서도 나온다. 비만율이 평균 수준인 카운티에 배치된 군인들과 비교했을 때, 비만율이 평균보다 1퍼센트 높은 카운티에 배속된 군인들은 새로운 지역에서 근무하는 동안 과체중이나 비만으로 분류될 가능성이 5퍼센트 더 많았다.[18] 이는 전염 가설과 일치하는 결과로서 비만 가능성은 그 지역에 체류한 기간이 길수록 높아졌으며, 군 기지에서 근무하는 군인들보다 지역 사회에서 근무하는 군인들이 더 높았다.

비만 감염병은 저절로 치유되는 조짐을 전혀 보이지 않는다. 게다가 사람들에게 체중을 감량하라는 압박을 계속 가해도 억제되는 것 같지 않다. 그와 반대로 연구자들이 밝혀낸 바에 따르면, 비만이라는 낙인은 그 감염병을 약화하려는 공공 의료 분야의 노력을 실제로 저해해왔다.[19] 영구적인 체중 감소를 성취하는 것은 그 자체로도 지난한 과제인데, 낙인까지 찍히면 그 어려움에 맞서고자 하는 심리적 자원마저 고갈되는 듯하다.

하지만 다행스럽게도 개인의 식이법을 변화시키는 유망한 공공 의료적 개입 조치가 이루어지고 있다. 아무튼 분명한 것은 행동 전염이 오늘날의 비만 감염병을 추동하는 강력한 요소이므로, 개인으로 하여금 체중을 줄이도록 이끄는 모든 정책적 조치는 그러한 변화의 영향을 배가하는 긍정적인 피드백 효과를 낳을 것이다.

나는 이 문제를 11장에서 다시 살펴볼 예정인데, 그 장에서 바람직하지 않은 행동 감염의 결과를 완화하는 대단히 유망한 조치에 대해 다루어볼 참이다.

---

세계적으로 알코올을 소비하는 사람들은 대부분 적정선을 유지한다. 예를 들어 매일 밤 저녁 식사를 하면서 와인 한 잔을 곁들이는 사람은 1인당 알코올 소비량과 관련해 모든 미국인 가운데 상위 30퍼센트 안에 든다. 매일 저녁 식사 때 와인 두 잔을 마시는 사람은 같은 범주에서 상위

20퍼센트 내에 속한다. 하지만 음주자 중 상위 10퍼센트 안에 드는 사람은 매일 저녁 평균 와인 두 병을 마신다. 이 집단에 속한 이들은 매주 74회 넘게 알코올을 소비한다. 한마디로 그들이 해치우는 알코올은 매년 미국에서 소비하는 전체 알코올의 절반이 넘는다.[20]

연구자들은 계속해서 알코올 소비가 건강에 어떤 위험을 주는지 논의하고 있다. 일부 연구는 적당한 음주는 심지어 약간의 건강상 이점을 안겨주기도 한다고 주장한다.[21] 그러나 앞서 말한 상위 10퍼센트의 음주자들이 스스로에게 심각한 신체적 해악을 끼치고 있음은 부인할 수 없다. 가령 미국 국립보건원(National Institutes of Health)에 따르면, 약 9만 명에 달하는 미국인이 매년 알코올 관련 부상과 질병으로 사망한다. 알코올은 예방 가능한 사망을 초래하는 원인 가운데 흡연, 형편없는 식이, 무기력증의 뒤를 잇고 있다.[22]

과음하는 사람은 자기 자신에게뿐 아니라 타인에게도 해를 끼친다. 예컨대 2014년 미국에서 음주 운전으로 인한 사망자는 9967명으로, 음주 운전자 자신이 사망한 것은 그 가운데 극히 일부에 그쳤다.[23] 전 세계적으로는 10퍼센트 이상의 아동이 문제성 음주를 일삼는 부모와 함께 살아가고 있다.[24] 그리고 2012년 뉴질랜드에서 수행한 어느 조사에 따르면, 음주자가 일으킨 피해는 그 자신에게 가해지는 경우보다 다른 사람에게 가해지는 경우가 50퍼센트나 더 많은 것으로 드러났다.[25]

흡연 영역에서 흡연 억제를 겨냥한 규제 조치를 정당화하는 주요 논리는 다른 사람들이 간접흡연에 노출됨으로써 입는 직접적 피해를 줄여야 한다는 것이었다. 마찬가지로 알코올 소비 영역에서 과음을 제한하기 위해 집단적 조치를 취하자는 주장의 주요 논거 역시 과음자가 타인에게 가하는 피해를 줄여야 한다는 것이었다. 하지만 흡연에서와 마찬가지로 음주에서도, 남들에게 끼치는 직접적 피해는 오직 문제의 일부분에 지나지 않는다. 여기서도 음주가 사회적으로 전염된다는 강력한 증거가 나오고 있기 때문이다.

알코올 소비에 끼치는 동료 영향을 규명하고자 씨름하는 연구자들은 흡연이나 비만 연구자들과 동일한 방법론적 난관에 부딪쳤다. 어떤 사람이 술을 마실 가능성은 그의 동료 가운데 상당수가 음주할 때 더욱 커진다는 사실이 그 자체로 인과관계를 말해주는 것은 아니기 때문이다. 그 상관관계에는 흔히 볼 수 있는 그 밖의 인과 요소들이 영향을 끼칠 여지가 남아 있다. 그리고 음주 성향이 높은 사람은 친구도 술 좋아하는 사람을 택할 가능성이 많다.

경제학자 마이클 크레머와 댄 레비(Dan Levy)가 수행한 연구는 자연적 실험을 이용해 다른 인과 요인들로부터 직접적인 동료 영향력을 떼어낸다.[26] 저자들은 1학년 룸메이트를 배정하기 위해 추첨 제도를 도입한 어느 대규모 주립대학에 다니는 학생들의 행동을 조사했다. 1학년에게는 무작위로 룸메이트를 배정했으므로, 그들 자신의 행동과 룸메이트의 과거 음주 행위에서 후속 변화들 간의 관련성은 자기 선택적 효과에 따른 것일 수 없었다. 관찰 가능한 같은 행동 특성을 지녔지만 무작위로 다른 유형의 룸메이트에 배정된 학생들과 비교함으로써, 저자들은 룸메이트의 과거 음주력이 그와 함께 살아가도록 배정된 학생에게 어떤 관찰 가능한 영향을 미치는지 살펴볼 수 있었다.

저자들은 1학년 대상 오리엔테이션 기간 동안 수행한 설문지의 답변을 통해 대학 입학 전 음주 행동을 측정했다. 학생들에게는 다양한 활동에 어느 정도 관여했는지 묻는 질문이 주어졌다. 학생들은 각각의 질문에 '자주 그렇다', '이따금 그렇다', '전혀 그렇지 않다'로 답할 수 있었다. 그 활동에는 구체적으로 음주와 관련해 '맥주를 마셨다'와 '와인이나 술을 마셨다', 이렇게 두 가지가 포함되었다.

저자들의 분류 틀에서 음주와 관련한 두 가지 질문 중 적어도 하나에 '자주 그렇다'고 답한 학생 15퍼센트는 '자주' 음주자로, 두 가지 질문 중 적어도 하나에 '이따금 그렇다'고 답했지만 둘 중 어느 것에도 '자주 그렇다'고 답하지 않은 학생 53퍼센트는 '이따금' 음주자로, 그리고 두 가지 질문 모두에 '전혀 그렇지 않다'고 답한 학생 32퍼센트는 '비'음주자로 분류되었다.

크레머와 레비는 표집 학생들이 대학에 입학한 뒤 얼마나 많은 알코올을 소비했는지에 대해서는 조사하지 않았다. 대신 한 학생의 입학 전 음주 행동이 그의 룸메이트가 차후 거둘 학업 성취도(GPA)―1학년 말과 2학년 말에 받은 성적의 평균으로 측정했다―에 어떤 영향을 미치는지 추정했다.

남성과 여성 둘 다를 단일 집단으로 간주했을 때, 입학 전 '자주' 음주자 혹은 '이따금' 음주자로 분류된 룸메이트를 배정받은 데 따른 효과는 그 학생의 학년 말 GPA 성적이 4점 척도에서 0.1점 넘게 하락한 것으로 나타났다. 하지만 그 효과는 여성보다 남성의 경우 극적으로 커졌다. 룸메이트가 '비'음주자인 남성과 비교했을 때 룸메이트가 '자주' 음주자인 남학생은 학년 말 GPA 점수가 0.28점이나 낮아졌다. 룸메이트가 '이따금' 음주자인 남성들의 경우, 그와 거의 비슷하게 0.26점 낮아졌다. 이러한 효과는 그 학생의 고등학교 GPA가 0.5점 떨어진 것, 혹은 대학 입학 자격시험(SAT) 성적이 50점 정도 떨어진 것과 맞먹는 결과다.[27]

이 연구에서 관찰할 수 있는 가장 극적인 영향은 본인 스스로가 '자주' 음주자이면서 역시 '자주' 음주자를 무작위로 룸메이트에 배정받은 남학생들이었다. 전반적인 표집 GPA와 비교해볼 때, 이 남성들의 학년 말 GPA는 거의 1점가량 떨어졌다.[28]

크레머와 레비는 대학에 다니는 동안 학생의 음주에 관한 데이터는 확보하지 않았으므로, 이 같은 GPA 점수 하락이 동료 영향을 받은 알코올 소비의 결과라는 그들의 추론은 정황적인 것이다. 하지만 그들은 다른 가능한 원인을 배제하는 데 신중을 기했다. 즉 광범위한 문헌 조사를 통해, 이를테면 과거의 학업 성취도나 그 밖의 룸메이트 특징은 같이 사는 학생의 학업 성취도에 거의 영향을 미치지 않음을 확인한 것이다. 두 저자는 자신들이 확보한 데이터를 통해 TV 시청 빈도, 혹은 사회화 정도 같은 수많은 학생의 특성이 관여할 가능성을 직접적으로 통제할 수 있었다. 결과적으로 그런 특성 가운데는 아무것도 룸메이트의 학년 말 GPA 성적 변화와 체계적 연관성을 띠지 않았다.

크레머와 레비는 계속해서 고등학교 때 '자주' 음주한 경험과 '자주' 음주자를 룸메이트로 둔 학생의 대폭적인 GPA 하락 사이의 관련성은 행동 전염 가설과 일치한다고 지적했다. "알코올에 빠지는 성향을 띠는 이들은 술 마시는 룸메이트가 제공하는 단서나 사회적 용인성에 대단히 취약하다. 반면 여하한 경우에도 알코올을 입에 대고 싶어 하지 않는 이들은 술 마시는 룸메이트로부터 그보다 영향을 적게 받는다."[29]

결론적으로 두 저자는 자신들이 관찰한 끈적진 상관관계로 보아 두 가지가 직접적 인과관계를 지닌다는 가정을 지지할 수 있다고 주장했다. 2학년 때도 1학년 때의 룸메이트와 함께 지내는 학생은 전체의 17퍼센트에 불과했다. 따라서 술 마시는 룸메이트의 파괴적 행동이 좀더 자주 술을 마시도록 하는 선호를 이끌어내기보다 학업 성취도를 낮추는 원인이라면, 그것이 2학년 시기에는 적은 수의 학생에게만 영향을 끼쳤어야 할 것이다. 그러나 1학년 룸메이트가 고등학교 때 '자주' 음주자였던 남학생들은 2학년 때도 여전히 GPA가 0.43점이나 떨어졌다. 이는 1학년 때는 그들의 GPA가 0.18점밖에 떨어지지 않은 것과 비교되는 수치다.[30]

크레머와 레비가 진행한 연구와 달리, 동료가 음주에 미치는 영향을 탐구한 다른 수많은 연구는 알코올 소비의 실질적 변화를 보여주는 데이터를 사용한다. 이러한 연구는 일반적으로 개인의 소비 정도는 동료의 소비 정도와 강한 정적(positive) 상관관계를 드러낸다고 밝히고 있다.[31] 하지만 여기서도 이러한 상관관계가 인과관계를 어느 정도 암시하는지 알아내는 게 문제다.

이 문제를 풀기 위해 경제학자 미르 알리와 데브라 드와이어는 앞서 인용한 10대 흡연 연구에서 그들이 사용한 것과 동일한 전략을 동원했다.[32] 이 경우, 그들은 '국립 청소년 건강 종단 연구〔National Longitudinal Study of Adolescent Health, 일명 '애드 헬스(Add Health)'라고도 알려져 있다〕'에서 얻은 청소년 9만 명의 데이터를 활용했다. 132개 학교에서 선정된 대상 학생들은 7~12학년에 이르렀다. 원래 피험자 가운데 2만 명 넘는 이들이 처음 조사를 수행한 때로부터 몇 년 뒤 인터뷰에 응했다. 그때쯤에는 그중 대다수가 학교를 떠난 상태였다. 이 두 번째 인터뷰에서는 부모의 특성에 대한 소상한 정보를 듣고, 저자들은 표집에 포함된 급우들이 제공하는 정보를 통해 동료의 음주를 측정할 수 있었다.

애드 헬스 인터뷰 진행자들은 조사 참가자에게 본인의 음주와 관련해 다음과 같은 구체적인 질문을 던졌다. "지난 12개월 동안 술을 마신 것은 며칠입니까?" 알리와 드와이어는 이 질문에 대한 답변을 이용해 학생들을 6점 척도로 분류했다. 즉 지난해에 단 한 번도 마시지 않은 경우는 0점, 딱 한 번 마신 경우는 1점, 한 달에 한 번 마신 경우는 2점, 한 달에

2~3회 마신 경우는 3점, 일주일에 1~2회 마신 경우는 4점, 일주일에 3회 이상 마신 경우는 5점, 이렇게 말이다. 저자들은 대상 학생의 급우들이 행한 음주를 두 가지 방식, 즉 앞서 정의한 그들의 음주 점수 평균과 지난해 동안 음주에 참여한 급우들의 비율로 측정했다.

오직 인구학적 배경 특성만을 통제한 연구에서, 그들은 개인의 음주와 친구들(friends)의 음주 간에 확인된 정적 관련성이 친구들의 음주 강도에 따라 점차 강해짐을 확인했다. 또한 개인의 음주와 급우들(classmates)의 음주도 정적 관련성을 띠지만, 이 관련성은 급우들의 음주 강도에는 의존하지 않았다.

그러나 지금 우리가 목적하는 바에 비추어 이 연구에서 가장 흥미로운 점은 그들이 동료 영향의 직접적 영향력을 따로 떼어내기 위한 노력의 일환으로 배경 특성과 동료 선택의 효과를 통제했다는 사실이다. 알리와 드와이어가 자신들의 조사 결과에 대해 간략하게 들려주었다시피, 급우들의 음주율이 10퍼센트 증가하면 개인의 음주 가능성과 강도는 4퍼센트보다 약간 더 높아진다.[33]

---

이 장에서 논의한 연구는 세 가지 주요 공중보건 영역—흡연, 비만, 그리고 문제적 음주—에서 행동 전염이 얼마나 강력한 역할을 하는지 설득력 있게 보여준다. 이런 조사 결과는 개인이 그러한 문제에 이르는 행동을 바꾸도록 도와야 한다는 주장에 힘을 실어준다. 왜냐하면 그러한 행동은 당사자뿐 아니라 다른 많은 사람에게까지 피해를 안기기 때문이다.

하지만 동일한 조사 결과는 또 다른 함의를 지니기도 한다. 그것은 바로 이들 영역에서 어떤 개인의 행동을 변화시키기 위한 성공적인 노력이 상당한 승수 효과(multiplier effects: 어떤 요인의 변화가 다른 요인의 변화를 일으켜 파급 효과를 낳는 것─옮긴이)를 거둘 거라는 점이다. 예를 들어 동료 지원을 제공하는 행동 수정 프로그램은 그것을 제공하지 않는 프로그램보다 더욱 성공적이라고 알려져 있다.[34] 나는 4부의 여러 장에서 이 문제를 다시 다룰 예정인데, 거기서는 행동 전염의 정책적 함의에 대해 좀더 면밀하게 살펴보고자 한다.

# 소비의 폭포 효과

행동 전염은 흡연, 과음, 불건전한 식습관, 낮은 조세 순응, 그리고 수많은 다른 문제의 원인이다. 하지만 이런 영역에서의 피해는 동료가 소비 패턴에 영향을 미친 데 따른 피해에 비하면 아무것도 아니다. 낭비적 소비 패턴이 낳는 손실은 미국 한 나라에서만 연간 2조 달러를 넘는 게 거의 확실하다.

자유 시장 옹호자들은 사람이 정부 관료보다 좀더 세심하게 자신의 돈을 소비한다고 말하길 좋아한다. 논의의 편의를 위해, 사적인 소비 결정은 개인의 관점에서 보면 대체로 합리적이라고 인정하자. 하지만 개인적 합리성이 곧바로 집단적 합리성을 의미하는 것은 아니다. 더 잘 보려고 모두가 일어서면 다들 앉아서 편안하게 볼 때보다 더 잘 보이지 않게 되는 결과를 낳는 경우처럼 말이다. 개인적 합리성과 집단적 합리성은 소비와 관련한 의사 결정에서도 그와 유사한 긴장감을 드러낸다. 동료 효과는 특정 영역에서 연속적인 상호 상쇄식 소비를 촉발하고, 그 결과 훨씬 더 필요한 다른 부분에 쏟아부어야 할 자원을 부족하게 만든다. 이런 왜곡을 바로잡아줄 수 있는 정책은 엄청난 이득을 낳을 것이다.

이러한 문제가 왜 생기는지 가장 잘 보여주는 예는 우리에게 낯익은 군비 경쟁이다. 두 경쟁국 가운데 하나가 무기 재고량을 늘릴 경우, 다른 한 나라 역시 힘의 균형을 깨지 않으려면 그에 보조를 맞춰야 한다고 느낄 수밖에 없다. 그런데 양국은 경쟁국이 얼마나 많은 소비를 했는지 불확실하기에 자국의 지출을 약간 더 늘리는 편이 분별력 있다고 판단할 것이다. 이는 결국 연쇄적인 군비 증강의 가속화로 이어진다.

물론 양국은 자기 나라의 생활 수준을 향상시키는 데 기여하는 교육, 의료, 도로, 주택, 기타 재화에 그 돈을 투자하는 편을 선호할 것이다. 하지만 두 나라는 군사적 적국한테 뒤지면 결과적으로 심각한 생존 위험에 빠질 소지가 있음을 알고 있다. 따라서 각국의 관점에서는 경쟁국의 군비 증강에 같은 방식으로 대응하는 것이 하등 나무랄 데 없는 결정이다.

물론 무기에 대한 소비가 국민소득을 넘어설 수는 없으므로 군비 경쟁도 무한정 계속되지는 않는다. 그러나 불안정한 평형 상태에 도달해 있을 때조차 그로 인해 양국이 보여주는 전체 소비의 구성은 턱없이 낭비적이다. 좌우지간 집단적 관점에서 볼 때, 상대국한테 질세라 무기에 돈을 퍼붓는 현상은 양국의 안보 증진에 아무런 도움도 되지 않는다. 도움이 되기는커녕 양편이 화력을 증강하면 적대감이 폭발하는 순간 심각한 피해를 초래할 가능성이 더욱 커진다. 그러나 군사 지출의 계속적 증가와 달리 공적 인프라에 투자하는 것은 상호 상쇄를 일으키지 않는다. 이러한 투자를 늘리면 모두에게 이득이 된다.

군비 경쟁 내러티브의 논리는 흠잡을 데가 없다. 실제로 대다수 관찰자는 시행 가능한 군축 합의에 도달하려는 광범위한 시도를, 무기에 대한 소비를 줄이고 다른 분야에 대한 소비를 늘리는 조치가 좋다는 것을 경쟁 국들에게 보여주는 분명한 증거로 간주한다. 그러나 그와 대단히 유사한 힘이 우리의 개인적 소비 패턴에서 엄청난 낭비를 초래한다는 사실을 이해하는 사람은 그리 많지 않다. 이런 일이 어떤 과정을 거쳐서 일어나는지 살펴보기 위해 다음의 두 가지 사고 실험을 소개한다.

### 1. 당신은 어떤 세상을 선택하겠는가?

세상 A: 당신과 당신의 가족은 주택 크기가 4000제곱피트(약 370제곱미터 — 옮긴이)인 동네에서 살고, 다른 모든 동네의 주택은 6000제곱피트(약 560제곱미터 — 옮긴이)다.

세상 B: 당신과 당신의 가족은 주택 크기가 3000제곱피트(약 280제곱미터 — 옮긴이)인 동네에서 살고, 다른 모든 동네의 주택은 2000제곱피트(약 190제곱미터 — 옮긴이)다.

주택이 안겨주는 만족은 오직 그 주택의 절대적 특징에 달려 있다고 가정하는 기본적 경제 모델에 따르면, 앞뒤 볼 것도 없이 세상 A가 더 나은 선택이다. 하지만 대다수 사람은 상황을 그런 식으로 바라보지 않는다. 그리고 곰곰이 따져본 뒤, 절반을 훌쩍 넘는 응답자가 세상 B를 선택한다. 세상 A를 선택한 소수 가운데 일부는 다른 사람들의 주택에 신경을 써서는 **안 된다**는 생각에서 그렇게 하는 듯하다. 그럴 때조차 그들 가운데 남들은 다른 선택을 할 가능성이 있음을 의아하게 여기는 이는 거의 없는 것 같다.

여기서 나는 이 경우 세상 B가 유일하게 올바른 선택이라고 말하려는 게 아니다. 다만 대다수 사람이 세상 B를 선택한다는 사실만 지적하고 넘어가겠다. [19세기에 태어난 존 베이츠 클라크(John Bates Clark), 리처드 엘리(Richard Ely), 소스타인 베블런(Thorstein Veblen)을 비롯한 그 밖의 몇몇 경제학자라면 사람들이 세상 B를 선호한다는 얘길 듣는다 해도 그리 놀라지 않았을 것이다. 그러나 이러한 저자들의 관점은 그때 이후 오랫동안 현대 경제학 교과서에서 종적을 감추었다.]

이제 두 번째 사고 실험에 대해 살펴보자. 정확히 첫 번째와 같은 구조다.

### 2. 당신은 어떤 세상을 선택하겠는가?

세상 A: 당신이 올해 직장에서 순직할 가능성은 10만 명당 2명꼴이고, 다른 사람들의 수치는 10만 명당 1명꼴이다.

세상 B: 당신이 올해 직장에서 순직할 가능성은 10만 명당 4명꼴이고, 다른 사람들의 수치는 10만 명당 6명꼴이다.

첫 번째 실험에서처럼, 여기서도 역시 선택은 절대적 이점(세상 A)과 상대적 이점(세상 B) 간에 이루어진다. 나는 연구를 진행해온 오랜 세월 동안 나이, 성별, 그리고 국적이 저마다 다른 수백 명에게 이 질문을 던졌지만 세상 B를 선택한 경우는 단 한 번도 없었다. 안전 영역에서만큼은 누구나 절대적 이점을 선택한다. 하지만 주택 영역에서 비슷한 선택에 직면하면 대다수가 상대적 이점 쪽에 선다.

작고한 영국 경제학자 프레드 허시(Fred Hirsch)는 주로 절대적 특성보다 상대적 희소성으로 가치가 결정되는 재화를 기술하기 위해 **위치재**(positional goods)라는 용어를 만들어냈다. 그는 "내가 받은 교육의 가치는 내 직업 전선에 종사하는 선대 사람들이 얼마나 많은 교육을 받았는지에 의해 좌우된다"고 적었다.[1] 아래에서 나는 같은 범주에 속한 다른 재화들과의 상대적 비교 속에서 그 가치가 달라지는 재화를 나타내기 위해 허시의 용어인 위치재를 사용할 것이다. 따라서 첫 번째 사고 실험에서 절대적 이득이 아닌 상대적 이득을 선택한 사람들에게는 주택이 위치재가 될 것이다.

마찬가지로 같은 범주에 속한 다른 재화들과의 상대적 비교에 거의 좌우되지 않는 재화를 나타내기 위해서는 **비위치재**(nonpositional goods)라는 용어를 사용하겠다. 두 번째 사고 실험에서 절대적 이점을 선택한 사람들에게 작업장의 안전은 비위치재가 된다.

주택을 위치재라고 부른다 해서 그 주택의 상대적 특징만 중요하다는 의미는 아니다. 예컨대 첫 번째 사고 실험에서 세상 B를 선택한 누군가도 당연히 다른 사람들이 사는 동네의 집은 3000제곱피트이고, 자신이 사는 동네의 집은 3500제곱피트인 세상을 더 선호할 것이다.

마찬가지로 절대적 안전성이 높은 세상을 선택한다고 해서 상대적 안전성 수준이 아무 상관없다는 뜻은 아니다. 세상 A를 선택한 대다수 사람은 자신의 직업이 다른 이들의 직업보다 훨씬 더 위험하다는 사실을 거의 확실하게 알아차린다. 하지만 만약 자신의 절대적 사망 위험이 2배인 세상 B로 이사 가야 한다면 그들은 그 선택지를 거절할 것이다.

어떤 영역에서 다른 영역보다 상대적 소비에 더욱 신경 쓰는 경향은 소비와 관련한 사람들의 의사 결정을 왜곡한다. 그에 따라 내가 말한 이른바 **위치재적 군비 경쟁**(positional arms races), 즉 위치재에 중점을 둔 점증하는 소비 패턴을 초래한다. 이것이 낳는 역학은 군비 경쟁을 추동하는 역학과 매우 비슷하다. 양쪽의 경우에서 낭비적 소비가 발생하는 까닭은 일부 소비 범주가 다른 소비 범주보다 더 맥락의 영향을 많이 받기 때문이다.

군비 경쟁이 발생하는 것은 군사적 소비에서의 상대적 차이가 비군사적 소비에서의 상대적 차이보다 한층 중대한 결과를 낳기 때문이다. 반면 만약 경쟁국보다 토스터나 텔레비전 기기에 돈을 덜 소비하는 것이 폭탄에 돈을 덜 소비하는 것보다 더욱 심각한 해악을 낳는다면, 앞서와 정반대의 소비 불균형이 드러날 거라고 기대할 수 있다. 즉 각국은 비군사적 소비 영역에서의 상대적 이익을 얻기 위해 군사적 소비를 훨씬 더 줄이게 될 것이다. 물론 이것은 현실과는 동떨어진 이야기다. 군비 경쟁은 순전하고 확실하게 더욱 중요한 무기에 대해 상대적으로 지출한 결과다. 이와 같은 상대적 지출은 군사적 충돌의 결과에 지대한 영향을 미친다.

국내 소비 지출의 영역에서도 정확하게 그와 동일한 왜곡 현상이 드러난다. 상대적 지출은 정의상 비위치재보다 위치재의 경우 더욱 중요하므로 사람들은 결과적으로 위치재에는 지나치게 많이, 비위치재에는 지나치게 적게 지출한다. 이 역학이 어떻게 전개되는지 살펴보기 위해, 노동자가 안전과 관련한 위험 수준이 다른 두 직종 중 하나를 골라야 하는 상황을 생각해보자. 한편으로 안전 장비가 고가이기 때문에, 다른 한편으로 노동자들이 위험한 직종보다 안전한 직종을 선호하기 때문에, 고용주는 좀더 위험한 직종에 노동자를 고용하려면 더 높은 임금을 지불해야 한다. 따라서 자신이 선택하는 직종에서 추가적인 안전을 보장받기 위해서는 다른 곳에 지출할 수 있는 수입이 줄어드는 상황을 감수해야 한다. 좀더 위험한 직종을 선택하면 노동자는 예컨대 좀더 좋은 집을 살 수 있다.

만약 그에게 자녀가 있다면 그 선택지는 2배의 매력을 지닌다. 거의 모든 사법권 관할 구역에서 더 나은 학교는 좀더 집값이 비싼 동네에 자리 잡고 있음을 알고 있기 때문이다.

따라서 그 노동자가 임금이 더 높지만 더 위험한 직종을 선택한다고 생각해보자. 비슷한 처지에 놓인 노동자들도 같은 논리에 따라 그와 동일한 선택을 하게 될 것이다. 그리고 만약 그들도 학군이 더 나은 동네의 주택을 살 수 있는 경제력을 갖추고자 좀더 위험한 직장을 선택한다면, 그들이 올려 받는 임금은 그 주택 가격을 올리는 데 기여할 따름이다. 모든 자녀 가운데 절반은 여전히 하위권 학교에 다녀야 할 것이다. 그 결과는 아무도 더 높은 임금을 받기 위해 안전을 희생하지 않을 때와 같아진다. 다들 안전을 포기했지만 누구도 목적을 이루지 못한다.

애덤 스미스 시대 이후, 고전적인 경제 이론은 경쟁적 시장에서 사정에 밝은 노동자들은 이 같은 소득과 안전 간의 트레이드오프를 현명하게 따져볼 거라고 주장해왔다. 그들이 더 많은 소득을 얻는 대가로 위험이 높아지는 상황을 감수하는 것은 오로지 늘어난 소득으로 살 수 있는 것에서 오는 만족이 안전이 줄어드는 데 따른 만족의 상실보다 더 클 때에 한할 거라고 말이다. 이러한 견해를 지지하는 이들에 따르면, 높은 안전 수준을 요구하는 규정은 노동자로 하여금 들이는 비용보다 가치가 덜한 안전을 선택하도록 강요하는 식으로 그들에게 피해를 안겨준다.

하지만 그렇다면 왜 사실상 전 세계의 모든 국가가 작업장 안전과 관련한 규정을 정해두는가?[2] (세계 최빈국들도 최소한 기본적으로나마 안전 준수 사항을 요구한다.) 고전적인 경제 이론은 이 질문에 제대로 답하지 못한다. 그러면서 그와 같은 규정은 비정상적이라고 설명하거나, 아니면 노동자들이 정보에 밝지 않아서 혹은 시장이 충분히 경쟁적이지 않아서 나타난 결과라고 설명한다. 하지만 우리는 노동자들이 분명하게 이해하고 있는 수많은 안전 관련 위험에 규정을 마련해놓고 있다. 예컨대 대부분의 석탄 광부는 역시나 같은 일에 종사했던 아버지·할아버지가 진폐증으로 사망했기 때문에 자신들이 하는 작업엔 그 질병에 걸릴 위험이 뒤따른다는 것을 잘 알고 있다. 노동자들이 정보에 밝지 않아서라는 설명은 맞지 않는 것이다.

충분히 경쟁적이지 않은 것도 문제가 아니다. 좌우간 대부분의 안전 규정은 정확히 경쟁적 이상(理想)에 가장 가까이 근접한 시장에서 최고의 영향력을 발휘한다. 그런 규정은 실리콘밸리의 엔지니어나 월가의 투자 은행가에게는 거의 영향을 미치지 않는다. 그런 직종의 노동 조건은 '직업 보건 및 안전국(Occupational Health and Safety Administration)'이 요구하는 수준보다 훨씬 더 안전하다. 필요한 노동자를 유치하기 위해 서로 극심하게 경쟁하는 이들은 툭하면 안전 검사관이 들이닥치는 패스트푸드 레스토랑이나 비숙련 노동자를 쓰는 제조사의 고용주들이다.

작업장 안전과 관련한 개인의 합리적 결정은 매력적이지 않은 결과를 낳는다. 개인적으로는 합리적인 결정이 결과적으로는 소모적인 군비 경쟁을 낳는 것과 같은 이유 탓이다. 각국이 무기에 지나치게 많은 돈을 지출하는 이유는 그 나라들이 어리석기 때문이 아니라 군사적 경쟁국에 뒤처지는 데 따른 대가가 너무 크기 때문이다. 같은 이치로 작업장에서 과도한 위험을 감수하는 것은 노동자들이 정보가 부족해서, 혹은 시장이 충분히 경쟁적이지 않아서가 아니다. 동료보다 적게 벌면 자기 자녀들이 더 질 낮은 학교에 들어가기 때문이다. 제아무리 정보가 충분하고 자기 제어를 잘한다 해도 노동자 개인은 그 문제를 풀 수 없다. 그 어떤 나라도 자국의 힘만으로는 군비 경쟁 문제를 해결할 수 없는 것과 같은 이치다. 군비 축소가 가능하려면 집단적 행동이 필요하다. 한마디로 안전 규정이 어디에나 존재하는 까닭을 가장 잘 밝혀주는 논리는 군축 조약을 설명하는 논리와 같다.

그 논리는 축소판 꼴이기는 하나 운동선수들 간의 경쟁을 좌우하는 규정에도 고스란히 적용된다. 예를 들어 경제학자 토머스 셸링은 언젠가 아이스하키 선수들에게 헬멧을 쓰지 않고 경기에 임하도록 허락하면, 헬멧을 쓰는 선수가 거의 없어진다고 말했다.[3] 하지만 선수들은 헬멧을 쓰도록 요구하는 규정의 채택을 적극 반겼다. 셸링은 헬멧이 좋은 게 확실하다면 왜 선수들은 자발적으로 헬멧을 쓰지 않는가라는 질문을 던졌다. 왜 굳이 규정이 필요한가?

그는 이 질문에 대해 헬멧을 쓰지 않고 스케이트를 타면 선수들이 조금 더 잘 보고 조금 더 잘 듣게 됨으로써 경쟁적 이점을 누리기 때문이라고 답했다. 헬멧을 쓰지 않고 스케이트를 타는 선수들은 가외의 위험을 기꺼이 감수하는데, 이는 경쟁 선수들을 겁박하는 데도 도움이 된다. 게다가 그에 따른 경쟁적 이점은 분명하고도 즉각적으로 드러나는 데 반해, 부상 입을 위험의 증가는 오직 불확실하고 뒤늦게야 나타난다. 물론 난감한 점은 만약 한쪽 팀이 헬멧을 쓰지 않고 경기를 뛰면 상대 팀도 똑같은 방식으로 대응해야 한다고 느끼게 된다는 것이다. 결국 어느 팀도 경쟁적 이점을 확보하지 못하고 모든 선수가 부상의 위험이 더욱 커지는 상황에 놓인다. 따라서 헬멧 착용 규정은 강력한 매력을 지닌다.

헬멧 착용 규정의 논리에 대한 셸링의 분석은 이 책의 핵심 주제—즉 사회가 실시하는 공공 정책은 응당 우리 안의 최상을 이끌어내는 사회 환경을 촉진하는 데 도움이 되도록 개인들의 동기를 변화시키는 데 관심을 기울여야 한다—를 분명하게 드러내준다. 우리가 하는 일의 상당 부분은 이따금 좋은 쪽으로, 하지만 흔히 나쁜 쪽으로 다른 사람에게 영향을 미친다. 때로 사람들로 하여금 그저 자기 일에나 신경 쓰라고 촉구하는 게 그나마 좋은 대처가 되기도 할 것이다. 하지만 늘 그런 것은 아니다. 11장에서 보게 되겠지만, 사람들의 동기를 비교적 비지시적인 방식을 통해 변화시킬 수 있는 여지는 여전히 많기 때문이다.

셸링의 분석은 오늘날의 정치 담론에 쓰이는 '자유'니 '해방' 같은 용어의 오용을 조명해주기도 한다. 밀턴 프리드먼(Milton Friedman)은 어떻게 소득과 안전 간의 트레이드오프를 따져볼지 스스로 결정할 수 있는 자유를 노동자들에게서 앗아간다며 안전 규정에 반대했다. 또 다른 사람들도 그와 마찬가지로 선수들에게서 자유를 박탈한다는 이유로 헬멧 착용 규정에 반대했다. 하지만 이러한 반대는 둘 다 군축 협약이 각국으로부터 원하는 만큼 많은 무기를 확보할 수 있는 자유를 빼앗는다고 투덜거리는 것과 같다. 이것이 정확히 그들의 논리다!

각국이 기꺼이 군축 협약에 서명하는 까닭은 그들이 무기와 관련해서 개별적으로 자유롭게 결정하도록 놔두면 결과적으로 무기에 쏟아붓는 지출이 과도해질 것임을 간파하고 있기 때문이다. 그와 마찬가지로 아이스하키 선수들은 만약 헬멧 착용과 관련한 결정을 개인에게 맡겨두면 자신들이 아무 이득도 없이 더 큰 위험에 노출되는 결과를 낳으리라는 것을 알고 있다. 작업장의 안전 규정도 같은 이치다. 작업장의 안전에 관해 개별적으로 결정할 권리를 존중하게 되면 그와 동일한 결정을 집단적으로 내리도록 해주는 법률을 지지할 수 있는 노동자의 권리는 부정당한다. 따라서 이런 종류의 규정을 **위치재적 군축 협약**(positional arms control agreements)이라고 생각하면 도움이 된다.

30여 년 전, 나는 사람들이 소비 관련 의사 결정에 서로 어떤 영향을 미치는지 고찰한 첫 학술 논문을 발표했다.[4] 노르웨이 출신의 미국 경제학자 소스타인 베블런은 그보다 거의 1세기 전에 이 주제를 소상하게 다루었으며, 그 사이 기간에는 제임스 듀젠베리(James Duesenberry), 하비 라이벤스타인(Harvey Leibenstein), 리처드 이스털린(Richard Easterlin), 리처드 레이어드, 그리고 앞서 언급한 프레드 허시를 비롯한 수많은 사람도 이 주제에 천착했다.[5] 내가 이 문제를 고민하기 시작한 이래 수많은 다른 유능한 학자들도 대거 그 대열에 뛰어들었다.[6]

하지만 우리 가운데 누구도 소비 의사 결정에 대한 주류 경제학자들의 사고방식에 의미 있는 영향을 미치지 못했다고 말하는 편이 안전하다. 소비 의사 결정은 오직 소득과 상대적 가격에 의존한다는 가정이 오늘날까지도 기본 관례로 남아 있기 때문이다. 주류 경제학자들은 스스로의 필요와 욕구에 대한 사람들의 평가가 그들 자신을 둘러싼 타인의 소비와는 완전히 별개라고 가정한다. 하지만 온갖 증거가 사실상 모든 인간의 평가는 지역적 맥락에 크게 의존한다고 말해주고 있는 마당에 어찌 그 가정이 옳다고 할 수 있겠는가?

경제학자들은 그간 왜 이 같은 증거를 시종일관 무시해왔는가? 한 가지 가능성이라면 그들 상당수가 동료 영향은 시기심이나 질투 같은 저열한 감정에 뿌리를 두고 있다고, 아울러 그런 감정을 고려한 공공 정책을 도입하는 것은 윤리적으로 잘못이라고 믿기 때문이다. 가령 경제학자 도널드 부드로(Donald Bourdreaux)는 이렇게 말했다.

나는 사람들이 사회에서 자신이 차지하는 상대적 위치에 관심이 있다는 데 동의한다. 하지만 그러한 관심을 반드시 정부 정책에 구현할 필요가 있다고는 보지 않는다. 〔사람들은 본디 자신에게 익숙한 것과 크게 다른 외모·언어·관습을 지닌 타인에 대해 편견이 있다. 즉 외국인에게 편견이 있다. 나 역시 이렇게 지적하는 사람들과 같은 생각이다. 하지만 이러한 자연스러운 부족적(tribal) 충동을 정부 정책으로 승격시키는 것은 원치 않는다.〕[7]

20세기 경제학자 가운데 가장 명석한 인물로 꼽히는 존 메이너드 케인스는 비슷한 정신에 입각해 인간 욕망을 두 가지 종류로 기술했다. "동료 인간들의 상황과 무관하게 느낀다는 의미에서 절대적 욕망이 하나요, 오직 그 욕망의 충족이 우리를 동료들보다 높이 끌어올려줄 때에, 즉 우리가 동료들보다 더 우월하게 여겨지도록 만들어줄 때에 한한다는 의미에서 상대적 욕망이 다른 하나다."[8]

우리는 남들보다 우월하게 느끼려는 욕망에 이끌리는 사람을 거의 지지하지 않는다. 지지하기는커녕 그런 사람은 어떻게든 피하고자 애쓴다. 그런 사람이 그리 많지는 않다는 사실로 미루어 우리는 그렇게 하는 데 비교적 성공하고 있는 듯하다. 만약 상대적 위치에 대한 관심이 친구나 이웃보다 잘나고 싶은 저급한 욕망에서 비롯되었다면, 그리고 우리 가운데 스스로가 그런 욕망의 소유자임을 인식하는 사람이 거의 없다면, 경제학자들이 상대적 위치를 무시해도 좋다고 느낀다는 사실이 그리 놀랍지 않을 것이다.

하지만 상대적 위치에 대한 관심은 시기심, 질투, 우월 의식이 전혀 없는 세계에서도 인간의 행동에 지대한 영향을 끼친다. 그것은 바로 삶의 기본 목표를 성취하는 능력이 주로 그 사람의 상대적 구매력에 크게 좌우되는 까닭이다. 다시 한 번 주택 시장은 이러한 주장이 타당하다는 것을 가장 분명하게 보여주는 예다.

매사추세츠주 상원의원 엘리자베스 워런(Elizabeth Warren)은 정치에 입문하기 전, 자신의 딸 아멜리아 워런 티아기(Amelia Warren Tyagi)와 함께 《맞벌이의 함정(The Two-Income Trap)》이라는 책을 집필했다. 모녀는 이 책에서 대다수 외벌이 부부가 1950년대에는 그들의 예산 내에서 편안하게 살 수 있었지만 1990년대에 뉴 노멀(new normal: 시대 변화에 따라 새롭게 떠오르는 기준 또는 표준. 2020년 문화체육관광부와 국립국어원은 '뉴 노멀'의 쉬운 우리말 대체어로 '새 기준', '새 일상'을 선정했다—옮긴이)로 자리 잡은 맞벌이 부부는 대체로 근근이 수지를 맞추게 되었다면서, 그와 같은 현상이 초래된 이유를 조명했다.[9] 그들은 그 이유가 제2의 봉급이 주로 더 나은 학군에 집을 사기 위한 입찰 경쟁으로 흘러 들어갔기 때문이라고 진단했다.

1950년대에조차 대다수 부모의 최대 우선순위는 자녀들이 가능한 한 최고 학교에 들어가는 것이었다. 이어지는 세월 동안 노동 시장은 점점 더 경쟁적이 되어갔으므로, 이제는 그 목표가 훨씬 더 커진 것으로 보인다. 따라서 워런과 티아기가 주장했듯 맞벌이 가족이 그들 여분 소득의 상당액을 자녀가 더 나은 교육을 받는 데 소비하겠다고 결정한 사실은 전혀 놀랄 게 못된다. 그리고 최고 학교는 거의 언제나 가장 비싼 동네에 위치하므로 요구되는 것은 분명했다. 즉 가능한 한 최고의 공립 학교에 들어가려면 경제력이 허락하는 한도 내에서 가장 비싼 집을 구매해야 한다는 것이다.

1950년대에는 엄격한 신용 제한을 통해 더 나은 학군에서 집을 사기 위한 입찰을 단단히 억눌렀다. 대출 기관은 일반적으로 '초기 납입금(down payment)'을 20퍼센트 넘게 요구했고, 대출자가 벌어들이는 연간 소득의

3배가 넘는 금액은 대출해주지 않았다.

더 많은 가족이 주택 시장에 진입하도록 도와준 조치는 당초 의도야 좋았으나 결국에 가서는 잘못된 것으로 드러났다. 그 사이 기간 동안 대출 제한이 풀렸다. 요구되는 초기 납입금은 꾸준히 낮아졌고, 2008년의 금융 위기로 치닫던 몇 년 동안에는 수많은 주택을 구입할 때 초기 납입금이 아예 없었다. 변동 금리 모기지(adjustable-rate mortgages)와 풍선식 대출(balloon payments: 풍선의 바람구멍처럼 일정 기간 동안에는 이자만 조금씩 내다가 원리금 상환 시기가 도래하면 부담이 풍선 몸통처럼 커지는 대출 방식—옮긴이) 덕분에 각 가정의 주택 입찰 능력이 크게 늘어났다.

그 결과 분수 넘치는 대출은 받지 않기로 작정한 가정은 고통스러운 딜레마에 빠졌다. 자녀를 적어도 평균 수준의 학교에 보내길 열망했다는 이유로 중산층 가족을 비난하기는 어렵다. (실제로 많은 사람은 그러한 열망이 큰 게 아니라 부족한 가정을 안 좋게 생각할 것이다.) 하지만 다른 사람들은 더 자유로워진 신용 조건을 적극 활용하는 상황에서 손을 놓고 있는 가정은 결국 자기 자녀를 평균보다도 못한 학교에 보내게 될 터였다. 따라서 심지어 재정적으로 보수적인 가정조차 하는 수 없이 대출을 받는 게 최선의 선택이라고 결론 내렸다.

이런 가정을 경멸한 사람들은 상황을 다르게 인식했다. 그들은 무절제하고 낭비벽 있는 사람들이 대성당 같은 천장과 화강암 조리대를 갖춘 집에 살고 싶은 욕망에 압도되었다고 여겼다. 교훈을 배워야만 하는 가정들이라고 말이다. 예를 들어 작고한 상원의원 존 매케인(John McCain)은 "거대 은행이든 소규모 대출자든 무책임하게 행동하는 이들을 긴급 구제하거나 보상해주는 것은 정부의 의무가 아니다"라고 주장했다.[10]

하지만 수백만 가정이 그저 자신들의 삶이 상대적으로 평가된다는 것을 이해했다는 이유만으로 재정적 곤경에 빠졌다. 최고의 직업은 최고 대학의 졸업생들에게 돌아가고, 오직 가장 잘 준비된 학생들만 그런 대학에 입학할 수 있기에, 가능하면 최고의 초등학교와 중등학교에 자녀를 보낼 수 있는 기회를 무시하라고 부모들에게 요구하는 것은 비현실적이다. 그들이 최고 학군에 들어선 주택에 점점 더 높은 액수를 제시하도록 해준 재정적 탈규제는 기본적으로 수백만 가정이 주택 시장이라는 거품을 위험천만할 정도로 크게 확대시키게끔 부추겼다.

소비에 미치는 동료 영향에 대해 연구한 수많은 사람들은 동료 효과를 '존스네 따라 하기(keeping up with Joneses)'라는 유명한 문구로 표현하곤 했다. 내가 이 분야를 연구하고 싶어 하는 대학 3학년생에게 제안하는 첫 번째 충고는 이 표현을 절대 쓰지 말라는 것이다. 이 문구는 실제 자기보다 더 크게 보이도록 애쓰면서 허세 부리는 불안정한 사람들의 이미지를 떠오르게 한다. 분명 그런 사람들이 없지는 않겠지만, 그것이 우리가 근본적으로 고려하고 있는 소비 행동을 추동하는 힘은 아니다.

예를 들어 취업 알선 카운슬러는 자신의 클라이언트가 구직자 면접을 보러 갈 때면 멋져 보이는 것이 매우 중요하다고 강조한다. 하지만 멋져 보이는 것 역시 상대적 개념이다. 멋져 보인다는 것은 동일 직종에 지원한 다른 지원자들보다 더 멋져 보이는 것을 의미한다. 만약 당신이 투자은행에서 일자리를 구하는 MBA 대학원 졸업을 앞둔 학생이라면 경쟁이 치열할 것이다. 당신과 당신의 경쟁자들은 서류상으론 거의 거기서 거기인 자격을 갖추었기 십상이다. 만약 당신이 인터뷰에 300달러 하는 기성복 정장을 입고 나타났는데 경쟁자들은 그 가격의 10배에 달하는 맞춤 양복을 입고 등장했다면, 당신은 답신 전화를 받을 가능성이 낮다. 2장에서 논의한 여러 이유 때문에 이러한 신호는 일반적으로 의식적인 인식의 영역 밖에서 작용한다. 대다수 면접 진행자는 입사 지원자가 입은 정장이 얼마나 값나가는지는 고사하고 그 정장의 색깔조차 떠올리지 못할 수도 있다. 하지만 어쩐 일인지는 몰라도 어떤 지원자가 적임자였는지는 확실하게 기억한다.

상대적 소비와 기본적 목표 성취 능력의 관련성하고는 전혀 별개로, 맥락이 평가에 미치는 영향은 '존스네 따라 하기'와 관계없는 다소 모호한 수많은 방식으로 소비 의사 결정을 좌우한다. 예를 들어 섬에 혼자 사는 사람조차 특별해 보이는 자동차―생각보다 잘나가고 핸들 조작도 한결 부드러운―를 모는 일에 즐거움을 느낄 수 있다. 하지만 특별하다는 것 역시 필연적으로 상대적 개념이다. 나는 평생토록 자동차광(狂)으로 살아왔는데, 내가 기억하기에 가장 스릴 넘치는 운전 경험은 수십 년 전의 일이었다. 고등학교 친구 한 명이 자신의 1955년산 포드 선더버드(Ford Thunderbird)의 운전대를 잡을 수 있도록 허락해준 때다. 나는 그 자동차의 빼어난 핸들링이며 맹렬한 가속력에 탄복했다. 하지만 오늘날에는 그 어떤 스포츠카 애호가도 1955년식 포드 선더버드를 보고 그런 식으로 반응하지 않을 것이다. 그 자동차의 0~60시간〔자동차의 가속력을 나타내는 것으로, 시속 60마일(약 시속 100킬로미터)까지 가속하는 데 걸리는 시간을 뜻한다―옮긴이〕은 11.5초였는데, 이는 오늘날 기준에 비춰보면 좋게 말해도 거북이처럼 느린 속도다.[11] 가족 친화적인 혼다 어코드 투어링(Honda Accord Touring) 세단은 0~60시간이 5.6초 이내다. 포르쉐 918 스파이더(Porsche 918 Spyder)는? 겨우 2.2초에 불과하다.[12]

때로 담배는 그저 담배일 뿐이다. 대부분의 경우, 시기나 질투 같은 저열한 감정은 소비 의사 결정과 아무 관련이 없다. 특별해 보이는 소비 경험을 즐기는 게 다른 사람보다 우월하게 느끼고 싶은 욕망을 암시하는 것도 아니다. 그건 그저 특별해 보이는 어떤 걸 즐기는 것에 관한 문제일 뿐이다.

하지만 저열한 감정이 위치재적 관심의 주요 원천이더라도, 그것이 공공 정책을 설계할 때 그러한 감정을 무시해도 좋다는 정당화 근거가 될 수 있는 것은 아니다. 예컨대 탐욕 같은 저급한 감정은 분명 사람들로 하여금 절도를 저지르도록 동기를 부여한다. 그렇다고 해서 누가 그 사실을 절도 억제 정책에 반대하는 논리로 삼겠는가?

———————

위치재적 관심이 소비 패턴을 왜곡하는 역학은 소득 인상과 부의 불평등이 낭비를 더욱 부채질할 것임을 암시한다. 최근의 경험은 우리에게 이 가설을 시험해볼 기회를 제공해주었다.

제2차 세계대전 이후 30년 동안 미국에서는 상층·중산층·하층 할 것 없이 모든 가정의 소득이 연간 약 3퍼센트라는 동일한 비율로 증가했다. 하지만 그때 이후 거의 모든 소득은 상층 사람들에게 돌아갔다. 진정 경이로울 정도였다. 1973년 총소득에서 9퍼센트 미만을 차지하던 소득 상위 1퍼센트가 2015년에는 자신들 몫이 22퍼센트로 불어나는 광경을 목도했다. 경제 사다리를 타고 올라갈수록 이익은 점점 더 커진다. 예컨대 소득 상위 1퍼센트의 상위 10퍼센트(즉 0.1퍼센트) 안에 드는 이들이 전체 소득에서 차지하는 몫은 같은 기간 동안 6배 넘게 불어났다. 이 집단에 속한 이들은 2015년 평균 소득이 675만 달러였다. 미국 최대 기업들의 CEO 소득은 훨씬 더 가파르게 상승했다. 2016년 그들은 평균 노동자의 347배를 벌었는데, 이는 1980년 기록인 평균 노동자의 42배에서 크게 치

솟은 수치다.[13]

가외 소득은 모든 소득 수준에 있는 사람들로 하여금 더 많이 소비하도록 이끌었고, 부자들도 거기서 예외는 아니었다. 2016년 사모펀드의 거물 대런 메트로파울로스(Daren Metropoulos)는 홈비힐스(Holmby Hills)에 있는 휴 헤프너(Hugh Hefner)의 플레이보이 맨션(Playboy Mansion)을 1억 달러에 사들였다. 당시 로스앤젤레스에서 단일 주택에 지불한 가격 가운데 최고 액이었다.[14]

하지만 플레이보이 맨션이 최고가를 경신한 것은 잠정적인 현상인 것 같다. 이 글을 쓰고 있을 무렵, 미국 시장에서 가장 크고 비싼 집은 디 원 (The One)이라는 이름이 붙은 로스앤젤레스 벨에어(Bel Air) 언덕 꼭대기에 자리한 10만 제곱피트(약 9300제곱미터—옮긴이)짜리 저택으로, 호가가 무려 5억 달러다.

이 저택은 시설이 잘 갖춰져 있다. 침실이 20개인데 그중 가장 큰 것은 저만의 사무실, 풀장, 주방이 딸린 5500제곱피트(약 510제곱미터—옮긴이)의 스위트룸이다. 이 집에는 또 다른 6개의 풀장, 나이트클럽, 상업 규모의 미용실, 엘리베이터 5대도 구비되어 있다.[15]

디 원의 호가는 2015년 사우디아라비아의 왕세자 모하메드 빈 살만 (Mohammed bin Salman)이 프랑스 루브시엔(Louveciennes)에 있는 샤토 루이 14세(Chateau Louis XIV)를 사기 위해 지불한 3억 달러—당시 개인 저택에 지불한 것 가운데 최고액이었다—보다 2억 달러나 더 많다.[16] 하지만 디 원이 그 호가대로 팔린다 해도, 오랫동안 세계에서 가장 비싼 집으로 남아 있을 것 같지는 않다. 부동산 시장에는 비벌리힐스의 더 마운틴(The Mountain)도 나와 있다. 도시와 바다를 360도 방향에서 굽어보며 스펙터클한 전망을 자랑하는 157에이커(약 63만 5360제곱미터—옮긴이)의 부지다. 여기에는 아직 아무 구조물도 들어서 있지 않지만, 토지이용제한법은 최대 총 150만 제곱피트(약 13만 9350제곱미터 —옮긴이)의 건물로 이루어진 복합 주거 시설을 지을 수 있도록 허락하고 있다. 건물도 하나 없는 이 부지의 호가는 얼마일까? 자그마치 10억 달러다.[17] 전 세계에서 그 돈을 현금으로 지불할 만한 경제력을 갖춘 잠재적 매수자만 수백 명에 달한다.

물론 디 원과 비벌리힐스의 더 마운틴은 호가를 다 받지 못할 수도 있다. 예를 들어 플레이보이 맨션은 원래 2억 달러를 불렀지만 그 절반 가격에 팔렸다. 그러나 그건 아무래도 상관없다. 내가 지적하려는 것은 상위 소득자들이 어마어마한 수입으로 인해 주택 구입에 전례 없는 돈을 소비할 수 있게 되었다는 사실이다. 게다가 그것은 비단 주택에만 국한한 현상이 아니다. 예컨대 사우디아라비아 왕세자는 3억 달러짜리 샤토 루이 14세를 구입했을 뿐 아니라 최근 5억 달러짜리 요트와 4억 5000만 달러 나가는 레오나르도 다빈치(Leonardo da Vinci)의 회화를 한 점 사들이기도 했다.[18]

많은 사람이 지나친 소비를 한다는 이유로 세계의 부호들을 크게 책망했다. 수입과 지출의 균형을 맞추기 위해 애쓰며 살아가는 중산층 가족의 관점에서 보면, 그와 같은 비판은 전혀 이상할 게 없다. 하지만 그들의 비판은 중요한 뭔가를 간과하고 있다. 그것은 바로 대단히 다른 지역적 준거 틀이 소득 수준이 상이한 계층에 속한 사람들의 선택에 영향을 미친다는 사실이다. 가령 나는 갓 대학을 졸업한 청년일 때, 네팔에 있는 어느 후미진 마을에서 미국 평화봉사단(Peace Corps Volunteers)의 교사로 2년을 체류했다. 당시 전기도 들어오지 않고 수돗물도 안 나오는 방 두 칸짜리 집에서 살았는데, 나는 어떤 식으로든 단 한 번도 그 집에 대해 불만을 느껴본 적이 없다. 그 집은 실제로 내 동료 교사들의 집보다 더 근사했다.

하지만 그 동일한 집이 만약 부유한 산업 국가에 있었다면 더없이 마뜩찮았을 것이다.

지금 내가 살고 있는 뉴욕주 이타카(Ithaca)의 집은 네팔에서 살던 집보다 훨씬 크고 설비도 좋다. 만약 나의 네팔 친구들이 우리 집에 놀러온다면 왜 사람이 그렇게까지 으리으리한 집에서 살아야 하는지 의아해할 수도 있다. 욕실이 그렇게나 많이 있을 필요는 또 뭔지도 궁금할 것이다. 하지만 미국에 사는 중산층 동료들은 우리 집에 대해 결코 그런 식으로 반응하지 않는다. 그들은 우리 집을 수많은 교수들이 흔히 사는 낡은 주택으로 여길 따름이다. 초(超)부자들의 대저택을 보고 놀라는 것은 그들의 행동반경인 지역적 환경이 보통 사람의 그것과는 완전히 다르다는 걸 인식하지 못한 결과다.

좌우지간 중산층 미국인이 슈퍼 부자들에게 적개심을 품고 있다는 증거는 거의 없다. 그와 반대로 그들은 새로운 메가(mega) 저택을 담은 그림이나 비디오 영상을 보면서 활기찬 욕구를 드러낸다. 하지만 그러한 구조물은 그와 동일한 사회적 집단에서 생활하는 준(準)부자들의 주택 선택에 영향을 미치는 준거 틀을 바꿔놓았다. 그들은 이제 본인에게 기대하는 바에 부응하기 위해 자기도 더 큰 집을 지어야 한다고 느낀다. 소비 폭포 효과가 잇따르고, 그 결과 소득 사다리 상위에 있는 가족도 하위에 있는 가족도 더 큰 집을 짓게 된다. 미국에서 새로 지은 주택의 평균 크기는 1973년 1500제곱피트(약 140제곱미터 — 옮긴이)이던 것이 이제 2500제곱피트(약 230제곱미터 — 옮긴이)로 늘어났다.[19] 게다가 오늘날에는 주택에 사는 거주자 수가 종전보다 더 줄어들었으므로 1인당 생활 공간은 거의 1973년의 2배에 달한다.

이러한 성장이 가능했던 것은 부분적으로 앞서 기술한 느슨한 신용 조건 때문이었다. 하지만 신용 시장은 우리가 다른 영역에서 본 소비 폭포 효과를 설명해주지 못한다. 우리는 좀더 무겁고 좀더 비싼 차와 좀더 큰 보트를 사고 있다. 게다가 훨씬 더 공들인 결혼식, 기념식, 생일 파티를 벌이고 있다. 표준 경제학 모델들은 상위 소득자가 더 많은 소비를 하는 것은 중산층 가정이 무엇을 소비하느냐에 영향을 끼치지 않을 거라고 가정한다. 하지만 만약 맥락이 우리가 지금까지 보아온 방식대로 사람들의 평가에 영향을 미친다면 그 가정은 옳지 않다. 상류층의 과소비는 그 바로 아래 계층에 속한 사람들에게서 적절한 것이 무엇인지 정의해주는 준거 틀을 바꿔놓으며, 같은 과정이 소득 사다리의 아래쪽까지 계속 이어진다.

왜 오늘날 평균적인 미국인의 결혼식 비용은 1980년의 3배 이상인 3만 5000달러를 상회할까?[20] 좋은 학교의 경우처럼 특별한 의례는 상대적 개념이다. 특별한 의례란 사람들이 기대하는 바를 훌쩍 뛰어넘는 것이어야 한다. 그러나 모든 사람이 소비를 더 늘린다면 그 효과는 그저 특별함을 정의하는 기준을 높이는 것일 뿐이다. 결혼식에 쏟아붓는 소비는 3배가 되었지만, 특별함의 총량은 기본적으로 전과 동일한 상태로 남아 있다.

결혼식에 그렇게나 많은 돈을 퍼부은 것에 비례해 오늘날 결혼하는 부부들은 더 행복할까? 실상은 그 반대에 가깝다. 예를 들어 여성을 대상으로 한 대규모 표집 조사에서, 결혼 비용이 2만 달러 이상인 부부의 이혼 가능성은 그 비용이 5000~1만 달러인 부부보다 3배 이상 높았다.[21]

하지만 참석한 하객들이 제대로 된 의례라고 느낄 법한 결혼식을 치르고자 하는 부모의 바람을 마냥 나무라기는 어렵다. 특별히 창의적인 사람은 대다수 사람이 소비하는 비용의 절반만 가지고도 같은 목적을 이루어내는 파티를 해낼지 모른다. 하지만 전체 인구의 절반은 창의성 수준이 절반 이하일 테니, 그것은 모든 이들이 사용할 수 있는 선택지가 아니다.

불평등 증가가 소비 폭포 효과를 촉발한다는 가정을 시험하는 한 가지 방법은 불평등의 지리적 차이가 재정적 곤경의 증가 조짐과 동시에 나타나는지 여부를 조사하는 것이다. 인구 조사 데이터는 실제로 이런 유의 연관성이 높다는 사실을 보여준다. 재정적 곤경을 드러내는 가장 직접적인 통계 측정치 가운데 하나는 사람들의 파산 신청 비율이다. 1990~2000년에 걸친 인구 조사 시기에 소득 불평등은 미국의 상위 최대 100개 카운티 모두에서 증가했지만, 이들 카운티 간에는 상당한 차이가 드러났다. 그리고 소득 불평등을 가장 극심하게 겪은 곳들은 파산 신청률이 가장 크게 증가한 카운티이기도 했다.[22]

재정적 곤경을 드러내는 그보다 덜 직접적인 측정치는 부부의 이혼 신청률이다. 결혼 상담 치료사들은 재정적 곤경이 문제 목록의 상위에 오르지 않는 부부를 상담하는 경우란 극히 드물다고 말한다. 이 경우 역시 소득 불평등이 가장 심각한 카운티들과 이혼율이 가파르게 상승했다고 보고한 카운티가 일치했다.[23]

재정적 곤경에 처한 가정이 어떻게든 수지의 균형을 맞추고자 노력하는 한 가지 방법은 집값이 더 싼 좀더 외진 주거 지역으로 이사하는 것이다. 물론 이때의 난관은 그런 지역에서 출퇴근해야 하므로 이동 거리가 길어지고 좀더 고달파진다는 것이다. 게다가 우리는 다시 한 번 불평등이 영향을 미치는 범위가 어디까지인지 보게 된다. 자동차 통근 거리가 한 시간 이상으로 가장 크게 증가한 카운티들은 역시 소득 불평등이 가장 심각한 카운티이기도 했다.[24]

불평등의 증가는 우리가 목격한 소비 폭포 효과의 유일한 원인이 아닐지도 모른다. 다만 한 가지, 중앙값 소득자가 점점 더 살 만해졌기 때문에

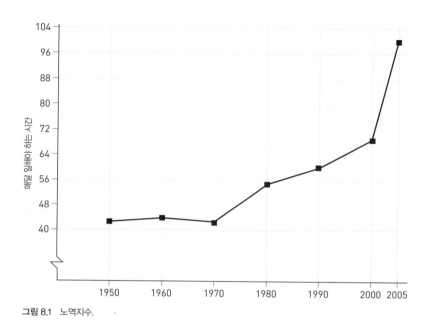

**그림 8.1** 노역지수.

소비 폭포 효과가 일어난 게 아니라는 점만은 분명하다. 인플레이션을 감안한 미국 남성의 현재 시급 중앙값은 실제로 1980년보다 더 낮아졌다.[25]

소비 폭포 효과는 재정적 곤경에 얼마나 심각한 영향을 미치는가? 그림 8.1은 노역지수(toil index)를 보여준다. 노역지수는 내가 중산층 가정의 주택 구입과 관련해 소비 폭포 효과의 중요한 한 가지 비용을 추적하기 위해 생각해낸 간단한 척도다. 주택 가격과 인지된 학교 수준은 강력한 연관성을 띠므로, 중간 소득자는 자기 자녀를 평균 수준의 학교에 보내고자 하는 소박한 목표를 이루려면 자신의 거주 지역에서 중간 가격대 주택을 구입해야 한다. 노역지수는 중간 소득자가 그 목표를 이루기에 충분한 돈을 벌기 위해 매달 일해야 하는 시간을 나타낸다.[26]

소득이 제2차 세계대전 이후 수십 년 동안 모든 계층에서 대략 동일한 비율로 증가하고 있을 때, 노역지수는 거의 완전하다 할 정도로 안정적이었다. 중간 소득자는 중간 가격의 주택에 쓸 월세를 벌기 위해 매달 일주일 남짓만 일하면 됐다. 하지만 1970년 이후 중간 임금이 정체되기 시작하면서 소득 불평등이 극도로 심화했다. 그에 따라 노역지수도 덩달아 올라갔다. 2000년대 초반, 중간 소득자는 중간 가격대의 주택 임대비를 벌기 위해 매달 대략 100시간을 일해야 했다. 1970년의 42시간에서 껑충 뛴 수치다. 워런과 티아기는 맞벌이 부부의 제2의 소득이 그저 수지의 균형을 맞추는 데 필요한 것이 되었음을 확인했는데, 이는 전혀 놀라운 일이 아니다.

---

행동과학자들은 충분한 근거를 가지고 어느 나라에서 모든 대저택 크기가 2배로 커진다 해도 사람들의 행복도가 측정 가능할 정도로 증가하지는 않으리라고 믿는다. 이 믿음은 부분적으로 대저택 크기가 일정 수준을 넘어서면 중요한 것은 그 절대적 크기가 아니라 상대적 크기라는 데 근거를 둔다.

하지만 남들과 완전히 동떨어진 상태로 살아가는 사람조차 더 큰 대저택을 소유했을 때 그로 인해 상승한 행복도가 그리 오랫동안 유지되는 것 같지는 않다. 이는 인간의 신경계가 놀라운 적응력을 지니기 때문이다. 인간의 신경계는 생물학적 작용 범위 전체에 걸쳐 있으며 세포 차원의 분자적 변화에까지 관여한다. 예컨대 심지어 조금의 의식적인 노력도 없다면, 뇌의 시각 피질에서 일어나는 신경 변화는 100만 개 넘는 요소에 의해 실제 광도가 달라지는 환경에서 우리로 하여금 다소간 정상적으로 볼 수 있게 해주는 망막에서의 광화학적 변화 및 동공 팽창에서의 자동적 변화와 동시에 이루어진다.[27] 우리가 상이한 물질적 생활 수준에 적응하는 능력도 그와 마찬가지로 경이롭다. 따라서 심지어 로빈슨 크루소 같은 처지에 놓인다 하더라도 더 큰 대저택을 소유하는 것은 이내 뉴 노멀로 자리 잡을 것이다.

이러한 견해는 내가 앞서 주장한 위치재적 군비 경쟁이 해롭다는 내용과 정면으로 배치되는 것처럼 보일지도 모른다. 만약 적응이 위치재에 대한 가외의 소비가 사람들을 더 행복하게 만들지 못하는 이유를 설명하는데 기여한다면, 적응은 또한 비위치재에 대한 소비가 감소해도 장기적으로 행복이 줄어들지 않음을 말해주는 게 아닌가? 그런데 사람들은 왜 비위치재의 부족분에는 그렇게 적응하지 못하는 것일까?

물론 적응은 위치재에 대한 소비 증가가 실망으로 이어지는 경향을 설명해주는 유일한 이유는 아니다. 군비 경쟁에서와 마찬가지로 그러한 소비는 또한 경쟁적 우위를 차지하고자 하는 암묵적 목적에 기여하기도 한다. 위치재에 대한 소비의 전면적 증가가 실망을 안겨주는 까닭은 적응 때문이기도 하고, 위치재가 경쟁적 균형에 영향을 미치지 않기 때문이기도 하다. 앞서 지적한 대로 지원자 모두가 면접 복장에 더 많은 돈을 지출하면, 경쟁하는 다른 지원자들과 비교해서 아무도 더 매력적이지 않게 된다. 그리고 모두가 더 큰 집을 구입하면 상대적 의미에서는 누구의 집 크기도 달라지지 않는다.

하지만 비위치재의 경우 경쟁적 이점의 역할은 크게 줄어든다. 가령 만약 안전에 투자하는 자원이 적어지면 사람들은 단기적으로는 좀더 위험해진 환경에 신경을 쓸 것이다. 하지만 시간이 지나면서 상황에 적응함에 따라 달라진 환경을 뉴 노멀로 받아들이게 된다.

그러나 적응이 더 높아진 위험 수준에 관한 걱정을 의식적인 인식의 영역 밖으로 완전히 내쫓는다 할지라도, 그것이 위험 증가가 중요하지 않다는 의미는 아닐 터다. 예를 들어 누군가가 앞서 논의한 두 번째 사고 실험의 단순화 버전을 놓고 고심하고 있다고 가정해보라. 즉 세상 A가 상해로 인한 사망 위험에서 세상 B보다 2배 높은 것만 빼고 다른 조건은 모두 동일한 세상 A와 세상 B 가운데 하나를 선택해야 하는 상황이다. 누구도 이 경우에서 높은 위험 수준이 전혀 중요하지 않다고 천연덕스럽게 말할 수는 없다.

사실 우리의 적응력은 어떤 영역이냐에 따라 상당히 다르다. 환경적 소음 같은 모종의 자극이 있다고 치자. 우리는 의식적인 수준에서는 그 자극에 곧바로 적응한다. 하지만 몸은 그 소음에 노출되고 수십 년 뒤에도 측정 가능한 방식으로 계속 그에 반응한다. 다양한 알레르기 유발 물질 같은 몇몇 자극의 경우, 시간이 흘러도 적응하지 못한 채 실제로 점점 더 거기에 민감해지기도 한다.[28]

만약 우리의 적응력이 구매의 종류에 따라 차이가 난다면, 그리고 구매의 경쟁적 결과에 대한 중요성 면에서도 그와 유사한 차이가 존재한다면, 우리의 소비 패턴 재조정이 어떻게 지속적인 행복 증진을 가능하게 해주는지 쉽게 이해할 수 있다. 이러한 가능성과 관련된 일부 증거를 요약하는 편리한 방법은 이번에도 역시 전체 소비의 구성 내용이 저마다 다른 환경 중에서 하나를 선택하는 상황을 상상해보는 것이다. 각각의 경우에서 사회 A 사람들은 6000제곱피트(약 560제곱미터―옮긴이)의 주택에서 사는 반면 사회 B 사람들은 4000제곱피트(약 370제곱미터―옮긴이)의 주택에서 살고, 각각의 경우 두 번째 범주의 소비가 표 8.1에 기술한 것처럼 서로 다르다고 가정해보자.

제시된 각각의 예에서, 사회 B의 시민들은 좀더 작은 주택을 지어

**표 8.1**  당신의 가치를 파악하는 데 도움을 주는 테크닉

| 사회 A | 사회 B |
|---|---|
| 모든 시민이 6000제곱피트 규모의 주택에 살고, 자동차를 이용해 교통체증이 심한 도로를 편도 1시간씩 들여 출퇴근한다. | 모든 시민이 4000제곱피트 규모의 주택에 살고, 편도 15분 걸리는 도시 고속 수송 체제를 이용해 출퇴근한다. |
| 모든 시민이 6000제곱피트 규모의 주택에 살고, 매일 운동할 자유 시간이 없다. | 모든 시민이 4000제곱피트 규모의 주택에 살고, 매일 운동할 자유 시간이 1시간씩 있다. |
| 모든 시민이 6000제곱피트 규모의 주택에 살고, 친구들과 어울려 지낼 수 있는 시간을 한 달에 한 번 정도 가진다. | 모든 시민이 4000제곱피트 규모의 주택에 살고, 친구들과 어울려 지낼 수 있는 시간을 일주일에 한 번 정도 가진다. |
| 모든 시민이 6000제곱피트 규모의 주택에 살고, 매년 1주간 휴가를 보낸다. | 모든 시민이 4000제곱피트 규모의 주택에 살고, 매년 4주간 휴가를 보낸다. |
| 모든 시민이 6000제곱피트 규모의 주택에 살고, 직장에서의 개인적 자율성 수준이 비교적 낮다. | 모든 시민이 4000제곱피트 규모의 주택에 살고, 직장에서의 개인적 자율성 수준이 비교적 높다. |

서 절감한 자원을 자신의 생활 조건 가운데 다른 몇 가지 측면을 개선하는 데 쓴다. 이용 가능한 증거를 살펴보면, 모두가 4000제곱피트의 주택에 사는 사회의 시민들이 모두가 6000제곱피트의 주택에 사는 사회의 시민들보다 주관적인 행복도가 더 낮다고 믿을 만한 이유는 없다. 두 사회의 다른 조건이 모두 동일하다고 하더라도 말이다. 집이 더 큰 사회로 이사 온 누군가는 처음에야 생활 공간이 넓어져서 기쁠 것이다. 하지만 시간이 지남에 따라 더 큰 집은 그저 새로운 표준으로 자리 잡을 따름이다. 6000제곱피트의 주택에 사는 사회의 시민들이 그보다 약간 좁은 집을 가진 사회의 시민들보다 더 장수하고 질병에 덜 걸린다는 증거는 어디에도 없다. 한마디로 우리가 가정한 주택 크기의 차이가 모종의 의미 있는 방식으로 행복도에 영향을 미친다고 믿을 만한 근거는 전혀 없다.

하지만 4000제곱피트의 주택 대신 6000제곱피트의 주택을 지으려면 훨씬 더 많은 실물 자원이 소요된다. 따라서 큰 주택 대신 작은 주택을 공급하는 사회는 그만큼의 가외 자원으로 사회 B의 예에서 기술한 여러 가지를 이뤄낼 수 있다. 나는 다른 책[《사치 열병: 과잉 시대의 돈과 행복(Luxury Fever: Money and Happiness in an Era of Excess)》―옮긴이]에서 표 8.1에 설명한 특정 변화들이 모두 개인의 행복도를 크고―분명히 측정할 수 있을 만큼―지속 가능하게 개선해준다는 것을 보여주는 방대한 증거에 대해 개괄한 바 있다.[29]

바로 위에서 논의한 사례들은 그저 인간의 풍요로운 삶을 촉진하는 것으로 드러난 지출 변화의 일부일 뿐이다. 수많은 연구가 밝혀낸 것처럼, 예컨대 돈을 '경험'에 지출하면 같은 돈을 '재화'에 지출했을 때보다 행복도가 훨씬 더 많이, 오랫동안 올라간다. 이 분야에서 상당수의 선구적 연구를 진행해온 심리학자 토머스 길로비치와 리프 반 보벤(Leaf Van Boven)의 주장에 따르면, 그러한 차이가 발생하는 까닭은 부분적으로 경험재(experiential goods)가 물질재(material goods)보다 적응에 훨씬 덜 민감하기 때문이다.[30] 이를테면 4K TV 이미지의 고해상도는 이내 익숙해지지만, 친구들과 다녀온 여행에 대한 기억은 그보다 훨씬 더 오래간다.

또한 길로비치와 공동 연구자들은 상대적 비교가 재화에서보다 경험에서 훨씬 덜 중요하다고 지적한다.[31] 그들은 여기서 경제학자 새라 솔니크(Sara Solnick)와 데이비드 헤먼웨이(David Hemenway)의 연구를 통해 드러난 증거를 인용한다. 앞의 두 사고 실험에서 살펴본 패턴을 보여주는 증거로,[32] 사람들은 더러 절대적 소득과 상대적 소득 사이에서 선택해야 할 때는 고민하지만, 그러한 불확실성이 휴가 같은 경험재에는 해당하지 않는다는 내용이다. 대다수 사람은 동료들이 딱 1주의 휴가를 받고 자신은

2주의 휴가를 받는 세상보다 동료들이 8주의 휴가를 받고 자신은 4주의 휴가를 받는 세상을 확실히 더 선호한다고 밝힌다.

경제학자 오리 헤페츠(Ori Heffetz)는 쉽게 관찰할 수 있는 재화는 다른 것들보다 위치재가 될 가능성이 더 많음을 소비자의 지출 데이터를 이용해 실증적으로 보여주었다.[33] 이는 우리의 통념과 일치하는 결과인데, 아마도 볼 수 없는 환경적 특성에 의해 영향을 받기란 어렵기 때문일 것이다. 이에 따른 중요한 함의는, 일반적으로 외부인의 눈엔 잘 보이지 않는 개인의 저축이 모든 비위치재적 예산 범주에서 가장 중요한 부분이 될 수 있다는 것이다. 이는 대다수 소비자가 합리적인 생활 주기 소비 계획이 요구하는 정도보다 훨씬 적게 저축하는 실태와 일맥상통한다.[34]

요컨대 행동과학자들은 사회가 이용 가능한 자원을 가지고 최대 이익을 거두는 데 실패하는 수많은 요인을 찾아냈다. 만약 실질적 정책을 통해 이러한 연구자들의 조사 결과가 암시하는 방식으로 소비 패턴을 재조정할 수 있다면, 사실상 모든 사람이 좀더 건강하고 만족스러운 삶을 이어가게 될 것이다.

───────

위치재에 대한 관심은 한편으로 국민소득 가운데 점점 더 많은 몫을 과소비로 내몰아가고, 다른 한편으로 연방·주·지방 정부가 쇠락해가는 우리의 인프라를 유지·관리하는 일을 더욱더 어렵게 만든다. 공공재(public goods)는 사유재(private goods)와 근본적으로 다르다. 이를테면 어떤 사람들이 주택이나 결혼식에 더 많은 돈을 소비하면 다른 사람들도 그에 따라야 할 것 같은 압박을 느끼지만, 기본적으로 모든 시민이 평등하게 사용할 수 있는 공공재에서는 그와 동일한 역학이 발생하지 않는다. 공공재는 개인 간 비교에 적합지 않기에 그 정의상 '거의' 비위치재라고 할 수 있다.[35]

어쨌거나 위치재에 더 많은 소비를 할 경우 공공 투자에 쓸 수 있는 자원이 줄어든다는 것은 자명한 이치다. 그리고 공공 투자가 최근 몇십 년 동안 적정 수준을 유지해오지 못했음은 거의 의심의 여지가 없다. 2015년 미국의 도로 가운데 20퍼센트 이상이 기준 이하 상태로 분류되었는데, 이는 그 도로들을 진작에 유지·보수했어야 한다는 것을 의미한다. 따라서 '포트홀(pothole: 아스팔트 포장에 파인 구덩이—옮긴이)'을 비롯해 고르지 못한 노면 탓에 자동차가 입는 예방 가능한 피해도 덩달아 늘어나고 있다. 그로 인한 피해를 보수하기 위해 자동차 운전자들이 쏟아부은 비용은 2015년에 1200억 달러가 넘었다. 운전자 한 사람당 평균 533달러꼴이다. 예산 부족 탓에 적어도 27개 주가 교통량이 적은 시골 도로를 아스팔트에서 자갈길로 바꾸어 도로 질을 떨어뜨렸다.[36]

2016년 엔지니어들은 미국의 교량 61만 4387개 가운데 9퍼센트 이상에서 구조적 결함이 드러났다고 평가했으며, 밀린 교량 공사 대금도 1200억 달러가 넘는 것으로 밝혀졌다.[37] 2015년 미국에서는 엔지니어들로부터 '고위험' 판정—고장 날 경우 인명 손실을 초래할 수도 있는 댐을 알아내기 위한 것이었다—을 받은 댐이 1만 5000개가 넘었다. 이는 2005년의 같은 추정치에서 50퍼센트가 늘어난 결과다. 고위험 댐 가운데 결함이 있다는 평가를 받은 댐도 2016년에 2100여 개로 증가했다.[38] 그뿐만 아니라 엔지니어들은 미국의 공항, 학교, 식수, 하수구 시스템에서 수년간 유지 관리가 제대로 이루어지지 않고 있다고 지적한다.

이러한 적체에도 고속철도 서비스나 지능형 전력 공급망 같은 의미 있는 새로운 인프라 구축 사업에 착수하자는 제안은 내내 국회의 문턱을 넘

표 8.2  미국에서 개인 소득에 따른 최고 한계 세율

| 연도 | 최고 한계 세율(%) |
|---|---|
| 1966 | 70 |
| 1982 | 50 |
| 1987 | 38 |
| 1995 | 39.6 |
| 2018 | 37 |

출처: Tax Policy Center, "Historical Highest Marginal Income Tax Rates," March 22, 2017. http://www.taxpolicycenter.org/statistics/historical-highest-marginal-income-tax-rates.

지 못했다. 훨씬 더 골치 아픈 일은 우리가 당면한 최대 도전인 기후 위기에 맞서는 데 필요한 투자를 아직 시작조차 하지 않았다는 것이다. (이 점과 관련해서는 다음 장에서 좀더 자세히 다룰 예정이다.)

미국의 공공 영역 투자 실패에 영향을 미친 요소는 수없이 많지만, 그중 특히 한 가지가 두드러진다. 바로 정부 서비스에 대한 시민의 요구가 정부 세수를 앞지른 현상이다. 이런 현상이 초래된 데는 숱한 이유가 있는데, 그 가운데는 노령 인구 증가와 관련해 의료 및 연금 비용이 급증한 것도 포함된다. 또 한 가지 요소는 표 8.2에서 보듯, 국가의 최고 한계 세율(top marginal tax rate: 한계 세율은 소득 증가액에 대한 세금 증가액의 비율을 말한다—옮긴이)이 장기적으로 꾸준히 감소해왔다는 사실을 들 수 있다.

역대 정부는 수많은 감세 제도를 채택했는데, 애초에는 그런 제도들이 전반적인 세수 감소를 막기에 충분할 정도로 경제 성장을 촉진할 수 있기를 바랐기 때문이다. 하지만 이러한 바람은 희망 사항에 불과한 것으로 드러났다. 초당파적인 국회예산청(Congressional Budget Office)은 조지 W. 부시(George W. Bush)가 실시한 감세 제도로 2001~2011년 연방 정부

의 수입이 2조 9000억 달러나 감소했다고 추정했다. 로널드 레이건 행정부와 조지 H. W. 부시 행정부에서 수석 경제 고문을 지낸 브루스 바틀릿(Bruce Bartlett)은 널리 인용되는 〈뉴욕타임스〉 기사에서 부시 대통령의 감세 정책으로 세수 부족액이 크게 늘어났다고 주장했다.[39]

그런가 하면 2017년 12월 국회에서 통과된 '감세와 일자리 법안(Tax Cuts and Jobs Act: 트럼프 대통령이 실시한 감세 정책—옮긴이)'의 지지자들은 그 법률이 경제 성장을 촉진함으로써 세율 감축분을 상쇄하고도 남을 만큼 세수를 증진시킬 거라고 예측했다. 그들의 예측 역시 보기 좋게 빗나갔다. 대다수 경제학자들이 경고했다시피 그 법안이 통과된 여파로 세수는 대폭 줄어들었다. 심지어 백악관 산하 관리예산처(Office of Management and Budget)—기관장은 트럼프 대통령이 실시한 감세 정책의 열혈 지지자 가운데 한 명이었다—조차 이후 10년간의 미국 국가 부채에 대한 그 기관의 종전 예측치를 1조 달러 넘게 상향 조정했다.[40]

———————

수많은 경제학자들은 현시 선호(revealed preference, 顯示選好) 이론을 지지한다. 사람들이 하는 말을 듣는 것보다 무엇을 구매하는지 관찰함으로써 그들의 진짜 선호에 대해 더 많은 것을 알 수 있다는 주장이다. 현시 선호는 많은 경우 유익한 이론이다. 하지만 위치재적 군비 경쟁을 치르는 경우처럼 개인적 동기와 집단적 동기가 충돌할 때는 잘 들어맞지 않는다. 그와 같은 경우 우리는 흔히 사람들이 무엇을 구매하는지 관찰하기보다 유권자가 하는 말을 들음으로써 그들이 무엇을 가치 있게 여기는지에 대해 더 많은 것을 알게 된다. 규정은 데이터다.

오직 현시 선호 이론만으로 무장한 경제학자는, 만약 노동자가 임금은 더 높지만 위험도가 큰 직종을 수락한다면 그는 분명 늘어난 만큼의 소득이 더 큰 위험에 노출되는 데 따른 불리함을 충분히 보상해주고도 남는다고 판단했을 것으로 결론 내린다. 이는 노동자들이 오직 절대적 소득에만 관심을 기울인다면 타당한 추론이다. 하지만 상대적 소득의 중요성을 인식하고 나면 더는 그렇게 결론 내릴 수 없다. 따라서 사실상 모든 사회가 작업장의 위험 노출 정도에 제한을 두고자 노력하는 것은 소비 폭포 효과 내러티브가 옳음을 간접적으로 증명해주는 강력한 증거다.

역시나 전형적인 비위치재 예산 범주인 개인 저축에 대해 살펴보자. 평생에 걸친 합리적 소비 계획을 세우려면 근로 기간 동안 자신이 벌어들인 소득보다 소비를 훨씬 덜 해야 한다. 그렇게 해서 저축한 자금을 헐어 써야 은퇴한 뒤에도 현역 때와 거의 비슷한 생활 수준을 유지할 수 있다. 하지만 부자들은 논외로 치고, 혼자 힘으로 어떻게든 이런 계획을 실행하면서 살아가는 사람은 거의 없다. 은퇴 이후의 소득 부족 사태가 만연해지자 대다수 국가에서는 정부가 그에 개입했다. 예컨대 미국에서는 '지급급여세(payroll tax: 종업원에게 지불한 임금·급여 총액을 기초로 고용주에게 부과하는 세금—옮긴이)'를 12.4퍼센트 부과하고, 그렇게 해서 거둔 돈을 은퇴자를 위한 사회보장 연금 지급액을 지원하는 데 쓴다.

밀턴 프리드먼을 비롯한 자유 시장 옹호자들은 이런 식의 개입에 반대한다. 얼마를 어떤 형태로 저축할지 결정할 수 있는 자유를 노동자들로부터 빼앗는다는 이유에서다. 조지 W. 부시 대통령이 이끄는 정부는 이런 비판을 받아들여 사회보장 연금 제도를 민영화하려 했다. 하지만 만약 소비 폭포 효과 내러티브가 주장하듯이, 개인적 저축 관련 결정과 집단적 저축 관련 결정이 정면으로 충돌하기 때문에 민영화가 그렇게 인기 없는 것으로 드러난 이유를 쉽게 짐작해볼 수 있다.

전적으로 개인적 저축에만 의존해온 사람들에게는 언제나 더 나은 학군에 자리한 주택을 사기 위해 저축을 줄이는 선택지가 있다. 일부는 의심의 여지없이 그렇게 할 것이다. 반면 일부는 남들이 하는 대로 따라야 한다는 압박에 맞설 것이다. 자녀들을 평균보다 못한 학교에 보내는 것이 대안이 될 수 있기 때문이다. 사회보장 제도는 사람들이 본인의 은퇴 소득 가운데 상당 부분을 그처럼 무의미한 입찰 경쟁에 쏟아붓지 않도록 막아주는 효과적 장치다. 여기서도 역시 현시 선호 이론으로는 왜 사람들이 정부의 은퇴 저축 규제—즉 소비 폭포 효과 내러티브가 예견한 개입—를 지지하는지 설명하기 어렵다.

그와 유사한 결론은 사회가 노동 시간을 규제하려고 시도하는 방식에도 해당된다. 예를 들어 공정노동기준법(Fair Labor Standards Act)은 고용주가 주당 노동 시간을 제한하도록 유도하기 위해 초과 근무 수당 및 기타 인센티브를 제공하라고 요구한다. 자유 시장 옹호론자들은 노동자와 고용주 모두가 만족할 수 있는 노동 계약을 협상할 자유에 제약을 가한다면서 이러한 조치에 반대한다. 그 조치가 그렇다는 것은 맞다. 하지만 만약 증거가 말해주는 바와 같이 상대적인 소득이 중요하다면 노동자들이 왜 그러한 제한을 기꺼이 수용하는지 그 이유를 쉽게 알 수 있다. 일주일에 40시간 일하는 대신 50시간 일하면 상대적인 의미에서 노동자의 여가 시간이 크게 줄어들지만 역시나 상대적인 의미에서 그의 수입은 늘어난다. 개인의 관점에서 보면 이는 순이익으로 여겨질 수 있다. 조사에서 드러난 증거에 따르건대, 상대적인 여가 증가는 상대적인 수입 증가보다 덜 중요하게 여겨지기 때문이다.[41] 하지만 다른 사람들도 같은 경로를 따른다면 그 이점은 일시적인 것으로 드러나고 만다.

이러한 해석을 더욱 지지해주는 것은 공정노동기준법에 명시된 초과 근무 수당 규정의 지배를 받지 않는 전문직 노동자의 선호에 관한 조사에서 드러난 증거다. 경제학자 르네 랜더스(Renée Landers), 제임스 레비처(James Rebitzer), 로웰 테일러(Lowell Taylor)는 대형 로펌의 어소시에이트(associate: 고용 변호사)들에게 본인의 현재 상태, 그리고 다른 조건은 모두 같고 노동 시간과 보수가 각각 전면적으로 10퍼센트씩 감소한 상태 둘 중 어느 편이 더 좋으냐고 물었다.[42] 응답자들은 압도적 차이로 후자를 선택했다. 하지만 다른 동료들도 그렇게 하지 않는 경우라면 후자 쪽에 서는 선택을 내켜 하지 않았다.

또한 상대적인 위치에 대한 관심은 전통적인 경제 요인보다 훨씬 더 많은 정도로 노동 참여율에 영향을 미치는 것으로 보인다. 예를 들어 경제학자 데이비드 노이마르크(David Neumark)와 앤드루 포스틀웨이트(Andrew Postlewaite)는 한쪽은 집 밖에서 일하고 다른 한쪽은 집 밖에서 일하지 않는 친자매 3000쌍의 노동력 지위를 조사했다. 그들이 추구한 목적은 각각의 쌍들 가운데 집 밖에서 일하는 자매가 유급 고용을 추구할지 말지 결정하는 요인이 대체 무엇인지 알아보려는 것이었다. 통상적인 경제 요인 가운데는 아무것도 크게 문제 되지 않았다. 지역의 실업·결원·임금률도, 집 밖에서 일하는 자매의 교육 정도와 경험도 아니었다. 그들의 연구에서 노동 참여율을 설명해주는 데 다른 것보다 훨씬 더 큰 변량을 보인 변인은 딱 한 가지였다. 상대 자매의 남편이 자기 남편보다 더 많이 버는 자매의 경우 유급 고용에 종사하고자 하는 비율이 16~25퍼센트나 높았던 것이다.[43] 에세이스트 멘켄(H. L. Mencken)이 냉소적으로 말했다시피 "부자란 처형(혹은 처제)의 남편보다 연간 100달러를 더 버는 남성이다".

요컨대 여러 영역에서 소비 폭포 효과 내러티브가 현시 선호 내러티브를 압도하는데도 경제학자와 정책 분석가는, 자기 선택지에 대한 사람들의 평가는 그들이 처한 맥락과는 완전히 독립적이라는 가정을 끈질기게 고수하고 있다. 진작에 포기했어야 마땅한 가정이다.

---

위치재적 군비 경쟁으로 인한 손실은 어느 정도일까? 이 장을 시작할 때 나는 그 손실이 앞장들에서 논의한 행동 전염 과정과 관련한 모든 피해를 압도할 정도로 막대하다고 밝혔다. 이용 가능한 데이터와 행동 모델의 초보적 상태 같은 한계점을 감안할 때 소비 폭포 효과로 인한 총손실의 정확한 예측치를 얻기는 어려워 보인다. 하지만 만약 약간만이라도 논리적 가정을 해볼 의향이 있다면, 적어도 그 손실의 규모가 어느 정도인지 대략적으로나마 그려볼 수 있다.

자, 이렇게 논의를 시작해보자. 인간의 행복을 연구하는 행동과학자들은 이를테면 2018년에 인플레이션을 고려한 국가의 재화와 서비스 총가치가 2012년보다 2조 달러가량 늘어났음에도 사람들이 그때보다 더 행복해졌다고 자신 있게 말하지 못하고 있다. 이제 누군가가 우리의 2012년 소비 패턴을 비위치재에 유리하도록 재조정할 수 있는 마술 지팡이를 가지고 있다고 상상해보자. 가령 미국에서 큰 축에 속하는 주택은 규모를 줄이고, 부유한 자동차 운전자는 모두 약간 저렴한 자동차를 몰고, 가족은 결혼식 비용을 덜 지출하는 식으로 말이다. 그 결과로 인한 저축은 모든 사람의 주당 노동을 몇 시간 단축시키고, 휴가 기간을 2주 더 늘리는 데 쓸 수 있다. 인프라를 구축하는 데 조금 더 많은 비용을 할애할 수도 있다.

현존하는 증거에 따르면, 이런 식으로 소비 패턴이 달라진다면 틀림없이 2012년의 미국인도 행복도가 분명 증가했을 것이다. 따라서 우리는 이런 식으로 재조정한 2012년의 미국인 삶은 2018년의 미국인 삶보다 더 행복하리라고 단언할 수 있다. 2012년의 미국인은 2018년보다 2조 달러나 더 가난했음에도 불구하고 말이다. 이러한 증거가 타당하다는 점을 기꺼이 인정한다면, 그것은 우리의 현재 소비 패턴이 최소 연간 2조 달러를 허비하고 있음을 분명하게 말해준다. 낭비적 소비 패턴의 경우는 다른 모든 영역에서보다 행동 전염으로 인한 피해가 한층 더 막심하다.

물론 방금 기술한 것처럼 소비 패턴을 재조정할 수 있는 마술 지팡이를 가진 사람은 아무도 없다. 내가 학생들에게 강조하고자 애쓰는 바와 같이, 시장 실패의 실상을 드러낸다고 해서 정부 개입이 저절로 상황을 개선해주리라고 보장할 수는 없다. 게다가 안타깝게도 수많은 정부 개입이 실제로 상황을 더욱 악화시키기도 했다.

따라서 우리는 다음과 같은 실제적인 질문을 던져보아야 한다. 현재 시행 중인 불완전한 경제적·사회적 정책 도구는 우리가 수용 가능한 비용으로 우리의 소비 패턴을 재조정할 수 있도록 해줄까? 나는 4부의 여러 장에서 이 질문을 다시 다루어볼 생각이다.

# 기후 위기

일부 정치 지도자들은 오랫동안 우리 지구의 기온이 점점 더 올라가고 있다는 사실을 극구 부인해왔다. 그런가 하면 일부 정치 지도자들은 기후 온난화 추세 자체는 인정하지만 인간 활동이 그 현상과 결부되어 있다는 사실만큼은 부정한다. 기후 변화가 심각할 가능성이 있다고 암시하는 것만으로도 정책에 광범위한 영향을 끼칠 수 있기 때문에, 의회는 이 문제를 연구하는 정부 기관을 설립했다. 1990년의 '국제 변화 연구 법안(Global Change Research Act)'은 적어도 4년에 한 번씩 무엇보다 "전 세계적 기후 변화—인간이 유발한 것이든 자연적인 것이든—의 현 추세를 분석하고, 향후 25~100년 동안의 주요 동향을 예측하는" 보고서를 의회와 대통령에게 제출하도록 요구하고 있다.[1]

그에 따른 네 번째 보고서 NCA4(Fourth National Climate Assessment)가 2018년 가을 발표되었다. 그 보고서의 첫 문장은 그보다 더할 수 없으리만치 명징했다. "지구 기후는 지금 주로 인간 활동에 따른 결과로서 근대

문명의 그 어느 때보다 더욱 빠르게 변화하고 있다."[2]

기후 변화는 주로 이산화탄소를 비롯한 여러 온실가스가 대기 중으로 방출되는 데 따른 결과다. 수많은 생산과 소비 활동으로 인한 뜻하지 않은 부산물인 온실가스는 태양에서 흡수한 열을 다시 우주로 방출하는 속도를 늦춤으로써 대기와 해양의 온도를 서서히 올려놓는다. 기후 변화를 연구하는 경제학자들은 이 문제를 표준적인 환경 외부성(environmental externality)으로 여기며, 이는 더욱 광범위한 학계에서도 거의 만장일치로 지지받는 견해다.

하지만 이 문제에는 중요한 사회적 차원도 포함되어 있다. 행동 전염은 이를테면 우리가 기거하는 주택, 타고 다니는 자동차, 먹는 음식 등의 선택처럼 온실가스 방출과 관련한 다양한 선택에도 영향을 미친다.

행동 전염은 또한 수많은 다른 기후 관련 선택과도 깊은 연관성을 띤다. 예를 들어 구글은 주택 소유주들로 하여금 이웃 중 누가 이미 태양 전지판을 채택했는지 볼 수 있도록 돕는 웹사이트 '프로젝트 선루프(Project Sunroof)'를 구축함으로써 태양 전지판 채택을 독려하고자 노력해왔다. 그렇게나 많은 인구가 이 웹사이트를 방문한다는 사실이야말로 사람들이 자기 이웃이 에너지를 절약하기 위해 무슨 일을 하는지에 관심이 많음을 명확하게 보여주는 증거다. 그림 9.1에 재현한 항공 사진에서 분명하게 드러나는 집적의 정도에 주목하라. 흰 점으로 표시한 것은 태양 전지판을 설치한 주택을 나타낸다. 태양 전지판을 설치한 주택 가운데 역시나 태양 전지판을 설치한 이웃집이 최소 한 채 이상 없는 경우는 극히 드물다.

지금껏 논의한 행동 전염의 효과 가운데는 (8장에서 다룬) 소비 폭포 효과에 따른 금전적 가치의 손실이 다른 손실들을 모두 합한 것보다 크다. 하지만 기후 변화가 제기하는 위협은 그보다 훨씬 더 거대한 규모의 손실을

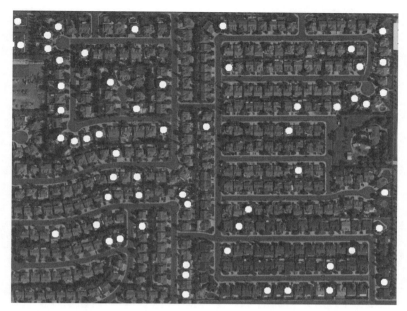

그림 9.1  출처: Project Sunroof Data Explorer(2018년 11월).

예고한다.

그 위협이 정확히 어느 정도인지는 여전히 불분명한 채로 남아 있다. 2009년 매사추세츠 공과대학(MIT) 소속 연구자들이 가동한 세계 기후 시뮬레이션 모델은 온실가스 제한 정책을 실시하지 않을 경우, 21세기의 마지막 10년에 지상의 지표면 기온 중앙값이 전(前) 산업 시대보다 섭씨 5.1도(화씨 9.2도) 높아지리라고 예측했다.[3] 그 6년 전인 2003년의 같은 MIT 모델은 그 수치를 '단지' 섭씨 2.4도(화씨 4.3도)라고 추정했었다.

이 모델의 2009년 버전은 가능한 기온 상승 범위와 각 값의 확률을 예측하기도 했다. 그에 따르면 기후학자들은 21세기의 마지막 10년에 지구 기온이 섭씨 7도(화씨 12.6도) 상승할 가능성도 10퍼센트나 된다고 내다보았다. 그와 같은 규모로 지구 온난화가 진행된다면 지구상에서 살아가는 생명체들은 종잡을 수 없는 방식으로 영향을 받을 것이다. 기온이 비교적 소폭 증가하면 덜 파괴적인 결과를 낳겠지만, 가장 낙관적인 예측치조차 치러야 할 대가가 어마어마함을 암시한다.

이러한 예측치가 발표된 이래, 기온은 그보다 한층 더 빠른 속도로 상승했으며 북극의 얼음도 더욱 빠르게 녹아내렸다. 유엔 산하 IPCC가 2018년 10월 발표한 가장 최근의 광범위한 평가에 따르면, 현재 지구의 중앙값 기온은 2040년이면 전(前) 산업 시대 수준보다 섭씨 1.5도(화씨 2.7도) 높아지는 방향으로 나아가고 있는데, 이는 이전의 예측치보다 몇십 년이나 빨라진 추세다.[4] 평균 기온은 이미 섭씨 1도(화씨 1.8도)쯤 상승한 상태다.

모든 특정 기상 이변 현상을 전 지구적 기후 변화와 연결 짓기야 어렵겠지만, 이제 기후학자들은 최근 폭풍이나 가뭄의 정도가 심해지는 현상이 온난화 추세에 직접적으로 영향을 받은 결과라고 믿고 있다. 따라서 2040년경 기온이 섭씨 1.5도 상승하는 현상은 아무리 못해도 인구가 밀집한 해안 지역이 물에 잠기고 홍수와 가뭄이 점점 더 심각하게 점점 더 자주 발생할 것임을 의미한다.[5]

과거에 기후 변화의 중요성을 인식하지 못하도록 막은 가장 가공할 인지적 장애물은 온난화가 균일하게 발생하는 현상이 아니라는 사실이었다. 우리는 강렬한 더위의 습격을 점점 더 많이 받을 뿐 아니라 이례적일 정도로 강렬한 추위를 겪어왔다.

예를 들어 3월은 일반적으로 워싱턴 D.C.에서 봄 날씨가 시작되는 시점이며, 어떤 해에는 전설적인 그 도시의 벚꽃이 2월 말에 꽃망울을 터뜨리기도 한다. 하지만 2015년은 예외였다. 그해 2월 말 미국의 수도는 여

**그림 9.2** 상원의원 제임스 인호프. C-SPAN.

러 차례 세찬 폭설을 동반한 한파에 시달렸다. 오랜 기후 변화 회의론자이던 제임스 인호프(James Inhofe: 오클라호마주 출신의 공화당 상원의원)는 그 기회를 놓치지 않고 상원에 눈뭉치를 들고 나타났다. 그는 그 눈뭉치를 지구 온난화가 신화임을 보여주는 증거로 제시했다.

상원의원 인호프는 《최대의 사기(The Greatest Hoax)》의 저자이기도 한데, 그 책에서 기후과학자를 사람들의 삶에 대한 정부의 통제력을 강화하기 위해 거대한 음모를 저지르는 자들이라고 몰아붙였다.[6]

4장에서 지적했다시피 사람들은 때로 오랜 세월 동안 잘못된 것을 믿곤 한다. 하지만 우리는 일단 어떤 주장에 반대하는 논리가 충분히 설득력을 얻으면 그것을 지지하는 분위기가 빠르게 확산할 수 있다는 사실 또한 확인했다. 이는 지구 온난화가 사기라는 상원의원 인호프의 주장을 둘러싸고 오늘날 벌어지고 있는 사태를 말해준다. 공인(公人)들은 과거 공개 석상에서 자신 있게 '지구 온난화는 사기'라고 주장할 정도로 대담했다.

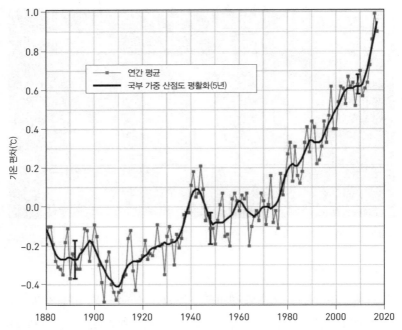

**그림 9.3**  1951~1980년 평균과 비교한 1880~2017년의 전 세계 평균 지표면 기온 변화. GISTEMP Team, 2018: GISS Surface Temperature Analysis, NASA Goddard Institute for Space Studies. (국부 가중 산점도 평활화(Lowess): Lowess는 Locally Weighted Scatterplot Smoothing의 머리글자—옮긴이.)

하지만 오늘날에는 그렇게 주장하려면 공개적으로 조롱받을지도 모를 적 잖은 위험을 감수해야 한다. 신중한 예측을 하나 하자면, 앞으로 2년 안 에 거의 모든 공인은 공개적으로 기후과학의 타당성에 의문을 제기할 경 우 엄청나게 큰 대가를 치러야 함을 깨달을 것이다.

관련 증거가 속속 쌓여가고 있음을 감안하면 그리 놀랄 것도 없는 이야 기다. 평균 기온이 (더러 큰 폭으로) 해마다 달라지는데도, 그림 9.3은 20세 기 동안 해양과 대기의 평균 기온 편차가 극적인 상승 추세를 나타내고 있음을 알 수 있다. 1985년 2월은 평균 기온이 20세기 같은 달 동안의 평

균 기온보다 낮은 마지막 달이었다. 내 아들 둘(지금은 모두 서른 살이 넘었다)
은 자신들이 태어나기 전 2월의 평균 기온보다 더 추운 달을 단 한 차례
도 겪어보지 못했다.

수많은 권위 있는 출처에서 나온 데이터들은 2016년이 1880년대에 날
씨 데이터를 체계적으로 수집하기 시작한 이래 가장 더운 해로 기록되
었음을 말해주었다.[7] 기록된 해 가운데 가장 더웠던 4개 해는 2015년,
2016년, 2017년, 2018년이었다. 가장 더웠던 19개 해 가운데 18개 해는
21세기의 처음 19년 사이에 몰려 있다.[8] 기후 대리 자료(climate proxies: 얼
음 코어, 화석, 나무의 나이테, 산호, 화석화한 조개껍질 속의 산소 동위원소 등 과거의 기
후 상태를 간접적으로 드러내주는 물리적 자료-옮긴이)에 기반한 예측치는 앞서
밝힌 것과 같은 연도들이 지난 수세기 동안, 아니 지난 수천 년 동안 가장
더운 해였을 가능성이 있음을 재확인해준다.[9]

만약 그와 같은 전 세계적 기후 변화가 실제로 존재하며 파괴적 결과를
초래할 가능성이 있음을 인정한다면, 우리는 그와 관련해 대체 무슨 일을
해야 할까? 이 문제에 대해 경제학자들은 개인이나 기업이 대기 중으로
온실가스를 방출하는 것은 그들이 아무런 처벌도 받지 않은 채 그렇게 할
수 있기 때문이자, 생산 및 소비와 관련한 대안적 선택지가 더 비싸거나
몇 가지 다른 이유에서 덜 매력적이기 때문이라고 진단한다. 이러한 분석
틀은 그에 따른 자연스러운 해법이란 온실가스 배출에 세금을 부과함으
로써 그 일을 좀더 비싸게 만드는 것임을 말해준다. 11장에서 보게 되듯,
이 같은 접근법과 기능적으로 동일한 한 가지 사례는 대단히 성공적이었
던 것으로 드러났다. 바로 1990년대 산성비 문제에 대한 해법으로서 의회
가 시장에 이산화황 배출권을 사고팔 수 있도록 권한을 부여한 일이다.

그런데 '값을 치러야 하는 해결책(price remedies)'은 흔히 사회적 힘에

의해 강화될 때 더욱 효과적인 것 같다. 에너지 사용 패턴은 실제로 가격 뿐 아니라 행동 전염에 의해 크게 영향을 받는데, 일반적으로 서로를 강화하는 방식을 통해서다.

아마도 가장 의미 있는 한 가지 사례는 주택의 크기일 것이다. 8장에서 논의한 대로, 최근 몇십 년 동안 대부분의 소득은 상위 소득자에게 몰렸고, 이로 인해 그들은 주택을 포함한 소비의 모든 범주에서 더 많은 돈을 지출하게 되었다. 그들이 짓는 더 큰 주택은 그다음 소득층에 속한 사람들의 주택 수요를 형성하는 준거 틀을 바꿔놓으며, 같은 과정이 계속해서 소득 사다리의 아래 단계를 따라 이어진다. 주로 이러한 소비 폭포 효과 때문에 오늘날 미국에서 새로 짓는 중앙값 주택은 1973년에 지은 중앙값 주택의 거주자당 크기(제곱피트)보다 2배 이상 넓다.

당연히 더 큰 주택은 난방, 조명 그리고 냉방 따위에 더 많은 에너지를 필요로 한다. 게다가 더 큰 주택을 지으려면 자재 역시 더 많이 든다. 그 자재 자체도 만들어내는 데 상당한 에너지가 필요하다. 더 큰 주택은 응당 유지 관리비도 더 많이 들기 때문에 그에 따른 에너지 수요 또한 한층 늘어난다.

건축가 안드레 슈테판(André Stephan)과 로버트 크로포드(Robert Crawford)는 오스트레일리아 멜버른의 다양한 주택 표집을 이용해, 50년간의 생활 주기에서 주택 크기와 에너지 사용량이 어떤 관련성을 띠는지 추정했다. 그림 9.4에 요약한 조사 결과에 따르면, 250제곱미터(약 2700제곱피트) 크기의 주택은 150제곱미터(약 1600제곱피트) 크기의 주택보다 에너지를 50퍼센트 정도 더 소비한다.[10]

8장에서 논의한 바와 같이 대부분의 사법권 관할 구역 내에서 더 좋은 학교는 더 비싼 동네에 들어서 있으므로 중산층 가정은 어려운 선택에 직

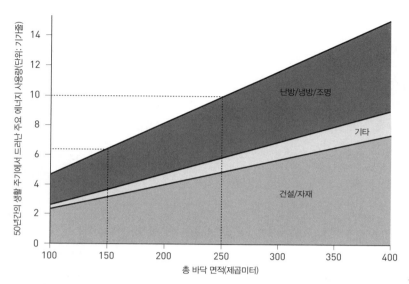

그림 9.4 50년간의 생활 주기에서 주택 크기가 에너지 사용량에 미친 영향. André Stephan and Robert H. Crawford, "The Relationship between House Size and Life—Cycle Energy Demand: Implications for Energy Efficiency Regulations for Buildings," *Energy* 116 (2016): 1158–1171에서 가져와 새로 만들었다.

면하게 마련이다. 즉 그들은 주거에 들이는 동년배들의 소비 수준을 얼추 맞추거나, 아니면 자기 자녀를 더 질 낮은 학교에 보내야 하는 것이다. 대다수 사람은 전자를 선택하는데, 이들 가족의 대다수는 평균 소득이 최근 몇십 년 동안 거의 늘지 않았으므로 수지의 균형을 맞추면서 살아가기가 점점 더 팍팍해진다는 것을 깨달았다. 따라서 상당수 가정이 지대가 상대적으로 저렴한 더 먼 거주지에서 출퇴근하는 편을 택했다. 미국에서 자동차로 출퇴근하는 평균 거리는 1977년 15.4킬로미터에서 2017년 20.4킬로미터로 늘어났다.[11] 여기서도 행동 전염이 더 많은 에너지 사용에 영향을 끼쳤음을 알 수 있다.

행동 전염이 에너지 소비에 미치는 영향을 가장 극명하게 보여주는 예는 스포츠 유틸리티 차량(SUV)이다. SUV의 시장 점유율이 급증한 현상은 모방 행동(emulative behavior)과 관련해서 따져봐야만 제대로 이해할 수 있다.

쉐보레 서버번(Chevrolet Suburban)—유머 작가 데이브 배리(Dave Barry)는 쉐보레 서브디비전(Chevrolet Subdivision)이라고 불렀다[12][데이브 배리가 2000년에 출간한 책 《데이브 배리는 이것을 그냥 봐 넘기지 않는다(Dave Barry is Not Taking This Sitting Down)》에 나오는 내용으로, 개인적 용도로 사용하기에는 덩치가 지나치게 큰 차량인 쉐보레 서버번에 대한 사람들의 선호를 비꼬기 위해 한 말장난이다. subdivision은 주택 개발업자들이 교외(suburban) 지역에 한꺼번에 단독 주택 수십 채를 건설해 조성한 주택 단지를 말한다—옮긴이〕—은 1935년 이후 생산되었지만, 그것을 비롯한 여러 차량은 거의 전적으로 상업적 목적에 쓰였다. 기본적으로 가정용 SUV 부문이 자리 잡은 것은 1963년 지프 왜거니어(Jeep Wagoneer), 그리고 1966년 포드 브롱코(Ford Bronco)가 출시되고 난 이후였다. 1975년까지만 해도 SUV는 전체 차량 매출 가운데 고작 2퍼센트를 차지하는 데 그쳤다.

하지만 1990년대에는 SUV가 자동차 역사상 가장 커다란 성공 스토리의 주역으로 떠올랐다. 1990년 겨우 75만 대에 불과하던 연간 SUV 매출이 2000년이 되자 거의 300만 대로 뛰어올랐다. 2003년에는 미국에서 판매하는 전체 차량의 23퍼센트가 SUV 계열이었다.[13] 2014년 SUV와 '크로스오버 유틸리티 차량(crossover utility vehicle, CUV: 세단과 SUV의 장점을 접목한 다목적 자동차—옮긴이)'은 36.5퍼센트의 시장 점유율을 자랑하며 미국에서 가장 많이 팔리는 승용차로 부상했다.[14] 그사이 일반 자동차 매출은 계속 하락했지만, SUV의 매출은 꾸준히 급성장했다.[15]

전통적으로 소비자의 수요를 결정해주는 요인은 이러한 놀라운 추이를 설명할 수 없다. 저렴한 연료는 그에 기여한 요인 가운데 하나지만, 분명 그것을 설명해주는 충분한 요인은 아니다. 연료는 앞선 수십 년 동안에도 내내 저렴했기 때문이다. 마찬가지로 평균 소득의 증가 역시 결정적 요인이 될 수 없다. SUV가 유행하기 전 몇십 년 동안에는 소득이 훨씬 더 급격하게 증가했으니 말이다.

어쨌거나 소득 높은 사람들이 일반 자동차를 SUV로 바꾸고 싶어 하는 까닭은 분명하지 않다. SUV의 설계를 도운 수많은 엔지니어조차 SUV가 그렇게나 많이 팔려나갔다는 사실에 놀라움을 표시했으니 말이다. 초기 광고는 블레이저(Blazer)나 패스파인더(Pathfinder) 같은 진취적인 상표명〔(트레일)블레이저와 패스파인더는 길이 없는 곳에 길을 내는 선구자 혹은 개척자라는 뜻—옮긴이〕과 더불어 도로가 아닌 곳을 달릴 수 있는 역량을 지닌 차종이라는 것을 장점으로 내세웠다. 하지만 어느 엔지니어가 농담처럼 말했듯이 대부분의 SUV가 실제로 도로가 아닌 곳으로 다니는 유일한 경우란 술취한 자동차 소유주가 '드라이브웨이(driveway: 자기 집으로 들어서는 진입로—옮긴이)'를 제대로 못 찾았을 때뿐이다.

안전에 대한 관심 역시 SUV가 그렇게나 성공한 이유를 설명해줄 수 없다. 키스 브래드셔(Keith Bradsher)가 2002년 쓴 책《하이 앤드 마이티 (High and Mighty)》에서 설명한 대로, SUV의 무게는 그보다 더 작은 차와 정면충돌했을 때 약간의 안전상 이점을 제공해준다. (물론 비용은 그 차량 소유주가 부담하지만 말이다.) 그러나 형편없는 핸들링, 높은 전복 경향성, 긴 정지 거리 등이 한꺼번에 가세해 전체적으로 SUV를 일반 자동차보다 훨씬 더 위험하게 만든다.[16]

마지막으로 SUV의 화물 적재 능력이 더 커졌다는 점 또한 그 차량의 인기를 제대로 설명하지 못한다. 미니밴이나 스테이션왜건(station wagon:

좌석 뒷부분에 큰 짐을 실을 공간이 있는 승용차―옮긴이)은 핸들링이나 주행 거리의 불이익 없이도 비슷한 능력을 제공하기 때문이다.

SUV 판매가 폭발적으로 증가한 현상을 이해하려면, 먼저 새로운 소득 증가 패턴이 야기한 수요의 변화, 그리고 다른 사람들이 그 변화에 어떻게 반응하는지를 살펴보아야 한다. 중요한 촉매제가 된 사건이 일어났다. 1970년 이래 상위 소득자 사이에서 볼 수 있던 소득 집중 현상은 1987년 당시 영국 소유 기업이던 랜드로버(Land Rover)를 설득해 그 회사의 고급 SUV 레인지 로버(Range Rover)를 당시로서는 놀라울 정도로 높은 가격인 3만 1375달러에 미국으로 들여올 수 있도록 거들었다.[17] 레인지 로버는 처음에 고급 SUV 시장을 석권했고 상위 소득자들은 그것을 쉽게 살 만한 여력이 있었지만, 그 차량의 초기 매출은 그리 대단치 않았다.

그랬던 분위기가 1992년 로버트 올트먼(Robert Altman) 감독의 영화 〈플레이어(The Player)〉에 그 차량이 등장하면서부터 달라지기 시작했다. 영화에 나오는 주요 등장인물인 스튜디오 중역 그리핀 밀(Griffin Mill)―팀 로빈스(Tim Robbins)가 역할을 맡았다―은 자신이 좋아하는 차량은 무엇이든 살 수 있었는데, 그런 그가 선택한 것이 대시보드에 팩스를 장착한 레인지 로버였다.

무리 본능(herd instinct)의 중요한 특징 가운데 하나는 사람들이 고소득층을 모방할 가능성이 많다는 점이다. 부유한 스튜디오 중역이 레인지 로버의 운전대를 잡고 있는 모습을 통해 그것은 단박에 '선수'가 선택한 차량으로서 자격을 얻었다. 점점 더 많은 고소득 구매자들의 구입이 잇따르자 그 차량의 매력도 덩달아 커졌다. 다른 자동차 제조사들이 더 낮은 가격에 유사한 차량을 공급하기 시작하면서 SUV의 매출이 크게 올랐다. 게다가 운전자들이 세단 대신 SUV를 구입함에 따라 휘발유 소비와 온실가스 배출도 한층 늘어났다.

하지만 SUV의 매출 성장을 늦추는 것으로는 기후 변화를 저지하기에 역부족일 것이다. 유엔이 가장 최근 발표한 IPCC 보고서에 따르면, 만약 기후 변화가 몰고 올 대단히 심각한 결과를 막고자 한다면, 온실가스 배출을 향후 12년 내에 2010년 대비 45퍼센트 감축해야 하며, 2050년경에는 약 100퍼센트까지 줄여야 한다.[18] 대다수 나라에서 운송 부문이 온실가스 배출 가운데 가장 큰 부분을 차지하고 있느니만큼, 승용차와 대중교통 전반을 내연 기관에서 전력화(electrification) 체제로 바꾸지 않으면 이러한 목표치에 도달하는 것은 사실상 요원하다.[19] 그리고 그런 일이 일어나게 하는 데는 바로 행동 전염이 결정적 역할을 맡아야 한다.

온실가스 배출의 또 한 가지 주요 원천은 식품 산업이다. 예컨대 미국에서 식량을 재배·운송·가공·취급하는 과정은 국가의 에너지 소비 가운데 약 10퍼센트를 차지한다.[20] 식품 소비가 행동 전염의 영향을 강하게 받는다는 사실은 오랫동안 분명했다. 그것을 보여주는 것이 바로 황제 다이어트(Atkins diet), 글루틴-프리 다이어트, 케톤체 생성 다이어트, 자연식 다이어트(macrobiotic diet: 유기농으로 기른 현미 등의 곡류와 채소 위주의 다이어트—옮긴이), 마스터 클린즈 다이어트(master cleanse diet: 레몬 디톡스 또는 비운세 다이어트—옮긴이), 지중해식 다이어트, 구석기 다이어트(paleo diet: 선사 시대 인류처럼 먹고 행동하는 것이 가장 인체에 자연스럽다는 주장을 바탕으로 하는 다이어트—옮긴이), 프리티킨 다이어트〔Pritikin diet: 미국의 과학자 네이선 프리티킨(Nathan Pritikin)이 옹호한 저지방 다이어트—옮긴이〕, 저인슐린 다이어트(South Beach diet: 당지수가 낮은 식품 위주로 섭취하는 다이어트—옮긴이) 등 일시적 붐을 일으킨 여러 다이어트의 인기다. 7장에서 살펴본 대로 행동 전염은 비만 전염병과도 깊이 연관되어 있다.

그림 9.5에서 비만 연구자 스테판 기예넷(Stephan Guyenet)은 음식을 통한 에너지 섭취량(단위: 1인당 킬로칼로리)의 증가 현상을 미국 성인 가운데 비만한 사람(체질량지수 30 이상)의 비율 및 고도로 비만한 사람(체질량지수 40 이상)의 비율과 함께 보여준다. 비만 발생률은 1970년 이후 갑절 넘게 증가했는데, 시간에 따른 비만 증가의 궤적은 같은 기간 동안 1인당 칼로리 소비의 증가치를 근사하게 따라가고 있다.[21] 제시된 시간에 걸친 에너지 섭취의 증가(대략 1인당 400킬로칼로리)는 미국의 총에너지 소비를 약 2퍼센트 정도 올려놓았다.

수많은 다른 에너지 사용 역시 행동 전염의 영향을 받는다. 수십 년 전이라면 결혼을 계획하는 대다수 커플은 '데스티네이션 웨딩(destination wedding: 하객들이 휴가 겸 참석할 수 있도록 외국의 특별한 장소에서 올리는 결혼식―옮긴이)'이 뭔지조차 몰랐을 것이다. 하지만 오늘날에는 미국인 커플 넷 중 하나가 흔히 집에서 멀리 떨어진 이국적 장소에서 데스티네이션 웨딩을 치른다.[22] 점점 더 많은 하객들이 데스티네이션 총각 파티(destination bachelor party: '총각 파티'는 결혼식 전야에 신랑 친구들이 열어줌―옮긴이)나 데스티네이션 처녀 파티(destination bachelorette party)에 참석할 것으로 기대하고 있다. 그로 인한 한 가지 결과는 대폭적인 비행기 여행의 증가였고, 이는 결과적으로 온실가스 배출이 늘어난 원인이 되었다.

에너지 영역에서 행동 전염의 중요성을 더욱 분명하게 보여주는 증거는 사람들이 이웃의 에너지 사용 결정에 관한 정보에 어떻게 반응하는지 조사한 실험에서 나왔다. 예를 들어 심리학자 로버트 치알디니(Robert Cialdini)는 호별 방문을 통해 한 달 동안 주마다 한 번씩 샌디에이고 교외 가정에 네 가지 유형의 에너지 보존 메시지를 나눠주는 실험을 실시했다.[23] 가정들 가운데 첫 번째 집단에는 매주 환경을 위해 에너지 보존을

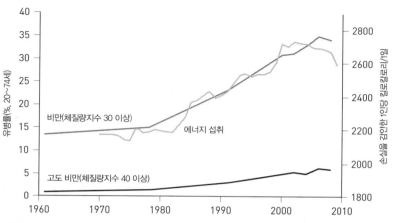

**그림 9.5**　1961~2009년 미국의 비만과 에너지 섭취. CDC NHES and NHANES 1960~2008에서 가져와 새로 만들었다.

축구하는 메시지를 제공했다. 두 번째 집단에는 미래 세대의 이익을 위해 에너지 보존을 촉구하는 메시지를 전했다. 세 번째 집단에는 에너지를 보존하면 돈을 절약할 수 있음을 상기시키는 메시지를 건넸다. 네 번째 집단에는 치알디니가 생각하기에 가장 잘 먹히리라 생각한 메시지를 제공했는데, 거기에는 "당신의 이웃 대다수는 매일 에너지를 절감하는 선택을 하고 있다"고 적혀 있었다. (그 이전에 실시한 조사를 통해 대다수 이웃이 실제로 에너지 보존을 위해 적어도 소박한 조치나마 취하고 있음이 드러났으므로, 이 진술은 사실이기도 했다.)

　실험이 끝나갈 무렵 호별 방문자들이 네 집단으로 나눈 각 가정의 전기 사용 데이터를 수집했다. 아니나 다를까 이웃의 보존 노력에 관해 들은 네 번째 집단 거주자들이 단연 전기 사용 수준에서 가장 큰 폭의 감소세를 보였다.[24] 치알디니가 〈뉴욕타임스〉에 이 실험을 소개하면서 강조한 다음 내용은 이 책의 주요 주제와 일맥상통한다. "우리는 스스로가 홀로서 있는 독립된 존재라고 여긴다. '아, 나는 나를 둘러싼 사람들로부터 아무 영향도 받지 않아. 나는 고유한 개인이야.' 이렇게 말이다. 하지만 우리는 실제로 스스로가 깨닫지 못하는 방식으로 그 정보에 휩쓸린다."[25]

치알디니의 작업에 영감을 얻은 한 실험에서 경제학자 헌트 올콧(Hunt Allcott)은 비슷한 특성을 공유하는 약 100개 가구로 구성된 비교 집단의 전기 이용자에게 자신이 설계한 편지를 띄웠다.[26] 편지는 두 가지 메시지를 전달했다. 첫 번째 메시지는 주택 소유주들이 전기 소비를 줄이기 위해 따를 수 있는 구체적 제안을 담은 목록이었다. 두 번째 메시지는 동일 집단 내 다른 가구들의 전기 사용량과 비교한 내용을 바탕으로 3단계 등급 중 하나를 해당 가구에 부과한 '사회적 비교 시스템'이었다. 가장 효율적으로 전기를 사용하는 상위 20퍼센트 가구의 평균보다 전기를 더 적게 사용한 가구는 '최상(Great)' 등급을 받았다. 그 집단에 속한 모든 가구의 평균보다 전기를 더 적게 사용한 가구는 '상(Good)' 등급이었다. 마지막으로 집단 평균보다 전기를 더 많이 사용한 가구는 '평균 이하(Below Average)' 등급을 받았다.

이런 구도라면 그 집단에서 전기 소비를 가장 많이 하는 상위 10퍼센트에 속하는 모든 가구가 당연히 '평균 이하' 등급을 받았을 것이다. 그에 속한 사람들은 본인의 실험 전 기준점과 비교할 때 소비를 약 6.3퍼센트 줄였다. 반면 전기 사용이 가장 낮은 10퍼센트에 속한 가구는 모두 '최상' 등급을 받았다. 이들 가정에서도 전기 사용량이 줄기는 했으나, 아마 가장 효과적인 보존 전략을 진즉부터 구사하고 있었기 때문이겠지만, 고작 0.3퍼센트만 떨어졌을 뿐이다.[27]

앞서 지적한 대로 행동 전염의 효과는 광기전 태양 전지판을 채택하는 결정에서 분명하게 드러난다. 마케팅 전공 교수 브라이언 볼링거(Brian

Bollinger)와 경제학자 케네스 길링엄(Kenneth Gillingham)은 캘리포니아주의 주택을 대상으로 한 대규모 표집에서 동료 효과가 태양 전지판 채택에 영향을 미치는지 여부를 조사하기 위해 7장에서 언급한 것과 같은 통계 기법을 사용했다. 볼링거와 길링엄은 잠재적 중요성을 지니는 교란(confounding) 요소의 영향력을 통제한 뒤, 초기 연구자들이 흡연이나 음주의 경우에서 확인한 것보다 동료 효과가 훨씬 더 크다는 사실을 발견했다. 즉 우편번호 설치 기반에서 태양 전지판이 1퍼센트 증가할 때마다 태양 전지판 채택률이 1퍼센트 약간 넘게 증가하는 결과를 얻은 것이다.[28]

또 한 가지 유사한 연구에서 길링엄과 경제학자 마르셀로 그라지아노(Marcello Graziano)는 코네티컷주의 태양 전지판 설치와 관련한 소상한 데이터를 활용했다. 이 연구에서도 채택 패턴은 소득 같은 인과론적 영향력과는 무관하게 적잖은 군집(clustering) 경향을 드러냈다. 즉 그 표집에 속한 어느 집주인이 태양 전지판을 설치할 가능성은 가까이 사는 동네에서 전에 그것을 설치한 주택이 몇 채나 되느냐에 크게 영향을 받은 것이다. 전염은 사회적 상호 작용과 가시성을 통해 이루어진다는 가정과도 일치하는 결과로서, 저자들은 근처의 태양광 설치가 미치는 영향력은 거리가 멀어짐에 따라, 시간이 흐름에 따라 서서히 줄어든다는 것을 확인했다.[29]

운송 산업도 새로운 테크놀로지의 채택이 강력한 행동 전염에 좌우된다는 점에서는 기실 다른 모든 산업과 마찬가지다.[30] 따라서 최근 '마이크로모빌리티 차량(micromobility vehicle)'이 폭증한 현상은 전염이 운송 산업의 온실가스 배출을 큰 폭으로 줄이는 데 기여할 수 있으리라는 희망적 조짐이다. '마이크로모빌리티'란 자전거, 전기 자전거, 전기 스쿠터, 작은 전기차 등 중량이 500킬로그램 이하로 오염을 일으키지 않는 도시용 수송 차량을 일컫는다.

세계 여러 도시에서 자전거 공유 서비스가 빠른 속도로 확대되고 있다.[31] 전기 스쿠터 공유 시장은 성장 속도가 훨씬 더 가파르다.[32] 전기 자전거의 경우 사적 소유도 그렇지만 공유 시장 역시 빠른 성장세를 보이고 있다.[33] 미국에서 전기 자동차는 시장 점유율이 여전히 낮으나(2018년 판매된 자동차의 2.1퍼센트에 그쳤다), 역시 급속도로 증가하는 중이다(2017년보다 81퍼센트나 늘었다).[34] 그리고 이 영역에서의 채택 결정은 상당히 전염성이 강하므로 성장세가 이어지리라고 관측하는 것은 충분히 현실적이다. 플러그인(plug-in: 외부에서 전기를 공급받아 배터리를 충전하고 이를 차량 구동에 사용한다—옮긴이) 전기 자동차는 이미 여러 나라에서 높은 시장 점유율을 보이고 있는 상태며, 노르웨이에서는 2018년 새로 팔린 승용차의 약 3분의 1을 차지했다. 노르웨이의 경우 하이브리드 자동차까지 포함하면 전기 자동차의 시장 점유율이 거의 50퍼센트에 육박한다.[35]

사람들이 에너지 사용량을 절감하도록 이끄는 행동 전염의 마지막 예로서 '걷기에 알맞은(walkable)' 동네에 대한 인기가 상승하는 현상을 생각해보자. 프랭클린 슈나이더(Franklin Schneider)는 걷기에 알맞은 도시 트렌드의 진원지 가운데 하나인 워싱턴 D.C.의 달라지는 라이프스타일을 이렇게 묘사했다.

오늘날 '걷기에 알맞음(walkability)'은 대개 좋은 주거 환경을 구성하는 단일 요소로서 가장 중요한 특성으로 간주되는지라 과거에는 전혀 그렇지 않았다고 상상하기가 어려울 지경이다. 이제 그것은 그저 너무 **명백해** 보인다. 즉 왜 술집이나 식당이나 직장에서 10분밖에 떨어지지 않은 거리에 사는 것을 마다하겠는가? 왜 매일 운전해야 하는 곳에 자진해서 살려고 들겠는가? 그렇기는 하나 '14th 앤드 P(워싱턴 D.C.의 최고 노른자위 땅으로 14번가(14th Street)와 P가(P Street)

가 만나는 교차 지점─옮긴이)'에서 살기 위해 200만 달러를 쏟아붓고 있는 바로 그 사람들이, 인도도 따로 없고 드넓은 부지에 크고 화려하게 지은 저택과 출퇴근에 90분이나 걸리는 교외의 라이프스타일을 부러워한 것은 불과 얼마 전 일이었다.[36]

2007년 문을 연 민간 기업 워크 스코어(Walk Score)는 미국의 모든 주소에 **걷기에 알맞음 점수**(walkability score)를 부여할 수 있다. 이 회사가 사용하는 100점 척도는 학교·소매점·식당·술집·커피숍 같은 다양한 생활 편의 시설까지 걷는 거리에 적용할 수 있는 독점적 알고리듬을 기반으로 한 것이다. 주거지가 그 같은 생활 편의 시설에 가까우면 가까울수록 그곳의 '걷기에 알맞음 점수'는 올라간다. 부동산 웹사이트 질로(Zillow)와 레드핀(Redfin)은 현재 그들의 목록에 올라 있는 주택에 대해 이 점수를 제시하고 있다.[37]

'걷기에 알맞음' 수요가 늘어났음을 가장 분명하게 보여주는 증거는 아마도 '걷기에 알맞음 점수'가 높은 주택일수록 점점 더 비싸지고 있다는 사실일 것이다. 2011년 실시한 한 연구는 '걷기에 알맞음 점수'가 1점 올라갈 때마다 그 주택의 가치가 0.1퍼센트 높아졌음을 보여주었다.[38] 하지만 불과 5년 뒤 진행된 후속 연구는 처음과 같은 '걷기에 알맞음 점수'가 1점 늘어나면 가격 프리미엄이 0.9퍼센트나 상승했다고 추정했다. 이는 평균 가격이 무려 3250달러나 올라간다는 의미로 해석할 수 있다.[39]

'걷기에 알맞음'이 널리 유행하고 있음을 잘 보여주는 증거로서, 그 점수의 1점 상승에 따른 주택 가격은 척도의 상위 범위로 올라갈수록 더욱 가파르게 치솟는다. '걷기에 알맞음 점수'가 예컨대 39점에서 40점으로 1점 상승하면 평균적 주택 가격 상승은 1704달러에 그치는 반면, 그 점수

가 79점에서 80점으로 1점 상승하면 같은 값이 7031달러로 껑충 뛴다.[40]

  교외에서 '걷기에 알맞은' 동네로 이사 오면 걸어서 여러 가지 일을 볼 수 있으므로 확실하게 비용을 절감할 수 있을뿐더러 그 밖에 여러 가지 방식으로도 에너지 소비가 줄어든다. 예를 들어 인구 밀도가 더 높은 동네에 있는 집은 크기가 더 작은 경향이 있고, 따라서 냉난방에 에너지가 덜 든다. 대중교통에 대한 접근성이 커지면 자동차로 직장에 출퇴근하는 경우도 줄어든다. 추가적인 이득으로 '걷기에 알맞은' 동네에 사는 사람들은 비만 가능성이 큰 폭으로 떨어진다.[41]

---

기후 변화에 대한 대중의 관심이 날로 늘어나고 있음을 보여주는 증거가 있다. 예를 들어 예일 대학(Yale University)과 조지 메이슨 대학(George Mason University)이 실시한 일련의 전국 여론 조사 중 가장 최근의 결과에 따르면, 미국인의 69퍼센트는 기후 변화에 대해 '약간 우려한다'고, 29퍼센트는 '매우 우려한다'고 답했다. 이는 2008년 그 조사를 시작한 이래 두 범주 모두에서 가장 높은 수치다. 〈뉴욕타임스〉의 칼럼니스트 데이비드 레온하르트(David Leonhardt)는 따라서 최근에 볼 수 있는 날씨 패턴의 변덕스러움이 전화위복이 될 수도 있다고 주장한다. 그렇게 되면서 사람들의 관심을 끌 수 있었다는 것이다.[42]

  2018년 말 미국 서부에서 번진 산불은 유례없는 피해를 안겨주었으며, 몇 달 뒤 발생한 기록적인 홍수는 중서부를 물에 잠기게 만들었다. 하지만 이런 기상 이변은 그저 일기와 관련한 연쇄적 재해 가운데 가장 최근 것들에 불과하다. 그림 9.6은 미국에서 일어난 기상 이변의 빈도를 표시

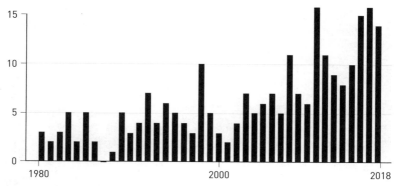

**그림 9.6** 10억 달러 이상의 피해를 낳은, 증가 일로에 있는 일기 관련 재난. 피해액은 인플레이션을 감안한 결과임에 유의하라. NOAA National Centers for Environmental Information에서 가져와 새로 만들었다.

한 것이다. 인플레이션을 감안한 피해액이 최소 10억 달러에 이르는 사건들이다.[43] 이러한 사건이 과거 수십 년 동안에는 발생 빈도수가 현저히 적었고, 심지어 한 번도 발생하지 않은 해조차 있었다. 하지만 이제 더는 그렇지 않다.

**1000년 강우**(thousand-year rainfall)란 너무나 이례적이어서 1000년에 한 번 일어날까 말까 한 강우라는 의미다. 2016년 메릴랜드주 엘리콧시티가 바로 '1000년 강우'를 겪었는데, 아이러니하게도 불과 2년 뒤 다시 '1000년 강우'의 습격을 받았다.[44] (엘리콧시티를 초토화시킨 홍수 사태를 담은 비디오 영상은 온라인에서 쉽게 찾아볼 수 있는데, 그 규모가 직접 보지 않고는 도저히 믿기지 않을 정도다.)[45]

강도와 지속 시간에서 전례가 없는 허리케인이 점점 더 자주 일어나고 있다. 홍수와 가뭄은 훨씬 더 흔한 일이 되었다. 이러한 사건은 얼마나 생생했던지 기후 변화의 결과가 100년 뒤에나 드러날 것으로 느긋하게 여기면서 현실에 안주하던 수많은 사람을 엄청난 충격 속으로 몰아넣었다.

**그림 9.7** 2018년 5월 메릴랜드주 엘리콧시티에서 일어난 물난리. Libby Solomon/*The Baltimore Sun* via AP.

점점 더 많은 유권자들이 이제 기후 변화 부인론자들의 주장에 좀더 회의 적으로 돌아섰다. 게다가 사람들은 그들의 주장을 더욱 면밀히 살펴봄으 로써 그들이 논리적으로 결함이 있음을 분명하게 깨닫기 시작했다.

예를 들어 어떤 사람들은 기후과학자들의 예측이 대단히 불확실하므로 온실가스를 줄이기 위해 거액을 쏟아붓는 것은 돈 낭비일 수도 있다고 주 장했다. 기후과학자들은 본인들의 추정치가 불확실하다는 사실을 곧바로 인정한다. 그러나 불확실성은 양날의 칼이다. 기온은 예측한 만큼 상승하 지 않을 수도 있다. 물론이다. 하지만 예측한 것보다 훨씬 더 큰 폭으로 상승할 가능성도 배제할 수 없다. 다른 영역에서는 불확실성이 신중하게 접근하도록 권고하는 근거가 된다. 일테면 적의 공격 여부가 불확실하므 로 우리는 누구도 군대를 해산하라고 권고하지 않는 것이다. 우리가 군사 비에 그렇듯 많은 돈을 퍼붓는 까닭은 경쟁국의 공격 성공이 너무나 파괴 적 결과를 낳을 수 있기 때문이다. 같은 논리는 기후 변화를 완화하는 데 소비하는 경우에도 해당한다.

좌우지간 기후 변화에 맞선 조치에 반대하는 이들이 흔히 들먹이곤 하는 불확실성은 상당 부분 이미 해소되었다. 기후 변화와 관련해 점점 더 심해지는 폭풍과 가뭄은 미래로 멀리 갈 것도 없이 오늘날에조차 엄청난 피해를 낳고 있다. 유일하게 남은 불확실성이란 오직 사태가 '얼마나 더' 나빠질 것인가에 관한 것뿐이다.[46]

---

2009년 MIT의 기후 시뮬레이션 모델이 지구 온도가 이번 세기말에 이르면 섭씨 7도(화씨 12.6도) 넘게 상승할 가능성이 10퍼센트 있다고 추정한 이래, 기후 예측은 훨씬 더 비관적이 되었다. 예를 들어 한 새로운 연구는 지구의 빙하가 현재 기후학자들이 비교적 최근인 2013년에 예측한 정도보다 18퍼센트나 빠르게 녹아내리고 있다고 추정한다. 지구의 빙하는 현재 매년 3690억 톤의 눈과 얼음을 잃어버리는 중인데, 북미 한 곳이 그 절반 이상을 차지하고 있다.[47] 훨씬 더 골치 아프게도, 2019년 〈네이처 지오사이언스(Nature Geoscience)〉에 발표된 어느 연구는 온실가스의 농도 증가가 지구 대기권에서 구름을 완전히 사라지게 만드는 결과를 낳을 수 있음을 실증적으로 보여주었다.[48] 연구진들은 만약 그런 일이 일어날 경우, 그에 따른 효과는 온실가스를 일으키는 것으로 알려진 다른 효과들로 인한 기온 상승에 섭씨 8도(화씨 14.4도)를 더 추가한 결과가 되리라고 추정했다. 우리가 익히 알고 있듯이, 그에 한참 못 미치는 규모의 기온 상승만으로도 지구상의 생명체들이 종말을 맞이할 수 있기에, 전 지구적 기후 변화를 우리가 지금껏 당면한 위협 가운데 가장 심각한 것이라고 부른다 해

도 전혀 무리가 아니다.

좀더 일찍 행동에 나섰더라면 이러한 위협을 피해가기가 한결 쉬웠을 것이다. 하지만 우리는 그렇게 하지 않았다. 사람들로 하여금 좀더 환경 친화적인 소비 습관을 들이도록 촉구하면 도움이 되겠지만, 그 역시 지구 기후를 안정화하기에는 역부족일 것이다. 그 위협을 성공적으로 피해가려면 이제 공공 정책의 대대적인 변화를 포함해 이용 가능한 자원을 총동원해야 한다.

그 가운데 가장 중요한 것은 테크놀로지에 대한 공공 투자 수준을 높이는 일이다. 최근에 발표한 MIT의 한 연구는 태양 광전지 시스템 설치비가 지난 40년 동안, 주로 계속되는 연구 개발(R&D) 노력의 결과겠지만, 99퍼센트 정도 떨어졌다고 보고했다.[49] 그리고 직접적인 탄소 포집 기술의 잠재성이 여전히 불확실한 상태로 남아 있음에도, 하버드 대학의 물리학자 데이비드 키스(David Keith)가 이끄는 연구진은 조만간 톤당 100달러 이하 비용으로 대기 중에서 탄소를 제거할 수 있는 테크놀로지 시제품을 상세히 소개한 논문을 발표했다.[50] 혁신을 지속함에 따라 탄소 제거 비용은, 태양 광전지의 경우만큼 극적인 정도는 아니라 할지라도, 분명 낮아질 것이다.

그러나 더 이상의 비용 감축이 없다 해도, 데이비드 월러스웰스는 키스의 테크놀로지를 통해 우리가 현재 전 지구적으로 배출하는 연간 32기가톤의 이산화탄소를 매년 약 3조 달러 비용으로 중화할 수 있다고 추정했다. 이 역시 상당한 돈이지만, 월러스웰스가 지적했다시피 "매년 전 세계적으로 화석 연료에 지급하는 보조금 추정치 5조 달러보다는 적은 액수다".[51]

화석 연료 보조금을 탄소 포집을 지원하는 쪽으로 돌리는 계획을 수용하도록 유권자를 설득하는 것은 감당 가능한 도전인 듯 보인다. 하지만 최근 몇 년간 미국에서는 자금력이 풍부하고 결의에 찬 반대에 맞서 의미 있는 기후 관련 법안을 통과시키는 일이 거의 불가능해진 상태다. 기후 저널리스트 데이비드 로버츠(David Roberts)가 주장했다시피 "늘 그렇듯 양당제, 중도주의 그리고 '상식'(즉 워싱턴 D.C.의 일반적 통념) 등을 떠오르게 하는 모호한 '말 샐러드(word salad: 일관성 없이 단편적으로 나열된 단어들—옮긴이)'인 정치는 변화에 관한 이론과는 거리가 멀다. 미국 연방 정치 체제의 기본적인 권력 관계가 그대로 유지되는 한, 온건하고 점진적인 기후 정책을 어떻게 통과시킬지에 대한 논의는 거의 이루어지지 않을 것이다".[52]

로버츠는 유일한 대안이라면 기후 정책에 대해서뿐 아니라 소득 불평등을 다루는 정책들에 대해서 더욱 적극적인 변화를 촉구하는 힘을 지닌 폭넓은 사회 운동을 펼쳐나가는 것뿐이라고 주장한다. "현상 유지(status quo) 쪽으로 과도하게 기울어 있는 미국의 정치 제도에 맞서 대대적인 개혁을 실시하려면 여론의 고조, 국민의 신임이 필요하다. 또한 대중의 상상력에 불을 지피고, 투표 참여율이 저조하고 심드렁한 유권자의 관심을 끌어모을 수 있는 의제를 발굴해야 한다. 아무도 괴롭히지 않도록 설계된 정책은 그런 일을 감당하지 못한다."[53] 비판론자들은 그린 뉴딜 같은 야심 찬 제안은 성공 가능성이 거의 없다고 공격한다. 그에 대해 그린 뉴딜 지지자들은 점진주의(incrementalism)는 거의 틀림없이 계속 현상 유지에 치중할 거라며 맞선다.

행동 전염의 위력에 대해 더 깊이 인식하면 그린 뉴딜과 관련한 정치적·경제적 논쟁이 힘을 얻게 된다. 8장에서 보았듯이 전염은 미국에서만 연간 수조 달러를 낭비하도록 만드는 식으로 우리의 소비 패턴에 영향을 미친다. 좀더 과감한 누진 소득세, 혹은 더욱더 좋은 것으로서, 훨씬 더 과감한 누진 소비세는 경제 불평등을 대폭 줄여줌과 동시에 그린 테크놀로지에 투자할 수 있는 방대한 자금을 조성하도록 도와준다. (이 점과 관련해서는 11장에서 더욱 자세히 다룰 예정이다.) 그뿐만 아니라 앞으로 보게 되겠지만, 그 같은 정책이나 세수 중립〔revenue-neutral: 세제 개편 결과 특정 개인 또는 기업의 납세액은 늘어날 수 있으나 정부 세입의 총액(revenue)은 변하지 않는(neutral) 것을 의미한다—옮긴이〕 탄소세의 부과는 두 가지 다 누구에게도 고통스러운 희생을 요구하지 않는다. 오직 가장 부유한 사람들만 자신의 세금이 오르는 것을 보게 될 터다. 그리고 세금은 가격을 부를 수 있는 상대적 능력에는 영향을 미치지 않으므로 최고 부자들도 사실상 자신이 원하는 것에 대한 구매력에서 종전과 차이가 없다. 따라서 경제 불평등에 대한 진지한 도전은 기후 변화에 대처하는 데 필요한 경제적·정치적 자원을 놓고 다투는 경쟁자가 아니라 그런 자원을 낳는 원천으로 여겨져야 한다. 이 경우에서 각각의 문제를 해결하는 최선의 정책은 결국 저마다 서로를 강화해주는 것으로 드러난다.

4부

행동 전염의
정책적 함의

# 10

# 규제자는 행동 전염을 무시해야 하는가

1장에서 나는 행동 전염이 흡연을 규제하는 데서 간접흡연의 위험으로부터 무고한 옆 사람을 보호해야 한다는 전통적 논리보다 훨씬 더 설득력 있는 이유라고 주장했다. 흡연자 자신이 경험하는 직접적 피해와 견줘볼 때 간접흡연으로 인한 피해는 사소하다. 그리고 흡연은 사회적으로 전염되는 경향이 매우 높기 때문에 흡연자로부터 비롯되는 최대의 피해는 단연 다른 사람이 흡연할 가능성을 높임으로써 초래되는 피해다.

　이러한 생각에 대해 다른 이들과 대화를 나누었을 때, 가장 일관되게 접한 반론은 내가 주장하는 각각의 가정이 경험적으로는 맞을지 모르지만, 간접흡연으로 인한 피해와 동료 영향 때문에 흡연하는 사람이 겪는 피해 간에는 여전히 현저한 차이가 존재한다는 내용이었다. 내 생각을 비판하는 이들의 주장은 이러하다. 즉 전자의 경우 간접흡연의 희생자는 의지할 만한 게 거의 없으므로 정부가 개입하기에 적절하다. 반면 사람들은 자기 자신이 흡연자가 될 것인지 말 것인지를 결정할 수 있는 행위 주체성을 지닌다. 모든 증거가 말해주듯이 사람들은 동료가 담배를 피울 경우 본인도 그리 될 가능성이 더 많을 수는 있겠지만, 그렇더라도 이는 결국 그들 자신이 선택한 결과인 것이다. 나와 의견을 주고받은 비판론자들은, 만약 규제자들이 국가가 동료 영향의 부정적 결과로부터 우리를 보호하는 것이 정당하다고 인정한다면, 스스로의 행동에 책임지는 노력이 줄어드는 결과를 초래할 수 있다고 우려한다.

이러한 반대는 분명 수사적 힘을 지닌다. '기본적 귀인 오류'—사람들이 개인적 인성이나 특성보다 환경에 의해 더 많은 영향을 받는다는 사실을 제대로 인식하지 못하는 경향—는 실제로 개인적 책임감과 관련해 까다로운 문제를 제기한다. 이 장에서는 이 문제를 진지하게 따져보려고 한다. 다만 계속해서 설명하기 위해 노력하겠으나, 전체적으로 규제와 관련한 의사 결정에서 행동 전염을 고려해야 한다는 주장의 기조는 굳건히 유지할 것이다.

비판론자들의 우려를 뒷받침하는 증거는 부분적으로 자유 의지(free will) 개념에 의문을 품으면 사람들의 행동이 어떻게 달라지는지 조사한 실험에서 얻을 수 있다. 자유 의지 개념은 중요하다. 오늘날 사회의 수많은 법률과 제도가 암묵적으로든 명시적으로든, 사람은 자신의 선택과 행동에 책임이 있다는 가정에 근거를 두고 있기 때문이다.

예컨대 대다수 나라에서 중범죄를 저지른 것으로 드러난 이들은 상당 기간 동안 자신의 자유를 박탈당한다. 그런데 이는 만약 인간에게 자유 의지가 없다면 많은 사람이 옹호하기 어렵다고 여길 만한 조치다. 자유 의지의 중요성은 우리가 타인에게 피해 입히는 행위에 대해 책임을 면해주는 상황에서 훨씬 더 분명하게 드러난다. 그러한 극단적 상황—가령 심각한 정신병의 증거가 분명하게 존재할 때 같은—에서는 법이 심지어 살인자라 하더라도 그의 행동에 대해 책임을 묻지 않는다.

하지만 과학자와 철학자들은 사람들이 의미 있는 정도로 자유 의지를 가지는지 여부에 대해 부단히 논쟁을 이어왔다. 연구자들의 합의는, 행동이 주로 개인적 통제의 영역을 벗어난 유전적·환경적 힘에 의해 결정된다는 견해를 지지하면서, 서서히 그러나 꾸준히 자유 의지에 반대하는 쪽으로 옮아왔다.[1] 이는 아직도 완전히 해결된 이슈가 아니지만, 만약 자유 의지에 반대하는 입장이 끝내 승리를 거둔다면 수많은 사람은 그 입장이 사회에 미칠 파장을 우려할 것이다.

이는 공연한 걱정이 아니다. 자유 의지를 믿으면 수많은 이로운 행동을 촉발할 수 있음을 뒷받침해주는 증거가 적어도 몇 개는 있기 때문이다. 예를 들어 심리학자 재스민 캐리(Jasmine Carey)와 델로이 폴허스(Delroy Paulhus)가 알아낸 바와 같이, 자유 의지에 대한 믿음이 확고한 사람은 자기 스스로와 남들에게도 좀더 엄격한 도덕적 기준을 적용하려 든다.[2]

심리학자 캐슬린 보스(Kathleen Vohs)와 조너선 스쿨러(Jonathan Schooler)는 실험을 통해, 피험자들로 하여금 자유 의지에 의문을 품도록 예비 작업을 해두었을 경우 그들이 돈을 훔치거나 수학 시험에서 부정행위를 저지를 가능성이 더욱 높아진다고 밝혔다.[3] 심리학자 로이 바우마이스터(Roy Baumeister)와 공동 연구자들도 비슷한 예비 작업을 해놓으면 바람직하지 않은 다양한 행동 변화가 촉발된다는 것을 확인했다.[4] 자유 의지에 대한 부정은 사람들을 덜 창의적으로 만들었으며, 실수를 통해 배우고자 하는 의지를 떨어뜨렸고, 서로를 향한 감사의 마음이 덜해지도록 내몰았다. 따라서 사람들의 행동이 실제로 미리 결정되는지 여부와 상관없이, 그것이 미리 결정되지 않는다고 믿으면 적어도 부분적으로나마 긍정적 효과가 나타나는 듯하다. (하지만 이러한 조사 가운데 몇 최근 수행한 연구에서 동

일한 결과를 얻어내지 못했다.)[5]

여하튼 상황적 요인이 우리 선택에 영향을 미친다는 사실만큼은 분명하다. 인성이나 성격 같은 개인적 특성도 중요하지만 그 역시 주로 개인적 통제를 넘어서는 유전적·환경적 요소에 의해 형성된다. 이러한 주장은 개인에게 그들이 한 행동에 책임을 묻는 데는 적어도 다소나마 한계가 있음을 암시하는 듯하다.

한마디로 행동 전염에 기반한 규제를 반대하는 이들이 가장 크게 우려하는 점은 그러한 규제가 스스로의 행동에 대한 책임감을 약화할 수 있다는 것이다. 그들은 자유 의지에 대한 믿음을 위협하면 타인에게 피해 끼치는 행위에 대해 책임을 묻는 일이 한층 어려워질 수 있다며 난색을 표시한다. 사람들의 행동이 미리 결정되어 있다면 어떻게 은행을 털었다고 강도를 비난할 수 있단 말인가?

이러한 우려가 널리 퍼져 있음에도 그 우려의 논리적 기반은 취약하다. 자유 의지를 부정한다고 해서, 혹은 우리 행동이 외부 요인에 의해 영향받음을 인정한다고 해서 우리가 스스로의 행동에 책임이 있다는 것까지 부정해서는 안 되기 때문이다. 이는 그저 모든 행동은 원인이 낳은 결과라는 의미일 뿐이다. 은행을 털 것이냐 말 것이냐 고민할 때 잠재적 범죄자는 절도를 해서는 안 된다는 규범에 대한 믿음과 붙잡혀서 처벌받을 가능성 쪽보다 손쉽게 돈을 손에 넣었으면 하는 욕망 쪽을 택한다. 만약 그가 은행을 털어도 처벌받지 않는다면 점점 더 많은 이들이 같은 행동에 뛰어들 것이다.

이것이 바로 모든 분별 있는 사회가 시민들 가운데 아무도 전통적으로 정의된 자유 의지를 믿지 않음에도 은행털이에 대한 처벌을 유지하고 있는 이유다. 자유 의지 회의론자들은, 모든 선택은 그 전에 이미 존재하는 요인이 어우러진 결과라고 믿는다. 우리가 6장에서 살펴보았듯이, 누구든 법률이나 규범을 위반하면 처벌받게 된다는 두려움도 분명 이런 원인 요소 가운데 하나다.

일부 자유 의지 회의론자들은 자유 의지에 의문을 제기하는 것은 몇몇 사람으로 하여금 유혹을 이겨내기가 한층 힘들어지게 만들 공산이 있음을 인정함에도, 그것이 이익을 제공하기도 한다고 주장하는 데까지 나아간다. 예컨대 철학자 샘 해리스(Sam Harris)는 자유 의지에 의문을 제기하면 사회가 저지하고 싶어 하는 행동을 낳는 환경적 원인을 좀더 열린 마음으로 평가할 수 있다고 지적했다. 그뿐만 아니라 그처럼 바람직하지 않은 행동을 저지하는 좀더 효과적인 방안을 강구할 수도 있다고 주장했다.[6]

어쨌든 흡연의 경우, 규제자가 동료 영향의 중요성을 인식하는 것이 어떻게 비흡연자가 흡연을 삼가도록 하거나 흡연자가 담배를 끊도록 하는 일을 더욱 어렵게 만드는지 확인하기란 쉽지 않다. 동료 효과가 흡연 결정에 지대한 영향을 미친다는 사실과 관련한 통계적 증거를 읽어보지 않은 사람도 아마 그 점에 대해 들어는 보았거나, 아니면 그 사실을 직관적으로 이해하기는 할 것이다. 규제자는 동료 영향에 대해 똑 부러진 논의를 널리 전개하지 않고도 그것을 고려에 넣을 수 있다.

하여간 우리의 선택이 흔히 외부적 힘에 좌우된다는 사실을 인정하는 것, 그리고 사회가 그러한 선택에 책임을 묻는 데 관심을 기울이는 게 정당하다는 믿음은 분명 양립 가능하다. 하지만 담배를 피울 것인지 말 것인지에 대한 결정을 앞둔 사람이 간접흡연으로 피해 입은 사람보다 더 큰 행위 주체성을 가지는 게 분명하므로, 규제자가 후자보다 전자에 좀더 엄격한 입증 책임을 요구하는 것 역시 정당하다.

하지만 흡연율 증가가 비흡연자들의 흡연 가능성을 높여준다는 점에 대해서만큼은 누구도 의문을 제기하지 않는다. 따라서 한 사람이 추가로 흡연 습관을 들이면 그 사실만으로도 전반적인 흡연자 수가 늘어날 것임은 통계적으로 자명하다. 비록 각각의 추가 흡연자는 흡연을 그만둘 자유가 있음에도 말이다. 따라서 "규제자는 동료 효과를 무시해야 한다"고 말하는 사람은 사실상 "규제자는 사람들이 자기 선택의 직접적 결과로 인해 겪는 모든 피해를 무시해야 한다"고 말하는 것이나 마찬가지다.

이에 대해 시비가 분분한 상태라고 표현하는 것은 그리 적절해 보이지 않는다. 예컨대 자유지상주의자들이 흔히 성인에 대한 자전거 헬멧이나 자동차 안전띠 착용 요구 법률에 반대함에도, 많은 이들은 그러한 조치를 아동에게 적용할 경우 분명한 설득력이 있음을 인정하기 때문이다. 게다가 흡연의 예에서 아동은 동료 영향에 가장 취약한 존재다. 따라서 아동을 그러한 영향으로부터 보호하고자 하는 시도를 반대하는 것은 옹호하기 어려워 보인다. 그 점에서는 심지어 "규제자는 행동 전염을 무시해야 한다"고 믿는 경향이 강한 사람조차 마찬가지일 것이다.

존경받는 많은 학자들 또한 경솔한 선택의 결과로부터 어른을 보호하는 걸 분명한 목적으로 삼는 규제를 옹호해왔다. 중요한 예로서 자제력(자기 통제)을 수반하는 결정을 꼽을 수 있다. 심리학자들이 오래전부터 인식해온 바와 같이, 사람은 흔히 피하는 편이 나은 행동을 해보고 싶어 하는 유혹에 굴복하곤 한다. 시시하지만 즉각 주어지는 보상과 그보다 훨씬 더 값지지만 상당 시간이 흐른 뒤에야 제공되는 보상 가운데 하나를 선택해야 할 때, 다수가 전자 쪽으로 기우는 강한 경향성을 보인다.[7] 달리 말하면 선택에 따른 이익은 당장 생기지만 그로 인한 대가는 상당 시간이 지난 뒤 발생할 경우, 그 선택지는 대체로 오해를 불러일으킬 만큼 매력적이다. 하지만 이른 보상을 선택한 사람은 일반적으로 그렇게 한 사실에 유감을 드러낸다. 다음 날 일어나서는 전날 술을 조금 덜 마셨어야 한다고 후회하는 사람은 많은 반면, 조금 더 마셨어야 한다고 후회하는 사람은 그보다 훨씬 적다.

그렇다면 국가는 불충분한 자제력의 결과로부터 사람들을 보호하는 데 어느 정도 관여해야 하는가? 이 문제는 물론 활발한 논쟁거리로 남아 있다. 부정적 결과가 충분하다 할 만큼 적을 때는 사람들이 스스로 유혹을 이겨내야 한다고 합의할 수 있다. 하지만 부정적 결과가 그보다 훨씬 더 커지면 그러한 합의는 이내 붕괴하고 만다.

딱 들어맞는 사례는 직장에서의 방사능 물질 노출에 관한 규제다. 노동자들이 현재 가외의 봉급을 받고 건강이나 안전에 뒤늦게 찾아올 위험을 기꺼이 받아들이는 사례는 원자력 산업에서 분명하게 확인할 수 있다. 그 산업에서는 가끔 방사능 유출 사고 뒤 청소를 해야 할 필요성이 생긴다. 이 일은 즉각적으로 상당한 고소득을 올릴 수 있지만, 다른 한편 이온화 방사선에 노출됨으로써 건강에 심대하고도 한참 늦게 나타나는 피해를 안겨준다. 그럼에도 기꺼이 이 일을 하겠다는 지원자들을 즉시 공급받을 수 있다.

연방 규정은 현재 노동자들이 노출되어도 좋을 방사능 양에 한계를 두고 있으며, 노동자들은 이 한계를 초과하거나 벗어웃되면 보너스를 받는다. 이 업계에서 반딧불이(glow worms)로 통하는 청소 담당 노동자들은 예외 없이 벗어웃된다. 일부러 그러는 경우도 적지 않다. 이런 마당이라 연방의 한계가 없다면 노동자들은 훨씬 더 높은 방사선 양에도 기꺼이 노출되고자 할 것이다.

이것은 도를 넘은 규제인가? 합리적인 사람들은 그렇다고 생각하지 않는다. 얼핏 보면 그들은 "문명화한 공동체의 구성원에게 '그의 의사에 반해' 정당하게 권력을 행사할 수 있는 유일한 목적은 타인에게 입히는 피해를 막는다는 것뿐이다"라는 존 스튜어트 밀의 주장을 거스르는 듯하다. 하지만 일부 철학자들은 밀이 '그의 의사에 반해'라는 구절에서 말하고자 한 바를 상세히 설명함으로써 개입주의적으로 보이는 규제를 옹호해왔다. 제럴드 드워킨(Gerald Dworkin)은 이렇게 썼다.

> 미래 지향적 합의라 부를 수 있는 것, 즉 아동이 현재가 아니라 미래에 기꺼이 받아들이게 될 것에 역점을 둔다. 개입주의(paternalism)의 확대가 지지를 받는 것은, 시간이 가면서 성숙해지는 개인은 누구랄 것 없이 마치 아동들이 그러하듯 합리적 사고력, 결정의 실행력이 부족하다는 주장을 통해서다. 따라서 이러한 사람들에게 관여함에 있어 우리는 실제로 그들이 전적으로 이성적일 경우에 할 법한 일을 행하고 있는 것이다.[8]

문제를 이러한 관점에서 바라볼 경우, 이온화 방사선에 노출되는 것을 제한하는 규정은 결코 그 규정에 영향받는 사람들의 의사에 반하지 않는다. 드워킨을 비롯한 여러 연구자들은 사실상, 흔히 사람들은 뒤늦게 깨달은 지혜를 통해 젊어서 자기 파괴적 방식으로 행동했을 때 자신을 그러지 못하게 말리는 기제가 아무것도 없었다는 사실에 분개하곤 한다고 주장하는 셈이다. 밀의 요청을 존중하는 규제자는 여전히 현재 자아의 의지와 미래 자아의 의지 가운데 어느 것을 더 중시해야 하는지 결정해야 한다. 미래 자아에 유리하게 판결하면 현재 자아가 행동할 자유에는 응당 제약이 가해진다. 하지만 현재 자아를 제약하지 않는 것은, 현재 자아의 근시안적 선택으로 인해 피해 보지 않도록 누군가 막아주었더라면 얼마나 좋았겠는가 하는 미래 자아의 사려 깊은 소망을 묵살하는 것이다.

행동경제학은 이런 의식 구조를 훨씬 더 깊이 고찰한다.[9] 급성장하는 이 분야의 학자들은 주로 심리학과 경제학의 교차 지점에서 작업을 진행하지만, 다른 학문 분야에서 통찰력을 빌려오기도 한다. 그들의 가장 확실한 조사 결과 가운데 하나는 자기 통제 관련 주제와는 완전히 동떨어진 것으로, 사람들은 흔히 합리성에 관한 기본 가정을 어기고 자신의 이해에 하등 도움이 되지 않는 방식으로 선택하고 행동한다는 내용이다. 이 학자들이 강조한 대로, 집단적 행동은 흔히 사람들이 적절하다고 여기는 것을 선택할 자유를 크게 제약하지 않은 채 선호하는 것을 선택하는 쪽으로 그들을 몰아갈 수 있다. 어떤 식으로도 행동을 제약하지 않으면서 단순히 선택지 제시 방식을 재조정함으로써 그 같은 결과를 얻어낼 수 있는 경우도 적지 않다.[10] (이 점에 대해서는 11장에서 상세히 다루겠다.)

하지만 논의의 편의를 위해, 우리가 극단적인 자유지상주의적 관점—즉 규제자는 사람들이 스스로 선택한 결과 때문에 입는 피해를 무시해야 한다는 관점—을 채택한다고 가정해보자. 심지어 그런 관점조차 규제자가 행동 전염을 무시해야 한다고 주장하지는 않는다. 행동 전염으로 인한 흡연은 새로운 흡연자 자신뿐 아니라 그 피해에서 벗어날 실질적 방도가 없는 수많은 다른 사람에게까지 피해를 안겨주기 때문이다.

가령 자신의 자녀가 담배를 피우지 못하도록 막는 가능한 모든 합리적 조치를 다 취해본 부모들이 있다고 치자. 현재 우리가 흡연이 건강에 미치는 악영향에 대해 알고 있는 지식을 감안하건대, 누구도 그들이 그러한 목표를 추구한다고 나무랄 수는 없다. 모르긴 해도 그들은 본인 자신이 담배 피우는 것을 삼가고, 담배 피우지 않는 친구를 선택하고, 남들이 담배 피우는 공공장소에 자녀가 가지 못하도록 유도하고, 자녀에게 흡연의 위험성을 누누이 충고하는 식으로 어떻게든 그 목표를 달성하고자 애써왔을 것이다. 아마 그보다 더한 일도 마다하지 않았을 것이다. 하지만 청소년 심리학에서 나온 증거에 따르면, 더욱 극단적인 조치는 역효과를 낳는 것으로 드러날 소지가 있다. 10대를 너무 강하게 밀어붙이면 그들은 흡연을 덜 하는 게 아니라 더 할 가능성이 있는 것이다.

분명한 것은 이런 부모로 이뤄진 모든 거대 집단에서 훨씬 더 많은 사람이 자녀의 동료 가운데 흡연자 비율이 더 높은 환경에서는 자신의 목표를 달성하지 못하리라는 사실이다. 이 부모들 역시 간접흡연의 피해자와 마찬가지로 달리 의지할 데가 없다. 그리고 그들이 겪는 피해는 수량화하기 힘들 수도 있지만, 오히려 그렇기 때문에 분명 더 고려해볼 만한 가치가 있다. 한 흡연자가 때 이르게 사망하면 수백 명에 달하는 그의 친구와 친지들이 슬픔에 잠긴다.

자유 시장 옹호론자들은 가장 중요한 인간 동기로 이기심을 강조하는 경향이 있기 때문에 이러한 피해를 과소평가할지도 모른다. 이 집단에서 지나치게 많은 비율을 차지하고 있는 규제 반대론자들은 흔히 애덤 스미스의 '보이지 않는 손'을 지지하고 그것을 인용하곤 한다. 그들의 주장에 따르면, 시장의 힘은 개인의 이기심을 좀더 넓은 사회의 이익에 봉사하도록 유도한다. 이는 강력한 내러티브임에 틀림없지만, 정작 스미스 자신은 이기심만으로는 공정한 공동체를 창출할 수 없음을 명확히 간파했다. 스미스의 믿음에 따르면, 시장은 그가 《국부론(The Wealth of Nations)》을 집필하기 약 20년 전에 출간한 《도덕감정론(The Theory of Moral Sentiments)》에서 기술한 것과 같은 윤리적 기준이나 법률 같은 정교한 기반이 구축되어야만 비로소 제대로 작동할 수 있다.

하지만 가장 신중하게 만든 법률이나 규정조차 충분치는 않다. 그와 더불어 사람들은 아무도 보지 않을 때조차 그 법률이나 규정을 위반하지 않도록 동기화되어야 한다. 애덤 스미스의 관점에 따르면, 그러한 동기의 주 원천은 바로 공감이다. 영장류학자 프란스 더발(Frans de Waal)이 썼다시피 "근원적이지만 거의 제기되지 않는 질문은, 자연선택은 왜 인간의 뇌를 우리가 동료 인간들과 조화를 이루도록, 즉 그들이 고통을 느끼면 우리도 덩달아 고통을 느끼고 그들이 즐거워하면 우리도 더불어 즐거워하도록 설계했는가 하는 점이다. 만약 다른 사람을 이용해먹는 것만이 중요하다면 진화는 공감에는 전혀 관여하지 말았어야 옳을 것이다. 하지만 진화는 그렇게 했다".[11]

6장에서 이미 언급한 대로, 공감은 편협한 이기심과 충돌할 때조차 선한 행동을 하고자 하는 동기가 되어준다. 일부 사람은 쓸모없어진 살충제를 안전하게 처리하는 시간과 수고를 들이기보다 그것을 그냥 지하 배수구에 쏟아버린다. 하지만 대다수 사람은 그런 식의 지름길을 택하지 않는다. 미래에 다시 방문할 것 같지 않은 식당에서 식사할 경우 계산할 때 팁을 안 남기는 사람도 더러 있다. 하지만 대다수 사람은 그와 똑같은 상황에서도 기대되는 수준의 팁을 건넨다. 공감은 이처럼 신중한 행동을 가능케 하는 중요한 원천이다. 사람들은 자신이 그처럼 신중하게 행동하지 않으면 다른 이에게 피해가 갈지도 모른다고 우려하기 때문에 그렇게 행동한다.

공감이 가져오는 가장 강력한 효과는 부모가 자녀에게 베푸는 행동에서 볼 수 있다. 아이가 없는 사람들은 때로 부모가 어떻게 한밤중에 급성 경련으로 자지러지듯 울어대는 아이를 달래려 애쓰면서 몇 시간씩 견딜 수 있는지 의아해한다. 하지만 일단 부모가 되고 나면, 자녀가 겪는 불편은 부모 자신의 불편보다 더욱 강력하게 그들에게 영향을 미친다. 돕지 않는 것은 아예 선택지조차 아니다.

일부 공리주의적 도덕철학자들은 제 자녀 한 명의 생명을 구하는 것과 타인 2명의 생명을 구하는 것 가운데 하나를 골라야 할 때 올바른 선택은 후자라고 주장한다. 하지만 부모가 후자를 선택하는 쪽에 어울리는 심리학으로 무장해 있다면, 올바르게 작동하는 성인으로 성장하는 데 필요한 보살핌을 받을 수 있는 자녀는 거의 없다. 2명의 타인이 아니라 제 자녀 한 명의 목숨을 구하는 부모가 양육한 사람들 사이에서 사는 편이 엄격한 공리주의자가 양육한 사람들 속에서 살아가는 쪽보다 한결 나을 것이다.

부모의 공감이 지닌 위력과 중요성을 고려할 때, 부모들이 자기 자녀가 흡연자로 자라길 바라지 않는다는 것은 하나도 신기할 게 없는 일이다. 하지만 다시 한 번 말하거니와 만약 그들 자녀의 동료 상당수가 흡연자라면 이 부모들 가운데 상당 비율은 결국 실망할 처지에 놓일 것이다. 동료 효과가 흡연을 규제하기 위한 적절한 근거가 아니라고 주장하는 사람들은 정녕 이들 부모가 겪는 피해를 예방하는 것이 제약 없이 담배를 피울 수 있는 권리를 보호하는 것보다 덜 중요하다고 믿는 것인가? 만약 그렇다면 흡연자의 90퍼센트 이상이 애초 담배를 시작하지 말았어야 한다고 후회한다는 증거가 나와 있음에도, 그 같은 믿음을 지지하는 논거는 무엇인가?

이러한 논거는 모두 면밀히 살펴볼 필요가 있다. 동료 효과는 흡연 외에도 다른 수많은 형태의 해로운 행동과 긴밀하게 연관되어 있기 때문이다. 예를 들어 대다수 부모는 자기 자녀가 건강한 성인으로 성장하길 바라지만, 13장에서 살펴볼 것처럼, 그들 자녀의 상당수는 어릴 적 그 또래들이 정기적으로 설탕 든 32온스짜리 탄산음료를 마신다면 비만아가 될 것이다. 자녀들이 '남을 괴롭히는 사람(bully)'으로 성장하길 원하는 부모는 거의 없지만, 이 경우에도 동료 행동의 영향력은 상당하다.[12]

규제자들이 동료 효과를 무시해도 좋다고 말해주는 설득력 있는 증거가 없음에도 입법자들은 남에게 상당 정도 '직접적' 피해를 끼치는 행동에만 주로 관심을 기울여왔다. 그들은 사람들이 본인 스스로의 선택으로 고통을 겪을 때, 그들에게 관심 있는 이들 역시 피해를 본다는 사실을 간과했다. 이 같은 비대칭성은 규제자들이 왜 담뱃세를 옹호할 때 냉큼 간접흡연에 직접 노출되는 데 따른 위험을 그 근거로 들었는지 설명해준다. 하지만 앞서 지적했다시피, 그런 특정 피해는 우리가 흡연을 말리기 위해 취해온 비교적 과감한 조치를 정당화하는 데 필요한 정도에 한참 못 미친다. 그러나 만약 우리가 행동 전염을 통한 흡연의 '간접적' 피해까지 고려한다면 심지어 그보다 훨씬 더 강경한 반(反)흡연 조치도 쉽게 정당화할 수 있다.

다시 한 번 강조하거니와 문제는 사람이 아니라 상황이다. 이 간단한 문장에는 사회과학자들이 오랫동안 견지해온 합의가 담겨 있다. 즉 우리는 성격이나 인성 같은 개인적 특성을 살펴보기보다 사회적 환경을 들여다봄으로써 누군가가 무슨 일을 할 것인지에 대해 더욱 정확하게 예측할 수 있다. 사회적 환경은 우리에게 매우 강력한 영향을 끼치기 때문에—더러 좋은 쪽으로, 하지만 주로는 나쁜 쪽으로—공공 정책을 활용해 사회적 환경을 우리에게 유리하도록 주조해야 할 만한 근거는 다분하다.

하지만 과도한 규제가 안겨주는 위험 또한 분명하다. 예를 들어 2015년 3월 23일, 당시 뉴저지 주지사이던 크리스 크리스티(Chris Christie)는 종교 단체들의 추도 묘비 판매 행위를 금지하는 법안에 서명했다. 그 법률을 옹호한 것은 뉴저지주의 기념물건설업자협회(Monuments Builders Association)였는데, 그 단체의 회원들은 뉴저지주 뉴어크(Newark)의 대주교 관할구가 2013년 추도 묘비를 팔기 시작하자 자신들의 매출 점유율이 큰 폭으로

떨어지는 상황에 직면했었다.[13]

저널리스트 타냐 마시(Tanya Marsh)가 이 법률의 역사에 대해 기술했다. "그 법률은 스스로를 경쟁으로부터 보호하기 위한 것만큼밖에 고귀하지 않은 이유로 사적 시장 참여자들 무리의 간청에 따라 채택되었다. 이렇듯 뻔뻔스러울 정도로 반경쟁적인 노력은 훨씬 더 충격적이다. 문제가 되고 있는 제품—묘비와 기념비—이 아무 규제도 받지 않았기 때문이다. 묘비와 기념비를 제작하거나 판매하는 데는 그 어떤 허가증도 필요치 않다. 문자 그대로 뉴저지주에 거주하는 사람은 누구나 묘비, 지하 납골당, 개인 묘소를 만들어 판매할 수 있다. 말하자면 묘지를 소유하거나 관리하고 있는 종교 기관이나 비영리 법인을 제외한 모든 사람이 그렇게 할 수 있는 것이다."[14]

사람들은 이러한 법률을 **규제 포획**(regulatory capture)—"규제가 끊임없이 혹은 되풀이해 공익에서 벗어나 규제 대상 업계 자체의 의도와 행동에 의해 그 업계의 이해에 휘둘리는 과정 및 그 결과"로 정의할 수 있다—의 결과라고 말한다.[15] 규제 포획은 널리 만연한 현상이지만 나쁜 규제의 유일한 원천은 아니다.

다시 한 번 안전 관련 규제 문제를 생각해보자. 시장 실패가 있을 수 있다는 단순한 사실이 시행된 규제가 믿을 만하게 문제를 개선하리라는 것을 저절로 보장해주지는 않는다. 시장은 불완전하지만 정부 관료 역시 마찬가지인 것이다. 규제에 관해 글을 써온 지난 수십 년 동안 내가 본 가장 비효율적인 정부 개입 사례는 다음과 같다. '직업 보건 및 안전국'의 1976년 작업장 안전 기준 매뉴얼 가운데 30쪽 분량의 사다리 안전 요구 조항에서 따온 구절이다.

최소 치수의 평평한 발판에서 나뭇결(grain)의 일반적 기울기는 12분의 1보다 크지 않아야 한다. 단, 길이가 3미터 이하인 사다리의 경우 나뭇결의 기울기는 10분의 1보다 크지 않아야 한다. 국부 편차 영역에서 나뭇결의 기울기는 위에 명시해놓은 대로 12분의 1, 혹은 10분의 1보다 크지 않아야 한다. 모든 경우에서, 만약 최소 치수로 만든 사다리보다 15퍼센트 이상 무거운 힘을 감당할 수 있을 만큼 크기가 커졌다면, 기울기가 10분의 1보다 크지 않은 엇결(cross grain: 옹이 또는 가지치기 부분에서 나이테와 꼬여 어긋나게 나타나는 나뭇결—옮긴이)을 기울기가 12분의 1보다 크지 않은 엇결 대신 사용하는 것은 허용한다. 그밖에도 별 지장 없는 불규칙성과 관련한 나뭇결의 국부 편차는 허용한다.[16]

이 요구 조항을 준수하는 것은 고사하고 대체 무슨 뜻인지 이해하려고 애쓰는 데 드는 비용이 그것을 지킨 결과 얻을 수 있는 안전상의 이득을 능가할 것 같은 예감이 드는 게 사실이다.

하지만 우리는 모든 규제는 역효과를 낳을 수 있다는 견해를 인정하지 않은 채 부적절하게 시행된 규제, 그리고 규제 포획에 반대할 수 있다. 시장의 힘이 흔히 이기심을 공공선에 다가가는 쪽으로 몰아간다고 주장했다는 점에서는 애덤 스미스가 옳았다. 하지만 그는 시장의 단점에 대한 구제책으로 규제를 적극 옹호한 인물이기도 하다. 개인적 이해와 사회적 이해는 대부분 일치하지만 늘 그런 것은 아니다. 예를 들어 우리가 1장에서 이미 살펴본 바와 같이, 개인 사업주의 이해는 이웃 사업체의 간판과 비교해 튀는 간판을 세우도록 요구한다. 하지만 모든 사업주가 아무 제약 없이 이와 같은 이해를 추구한다면, 우리는 간판이 난립한 어지러운 광경을 보게 될 것이다. 이런 현상은 대다수 도시로 하여금 간판의 배치, 높이, 표면적, 밝기를 비롯한 여러 특성을 제한하는 지역제 규제(zoning regulations)를 시행하도록 이끌었다. 그런데 이런 규제는 흔히 그로 인해 제약을 받는 당사자인 기업주들의 열렬한 지지를 얻었다. 이와 마찬가지 정신에서 대다수 도시의 지역제 법령(zoning ordinances)은 우리가 사는 거주지처럼 인구가 조밀한 지역에서 우리 이웃이 돼지 농장을 운영하도록 허락하지 않는다.

심지어 가장 극단적인 자유지상주의자조차 무슨 일이 있어도 개인의 자유에 대한 제약은 결코 정당화될 수 없다고 주장하지는 않는다. 그런 관점을 수용하면 신호등도, 살인 반대법도 배격해야 한다. 잠깐만 생각해 봐도 분명해지듯이, 국가가 누군가의 행동할 자유를 제한하지 않으면 모두에게 대단히 값어치 있는 다른 자유들이 전반적으로 줄어드는 결과가 초래된다.

법학과 경제학의 교차 지점에서 연구하는 학자들은 법이 수천 년에 걸쳐 효율성을 늘리는 쪽으로 진화하는 경향을 보여왔다고 주장한다.[17] 그 과정이 불완전하고 예외 또한 많지만, 타인에게 피해 입히는 행동을 본격적으로 다루는 법률과 규제는 분명히 인식할 수 있을 만큼 다음과 같은 방향으로 개정되어왔다. 즉 그러한 법률과 규제로 인해 제약당하는 이들이 치르는 대가가 그것들로 인해 예방되는 타인의 피해보다 적을 경우 사람들이 자기 하고 싶은 대로 행동하지 못하도록 제약하는 경향이 강해진 것이다. 이러한 경향을 예견하는 데는 설득력 있는 이유가 있다. 로널드 코스(Ronald Coase) 등을 비롯해 여러 사람이 강조했다시피, 두 당사자의 행동이 서로를 방해할 경우 가장 적은 비용으로 그 문제를 해결하는 것은 양자 모두에게 공동의 이익을 안겨준다.[18]

법률과 규제에 대한 이러한 관점이 부작용을 지닌 행동과 관련한 모든 사례가 쉽사리 해결될 것임을 말해주지는 않는다. 비용과 이익은 특히 전략적 태도 때문에 종종 측정하기가 어렵다. 하지만 그 동일한 관점은 비용과 이익이 분명한 수많은 사례를 확인해주기도 한다. 다른 사람에게 적잖은 피해를 안겨주지만 행위자가 그다지 높은 가치를 부여하지 않는 활동이 있다 치자. 흡연이 정확히 그러한 예다. 흡연은 타인에게 대부분 간접적이긴 하지만 어쨌거나 엄청난 피해를 안겨주며, 흡연자 가운데 압도적 다수는 자신의 습관이 개인적으로도 해롭다는 것을 인식하고 있다. 흡연을 규제하는 것은 효율성 시험을 쉽게 충족한다.

하지만 우리는 흡연을 말리기 위해, 우리의 유일한 목적이 간접흡연의 위험으로부터 사람들을 보호하는 것일 때 가능한 정도보다 훨씬 더 엄격한 조치를 취해왔다. 그러나 일단 우리가 행동 전염을 합리적 규제 정당화의 근거로 인식하면 지금껏 취해온 규제 조치가 그렇게 강력한 것이 아니었음을 이해할 수 있다. 그리고 7장에서 보았듯이 이러한 기술에 잘 들어맞는 활동에는 흡연만 있는 게 아니다.

사람들로 하여금 자기 자신의 행동이 초래하는 결과에 책임을 지도록 설득하는 것이 가치 있음을 부정하는 이는 거의 없다. 이미 지적했듯이 그러한 믿음은 지원적인 동료 환경을 조성하는 데 목적을 둔 수많은 사람으로 하여금 제약을 거부하도록 부추겼다. 이 비판론자들의 주장에 따르면, 어떤 동료의 사례가 모방할 가치가 있고 어떤 동료의 사례가 피해야 하는 것인지 분간하는 일은 각 개인의 책임이다.

하지만 이런 견해를 지지하는 대다수 사람도 기업의 행동에 대해서는 유사한 제약을 가하는 데 동조한다. 이러한 불균형이 드러나는 한 가지 이유는, 우리 동료들은 우리에게 적극적으로 피해를 끼치려 애쓰는 경우가 좀처럼 없지만 기업에 대해서는 같은 이야기를 할 수 없다는 일반적 믿음 때문이다. 대체로 기업은 심지어 그들의 목적이 우리 자신의 목적과 충돌할 때조차 어떻게든 우리를 설득해 소기의 목적을 달성하려 애쓴다. 더욱 골치 아프게 기업은 우리를 자기 의지에 굴복하도록 만들 막강한 힘을 지니고 있기까지 하다. 사정이 맞을 때면 기업은 우리로 하여금 지극히 자기 파괴적인 행동을 하도록 유도하기 위해 오늘날의 마케팅 무기를 총동원한다.[19] 이러한 말들은 정부가 다른 사람에게 피해 끼치는 기업 행동에 대한 규제를 정당화하는 그럴싸한 논리로 인용되고 있다.

하지만 같은 말들은 소비자 행동에 대한 규제를 지지하는 데 쓰이기도 한다. 소비자 행동이 동료 환경에 영향을 미치기 때문이다. 어쨌거나 오늘날 기업의 마케팅 담당자는 자사 제품에 대한 수요를 북돋우는 가장 확실한 방도란 잠재 구매자의 동료들이 그 제품을 권유할 가능성을 더욱 높이는 데 투자하는 것임을 이해하고 있다. 지난날 직접적으로 소비자에게 제품 특성을 내세우는 광고에 들인 수십억 달러가 이제는 이들 제품과 관련해 바이러스처럼 번지는 대화의 시작을 겨냥한 세련된 소셜 미디어 캠페인에 쓰이고 있다.[20] 기업은 동료 영향의 위력을 완전히 간파했고, 그것을 기업의 목적에 부합하도록 이용하는 새로운 방안에 집중적으로 투자하고 있다.

순전히 기술적인 문제로서, 기업 행동의 규제는 흔히 부정적 동료 영향을 저지한다는 명시적 목적을 위한 규제라는 결론에 이르게 된다. 그렇다면 이런 규제의 정당성을 받아들이는 사람들이 어떻게 비슷한 목적의 개인행동 규제에 대해서는 일관되게 반대할 수 있는가? 물론 일관성이 그렇게 중요한 것은 아니다. 랠프 월도 에머슨(Ralph Waldo Emerson)이 적었다시피 "어리석은 일관성은 하찮은 정치가와 철학자, 성직자나 애지중지하는, 편협한 마음에서 나오는 허깨비 같은 것이다". 하지만 일관성을 지키고자 하는 욕구가 온통 어리석은 것은 아니다. 여기서 입증 책임은 해로운 동료 영향을 저지하기 위해 개인행동을 규제하는 조치가 정당하지 않다고 반대하는 사람들에게 주어져야 마땅하지 않을까?

나는 또한 어설픈 금지는 사람들로 하여금 타인에게 과도한 피해를 입히는 행동을 하지 않도록 저지하는 유일한 방법이 아니라는 점을 강조해야겠다. 다음 장에서 살펴보겠지만, 이러한 행동은 대개 거기에 세금을 부과하면 훨씬 더 효과적으로 저지된다. 나는 과세라는 접근법이 금지를 비롯한 여러 지시적인 조치와 비교해볼 때 다수의 이점을 지닌다고 주장할 것이다. 먼저 과세 접근법은 그 행동을 특별히 가치 있게 여기는 이들이 그것을 이어가도록 허용해준다. 더불어 우리가 가치 있게 여기는 공적 서비스에 자금을 대도록 도와준다는 이점도 있다. 물론 아무도 세금 내는 것을 반기지는 않지만 해로운 행동에 대해 세금을 거두면 현재 이로운 행동에 대해 거두는 세금은 그만큼 줄일 수 있다.

규제자는 행동의 자유를 제한하는 국가 권력을 행사할 때 겸손하고 신중해야 한다. 그러나 다른 덕목과 마찬가지로 신중함을 발휘하는 것 역시 적당해야 좋다. 사회적 영향력은 지극히 강력함에도 우리는 그것을 규제적 개입의 근거로 삼지 말라고 선언하는 식으로 지금껏 지나치게 신중했다. 그리고 그간 우리 안의 최선을 끄집어내도록 돕는 사회적 환경을 조성할 수 있는 값진 기회를 흘려보냈다. 우리는 아무에게도 고통스러운 희생을 요구하지 않은 채 그와 같은 숱한 기회를 붙잡을 수 있었다.

# 좀더 지원적인 환경 조성하기

우리는 수많은 중요한 차원에서 서로 다르다. 하지만 심리학자들의 주장에 따르면, 왜 그렇게 행동하는지 이해하고자 노력할 때, 일반적으로 우리가 어떤 유의 사람인지 묻기보다 우리를 둘러싼 사회적 환경을 조사해보는 편이 훨씬 더 유익하다.

예를 들어 지금껏 보아온 바와 같이, 누군가가 흡연자가 될지 여부는 인성이나 성격 같은 개인적 특성보다 담배 피우는 친구들의 비율을 통해서 훨씬 더 잘 예측할 수 있다. 그런데 인과의 화살은 집단에서 개인으로 향하기도 하지만, 그 반대 방향으로 향하기도 한다. 즉 누군가 담배를 피우면 그의 친구들 역시 흡연할 가능성이 약간 더 늘어날 거라고 예측할 수 있다는 말이다. 그러나 그에게 미치는 집단의 전체적 영향력이 그가 집단에 미치는 영향력보다 훨씬 더 크기 때문에, 그로서는 자신의 행동이 다른 사람의 흡연 가능성에 영향을 줄 수도 있다는 사실을 걱정할 이유가 거의 없다.

어떤 사회적 환경은 우리에게 더 나은 쪽으로 영향을 미친다. 하지만 흡연의 경우에서처럼 또 다른 사회적 환경은 최소한 우리를 잘못된 길로 인도할 가능성이 있다. 환경 오염이 일으키는 피해를 기술하는 경제학자들의 언어와 유사하게, 나는 후자의 환경이 초래하는 효과를 '부정적 행동 외부성(negative behavioral externalities)'이라고 지칭한다.

사회가 지금껏 환경 외부성을 억제하라는 경제학자들의 권고를 이행하는 데 마냥 늑장을 부리곤 했지만, 일반적으로 배출물에 대한 과세 및 규제 같은 정책이 타당하다는 것은 더 이상 논란의 대상이 아니다. 그러나 그것은 행동 외부성을 억제하는 정책에는 해당하지 않았다. 흡연의 예에서, 규제자는 담뱃세와 흡연 금지 조치를 간접흡연이 일으키는 피해로부터 무고한 옆 사람을 보호하는 데 필요하다는 이유로 옹호한다. 이러한 조치를 부정적 동료 영향을 억제하는 방법으로 표현한 경우란 거의 없다.

이 책의 핵심 주제는 우리가 좀더 지원적인 사회적 환경의 조성을 명시적 목적으로 삼는 정책에 대해 정당한 공익적 관심을 기울여야 한다는 것이다. 담뱃세와 흡연 금지에 따른 최대의 이익은 단연 그런 조치가 우리 아이들이 흡연자가 될 가능성을 낮추는 사회적 환경을 창출하는 데 기여했다는 것이다. 이에 대해서는 사람들로 하여금 자신이 흡연자가 되면 남들의 흡연 가능성을 높여주게 될까 봐 우려하는 것처럼 행동하도록 독려하는 조치라고 묘사하는 편이 가장 정확하다. 이러한 조치는 물론 사람들의 행동에 직접적으로 영향을 주지는 않지만, 그 효과는 우리가 사람들로 하여금 그들 자신의 행동 역시 거꾸로 사회적 환경에 영향을 미칠 수 있다는 데 관심을 기울이도록 이끄는 정책을 통해 예측할 법한 것과 동일하다.

직접적인 물리적 피해를 낳는 행동을 저지하는 정책처럼, 해로운 사회적 환경을 억제하는 정책 역시 무고한 옆 사람에게 가하는 피해를 막아준다. 이러한 기준에 따른 후자의 정책은 전자의 정책과 동일한 정도로 정당하다. 모든 경우에서 실제적인 질문은, 어떤 정책으로 예방할 수 있는 피해가 그 정책을 이행하는 데 드는 비용을 능가하는지 여부다.

우리가 일단 행동 외부성을 억제하는 정책이 원칙적으로 정당하다는 것을 인정한다면, 다음 단계는 어떻게 하면 그러한 정책을 가장 효과적으로 이행할 수 있는지 살펴보는 것이다. 행동 외부성은 대기 오염이나 수질 오염 같은 물리적 외부성과 대단히 유사하므로, 그와 같은 전통적 형태의 오염을 완화하려는 우리의 노력이 유용한 교훈을 제공해준다.

환경 오염에 대한 경제적 분석은, 사람이나 기업이 오염을 일으키는 것은 남에게 피해를 끼치고 싶은 바람 때문이 아니라 그저 깨끗한 생산·소비 방법이 더러운 생산·소비 방법보다 비용이 많이 들기 때문이라는 관찰에서 비롯된다. 만약 깨끗한 생산·소비 방법이 더 쌌다면 오염은 애당초 문제가 되지 않았을 것이다. 사회 전체의 관점에서 보면 오염이 일어나는 과정은 오해를 불러일으킬 정도로 매력적이다. 오염원 배출에 따른 피해가 주로 남들에게 가기 때문이다.

영국 경제학자 아서 세실 피구(Arthur Cecil Pigou)는 환경 외부성을 억제하기 위한 과세 접근법을 최초로 도입한 선구자다. 그는 자신의 가장 영향력 있는 저서 《후생경제학(The Economics of Welfare)》에서, 더러운 과정을 사용하지 못하도록 막는 최선의 방법은 그들이 배출하는 오염에 과세함으로써 그 과정을 더욱 비싸게 만들어버리는 것이라고 주장했다.[1] 이렇게 부과된 세금을 흔히 **피구세**(Pigouvian taxes, 혹은 Pigovian taxes)라고 표현한다.

피구가 설명한 바에 따르면, 세금 접근법은 특정 오염원을 가능한 한

**그림 11.1** 아서 세실 피구, 1877~1959. Sueddeutsche Zeitung Photo/Alamy Stock Photo.

가장 낮은 비용에 배출하고자 하는 동기를 만들어낸다. 예컨대 규제자가 총 오염원 배출량을 현재 수준의 몇 분의 몇 수준으로 줄이고 싶어 한다고 가정해보자. 전통적인 규제적 접근법은 각 기업에 오염원 배출량을 그와 동일한 수준으로 줄이라고 요구하는 것이었다. 피구가 주장하기를, 그같은 접근법의 문제는 일부 기업의 경우 다른 기업보다 훨씬 더 값싸게 배출량을 줄일 수 있다는 점이다. 따라서 모든 기업에 동일 비율로 배출량을 줄이도록 요구하면, 어떻게든 배출량을 가장 효율적으로 줄일 수 있는 기업의 수중에 정화(cleanup) 노력을 몰아주었을 때보다 비용이 훨씬 더 올라가게 된다.

어떻게든 배출량을 가장 효율적으로 줄일 수 있는 기업의 수중에 정화 노력을 몰아준 것, 이것이 정확하게 피구세가 달성한 바다. 특정 산업 오염원을 1톤 배출할 때마다 1000달러의 세금을 부과했다고 가정해보자. 그러면 기업들은 다음과 같이 자문할 것이다. 1톤당 1000달러 이하 비용으로 오염원을 배출할 수는 없을까? 만약 그럴 수 있다면 그 기업으로서는 1톤당 1000달러의 세금을 내는 것보다 그 편이 이득일 것이다. 자연히 기업은 우선 배출량을 감축할 수 있는 가장 저렴한 방법에 의존하고, 그런 다음 그보다 좀더 비싼 방법을 시행할 것이다. 기업은 1톤의 제거 비용이 1000달러에 이를 때까지 계속 배출량 제거 작업을 이어간다. 그 지점을 지나면 추가 감축 비용이 그에 상응하는 세액 감축액보다 많아질 것이다.

배출량을 저렴하게 감축하도록 허락하는 테크놀로지를 사용할 수 있는 기업은 세금 혜택을 통해 다른 기업보다 배출량 감축을 훨씬 더 큰 폭으로 이루어낸다. 따라서 모든 기업에 동일 비율로 배출량을 감축하도록 요구하는 전통적 방법과 비교해볼 때, 세금 접근법은 훨씬 더 저렴한 비용으로 동일한 총배출량 목표에 도달할 수 있다.

가장 저렴하게 오염원을 감축할 수 있는 기업에 정화 노력의 제일 큰 몫을 떠넘기는 처사가 불공정해 보일지도 모르겠다. 하지만 좀더 면밀히 들여다보면 피구세는 효율적이기만 한 게 아니라 공정하기까지 하다. 가장 저렴하게 배출량을 감축할 수 있는 기업이 훨씬 더 많은 배출량을 감축할 수 있기 때문에, 그들은 오염세를 대폭 덜 내게 될 것이다.

피구의 접근법은 사회가 오직 어느 정도까지만 오염을 감축하는 데 관심이 있음을 우리에게 상기시킨다. 그 이상의 감축은 그에 소요되는 비용이 우리가 좀더 깨끗한 환경에 부여하는 가치보다 적을 경우 언제든 타당하다. 하지만 추가적 오염원 제거 비용이 그 가치보다 더 올라가면 그때는 그만 멈추어야 한다. 한마디로 사회적으로 최적화한 오염 수준은 '영

(zero)'이 아닌 것이다. 우리 대부분이 깨끗한 집에 사는 것을 가치 있게 여기지만 그렇다고 날마다 온종일 먼지를 털어내고 진공청소기를 돌리지 않는 것 역시 비슷한 이치다. 추가적인 먼지를 제거하는 데 드는 비용이 일정 수준을 넘어서면 우리는 "그 정도면 충분해"라고 말한다.

또한 피구의 접근법은 환경 오염이 사회에 부과하는 비용은 주로 그 총량에 달려 있을 뿐 그 오염을 일으킨 구체적 행위자가 누구냐와는 무관하다는 것을 강조한다. 이러한 통찰은 피구의 접근법이 효과적이고 공정하다는 것을 분명히 할 뿐 아니라 개인과 기업의 자유를 더욱 존중하고 있음을 보여준다. 어떤 기업은 자사의 배출량을 저렴하게 절감할 수 있지만, 다른 기업들에는 선택지가 한층 제한적이다. 모든 기업에 획일적인 오염 목표를 성취하도록 요구하는 처방적 규제는 후자의 범주에 드는 기업이 문을 닫도록 내몰 가능성이 있다. 피구의 접근법은 그 기업들로 하여금 자사가 배출한 오염 물질의 피해를 반영한 세금을 냄으로써 경영을 계속 이어가는 선택지를 유지하도록 해준다. 그와 마찬가지로 어떤 사람은 타인에게 피해 끼치는 행동을 줄이는 것이 훨씬 더 어렵다고 느끼는데, 이런 경우에도 피구세는 더 많은 행동의 자유를 제공해준다.

피구세 접근법과 기능적으로 동등한 게 경제학자들이 말하는 이른바 **배출권 거래제**(cap-and-trade) 접근법이다. 배출권 거래제는 배출하는 오염 물질 1톤당 배출권을 한 장씩 갖도록 기업에 요구하며, 그 배출권을 사고 팔 수 있는 시장을 구축한다. 배출권 거래제의 한 가지 매력이라면 정책 입안자가 원하는 오염 목표를 미리 정할 수 있다는 점이다. 반면 세금 접근법에서는 정책 입안자가 선택한 목표를 성취할 수 있는 수준을 확인하기 위해 상이한 세율을 가지고 실험을 벌여야 할지도 모른다.

피구세와 배출권 거래제, 이 두 가지 접근법이 부정적 환경 외부성을 억제하는 데 강력한 이점을 갖는 것처럼 보이는데도 정치 시스템은 그를 수용하는 데 턱없이 굼떴다. 예를 들어 1970~1980년대에 규제자들은 계속해서 세금이나 거래 가능한 배출권이 아니라, 처방적 규제를 통해 산성비 문제를 해결하고자 했다. 그 문제의 원천은 석탄을 연료로 사용하는 중서부 지역의 발전소들이 배출하는 이산화황이었다. 우세풍을 타고 동쪽으로 이동한 이산화황이 산성비($H_2SO_4$) 형태로 북동부 여러 주에 쏟아진 결과, 숲과 어장에 막대한 피해를 안겼다.

1960년대 중엽에 이미 경제학자들은 이산화황 배출권을 사고팔 수 있는 시장을 창출하자고 제안했다. 배출권을 제한적으로 공급하면 허가받은 미국 중서부 여러 사업체의 배출 수준을 크게 줄일 수 있으리라는 판단에서였다. 환경 단체는 사업체들에 아예 마음껏 오염을 저지르라고 고사를 지내는 책략이라며 그 제안을 비웃었다. 이러한 비판은 완전히 잘못 짚은 것이었다. 먼저, 부여된 배출권의 수가 그때 당시의 배출 수준보다 훨씬 더 적어야 했으므로, 그 제안은 사업체들에 흥청망청 오염을 일으키도록 허용하는 것과는 거리가 멀었다. 더욱 중요한 점으로, 그 비판이 암시하고 있는 해괴한 기업 동기 모델을 생각해보라. 그 모델은 마치 사업체 소유주가 오염을 일으키는 데서 즐거움을 얻기 때문에 그렇게 한다는 인상을 풍긴다. 정말 말도 안 되는 소리다! 피구를 비롯한 다른 경제학자들이 오랫동안 강조해왔다시피, 기업이 오염을 일으키는 것은 오직 배출량을 줄이는 데 돈이 들기 때문일 따름이다.

1990년 의회가 청정대기법 수정안을 채택했을 때에야 비로소 이산화황 배출권 거래를 위한 시장이 형성되었다. 정확히 경제학자들이 예측한 것처럼, 그 조치의 여파로 산성비에 의한 피해는 종전에 처방적 규제 접근법을 따르던 경우보다 훨씬 더 빠르게, 훨씬 더 저렴하게 대폭 줄어들었다. 종전 접근법의 구체적 요인과 비교했을 때, '배출권 거래제'를 채택한 데 따른 비용 절감 추정치는 15~90퍼센트에 걸쳐 있었다.[2] 2011년 그 프로그램에 대한 평가 과제를 부여받은 하버드 대학 산하의 모 위원회는 이렇게 결론 내렸다.

1990년 청정대기법 수정안의 일환으로 전국 차원의 이산화황 배출권 거래 제도를 도입한 조치는 20여 년이 지난 지금도 세계 환경 규제 역사에서 획기적 조치로 널리 인정받는다. 이 프로그램은, 흠이 전혀 없는 것은 아니지만, 거의 모든 면에서 성공적 조치로 간주되고 있다. 분명 그것은 다음의 세 가지를 실제로 증명해 보였다. 첫째 광범위한 배출권 거래제는 배출량을 큰 폭으로 줄이는 데 유효하다는 것, 둘째 기업은 그 제도의 준수 요건을 협상하고 규제자는 그것을 집행할 수 있다는 것, 셋째 다양한 경감 관련 옵션을 추구할 수 있는 융통성을 민간 부문에 제공하면 그와 동시에 환경도 보호하고 혁신과 확산도 자극하고 총비용도 줄일 수 있다는 것을 말이다.[3]

과세에 대한 일반적 적대감이 오염세 시행에 저항한 하나의 원천이었다. 하지만 이러한 적대감의 적어도 일부는 마술적 사고(magical thinking)에 그 기반을 두고 있다. 예컨대 과세를 일종의 절도라고 비판하는 사람들은 정부에 의무적(mandatory) 과세 권한이 없다면 사회가 한결 더 나아지리라는 견해를 수용하는 것처럼 보인다. 만약 납세를 느닷없이 자발적인(voluntary) 것으로 만들어버릴 경우, 일부 사람들은 단기적으로야 계속 세금을 낼 것이다. 하지만 그들은 자신의 상대적 구매력이 줄어들면서 기본 욕구를 충족시키는 능력에 제약이 생기면 삽시간에 분노를 키울 것이다. 점점 더 많은 사람이 납세를 중단하면 정부는 이내 기본 서비스를 제공할 수 없게 된다. 게다가 정부의 적정 규모가 어느 정도여야 하는지에 대한 당신의 입장이 어떻든 간에, 잠깐만 생각해봐도 정부가 아예 없다면 문제가 심각해짐을 깨닫게 될 것이다.

가령 정부가 없는 사회는 무엇보다 군대를 배치할 수 없다. 스스로를 방어할 수단이 없는 사회는 곧바로 다른 나라 군대, 즉 그 나라의 의무적 과세에 의해 유지되는 군대의 침략을 받아 정복당하고 만다. 그에 따른 최종적 결과는 정복국 정부에 납세 의무를 지는 것이다.

현실주의자들이 과세 정책에 대해 논의할 때 흥미를 보이는 질문은 다음의 두 가지뿐이다. 우리는 '무엇에 대해' 세금을 내야 하는가? 또한 '어떤 비율로' 세금을 내야 하는가? 두 번째 질문은 첫 번째보다 다루기가 훨씬 어렵다. 그에 대한 답이 정부의 적절한 포괄 범위와 규모가 어느 정도인지에 대한, 타협하기 힘든 철학적 입장에 따라 저마다 달라지기 때문이다. 하지만 피구의 분석에 따르면, 첫 번째 질문에 대해서는 답이 비교적 간단하다. 즉 **우리는 타인에게 피해 입히는 행동에 과세해야 한다.**

피구세는 그야말로 일석이조다. 그것은 한편으로 정부의 기본 서비스에 투자할 수 있는 세수를 창출하고, 다른 한편으로 비용이 이익을 능가하는 행동을 하지 못하도록 막아준다. 합리적 세상에서는 피구세에 대해 전혀 시비 논란이 일어나지 않을 것이다. 우리는 타인에게 과도한 피해를 끼치는데도, 여전히 과세하지 않는 활동이 있다면 그에 피구세를 시행하게 될 것이다. 비록 시민들이 추가적인 공적 지출이 필요하지 않다는 데 동의하더라도, 우리는 타인에게 지나친 피해를 안기는 그 밖의 활동이 있다면 어김없이 그에 세수 중립 피구세(revenue-neutral Pigouian taxes)를 부과하는 데 관심을 기울일 것이다. (어떤 활동에 부과된 세수 중립 세금의 혜택은 그만큼 그 활동을 추구하지 않는 납세자에게 돌아간다.)

하지만 난감하게도 사실상 모든 정부는 현재 사회적으로 이로운 활동에 과세하는 식으로 정부 세수를 늘리고 있다. 예를 들어 미국에서 부과하는 '지급 급여세'는 기업으로 하여금 직원을 추가로 고용하길 꺼리게 만든다. 소득세 역시 저축에 과세하는 것으로, 절실하게 필요한 저축과 투자를 뜯어말리는 결과를 낳는다. 그러나 피구세가 창출한 추가 세수는 그만큼 우리가 유익한 활동에 대한 과세는 덜해도 좋다는 뜻이 된다.

피구세가 유익한 활동에 부과하던 세금을 대신한 결과 순이익이 발생한다 해도 그것이 저절로 모든 개인을 더 잘살게 만들어주는 것은 아니다. 게다가 그로 인해 피해 본 사람들은 일반적으로 자기네 머릿수보다 훨씬 더 큰 비율로 정치적 영향력을 행사한다. 이것이 바로 2장에서 논의한 손실 기피─특정 규모의 손실이 초래하는 만족 감소가 같은 크기의 이득으로 인한 만족 증가를 압도하는 현상─를 낳는 부분적 이유다. 손실 기피의 정치학자 버전은 "패자의 울음소리는 언제나 승자의 노랫소리보다 더 크다"고 믿는 그들의 **정치 철칙**(iron law of politics)에 잘 드러나 있다.

손실 기피가 제기하는 과제는 분배에 대한 관심에 의해 더욱 악화하고 있다. 모든 새로운 피구세는 최소한 일부 저소득층에도 영향을 끼치지 않을 수 없기 때문이다. 예를 들어 2007년 당시 뉴욕시장이던 마이클 블룸버그(Michael Bloomberg)가 업무 시간 동안 맨해튼 중심부에 진입하는 차량에 대해 혼잡 통행료(congestion fees)를 부과하자고 제안했을 때, 뉴욕시의회 의원 루이스 피들러(Lewis A. Fidler)는 그 조치가 가난한 사람에게 수용하기 어려운 부담을 지운다며 반대했다. 그는 "혼잡 통행료는 가진 자와 못 가진 자로 나뉜 도시를 만들어낸다"고 주장하면서 "그 돈을 지불할 여력이 있는 사람은 들어올 수 있고 그렇지 못한 사람은 들어오지 못할 것"이라고 덧붙였다.[4] 뉴욕시 의회는 결국 시장의 제안을 승인했지만, 분배와 관련해 비슷한 반대 의견을 제기한 주 정부 관리들은 그 조치의 시행을 저지했다.

만약 그게 아니었다면 설득력 있었을 공공 정책에 대한 제안을 무산시키고 만 분배에 대한 관심이 얼마나 큰지 내가 처음으로 분명하게 깨달은 것은 뉴욕주의 전화 요금 규제 사례를 접하고서였다. 1972년 내가 코넬 대학에서 교직을 시작한 직후, 경제학자 앨프리드 칸(Alfred Kahn)은 그 대학의 '예술 및 과학 칼리지(College of Arts and Sciences)' 학장직을 그만두고 주의 공공 사업체를 규제하는 뉴욕주 '공공서비스위원회(Public Service Commission)' 회장으로 자리를 옮겼다. 그가 올버니(Albany: 뉴욕주의 주도로 주 청사 소재지─옮긴이)에 도착하자마자 처음으로 밀어붙인 조치 가운데 하나는 전화번호 문의 전화에 한 통당 10센트를 부과하는 것이었다. 당시 이용자들은 그저 411(우리의 114─옮긴이)을 누르고 교환원에게 전화번호를 알고 싶은 사람의 이름과 거주 도시를 말했다. 그런 다음 교환원(언제나 여성이었다)이 마치 그들 앞에 놓인 테이블에 앉아 있는 사람이 그러하듯, 요청받은 전화번호를 찾기 위해 전화번호부 페이지를 넘기는 소리를 들었다. 이용자들은 411에 전화할 때 비용이 청구되지 않기에 스스로 그 번호를 찾아보려는 동기가 없었다. 하지만 전화 회사들은 이 서비스를 제공하기 위해 수십 명의 교환원을 고용하고 자본 설비에 상당액을 투자해야 했다. 당시 이 비용은 한 번도 411을 이용해본 적 없는 이들을 포함해 모두에게 좀더 비싼 전화 요금을 부과함으로써 충당했다. 칸은 이런 방식이 비효율적일뿐더러 불공정하다고 판단했다.

따라서 그는 자신의 제안이 불러일으킨 폭력적인 시위를 보고 깜짝 놀랐다. 전문가들은 위원회에 나와서 터무니없게도 새로 부과된 전화 요금 때문에 뉴욕시의 여러 공동체가 누리던 활력 넘치는 의사소통망이 망가질 위기에 처했다고 증언했다.

칸은 그 제안을 아예 폐기하는 쪽보다 약간 손보는 편을 택했다. 전화번호 문의 전화를 한 통 걸 때마다 10센트를 청구하기는 하지만, 모든 이용자의 전화 요금 청구서에 매달 30센트의 공제를 포함하겠다고 발표한 것이다. 전화번호 문의 전화의 예상 감소분에서 절감한 액수를 지불한 결과였다. 새로운 안에 따르면, 매달 평균 4통 이상의 전화번호 문의 전화를 거는 이용자들만이 전화 요금 상승을 경험할 터였다. 그 전화를 매달 평균 3통 이하로만 사용하는 사람들은 사실상 전화 요금이 내려가는 효과를 보는 것이다. 새로운 안을 발표하자 반대 의견은 그 즉시 사라졌다. 오늘날 누군가 전화번호 문의 전화를 다시 무료로 돌려놓자고 제안한다면 의아하게 여겨질 듯싶다.

나는 이 경험에 관해 칸과 나눈 대화에서, 분배에 대한 관심은 관련된 금전적 총액이 지극히 하찮은 경우에조차 효율적인 정책의 채택을 불발시킬 수도 있음을 깨달았다. 칸의 최초 안을 채택했다 하더라도 심지어 가장 가난한 가정조차 생활 수준에 아무런 변화를 겪지 않았을 것이다. 하지만 그 안을 반대하도록 이끈 분배에 대한 관심을 본격적으로 다루지 않았다면 그 안이 좌초하고 말았을 것임은 거의 분명하다.

수많은 다른 영역에서 외부성을 억제하기 위해 요구되는 피구세는 당연히 칸이 전화번호 문의 전화에 청구하자고 제안한 비용보다 액수가 훨씬 더 크다. 하지만 그 경우들에서도 칸의 30센트 공제와 유사한 조치는 분배에 대한 관심에서 비롯된 반대를 물리칠 수 있다. 가령 혼잡 통행세로 거둬들인 수입은 자동차 등록세를 줄여주는 데, 혹은 심지어 저소득층 자동차 소유주에게 혼잡 시간에 이용할 수 있는 제한된 수의 거래 가능한 바우처를 제공하는 데 쓰일 수 있다. 가장 혼잡한 시간대에 돌아다녀야 하는 사람은 본인이 그 바우처를 쓰면 되고, 스케줄이 좀더 융통성 있는 사람은 그 바우처를 팔아서 가외의 현금을 챙길 수 있다. 담뱃세로 거둔 세수는 '지급 급여세'를 줄여주거나, 혹은 좀더 관대한 사회 안전망을 구축하는 데 쓰일 수 있다. 사실상 다른 모든 피구세의 경우에도 앞서와 유사한 완화 조치를 시행할 수 있다.

거의 모든 기후과학자와 경제학자가 동의하다시피, 이산화탄소와 관련한 피구세는 온실가스 배출을 억제하기 위한 온갖 진지한 노력을 지탱해주는 가장 중요한 기둥이 되어야 한다. 그와 같은 세금은 다중적 방식으로 문제에 파고든다. 가장 직접적인 효과이자 그 옹호자들이 강조하는 유일한 효과로서, 피구세는 이산화탄소 배출을 좀더 비싸게 만들어 생산자와 소비자로 하여금 이산화탄소를 덜 배출하도록 유도하는 강력한 유인을 제공한다.

하지만 행동 전염은 에너지 집약적 선택을 하는 사람들의 경향성을 증폭시키므로, 이산화탄소세 채택은 그러한 선택을 한층 비싸게 만들어 에너지 집약적 행동을 줄여줄 뿐 아니라 강력한 사회적 피드백 효과를 창출하기도 한다. 부적(negative) 측면의 예로는 가령 SUV를 모는 일을 한층 비싸게 만들어 SUV 구매자 수를 점점 더 줄이고, 이것이 다시 다른 사람들에게 SUV를 훨씬 덜 매력적으로 보이게 만드는 경우를 들 수 있다. 정적(positive) 측면의 예로는 태양 전지판 설치로 인한 경제적 이득을 늘려서 점점 더 많은 이들이 태양 전지판을 설치하도록 이끌고, 다시 다른 사람이 그 추세를 따르도록 유도하는 경우를 들 수 있다.

그러나 뭐니 뭐니 해도 엄격한 이산화탄소세를 채택하는 데 따른 가장 큰 이득은 현재의 보존 방법을 좀더 집중적으로 적용해보려는 유인에서 온다기보다 그 세금이 촉발한 기술적 혁신을 이루려는 추세에서 온다. 우리 행성이 계속 살아남을 것이냐 말 것이냐는 아마도 이러한 기술적 혁신의 출현에 달려 있을 것이다.

예를 들어 수많은 과학자는 심지어 IPCC가 처방한 시간표에 맞추어 이산화탄소 배출량을 '영(zero)'으로 줄인다 해도 지구 온난화로 인한 파괴적 피해에서 벗어나기에는 역부족일 거라고 믿는다.[5] 그들이 보기에는 이미 대기 중에 흩어져 있는 상당량의 이산화탄소를 제거하는 작업 또한 필요한 것이다.

이렇게 할 수 있는 기술은 이미 존재하지만, 확장성이 적고 새로운 배출량을 감축하는 기존의 방법보다 시행하는 데 훨씬 더 많은 돈이 든다. 우리가 가장 바라는 바는 혁신을 통해 이들 기술의 비용을 낮춰서 그 확장성을 키우는 일이다. 그것이 아마도 가능한 한 서둘러 높은 이산화탄소세를 채택해야 하는 가장 중요한 이유일 것이다.

심지어 가장 낙관적인 가정에 비추어보아도, 지구 온난화를 억제하는 데 필요한 이산화탄소세는 높을 것이다. 일례로 유엔 산하 IPCC는 그들이 제시한 2030년 배출량 목표를 충족하는 데 필요한 탄소세가 톤당 135달러 이상일 거라고 추정했다.[6] 이는 휘발유 1갤런당 가격이 1.20달러 넘게 오른다는 의미로 해석할 수 있다.[7] 그렇게나 높은 세금 부과는 필시 분배와 관련해 거센 반발을 불러일으킬 것이다.

하지만 이산화탄소세로 거둔 세수는 다른 세금을 줄인 금액과 같다. 이산화탄소 배출량을 줄이는 데 드는 실제 비용은 우리가 좀더 깨끗한 공정을 채택하는 데 따른 비용에 불과할 것이다. 그리고 그 비용은 그리 높지 않을 것이다.

예컨대 다른 나라들의 경험도 휘발유 가격을 2배로 올린 탄소세조차 현재 미국 자동차 모델들보다 연료 효율이 2배 이상 높은 자동차를 생산하는 결과로 이어졌음을 보여준다. 영국에서는 높은 휘발유세가 연료 가격을 미국의 약 2배가 될 정도로 올려놓았는데, 그 결과 2017년 그 나라에서 판매하는 신형 자동차들은 연비가 1갤런당 평균 약 90킬로미터로 크게 개선되었다.[8]

이것이 말해주는 바는, 심지어 탄소세 세수의 환급 조치가 없는 상황이라도 미국 운전자들은 자신의 예산을 줄여나가지 않은 채 IPCC가 제안한 규모의 2배에 이르는 과세조차 감당할 수 있다는 것이다. 예컨대 톤당 270달러의 탄소세는 결과적으로 휘발유 가격을 갤런당 2.50달러 가까이, 즉 갑절 가까이 올려놓을 것이다. 어느 가정은 연비가 15mpg〔갤런당 마일(mile per gallon)〕인 낡은 지프 그랜드 체로키(Jeep Grand Cherokee)를 핸들링이 더 우수하고 실제로 적재 가능 화물량도 동일할 뿐 아니라 연비를 29mpg로 크게 개선한 VW 왜건으로 바꿀 수 있다. 그러면 휘발유 가격이 크게 오르는 상황에서도 그 가족이 운전하는 데 드는 마일당 비용은 전과 거의 동일해진다. 게다가 휘발유 가격이 계속 올라가면서 제조사들이 연비를 개선한 모델을 개발함에 따라, 심지어 IPCC가 촉구하는 이산화탄소세가 꾸준히 올라가더라도 운전에 드는 마일당 비용이 해마다 안정세를 유지할 것이다. 많은 유럽 국가에서는 휘발유 가격이 미국보다 2배 이상 비싸다. 하지만 유럽인은 일반적으로 미국인보다 휘발유 소비가 적다. 게다가 그들이 운전하는 자동차에 대해 덜 행복해한다는 증거는 어디에도 없다.

단호한 이산화탄소세를 지불할 경제적 여력이 없다는 데 기반을 둔 반대는, 우리가 지구 온난화 추세와 관련한 기상 이변 탓에 극적인 비용 상승을 견뎌낼 각오를 해야 한다는 증거가 쏟아지면서 더욱 힘을 잃는다.[9]

이산화탄소세의 순비용에는 적절하게도 결과적으로 기후에 미치는 피해가 줄어드는 데 따른 공제액도 포함될 것이다.

그 밖의 비판론자들은 이산화탄소세가 일자리를 파괴할 거라고 주장했다. 하지만 요즘은 앞으로 몇 년 동안 그러한 세금을 단계적으로 도입하겠다고 발표하면, 그로 인한 즉각적 효과로 일자리가 사라지는 게 아니라 오히려 수많은 새로운 일자리가 창출된다. 도입이 임박한 탄소세는 현재의 수많은 에너지 사용 공정을 쓸모없게 만들어버리므로, 기업으로 하여금 쌓아놓은 자사 유휴 자금을 당장 사용하도록 강력한 동기를 부여한다. 직원을 고용하고 좀더 효과적인 공정을 개발하기 위한 투자 지출이 지체 없이 이루어질 것이다. 최근 몇 년 동안만 해도 심지어 탄소세가 없는 상황에서조차 재생 에너지 부문에서 창출된 신규 일자리가 화석 연료 부문의 일자리 감소분을 크게 앞질렀다.[10]

여전히 다른 비판론자들은 탄소세 부과가 추상적 차원에서는 좋은 아이디어일 수도 있다고 인정하지만, 단 한 나라의 세금만 가지고는 지구온난화 문제를 해결하지 못하므로 무의미할 거라고 주장하는 데까지 나아간다. 당연히 이 문제에 효과적으로 대처하려면 모든 주요 국가들이 함께 노력해야 한다. 하지만 이 시점에서는 타협을 거부하는 미국의 태도가 집단적 실천을 가로막는 가장 큰 장애물 가운데 하나다. 미국과 유럽이 높은 이산화탄소세를 채택한다면, 이산화탄소에 과세하지 않는 나라에서 수입한 제품에 국경 조정금(border adjustment)을 부과하겠다고 압박함으로써 좀더 광범위한 협조를 이끌어낼 수 있다. 다른 나라들은 미국과 유럽 시장에 접근해야 할 필요성이 절실한데, 이는 우리에게 힘을 실어주는 상황이다. 세계의 무역 관련 단체는 수출국이 자국에서 탄소세를 시행하지 않으면 그들의 이산화탄소 배출량에 비례해 수입품에 과세하는 조치를

수용할 뜻이 있음을 내비쳤다.[11]

거듭 말하거니와 제안된 정책 변화가 효과적이라면, 원칙적으로 그에 영향받는 모든 사람이 최종적으로는 이득을 보도록 보장하는 것이 언제나 가능하다. 효과적인 정책은 정의상 그로 인한 이익의 총합이 그로 인한 비용의 총합보다 큰 정책이다. 따라서 그러한 정책을 채택함으로써 얻는 이득은 그것이 없었다면 손해를 보았을 사람들에게로의 이전(transfers)을 지원하는 데 쓰고도 남을 것이다. 매달 전화 요금 고지서에 나오는 칸의 30센트 공제는 전화번호 문의 전화 사례에서 볼 수 있는 그러한 이전의 한 형태다.

하지만 정치인들은 피구세 과세가 불가피하게 제기하는 분배적 관심에 따른 반대를 시종일관 제대로 다루지 못했다. 일례로 프랑스 대통령 에마뉘엘 마크롱(Emmanuel Macron)은 그 나라가 최근 부과한 유류세로 촉발된 폭력적인 '노란 조끼 시위(Gilets Janues protests: 정부의 유류세 및 자동차세 인상에 반대하며 2018년 10월 21일 프랑스에서 처음 시작된 이후 이탈리아·벨기에·네덜란드 등 주변국으로 번진 대규모 시위를 말한다. 시위대는 이러한 조세 개혁이 중산층과 노동 계급에만 부담을 지운다며 항의했다―옮긴이)'를 쉽게 피할 수도 있었을 것이다. 저소득층과 중간 소득층 유권자는 그들의 부유한 동료 시민들보다 더 작은 집에서 살며 더 작고 효율적인 차를 운전한다. 그들은 또한 멀리 떨어진 행선지로 비행기 여행을 떠나는 일도 훨씬 적다. 그림 11.2에 드러난 결과가 말해주듯, 세계 인구 가운데 상위 10퍼센트 부자들이 매년 배출되는 탄소 총량의 거의 절반을 만들어내고 있다.[12] 따라서 탄소에 기반한 그 어떤 세금도 그중 가장 큰 몫은 해당국에서 가장 잘사는 시민들이 내게 될 것이다. 더욱 중요하게, 마크롱은 유류세를 부과하는 목적이 세수를 추가로 올리기 위해서가 아니라 배출량을 감축하기 위해서라는 사실을 강

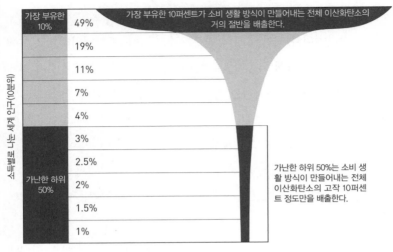

<table>
<tr><td>가장 부유한<br>10%</td><td>49%</td><td rowspan="5">가장 부유한 10퍼센트가 소비 생활 방식이 만들어내는 전체 이산화탄소의<br>거의 절반을 배출한다.</td></tr>
</table>

| | |
|---|---|
| 가장 부유한 10% | 49% |
| | 19% |
| | 11% |
| | 7% |
| | 4% |
| | 3% |
| | 2.5% |
| | 2% |
| 가난한 하위 50% | 1.5% |
| | 1% |

소득별로 나눈 세계 인구(10분위)

가장 부유한 10퍼센트가 소비 생활 방식이 만들어내는 전체 이산화탄소의 거의 절반을 배출한다.

가난한 하위 50%는 소비 생활 방식이 만들어내는 전체 이산화탄소의 고작 10퍼센트 정도만을 배출한다.

그림 11.2   세계 인구의 이산화탄소 배출량 비율(%). Oxfam.

조하는 데 실패함으로써 기회를 놓치고 말았다. 단순한 버전의 세수 중립 탄소세는 동일한 총액으로 걷은 세수 전체를 모든 납세자에게 재분배한다. 따라서 탄소 발자국이 평균 이하인 사람은 탄소세를 내는 사람보다 더 많은 돈을 돌려받는다.

만약 마크롱이 처음부터 유류세로 거둬들인 세수를 1인당 동일한 현금으로 모든 가정에 돌려줄 것임을 분명히 했다면, 저소득층 가정과 중산층 가정은 자신들이 유류세로 지불하는 금액이 받게 될 환급금보다 훨씬 더 적다는 것을, 따라서 그 정책을 실시하면 자신들이 결국에는 수혜자가 되리라는 것을 곧바로 이해했을 터이다. 저소득층 가정과 중산층 가정이 최근 몇십 년 동안 소득 정체를 경험해왔다는 사실이 탄소세를 기피하는 이유가 될 수는 없다. 그와 반대로 세수 중립 세금은 이들 가정이 경험해온 소득 정체에 대한 부분적 해결책으로서 설명하는 편이 한결 정확할 것이다.

최고 소득층에 속한 사람들은 당연히 심지어 세수 중립 세금의 경우라 해도, 전체적으로 보아 내는 금액이 늘어날 것이다. 하지만 그들은 자신이 필요로 하는 모든 것을 여전히 쉽게 손에 넣을 수 있으며, 12장에서 보게 되겠지만, 그 세금이 그들의 상대적 구매력에는 영향을 미치지 않기에 대체로 최상품을 구매하는 능력에 손상을 입지 않을 것이다. 그리고 탄소 집약적 활동은 세수 중립 세금 아래서조차 행하는 데 돈이 더 많이 들 테니, 배출량을 줄이고자 하는 유인은 그만큼 강력해질 것이다.

하지만 마크롱은 자신의 안을 이런 식으로 설명하지 않았다. 그리고 그 이니셔티브에 항의하는 폭력적 시위는 세계 차원의 기후 변화 완화 노력에 상당한 차질이 빚어질 수 있음을 말해주는 전조다. 프랑스가 끝내 유류세를 없던 일로 하고 난 뒤, 〈뉴욕타임스〉 독자 의견 꼭지에 실린 눈에 띄는 글의 제목은 "탄소세는 일단 잊어라"였다.[13]

하지만 탄소세를 잊는다는 것은 기후 변화를 억제하는 데 필요한 배출량 목표를 달성할 수 있다는 모든 희망을 포기하는 것이다. 대다수 유권자가 '탄소세'라는 말을 들으면 그 정책이 자신들을 더욱 가난하게 만들거라고 생각하는 것은 사실이다. 하지만 그것은 탄소세를 포기해야 하는 근거라기보다 해결 가능한 의사소통의 문제가 아닐까? 정치 지도자들이 감당해야 하는 몫은 어째서 높은 이산화탄소세를 도입하면 그렇게 하지 않을 때보다 모두의 삶이 한결 나아지는지를 쉬운 언어로 설명하는 작업이다.

그 설명은 그리 복잡하지 않다. 억만장자 톰 스타이어(Tom Steyer)가 이끄는 넥스트젠(NextGen) 재단은 온실가스를 줄이기 위한 조치를 지원하는 데 아낌없이 자금을 쏟아부어왔다. 그들이 세수 중립 탄소세가 어떻게 분배와 관련해 이로운 효과를 낳을지 설명하는 광고 캠페인에 뛰어들면 어떨까?

광범위한 탄소세 채택이 성취하기 어려운 주문일 거라는 데 의문을 표시할 사람은 없다. 예를 들어 2018년 엄청난 자금을 퍼부은 석유 기업들의 반대에 직면했을 때, 심지어 환경적으로 의식 있는 워싱턴주의 유권자들조차 탄소세를 촉구하는 국민투표에 반대했다.[14] 하지만 여전히 몇 가닥의 희망은 남아 있다. 2019년 봄, 캐나다의 4개 주가 추가로 애초의 톤당 15달러에서 2022년까지 톤당 37.50달러로 인상될 예정인 탄소세를 채택한 것이다.[15] 세계적으로 40여 개 정부와 미국의 9개 주는 이미 탄소에 대해 모종의 가격을 부여하고 있다.[16]

사실 피구세는 공공 정책을 연구하는 진지한 학자들 사이에서 전통적인 당파적 분열이 기본적으로 존재하지 않는 몇 안 되는 쟁점 중 하나였다. 예를 들어 조지 W. 부시 대통령 산하 경제자문위원회(Council of Economic Advisers) 회장을 역임한 보수적인 하버드 대학 경제학과 교수 그레고리 맨큐(N. Gregory Mankiw)는 피구세에 대한 열정에 고무된 나머지 2006년 피구 클럽(Pigou Club)을 결성했다. 이 단체의 회원은 현재 수많은 경제학자, 정치인, 각계 전문가, 그리고 정치적 스펙트럼에서 사실상 모든 지점에 있는 인물들로 이루어져 있다.[17]

정치적으로 까다로운 우리 시대에, 피구 클럽보다 견해차가 더 큰 회원들이 모인 단체는 찾아보기 어려울 것이다. [폴 크루그먼(Paul Krugman)과 그로버 노어퀴스트(Grover Norquist) 둘 다를 회원으로 둔 또 다른 조직에 대해 알고 있다면 말해보라.] (각각 진보와 보수의 대표 격이다—옮긴이.) 피구 클럽 회원들은 그 단체의 회원 명부에 본인 이름이 실려 있다는 사실만으로 오염세가 환경 오염을 억제하는 가장 효과적이고 공정한 방법이라는 피구의 주장을 공식적으로 지지하는 의미가 된다는 것을 입증하고 있다.

피구 클럽 회원들은 과세가 행동 외부성을 억제하기 위해 선택할 수 있는 해결책이기도 하다고 보느냐는 질문을 받지는 않았다. 하지만 행동 외부성에 과세하는 데 대한 찬성은 모든 면에서 피구가 더없이 설득력 있게 제시한 오염세에 대한 찬성과 동일하다.

---

8장에서 지적한 대로 규정은 데이터다. 세계적으로 여러 사회에서 채택한 규칙, 규정, 사회 규범의 패턴을 관찰해보면 우리는 사람들이 무엇을 가치 있게 여기는지 얼마간 알아차릴 수 있다. 만약 행동 외부성도 환경 외부성과 마찬가지로 비효율성으로 귀결된다면, 우리는 행동 외부성을 막는 효과를 지닌 조치가 많을 거라고 추측할 것이다. 설사 그러한 조치를 그런 관점에서 명시적으로 기술하지는 않는다 하더라도 말이다. 실제로 세계 여러 나라에서 볼 수 있는 과세나 규정의 패턴은 그러한 추측을 강력하게 뒷받침한다. 예컨대 대다수 국가는 알코올이나 담배—두 가지 소비 모두 행동 전염에 크게 좌우된다—에 적잖은 세금을 부과한다. 또한 대다수 국가는 기업체가 내거는 간판의 크기며 기타 특성을 규제하는 토지이용제한법을 시행한다.

하지만 행동 외부성이 초래하는 단연 최대의 낭비는 왜곡된 기본적 소비 패턴에서 비롯된다. 그리고 이 경우에도 그간 낭비적이라 여겨지던 지출을 줄이기 위한 시도가 광범위하게 이루어졌다.

예컨대 기원전 몇 세기경, 로마법은 장례식과 묘에 사용하는 비용을 제한하고자 시도했다. 심지어 화장용 장작은 다듬은 목재가 아니라 다듬어지지 않은 목재로 쌓아야 한다고 구체적으로 명시했을 정도다.[18] 17세기 중국에서는 사치금지법 아래 평민들이 고운 비단옷을 해 입거나 가정용품 및 말안장에 귀금속을 장식하는 행위를 금지했다.[19] 중세 유럽의 수많은 사법권 관할 구역에서는 리넨과 레이스 옷을 금지했다.

이런 조치는 이산화황 배출에 대한 처방적 규정과 마찬가지로 악명 높을 정도로 비효율적이었다. 만약 사람들이 선호하는 형태의 소비를 금지하면, 그들은 이내 효과적인 대체품을 찾아낸다. 나는 초기 저작에서 사치금지법에 대한 반응의 역사를 이렇게 기술했다.

리넨과 레이스 옷을 입지 못하게 막자 사람들은 이제 자신의 지위를 나타내기 위해 비싼 단추를 달았다. 14세기 무렵 "장신구 역할을 한 단추는 팔꿈치에서 손목까지, 목선에서 허리까지 달렸다". 금·은·상아 단추는 삽시간에 부와 지위의 상징으로 자리 잡았고, 그러자 일부 사법권 관할 구역에서는 이제 단추의 사용을 제한하는 좀더 강화된 사치금지법을 통과시켰다. ……일본에서는 에도 시대(1603~1867) 때, "점점 더 부유해진 상인 계급이 특정 종류의 의복을 입거나 보석류를 착용하는 행위, 그리고 특정 종류의 전통적 순수 예술 작품을 소지하는 행위를 사치금지법으로 막았다. 이 모든 것은 무사 계급과 그 이상 계급의 몫으로 남겨두었다". 상인 계급은 이에 대응해 그냥 자기 계급 고유의 예술 형태를 발달시켰는데, 그 가운데는 네쓰케(根付)라 불리는 정교하고 세밀한 소형 조각품도 있었다. 게다가 그들이 좀더 정교하게 조각한 네쓰케에 소비할 수 있는 액수에는 기본적으로 한계가 없었다. 중세 시대의 이탈리아 피렌체에서는 저녁 식사 때 서빙받을 수 있는 코스의 수를 제한하는 사치금지법을 시행했다. 이 법은 이내 페이스트리에 싸서 만든 소고기-파스타 토르테(torte: 크림·초콜릿·과일 따위를 혼합해 채운 케이크—옮긴이)를 비롯해 수많은 정교한 일품요리(one-dish meals)를 만들어내도록 자극했다. 이런 음식은 그것들이 대체한 다

코스(multi-course) 요리 못지않게 준비하는 데 시간과 비용이 많이 들었다.[20]

특정 사치품의 구입을 금지함으로써 낭비를 막고자 애쓴 사치금지법과 비교할 때, 그와 동일한 물품에 대한 과세는 몇 가지 잠재적 이점을 제공한다. 우선 그것은 이로운 행동에 대한 세금을 줄이는 데 사용할 수 있는 세수를 창출한다. 사치품에 세금을 매기는 조치는 노골적인 금지보다 덜 강압적이기도 하다. 계속 그 제품을 구입함으로써 최고의 기쁨을 맛보는 이들의 권리까지 지켜주기 때문이다.

하지만 실상 특정 사치품에 대한 과세는 거의 사치금지법에 버금가는 실패였다. 미국에서 볼 수 있었던 가장 최근의 예로, 의회는 1991년 사치라고 규정할 수 있겠다 싶은 구체적인 한계액—가령 자동차 3만 달러, 보트 10만 달러, 항공기 25만 달러, 그리고 모피와 보석류 1만 달러—을 넘어서는 모든 소비에 대해 세금 10퍼센트를 부과하는 법률을 통과시켰다. 이 경우 역시 오직 일부 범주에만 세금을 부과했으므로 구매자들은 매력적인 대체물을 쉽게 생각해낼 수 있었다. 예컨대 외국에서 구매한 보트는 개조한 중고 호화 요트에 대한 지출과 마찬가지로 세금이 면제되었다. 수많은 호화 자동차 구매자는 누진 소득세가 적용되지 않는 호화 SUV로 갈아탔다.

이 법률을 시행한 이후 처음 18개월 동안, 그로써 거둬들인 정부 세수는 전부 합쳐 채 1300만 달러도 되지 않았다. 당시 미 농무부의 운영 자금 3시간 분량에도 미치지 못할 정도의 소액이었다.[21] 새로운 과세의 주된 효과 가운데 하나는 엉뚱하게도 국내 보트 제조업체, 모피 상인, 귀금속 상인, 그리고 민간 항공기 제조업체 사이에서 재정적 손실과 파산이 속출한 것이었다. 그 세금은 1993년 격식이고 뭐고 없이 폐기되고 말았다.

상호 상쇄적 소비 형태를 완화하는 이론상으로 이상적인 방법은 모든 재화에 대해 그 '위치재적 성격(positionality)'에 비례해 세금을 부과하는 조치일 것이다. 앞서 설명했다시피 위치재란 다른 사람들과의 비교 속에서 소비자가 얼마를 지출하느냐에 따라 그 가치가 좌우되는 재화를 말한다. 그러므로 그렇게 좌우되는 정도가 심할수록 위치재적 성격은 더욱 강해진다고 볼 수 있다. 하지만 실제로 우리는 매년 시장에서 거래되는 수백만 가지 재화와 서비스의 위치재적 성격을 세밀하게 측정할 능력이 없다. 위치재에 대해 이와 같은 이상적인 소비세를 부과할 만한 처지에 있지 않은 것이다.

하지만 1942년 경제학자 어빙 피셔(Irving Fisher)와 그의 형 허버트 피셔(Herbert Fisher)는 그들의 책 《건설적인 소득 과세—개혁을 위한 제안(Constructive Income Taxation—A Proposal for Reform)》에서 현재의 소득세 제도를 간단히 손보는 것만으로도 얼마든지 위치재를 대상으로 하는 이상적인 소비세 과세에 근접할 수 있다고 밝혔다.[22] 그들은 현재의 소비세를 각 가정의 연간 소비 지출에 대한 좀더 과감한 누진세로 대체하자고 제안했다. 이런 말을 들으면 각 가정이 조세 당국에 소비 실태를 입증하기 위해 영수증 수천 개를 챙겨야 하는 곤혹스러운 장면이 떠오른다. 하지만 피셔 형제가 지적했다시피, 일단 우리가 한 가족의 총소득이 소비와 저축, 이렇게 두 가지 범주로 나뉠 뿐이라는 사실을 인식한다면, 그런 절차를 거쳐야 할 필요성은 사라진다. 따라서 그 가족의 전체 소비액을 산출하기 위해서는 오직 연간 소득과 총저축액에 추가된 연간 저축액, 이 두 가지 수치만 알면 된다.

모든 가정은 진즉부터 서류를 통해 조세 당국에 자신들의 소득을 입증해왔으며, 상당수 가정은 퇴직연금인 401(k)[미국의 내국세입법(Internal Revenue

Code) 401조 k항에 직장 가입 연금이 규정되어 있어서 그렇게 부른다—옮긴이)의 계좌 및 그와 유사한 '세금을 물지 않는(tax-sheltered)' 은퇴 저축 플랜(retirement savings plans)이 요구하는 데 따라 자신들의 연간 저축액에 대해서도 그렇게 하고 있다. 이 두 수치를 손에 넣으면, 과세되는 그 가정의 총소비는 소득 빼기 저축으로 산출할 수 있다. 저소득층 가정은 다른 가정보다 저축률이 낮은 경향이 있음을 인정해 상당 규모의 표준 공제액—이를테면 1인당 1만 달러—을 빼고 계산한다.

과세되는 소비에 대한 한계 세율은 낮게 시작될 것이다. 저소득층 가정이나 중산층 가정이 현행 소득세에서와 같거나 더 낮은 세금 고지서를 받을 수 있도록 하기 위해서다. 그런 다음 한계 세율은 과세되는 소비가 증가함에 따라 꾸준히 올라갈 것이다. 현행 소득세 아래서는 경제학자들이 저축 및 투자 동기가 감소하지 않도록 최고 한계 세율을 너무 가파르게 인상하지 말라고 경고한다. 반면 누진세 아래서는 그런 걱정이 사라진다. 즉 소비에 대한 최고 한계 세율이 높으면 실제로 저축 및 투자 동기는 되레 증가한다.

일례로, 과세 소비액이 연간 400만 달러가 넘는 가정의 경우, 과세 소비에 대한 최고 한계 세율이 100퍼센트로 늘어났다고 가정해보자. 이는 그 가정이 400만 달러 넘게 소비할 경우 1달러가 늘어날 때마다 1달러를 세금으로 내야 한다는 의미다. 어느 부유한 가정이 현행 소득세 아래서 100만 달러가 소요되는 대저택의 증축을 고려하고 있다면, 거기에 드는 비용은 증축 자체에 드는 돈 100만 달러와 초과 조세로 내야 하는 100만 달러를 합해 총 200만 달러가 될 것이다.

심지어 가장 부유한 소비자도 가격이 더 올라가면 더 작은 주택을 짓는다. 예를 들어 제곱피트당 가격이 미국의 다른 어느 도시보다 비싼 뉴욕시 맨해튼에서는 대다수 억만장자도 5000제곱피트(약 470제곱미터—옮긴이)의 아파트에서 살아가는 데 만족하지만, 그보다 부동산 가격이 더 저렴한 시장에서는 많은 사람이 그 2배가 넘는 크기의 주택을 선택할 것이다.

바로 그 안에 누진 소비세가 어떻게 방대한 액수의 공짜 돈을 무에서 창출해내는지 말해주는 힌트가 있다. 증거에 따르면, 일단 주택이 일정 크기에 도달할 경우, 그보다 면적이 더 넓어진다고 해서 집주인의 행복도가 측정 가능한 정도로 늘어나지는 않는다. 외려 그와 반대로 더 큰 집을 관리하는 데 드는 성가신 일 때문에 부자들은 실제로 너나없이 더 큰 집을 지을 경우 덜 행복해질 공산이 있다. 따라서 누진 소비세는 고가품 소비의 증가세를 늦춰주기 때문에 부유한 소비자들로부터 아무런 실질적 희생을 요구하지 않는다. 하지만 그것은 감지 가능한 다채로운 방식으로 모든 사람의 삶을 개선할 수 있도록 자원을 이용하게 해준다.

이를테면 세수 추가분의 일부는 전 범위의 소득 수준에 걸친 모든 가정에 이로운 인프라를 수리·보수하는 데 쓰일 수 있다. 게다가 그 세금은 상위 소득자의 소비 증가율을 늦춤으로써, 소득 사다리 아래쪽의 가정이 수지 균형 맞추는 일을 더욱 어렵게 만드는 소비 폭포 효과를 완화해준다.

경제학자 로런스 세이드먼(Laurence Seidman)은 누진 소비세를 처음엔 연간 소득이 100만 달러가 넘는다고 신고한 가정의 과세 소비에 대해서만 부과하는 것으로 시작한 뒤 차차 단계적으로 도입해야 한다고 제안했다.[23] 수입이 100만 달러보다 적은 가정은 현행 소득세 아래서 요구되는 정도의 세금만 내고, 수입이 100만 달러보다 많은 가정은 자신들의 연간 저축액을 신고한 다음 소득과 저축액 간의 차이분에 대해 누진 소득세를 적용받는 것이다. 정책 입안자들이 이러한 누진 소비세 추가분에 보이는 반응을 경험함에 따라 세율은 조정되고 그 문턱도 점차 낮아질 수 있다. 시간이 흐르면서 이 새로운 과세 형태가 서서히 현행 소득세를 대체할 것이다.

누진 소비세를 처음에 이처럼 점진적이고 단계적으로 도입하면 고가품 소비의 증가율이 소폭 감소하고, 그에 따라 저축액이 증가하는 효과가 발생한다. 계속해서 불어난 저축은 자본 시장이 유망한 신종 프로젝트에 추가 자본을 쏟아붓도록 이끌어감에 따라 투자를 더욱 늘리는 결과를 낳는다. 이어 투자가 늘어나면 생산성이 증가한다. 처음에는 총고용과 마찬가지로 총소비가 기본적으로 동일한 상태를 유지한다.

누진 소비세가 꾸준히 소득세를 대체해가면, 국민소득에서 사적 소비에 쓰이던 몫은 점차 줄고, 민간과 공공 양자의 투자에 할애되는 몫은 늘어난다. 하지만 높아진 투자는 국민소득의 성장률을 끌어올리므로, 누진 소비세 아래서는 결국 절대적 소비 수준이 소득세에 기반한 과거 경제에서 볼 수 있던 절대적 소비 수준을 능가하게 된다. 따라서 누진 소비세로의 전환은 사실상 모든 이에게 사적 이익과 공적 이익을 동시에 안겨주는 정책적 변화다.

대다수 미국인은 이미 누진 소비세에 거의 상응하는 조세 제도 아래에서 살아가고 있지만 많은 사람이 그 사실을 제대로 인식하지 못한다. 이들 대다수는 현재 401(k) 계좌나 개인 퇴직 계좌(individual retirement account, IRA) 같은 '은퇴 저축 플랜'에 추가된 자본에 허용하는 공제 혜택을 제대로 누리지 못하는 납세자다. 〔가령 2019년 401(k) 계획의 연간 최대 공제액은 1만 9000달러였다.〕[24] 따라서 대다수 미국인의 경우, 현행 소득세 아래서 볼 수 있는 덜 소비하고 더 저축해야 한다는 동기는 누진 소비세 아래서도 거의 달라지지 않는다.

하지만 중요한 단서가 하나 있다. 대다수 고소득 납세자는 이미 현재의 여러 은퇴 저축 플랜이 허용하는 최대 공제액보다 훨씬 더 많은 돈을 저축하고 있다. 그리고 저소득층과 중산층 가정의 상황을 더욱 어렵게 만드는 소비 폭포 효과를 촉발해온 것이 다름 아닌 이 집단의 소비였다. 따라서 최고 한계 세율을 더 올리고, 저축 공제액 한도를 제거하는 것이 누진 소득세에 내재하는 재정적 연금술을 촉발하는 데 필요한 중요한 두 가지 조치다. 우리는 어느 편에도 고통스러운 희생을 안겨주지 않고, 그런 조치가 없었더라면 쓸모없는 위치재적 군비 경쟁에 탕진했을 자원을 진정으로 유익한 민간·공공의 투자를 지원하는 데 사용할 수 있다.

고소득층 가구는 일반적으로 그 밖의 계층에 속한 가구보다 비과세 저축의 기회를 더욱 잘 활용할 수 있으며, 높은 최고 한계 세율 역시 그들에게 그렇게 하게끔 하는 강력한 동기가 되어준다. 소득세를 누진 소비세로 대체하면 시간이 지남에 따라 소비 불평등이 줄어드는 바람직한 효과가 나타나겠지만, 더불어 부의 불평등은 되레 늘어나는 경향이 있을 것이다. 부자들은 누진 소비세 제도 아래서는 많은 재산을 남기고 사망하는데, 그 때문에 강력한 상속세를 유지하는 것이 중요하다.

이러한 요구 사항은 누진 소비세를 채택하자는 제안의 결함이 아니라 특색이다. 상속세를 없애려는 최근의 여러 시도는 실제로 심각하게 잘못 판단한 결과다. 상속세야말로 소중한 공적 서비스에 돈을 댈 수 있는 가장 공정하고 효과적인 방법 가운데 하나이기 때문이다. 본질적으로 이 세금은 마치 변호사의 '성공 보수(contingency fee: 변호사가 의뢰인을 위해 보상금을 받아냈을 때만 그 보상금의 일정 비율을 수임료로 받는 제도—옮긴이)' 계약과 같은 방식으로 작용한다.

이러한 계약은 사람들로 하여금 만약 그런 식이 아니었다면 가능하지 않았을 법률 제도에 접근하도록 해준다. 가령 청구한 손해 보상 금액을 받을 만하다고 믿는 변호사는 성공 사례를 기대하면서 의뢰인의 변론을 맡는 데 동의할 것이다. 즉 그들이 지면 의뢰인은 아무것도 지급하지 않지만, 이기면 변호사는 그 판결받은 보상금의 일정 비율(보통 30~40퍼센트)을 자기 몫으로 챙긴다. 상속세도 기본적으로 이런 방식과 동일하다.

대다수 사람들은 생을 마무리할 때쯤 부자가 되어 있지 못할 가능성이 높지만, 젊은 사람들은 대체로 자기 자신이 인생 말년에 어떻게 될지 알 수 없다. 그들은 직업 이력을 막 시작할 무렵 상속세에 대해 찬성표를 던짐으로써 그에 따른 세수 덕에 가능해진 향상된 공공 서비스를 평생 누릴 것이다. 그들 혹은 그들의 상속인 가운데 거의 누구든 상속세를 한 푼도 내지 않을 것이다. 상속세를 낼 정도로 충분히 운 좋게 인생 말년을 맞은 극소수 사람들은 하등 불평할 이유가 없다. 소송에서 승리한 원고가 자신이 의뢰한 변호사에게 성공 보수를 지불하는 데 대해 불평할 까닭이 전혀 없는 것처럼 말이다.

그 극소수 집단에서 가장 사려 깊은 구성원은 턱없이 많은 유산을 남겨주었을 때 자신의 자녀들이 떠안는 위험에 대해서도 의식하고 있다. 성공적인 이력을 시작하려면 흔히 일련의 어려운 단계를 거쳐야 한다. 25세 즈음에 거액의 신탁 자금을 유산으로 물려받으리라 기대하는 젊은 사람은 대체로 그런 단계를 밟아나갈 수 있는 동기와 자제력이 부족하다.

1인당 1140만 달러 이하의 상속세에 대해 비과세하는 현행법은 중용을 따르려 애쓰고 있다. 문턱이 그렇게나 높은 상황에서는 상속세가, 자녀들에게 성공적인 기회를 제공해주었으면 하는 바람에서 열심히 일하고 알뜰하게 저축하는 부모들에게 아무런 해도 끼치지 않는다. 만약 우리가 누진 소비세를 채택한다면, 적어도 현재 버전만큼 강력한 상속세를 유지하는 데 중요한 정치적 우선권을 두게 될 것이다.

———————

현명하게도 많은 행동경제학자는 유권자들이 피구세라는 해결책을 절대 수용하지 않을 것임을 인식했다. 그래서 그 분야 전문가들은 대신 사람들 선택의 질을 향상시킬 수 있는 세금과 무관한 정책에 주목해왔다. 경제학자 리처드 탈러(Richard Thaler)와 법학자 캐스 선스타인〔탈러와 선스타인은 우리나라에도 번역·소개된 책 《넛지: 똑똑한 선택을 이끄는 힘(Nudge: Improving Decisions about Wealth, Health and Happiness)》의 공저자다—옮긴이〕은 선택지를 제시하는 방법을 달리함으로써 선택에 영향을 미치는 관행을 기술하기 위해 **선택 설계**(choice architecture)라는 용어를 만들어냈다.[25]

예컨대 전략적인 디폴트 옵션(default options: 지정하지 않았을 때 자동으로 선택되는 옵션—옮긴이)의 사용은 수많은 상황에서 대단히 효과적인 것으로 드러났다. 사람들은 저축을 적게 하는 경향이 있으므로 흔히 은퇴 전 절반 수준의 생활조차 유지하기 어려운 자산을 보유한 채 은퇴한다. 급여 저축 플랜 참여율이 낮은 것이 이러한 부족의 한 가지 이유다. 예를 들어 고용주가 노동자로 하여금 급여 저축 플랜에 가입하도록 요구한, 한때 일반적이던 관례 아래서는 참여율이 대체로 50퍼센트 혹은 그 이하였다. 하지만 경제학자 브리지트 매드리언(Brigitte Madrian)과 데니스 셰이(Dennis Shea)가 실시한 영향력 있는 실험에서, 한 대기업은 자사의 급료 저축 플랜에 가입하는 것을 디폴트 옵션으로 만들었다. 그 회사의 직원들은 참여하지 않기 위해 적극적 조치를 취하지 않는 이상 자동적으로 거기에 가입되었다. 이런 방식 아래서는 새로운 직원들의 참여율이 86퍼센트까지 치솟았다.[26]

디폴트 옵션은 다른 수많은 영역에서도 더 나은 결정을 내리도록 독려한다. 대다수 사람들은 장기 기증자가 되는 걸 좋은 일이라고 여기지만, 그렇게 하기 위해 적극적 조치를 취해야 한다면 자진해서 나설 사람이 거의 없다. 하지만 대다수 사람들은 장기 기증이 디폴트 옵션으로 되어 있을 경우, 그저 서류 한 장만 작성하면 참여하지 않을 수 있는데도 기꺼이 그 상태로 남아 있다.[27] 이런 식의 간단한 변화만으로도 흔히 놀라울 정도로 커다란 효과를 거둔다. 일례로 술집에서 제공하는 맥주 한 잔의 디폴트 크기를 줄이자 문제성 음주의 발생이 줄어든 것으로 드러났다.[28]

이 책에서 논의하는 중요한 가정을 확인해주는 것으로서, 행동과학자들은 동료 행동에 대해 직접적으로 언급하는 것이 사람들의 선택에 영향을 미치는 가장 강력한 방법임을 보여주기도 했다.[29] 심리학자 로버트 치알디니가 이끈 연구진은 이 점을 강조할 목적으로, 투숙객에게 목욕 수건을 재사용함으로써 에너지 절감을 독려하고자 한 호텔의 메시지 전달 전략이 어떻게 실패하는지 살펴보았다. 전형적인 실패 사례는 다음과 같은 메시지가 적힌 카드를 욕실에 놔둔 것이었다. **"환경을 살리도록 도와주세요: 당신은 머무는 동안 수건을 재사용함으로써 자연에 대한 당신의 존중을 보여주고 환경을 살리는 데 일조할 수 있습니다."** 이 메시지를 본 투숙객은 38퍼센트만이 수건을 재사용했다.

호텔에서 널리 사용하는 두 번째 메시지 카드는 수건 재사용을 통한 에너지 절감을 환경 보호 단체와 공유하도록 권유하는 식으로 협조를 구하려 했다. **"환경을 살리도록 돕기 위해 우리와 협력해요: 당신이 이 프로그램에 참여하는 대가로, 호텔에서 일하는 우리는 에너지 절감액의 일정 비율을 비영리 환경 보호 단체에 기부할 것입니다. 환경은 우리 모두의 노력으로 지킬 가치가 있습니다. 당신은 머무는 동안 수건을 재사용함으로써 우리와 함께할 수 있습니**

다." 이 메시지는 앞의 것보다 효과가 더 떨어졌다. 그 카드를 본 투숙객의 36퍼센트만이 수건을 재사용한 것이다.

이어 연구진은 그들이 자체적으로 설계한 메시지 카드를 가지고 시도해보았다. 동료들이 어떻게 반응했는지 투숙객이 인식하도록 해준 카드였다. 거기에는 이렇게 쓰여 있었다. **"환경을 살리도록 돕는 일에 다른 투숙객들과 함께해요: 우리가 새롭게 시도하는 자원 절약 프로그램에 동참하도록 요청받은 투숙객의 약 75퍼센트가 수건을 한 번 이상 재사용함으로써 도움을 주고 있습니다. 당신은 머무는 동안 수건을 재사용함으로써 환경을 살리도록 돕는 다른 투숙객들의 실천에 동참하실 수 있습니다."** 이 메시지는 세 가지 가운데 단연 가장 효과적이었다. 그 카드를 본 투숙객의 48퍼센트가 한 번 이상 수건을 재사용한 것이다.[30]

선택 설계는 특정 선택지를 제시하는 위치를 물리적으로 조작함으로써 사람들의 선택을 개선해줄 수도 있다. 예를 들어 탈러와 선스타인은 식당에서 음식을 제시하는 상황에 따라 좀더 건강한 음식을 선택하도록 독려할 수 있다고 주장했다. 만약 식당 줄의 초입에, 그리고 눈높이 가까이에 건강한 음식을 배치하면 사람들은 그 음식을 더 자주 선택한다. 환한 조명을 비추어 건강한 음식을 특별히 강조하는 조치도, 흔히 병목 현상이 일어나는 계산대 가까이에 상품을 진열해두는 경우와 마찬가지로, 그것이 선택될 가능성을 더욱 높인다. 그리고 과일은 속이 안 보이는 바구니보다 철사 바구니에 담아놓을 때 고객의 선택 가능성이 더 커진다.[31]

탈러와 선스타인이 불러일으킨 넛지 운동(nudge movement: 그들은 본시 '팔꿈치로 쿡 찌르다'는 의미의 넛지를 '사람들의 선택을 유도하는 부드러운 개입'이라고 정의한다—옮긴이)은 전 세계적으로 눈부신 성공을 거두었다. 2017년 〈이코노미스트(Economist)〉에 실린 어느 리뷰는 정책 입안자들이 어떻게 행동과학의 통찰을 받아들이기 시작했는지에 대해 이렇게 기술했다.

2009년 버락 오바마 대통령은 선스타인 씨를 백악관 산하 '정보규제관리국 (Office of Information and Regulatory Affairs)'의 국장으로 임명했다. 이듬해에 탈러 씨는 영국 정부가 행동통찰팀(Behavioural Insights Team, BIT)을 설립했을 때 그 고문역을 맡았다. BIT는 이내 '넛지 팀(nudge unit)'으로 널리 알려지게 된다. 만약 정부에 운영비를 적어도 10배(연간 50만 파운드) 절감해주지 않았다면 그 조직은 2년 뒤 문을 닫아야 했을 것이다.

하지만 BIT는 운영비를 약 20배나 절감하면서 계속 운영되었을 뿐 아니라 전세계적 트렌드의 시작을 이끌었다. 오늘날 수많은 국가의 정부들은 비용을 절감하고 더 나은 성과를 올리기 위해 넛지에 관심을 기울이고 있다. 2014년 백악관은 '사회과학 및 행동과학 팀(Social and Behavioural Sciences Team)'을 출범시켰다. 애버리스트위스 대학(Aberystwyth University)의 마크 화이트헤드(Mark Whitehead)가 그해 내놓은 보고서에 따르면, 51개국에서 '중앙 정부가 지휘하는 정책 이니셔티브들'이 행동과학의 영향을 받은 결과였다. 2008년 하버드 대학이 설립한 아이디어42(Ideas42) 같은 비영리 단체는 전 세계적으로 넛지 형태를 띤 수십 가지 시도 및 프로그램을 운영하는 데 도움을 주고 있다. 2015년 세계은행(World Bank)이 설립한 모 기관은 현재 가난한 52개국에 행동과학을 적용하고 있다. 유엔은 2030년까지의 목표 목록인 '지속 가능한 발전 목표(sustainable development goals)'를 달성하는 데 도움을 얻고자 넛지에 의존하고 있다.[32]

넛지 팀이 내놓고 있는 천문학적 수익률을 감안하건대, 각국 정부가 그 수익률을 계속해서 더 키우고자 하는 근거는 다분하다. 하지만 만약 피구세 해법을 유권자의 마음에 들도록 제시하는 방법을 찾아내지 못한다면, 우리는 대단히 중요한 정책적 기회 다수를 그저 흘려버리고 말 것이다. 예를 들어 사회적 규범을 언급하는 것은 사람들로 하여금 호텔 수건을 재사용하도록 만드는 데 효과적이며, 손닿기 쉬운 곳에 건강한 음식을 두는 것은 더 많은 사람이 그 음식을 선택하도록 만드는 데 효과적이다. 하지만 판돈이 상당히 클 때는 흔히 좀더 강력한 인센티브가 필요하다.

예를 들어, 앞서 지적한 바와 같이, 과학자들은 이산화탄소에 대해 높은 피구세를 채택하지 않으면 파괴적인 기후 변화가 제기하는 실존의 위협에 대처하기 어렵다는 데 동의한다. 그와 유사하게 가능하면 최고 학군에 위치한 주택을 구매하고자 맹렬하게 입찰 경쟁에 뛰어드는 부모들을 말릴 수 있는 간단한 넛지를 떠올리기란 어렵다. 과거에는 이처럼 판돈이 큰 상황에서 제약을 요구하는 데 성공하려면 그 제약을 유일하게 실현 가능한 옵션으로 만들어야 했다. 예컨대 기업은 오직 우리가 그렇게 할 수 있는 거래 가능한 비싼 배출권을 요구할 때에야 이산화황을 대기 중에 토해내는 일을 멈추었다. 그리고 노동자는 사회 보장 수표의 재원이 되는 자금에 대한 은퇴 전 접근이 더는 가능하지 않아야만 비로소 더 나은 학군의 주택을 사려는 경쟁에서 다소나마 벗어날 수 있었다.

희망적인 조짐은 정책 입안자들이 피구세 시행에 성공했을 때, 해당 공동체는 일반적으로 그 세금의 효력을 이내 인정했다는 사실이다. 이는 가령 이산화황 배출권 거래제에서도, 그리고 그보다 규모가 좀더 작기는 하지만 전화번호 문의 전화에 대한 요금 부과 사례에서도 마찬가지였다.

스톡홀름시가 2006년 혼잡 통행료를 채택하기 전, 그 제도에 대한 대중의 지지율은 30퍼센트 부근을 맴돌았다. 이해할 수 있겠듯이 관리들은 그것을 밀어붙이는 데 대해 우려했다. 하지만 그 정책이 믿을 만하다고 확신하게 되면서 실험적으로 혼잡 통행료 제도를 시행했다.[33] 습관적인 반대론자들의 예측에 도전한 그 조치는 하룻밤 사이에 성공을 거두었다.

혼잡 구간의 교통사고가 순식간에 20퍼센트 정도 감소함으로써 이동 시간이 대폭 줄어들고 공기의 질도 크게 향상되었다. 6개월간의 시험 기간을 마칠 무렵, 스톡홀름 시민의 52퍼센트 이상이 혼잡 통행료를 영구적인 제도로 채택하는 데 찬성했다. 5년 뒤 이 프로그램에 대한 대중의 지지는 약 70퍼센트 상태를 유지했으며, 그 수치는 혼잡 통행료에 의해 가장 직접적으로 영향받는 자동차 운전자들 사이에서조차 50퍼센트를 넘었다.[34]

이 경험을 바탕으로 스톡홀름시의 교통국장 요나스 엘리아손(Jonas Eliasson)은 다른 도시 지도자들에게도 더욱 대담해지라고 촉구했다. 그는 "당신이 정책 이행에 점점 더 가까이 다가갈수록 여러 장애가 더욱더 도드라져 보인다"며 "어떻게든 이러한 정치적 사망의 계곡에서 살아남으면 …… 지지세는 다시 올라가기 시작할 것이다"라고 덧붙였다.[35]

행동 전염은 개별 시민의 견해와 선택에뿐 아니라 공무원이나 정책 입안자의 그것에도 영향을 미친다. 국회의원들로 하여금 산성비에 대한 해결책으로서 피구세를 채택하라는 경제학자들의 권유를 받아들이도록 설득하기까지는 근 30년이 걸렸다. 하지만 그러한 접근법을 시도하고 성공시킬 때마다 추가적인 시도를 가로막고 있던 장애물이 시시각각 사라졌다.

그 밖에도 희망적인 조짐은 더 있다. 예를 들어 뉴욕시는 수십 년간의 저항을 이겨내고 업무 시간 동안 맨해튼 60번가 남쪽에 진입하는 자동차와 트럭에 혼잡 통행료를 부과하기 시작할 것이다.[36] 그리고 3장에서 개인에게 미치는 동료 영향에 대해 논의했는데, 동료 영향은 개인뿐 아니라 도시 차원에서도 중요하다는 것을 보여주는 증거가 있다. 교통 혼잡 문제로 골머리를 앓는 다른 몇몇 도시에서도 관리들이 혼잡 통행료 채택을 저울질하면서 그 정책이 뉴욕에서 어떤 효과를 내고 있는지 면밀히 추적 관찰하고 있다. 오리건주 교통국 관리 트래비스 브로워(Travis Brouwer)는 포틀랜드(Portland: 오리건주 북서부의 항구 도시—옮긴이)가 혼잡 통행료에 대해 아직 결정을 내리지 못하고 있는 상황과 관련해 "뉴욕의 혼잡 통행료 활용은 게임 체인저(game-changer: 상황 전개를 완전히 바꿔놓는 사람이나 아이디어 및 사건—옮긴이)가 될 수 있다"고 말했다. 로스앤젤레스·샌프란시스코·필라델피아·시애틀도 혼잡 통행료 채택을 고려해왔는데, 이들 도시의 관리들은 하나같이 뉴욕시의 조치에 자극을 받았다고 밝히고 있다.[37]

최근에 드러나는 움직임에도 불구하고, 정치적 양극화가 피구세 과세를 채택하는 데 가공할 걸림돌로 남아 있음은 누구도 부인하기 어렵다. 다음 장에서 나는 조세에 대한 반감이 주로 간단하지만 막강한 인지적 착각에서 비롯된다고 주장할 것이다.

# 12

# 모든 인지적 착각의 어머니

만약 피구세 과세가 일반적으로 처방적 규제나 노골적 금지 같은 그 대안들보다 덜 거슬리고 더 효과적이고 좀더 공정한 행동 외부성의 해결책이라면, 왜 입법자들은 피구 접근법의 수용을 그토록 주저하는가?

그럴듯한 답은 정치인들의 가장 우선적 관심사가 재선 성공이라는 사실이다. 그들은 유권자의 분노를 불러일으킬까 봐 두렵기 때문에 과세로 외부성을 해결하는 방법에 한사코 저항한다.

하지만 이는 분명한 질문을 제기한다. 즉 조세 해법이 그렇게나 이득이 많다면 왜 그것은 유권자의 분노를 살까? 나는 이 장에서 일반적으로 유권자들, 구체적으로는 부유한 유권자들이 내가 말한 이른바 **모든 인지적 착각의 어머니**로 인해 고통받고 있다고 주장할 것이다. 즉 그들이 더 많은 세금을 내야 한다면 자신이 원하는 것을 사기가 더 어려워지리라고 믿는다는 것이다. 착각에 불과한 수많은 다른 믿음과 마찬가지로 이 믿음 역시 대다수 사람에게 자명한 사실인 것 같은 인상을 풍긴다. 그렇더라도 앞으로 설명하겠지만, 그 믿음은 전혀 근거가 없다.

물론 많은 부유한 유권자들은 공익을 뒷받침하기 위해 좀더 많은 세금이 부과되는 것은 기꺼이 받아들인다. 하지만 그렇다고 해서 그들이 납세를 괴로워하지 않는 것은 아니다. 이들 유권자 대다수는, 그들이 상상하기에, 유쾌하지 못하게 가처분 소득이 줄어드는 상황을 마지못해 견디면서도 자신들이 감내하는 고통보다 부가적인 공공 투자의 가치가 더 크다고 여긴다.

하지만 그동안에는 이와 상반된 결론에 도달하는 부자 유권자들이 훨씬 더 많았다. 즉 부가적인 공공 투자로 인해 얻게 되었다고 느끼는 이득이 높은 세금에 따른 개인적 희생을 보상하기에는 불충분했던 것이다. 그래서 그들은 자기네 마음대로 사용할 수 있는 가공할 수단을 총동원해서 세금 인상에 극렬하게 저항해왔다.

따라서 대다수 부유한 유권자들은 자신이 세금 정책에 대해 어떤 입장에 서 있든 높은 세금은 필연적으로 불쾌하리만큼 개인의 소비 지출을 감소시킬 거라고 믿는다.

나는 이 믿음을 '모든 인지적 착각의 어머니'라고 부른다. 그 믿음이야말로 행동과학자들이 지금껏 확인한 다른 어떤 착각보다 더 큰 피해를 낳았기 때문이다. 그것이 지금껏 일으킨 피해는 앞으로 일으키게 될 피해와 비교하면 아무것도 아니다.

좋은 소식이라면 그 착각의 기저를 이루는 인지 과정이 비교적 단순하다는 점이다. 평균적인 중학생만 되어도 그 인지 과정에 깔린 논리를 쉽게 이해할 수 있다. 게다가 일단 그 논리를 이해하게 되면 그 착각은 본래의 파괴력을 잃고 만다.

'모든 인지적 착각의 어머니'를 야기하는 특정 정신적 휴리스틱〔mental

heuristics: 휴리스틱은 불충분한 시간이나 정보로 인해 합리적 판단을 할 수 없거나, 체계적이면서 합리적인 판단이 군이 필요치 않은 상황에서 사람들이 빠르게 이용할 수 있도록 좀더 용이하게 구성된 간편 추론 방법을 말한다. 스코틀랜드 철학자 윌리엄 해밀턴 경(Sir William Hamilton, 1788~1856)이 발견, 발명, 문제 해결의 논리학에 최초로 '휴리스틱'이라는 이름을 붙였다. 우리말로는 간편법, 간편추론법, 추단법, 어림법, 어림셈, 어림짐작법, 주먹구구법, 편의법, 쉬운 발견법, 판단 효과, 발견법, 경험적 지식, 즉흥적 추론, 지름길 등 다양하게 번역된다. 그렇지만 각 표현이 휴리스틱의 여러 특성을 조금씩 다르게 강조한다는 점을 고려해 그냥 '휴리스틱'으로 옮기는 게 일반적 추세다—옮긴이], 즉 경험 법칙 (rule of thumb)을 기술하기에 앞서, 일반적으로 인지적 착각의 속성에 대해 간략히 논평하는 것으로 시작하면 도움이 되리라.

삶은 복잡하다. 우리는 날마다 우리가 의식적으로 처리할 수 있는 정도를 훌쩍 뛰어넘는 몇 테라바이트나 되는 정보의 홍수 속에서 살아간다. 그에 대처하기 위해 우리 신경계는 다양한 휴리스틱을 사용한다. 2장에서 보았듯 이러한 경험 법칙은 흔히 완전히 의식적인 인식의 영역 밖에서 작동한다. 이것은 대부분의 시간 동안 꽤나 잘 굴러간다. 하지만 설계상의 중대한 제약 탓에 완전하지는 않다.

그림 12.1에서 A와 B 중 어느 정사각형이 더 진해 보이는가? 당신이 만약 A가 더 진해 보인다고 생각한다면 당신의 눈과 뇌는 정상적으로 작동하고 있는 셈이다. 하지만 이 경우, 당신의 판단은 부정확하다. 이른바 '체크무늬 그림자 착각[checker shadow illusion: 착시 현상 중 하나로 1995년 MIT의 시과학(Vision Science) 교수 에드워드 애덜슨(Edward H. Adelson)이 소개한 것이다—옮긴이]'에서 정사각형 A는 정사각형 B와 정확히 같은 회색이다. 그림을 유심히 살펴보라. 만약 당신의 뇌가 내 뇌와 같다면, 그 그림은 당신에게 이렇게 말할 것이다. "그럴 리가 없어!" 그럼에도 불구하고 그것은 사

**그림 12.1** Edward H. Adelson, MIT, http://persci.mit.edu/gallery/checkershadow.

실이다.

심리학자 리처드 와이즈먼(Richard Wiseman)은 거기에 대해 이렇게 설명한다.

> 당신의 눈과 뇌는 두 정사각형이 동일한 회색이라고 보지만 이어서 이렇게 생각한다. '잠깐, 그림자 속에 놓인 정사각형이 그림자 바깥에 있는 정사각형과 동일한 양의 빛을 반사한다면, 실제로는 정사각형 B가 훨씬 더 밝은 회색이어야 해.' 결국 당신의 뇌는 그 이미지에 대한 당신의 인지를 수정한다. 당신의 뇌가 현실 세계에 있다고 생각하는 바를 당신이 보도록 하기 위해서 말이다.[1]

이 설명은 그럴듯하게 들리긴 하나 대다수 사람을 설득하기에는 역부족이다. 하지만 이제 그림 12.2의 수정된 이미지를 살펴보라. 그리고 그림과 같이 둘을 연결할 경우 정사각형 A와 정사각형 B는 아무런 차이도 없다는 데 주목하라. 이 두 번째 그림을 보고서야 나는 비로소 A와 B가 실제로 동일한 회색일지도 모르겠다고 생각할 수 있었다.

그림 12.2　Edward H. Adelson, MIT, http://persci.mit.edu/gallery/checkershadow.

　체크무늬 그림자 착각이 극적으로 보여주는 바와 같이, 논란의 여지없이 참처럼 보이는 말("정사각형 A는 정사각형 B보다 더 진하다")이 실제로는 거짓일 수도 있다. 이 예는 높은 세금의 효과에 대한, 자명하게 참인 믿음 역시 거짓일 가능성이 있음을 말해준다.

　그 생각을 염두에 두면서 내가 처음에는 착각이라고 인식하지 못했던 '모든 인지적 착각의 어머니'에 관심을 갖도록 해준 경험들의 타임라인을 간략히 소개하고자 한다.

　나는 1972년 초 UC버클리에서 박사 학위를 받은 직후 그해 가을부터 코넬 대학에서 경제학을 가르치기 시작했다. 수학 학사 학위, 통계학 석사 학위를 취득했던지라 나는 그 당시 경제학을 지배하던 공식적인 분석적 연구법을 추구하기에 더없이 적합한 인물이었다.

　하지만 코넬 대학 경제학과는 그 접근법을 극단적인 형태로 추구했고, 그런 상황과 마주한 나는 결국 그 길을 포기하게 되었다. UC버클리는 나와 내 급우들이 관찰된 데이터와 똑같이 일관성을 띠는 행동 모델들 가운데 좀더 간단한 쪽을 선호하도록 독려했다. 그런데 당시 코넬 대학의 경제학자들 사이에서는 그 순서가 뒤바뀐 것처럼 보였다. 즉 특정 행동을 모델링하려는 누군가의 시도를 고려할 때, 그들이 즉각적으로 보인 반응은 그 모델을 좀더 수학적 형식을 띠고 좀더 복잡하게 만드는 방법을 고안하려 고심하는 쪽이었다.

그래서 1978년 가을 첫 연구년을 보내기 위해 이타카를 떠나 워싱턴 D.C.로 향할 때는 마치 신선한 공기를 들이마시는 것처럼 상쾌하기 그지없었다. 거기서 나는 민간항공위원회(Civil Aeronautics Board) 산하 경제분석청(Office of Economic Analysis)의 수장으로 일했다. 그곳의 정직원으로 근무하는 경제학자들은 수학적 형식주의에는 거의 관심이 없었다. 내 직업 이력 최초로 당혹스러운 인간 행동에 대한 비(非)과학기술적 고찰 쪽으로 기우는 나의 자연스러운 경향성을 마음껏 드러낼 수 있다고 느꼈다.

당시에는 내가 코넬 대학으로 돌아갈지 말지 확신하지 못했으므로 두 번째 해까지 워싱턴 D.C.에서 연구년을 이어갈 수 있도록 신청서를 내고 허락을 받았다. '모든 인지적 착각의 어머니'가 행동에 어떤 결과를 미치는지 처음 알아차린 것이 바로 그 두 번째 해였다.

나를 가장 당혹스럽게 만든 특정 행동은 건축업에 종사하는 자영업자들이 소득과 작업장 안전 사이에서 불가피한 트레이드오프를 다루는 방식이었다. 나는 내 사무실 근처에 구입한 연립 주택을 수리하는 과정에서 마무리 작업 및 벽과 천장의 페인트 작업을 위해 인부 4명을 고용했다. 관례적으로 그들은 너무 높아 닿지 않는 곳에서 일하기 위해 견고한 비계(scaffolding: 건축 공사를 할 때 높은 곳에서 일할 수 있도록 설치하는 임시 가설물—옮긴이)를 설치하는 게 아니라 5갤런짜리 '이음매 마감재(joint compound)' 양동이를 3개 쌓아올린 다음 그 위에 두께 5센티미터, 폭 30센티미터의 단단한 널빤지를 올려놓았다. 이 구조물은 대부분의 시간 동안 잘 작동했지만, 일주일에 최소 대여섯 번은 쿵하고 무너져 내려 모든 게 한데 뒤엉키곤 했다. 작업을 진행하는 동안 심각한 상해 사고는 일어나지 않았지만, 인부 일부는 고통스러운 자상과 타박상으로 고생하기도 했다.

그 광경을 목격할 때마다 왜 닿기 힘든 부분을 작업할 때 비계를 설치하지 않는지 물었다. 그들의 대답은 한결같았다. 거기에 필요한 장비가 비쌀뿐더러 필요할 때마다 옮겨서 다시 설치하는 데 시간이 많이 들기 때문이라고 했다.

그들은 사실상 적절한 비계를 설치하는 비용이 더 나은 안전에 그들이 부여하는 가치보다 크다고 말하고 있는 셈이다. 안전과 관련해 합리적 결정을 내리려면 늘 그에 따른 비용과 이익을 저울질해야 하기에, 당연히 본질적으로 이런 반응에 비논리적인 구석은 없다. 추가적인 안전에는 비용이 많이 들고, 우리가 제아무리 많은 돈을 쏟아붓는다 해도 위험을 완벽하게 제거하는 것은 사실상 불가능하다. 현명한 결정의 법칙이란 같은 돈을 다른 데 사용했을 때보다 추가적인 위험 감소의 가치가 덜해질 때까지 안전에 투자하는 것이다. 그 지점이 어디인지는 분명 의사 결정자의 소득과 선호에 따라 달라진다. 재산이 많고 기질이 신중한 사람은 일반적으로 다른 것보다 안전에 좀더 과감하게 투자한다. 그리고 가난한 나라들에서 살아봤거나 그런 나라들을 두루 다녀본 적이 있는 사람은 잘 알겠지만, 소득이 낮은 이들은 수입이 심지어 아주 조금만 느는 조건이라도 상당한 안전상의 위험을 감수하곤 한다.

하지만 내가 이상하게 여긴 것은, 내게 의뢰받은 작업 인부들이 전혀 가난하지 않음에도 큰 비용 들이지 않고 피할 수 있었을 위험을 묵묵히 감수했다는 점이다. 예를 들어 그들 모두는 비싼 융단이 내벽을 감싸고 있으며 고가의 최신형 오디오 장치를 장착한 갓 출시된 신형 밴을 몰고 작업 현장에 도착했다. 내가 그들에게 물었다. "연식이 얼마 안 된 중고차를 몰고, 그렇게 해서 아낀 돈을 비계 설치하는 데 쓰는 게 더 낫지 않나요?" 그들은 하나같이 "낡은 밴이라니 당치도 않죠!"라고 답했다.

하지만 왜 연식이 얼마 안 된 중고차를 받아들일 수 없는가? 당시 내게는 분명해 보였다. 각 인부들이 2년 된 중고 밴도 더할 나위 없이 충분하다고 생각했을 테지만, **그건 어디까지나 동료 인부들도 같은 자동차를 몰 때에 한한다**는 사실이 말이다. 2년 된 중고 밴은 동료 작업자 대부분이 계속 신형 밴을 몰 경우 상대적으로 초라해 보일 것이다. 이러한 관찰은 내가 8장에서 개괄한 위치재적 군비 경쟁 내러티브의 얼개를 이루었다. 그에 따르면 개인적 의사 결정은 안전 같은 비위치재에 대한 투자 부족을 낳는다. 그 내러티브의 또 한 가지 함의는 위치재에 대한 상호 상쇄적 소비는 미국 경제에만 연간 2조 달러 넘는 낭비를 초래하고 있다는 것이다.

당시 나는 이 현상을 단순한 집단적 행동 문제라고 보았다. 일정 수준을 넘어서는 추가적 소비로부터 얻는 만족은 거의 전적으로 맥락 의존적이기 때문에 그 어떤 개인도 저 혼자서만 일방적으로 위치재에 대한 소비를 줄임으로써 낭비를 억제할 수는 없다. 효과를 보려면 모두가 협력해서 행동할 필요가 있다는 것이다.

나는 계속해서 이것을 그 문제에 대한 정확한 기술이라고 생각함에도 불구하고, 다음과 같은 분명한 후속 질문을 던져야 했다고 본다. 부유한 유권자들이 위치재에 대한 소비를 줄이고 공공 부문에 대한 투자 자금이 좀더 넉넉한 환경에서 살아갈 경우 더 행복하다면, 왜 그들은 본인이 원하는 것을 제공하는 정치인을 선출하지 않았는가? 그때는 몰랐지만 지금은 알게 된 바에 따르면, 그 답은 부유한 유권자들이 내가 지칭한 이른바

'모든 인지적 착각의 어머니'에 시달리고 있기 때문이다.

워싱턴 D.C.에서 2년을 보내고 난 1980년 가을, 나는 코넬 대학에 복귀했다. 돌아온 직후, 1979년에 같은 대학 경영대학에서 경제학을 가르치기 시작한 리처드 탈러를 만났다. 그때 이후 여러 해 동안 그와 함께 사람들의 행동에 관한 우리 자신의 관찰이 때로 표준 경제 이론의 예측과 어떻게 다른지를 두고 몇 시간씩 이야기를 나누곤 했다.

탈러는 최근 그 자신의 첫 연구년 기간에 이스라엘 출신의 미국 심리학자 대니얼 카너먼(Daniel Kahneman), 아모스 트버스키와 작업을 진행했다. (인지적 오류를 다룬 그들의 선도적 연구에 대해서는 2장에서 기술한 바 있다.) 그 결과를 활용한 탈러의 1980년 논문 〈소비자 선택의 실증 이론에 대해(Toward a Positive Theory of Consumer Choice)〉[2]는 오늘날 행동경제학 혁명을 촉발한 논문으로 널리 인정받고 있다. 2017년 10월, 그는 이 활발한 새 분야의 창립자로서 공로를 인정받아 노벨 경제학상을 수상했다. 지난날 그의 아이디어를 거세게 공격하던 비판론자들조차 재빨리 그의 수상을 축하했다.

1980년대 중반 탈러가 시작한 코넬 대학의 '행동경제학 및 의사 결정 연구 세미나(Behavioral Economics and Decision Research Seminar)'는 그가 설립한, 그 분야에서 단연 가장 오랫동안 운영되고 가장 눈에 띄는 교수 연구 포럼이다. 코넬 대학은 예일 대학, UC버클리와 함께 협력하면서 세계 행동경제학자들의 연례 회의를 주최하고 있다. 한마디로 코넬 대학은 행동경제학의 산실이라 해도 크게 무리는 아니다.

1983년 나는 최초로 학부 과정에 행동경제학 강좌를 개설하자고 제의했다. 강좌명은 '합리적 선택으로부터의 이탈(Departures from Rational Choice)'이라고 명명했는데 꽤나 적절해 보였다. 내가 논의할 계획이었던 내용 대다수가 경제학자들이 지지하는 전통적인 합리적 선택 모델의 예측에서 벗어나 있었기 때문이다. (하지만 그 강좌는 합리성의 의미가 무엇이냐에 대한 대체로 비생산적인 수많은 논의로 귀결되었기에, 나는 결국 그 강좌를 개설한 일을 후회했다.)

물론 1983년 행동경제학 강좌를 위한 표준 강의 계획서는 따로 없었다. 상당한 성찰과 협의를 거친 뒤 내가 생각해낸 강의 계획서는 두 가지 주요 제목 아래 이렇게 정리되었다.

### A. 후회를 수반하는, 합리적 선택으로부터의 이탈

이 제목을 단 내용은 인지적 오류에 의해 동기화한 행동의 예에 주력한다. 가령 합리적 선택 이론은 행동에 나설지 말지 결정해야 할 때 오직 그 행동이 초래할 현재와 미래의 비용 및 이익에 대해서만 생각하라고 충고한다. 즉 매몰 비용(sunk costs: 이미 발생한 비용으로 우리가 무슨 일을 하든 다시 되찾을 수 없는 비용)은 무시하라는 의미다.

예를 들어 무한 리필 피자 뷔페에서 피자를 몇 조각 먹을지 결정해야 하는 상황에서는 정해진 식사 가격이 아무 상관도 없다. 당신이 몇 조각을 먹든 가격은 동일할 테니 말이다. 하지만 돈을 지불한 사람은 공짜로 식사할 기회를 얻은 사람들보다 훨씬 더 많은 조각의 피자를 먹는 경향이 있다. 돈을 낸 사람은 분명 매몰 비용에 영향을 받는다.

왜 매몰 비용이 합리적 의사 결정과 무관한지 알게 되었을 때, 대다수 사람은 그렇게 행동한 사실을 후회하며 그 행동을 바꾸고자 마음먹게 되는 것 같다.

## B. 후회를 수반하지 않는, 합리적 선택으로부터의 이탈

이 제목 아래 실린 내용은 집단적 행동 문제를 보여주는 사례에 집중한다. 개인적으로는 합리적이지만 집단 차원에서는 불합리한 행동이다. 예컨대 더 잘 보기 위해 모두 일어서면 다들 편하게 앉아서 볼 때보다 아무도 더 잘 보지 못하게 된다. 일어서는 것은 집단의 관점에서 보면 불합리하지만, 각 개인의 관점에서는 더없이 타당한 일이다.

이런 상황에서 사람들은 일반적으로 일어서는 데 대해 후회하지 않는다. 만약 일어서지 않는다면 아예 볼 수 없을 것이기 때문이다.

행동경제학은 그 후 수십 년간 발전해오는 동안 내 강의 계획서에 개괄해놓은 로드맵을 따르지 않았다. 대신 거의 전적으로 내가 첫 번째 제목 아래 기술해놓은 행동, 즉 '후회를 수반하는, 합리적 선택으로부터의 이탈'에만 집중했다.

인지적 오류에 관한 연구는 정책 입안자에게 커다란 영향을 미쳐왔다. 예를 들어 11장에서 지적한 바와 같이, 전 세계의 정부들은 그에 고무되어 시민이 좀더 나은 의사 결정을 내릴 수 있도록 돕고자 넛지 팀이라고 널리 알려진 행동과학 자문단을 꾸렸다.

그와 대조적으로, '후회를 수반하지 않는, 합리적 선택으로부터의 이탈' 범주에 드는 작업은 그보다 훨씬 덜 광범위하게 이루어졌다. 그 도가 지나쳐서 오늘날 행동경제학 강좌를 위해 이것저것 모아 강의 계획서를 작성하고자 하는 교수자는 내가 1980년대 초반에 작성한 강의 계획서에서 그 제목을 보고 다소 어리둥절해할지도 모른다.

하지만 나는 계속해서 '후회를 수반하지 않는, 합리적 선택으로부터의 이탈' 범주에서 초래되는 경제적 손실의 규모는 '후회를 수반하는, 합리적 선택으로부터의 이탈' 범주의 그것보다 몇 자릿수나 더 클 거라고 믿고 있다. 전자로 인한 손실은 주로 8장에서 논의한 낭비적 소비 패턴에서 비롯되지만, 그 밖에도 다른 많은 행동 전염의 사례와 연관이 있다.

'후회를 수반하지 않는, 합리적 선택으로부터의 이탈'에 따른 경제적 손실은 상당히 클 뿐 아니라 고집스럽기까지 하다. 인지적 오류로 인한 손실을 일방적 개인의 실천으로 해결할 수 있는 이유가 바로 이것이다. 예를 들어 우리가 매몰 비용을 고려하는 게 잘못임을 깨닫게 되면 그 비용을 일방적으로 무시하는 게 가능해진다. 타인과 협력할 필요는 없다.

집단적 행동 문제는 그와 다르다. 가령 부모들은 좀더 나은 학군에서 주택을 사기 위해 다른 사람들과 입찰 경쟁을 벌이면 그 주택의 가격이 올라가는 데 기여할 뿐임을 알 수도 있다. 하지만 그렇다고 해서 개별 가족으로서는 입찰 경쟁을 계속하는 편이 합리적 선택이라는 사실이 달라지는 것은 아니다. 그렇게 하지 않으면 자기 자녀들이 더 질 나쁜 학교에 다니게 될 테니 말이다. 이런 유의 문제는 부모들이 집단적으로 행동할 수 있는 모종의 방안을 찾아낼 때에만 비로소 해결 가능하다. 효과적 해결책이란 대체로 사람들의 유인을 바꿔주는 정책을 의미하는데, 흔히 정책은 그 본성상 개인이 일방적으로 이행할 수 없다.

만약 행동경제학이 내가 애초 그렸던 대로 두 갈래 길을 따라 발전해왔다면 그 분야에 계속 몸담아야 하는지에 대해 고민하는 일은 없었을 것이다. 하지만 행동과학자들은 점점 더 인지적 오류에 집중하는 쪽으로 기울었기 때문에, 내 연구와 다른 행동과학자들의 연구 간에는 공통분모가 점차 작아졌다. 급기야 나는 나 자신을 그 분야의 일원이라고 부르는 것이 잘못이라는 느낌을 받기에 이르렀다.

그때는 정말로 뭘 몰랐다. 이제 나는 가장 중요한 집단적 행동 문제를 해결하는 데서 우리가 마주한 최대 장애가 인지 오류임을 깨달았기 때문에, 더 이상 나 자신을 행동경제학자라고 부르는 데 주저하지 않는다. 터키의 속담이 말해주듯 "산이 무함마드에게 오지 않으면 무함마드가 산으로 가야 한다". 목마른 자가 샘을 파야 하는 것이다.

내 주장은 부유한 유권자들이 어리석다는 게 아니다. 그들 대다수는 너무나 당연하게도 높은 세금이 스스로가 원하는 것을 구매하려는 시도를 더욱 어렵게 만들 거라고 믿는다. 그렇게 믿지 않는 사람을 만날 확률은 체크무늬 그림자 착각에서 정사각형 A와 정사각형 B가 같은 회색이라고 생각하는 사람을 만날 확률만큼이나 낮다. 하지만 높은 세금의 효과에 대한 널리 만연한 믿음은 완전히 잘못된 것이다.

이른바 '모든 인지적 착각의 어머니'는 내가 과거에 물었어야 했던 질문—즉 부유한 유권자들이 위치재에 대한 소비를 줄이고 공공 투자를 늘릴 경우 더 행복하다면, 왜 그들은 그에 어울리는 투표를 하지 않는가?—에 답을 제공해준다. 그 이유는 그 착각이 그들로 하여금 그러한 재할당이 이롭다는 것을 보지 못하게 막기 때문이다. 따라서 그것은 우리가 수많은 긴급한 당면 과제들—그중 가장 중요한 것은 기후 위기다—을 다루는 데 필요한 세수를 늘리지 못하도록 막는다. 하지만 만약 충분한 사람들이 왜 높은 세금을 내도 고통스러운 희생이 따르지 않는지 이해한다면, 이러한 과제들에 맞서 급진전을 이룰 수 있을 것이다.

체크무늬 그림자 착각에서, 정상적으로 작동하는 뇌가 자신만만하되 그릇된 결론에 이르는 데는 설득력 있는 이유들이 있다. 그와 비슷하게 그럴듯한 일련의 인지적 단계가 '모든 인지적 착각의 어머니'를 야기한다.

누군가 "A라는 사건은 나에게 어떤 영향을 미치는가?"라고 물을 때, 자연스러운 첫 번째 단계는 그와 비슷한 사건들이 과거에 내게 어떤 영향을 주었는지 떠올리려고 노력해보는 것이다. 예컨대 부모들이 자녀를 디즈니월드에 데리고 갈까 말까 결정하기 위해 고심하고 있을 경우 그들은 과거에 그와 비슷한 테마파크를 방문했을 때 아이들이 얼마나 즐거워했는지에 대한 기억을 떠올리려 애쓸 것이다. 그와 마찬가지로 고소득층에 속한 사람들이 높은 세금으로 인한 효과가 어떨지 상상해보려고 애쓸 경우 플랜 A는 과거에 세금이 늘어났을 때 심정이 어땠는지 기억을 상기시키는 것이다.

하지만 이러한 전략은 요즘 시대에는 먹히지 않는다. 오늘날 살아 있는 대다수 고소득층 사람들은 세율이 꾸준히 감소하는 현상을 경험해왔기 때문이다. 내가 조지아 공대(Georgia Tech)를 졸업한 1966년에 미국의 최고 한계 세율은 70퍼센트였다. 그러던 것이 1982년에는 52퍼센트로 떨어졌고 이제는 불과 37퍼센트에 그친다. 너무 작아서 인식하기 힘든 짧은 기간의 단발성 증가를 제외하면 최고 한계 세율은 제2차 세계대전 기간 동안 92퍼센트로 정점을 찍은 이래 줄곧 낮아졌다. 다른 나라들도 그간 비슷한 감소세를 보였다.

우리는 플랜 A가 실패하면 플랜 B로 옮아간다. 높은 세금을 내는 것이 다른 일에 쓸 수 있는 돈이 줄어든다는 것을 의미하기 때문에, 그럴듯한 대안적 인지 전략은 가처분 소득을 감소시킨 과거의 사건들—이를테면 간간이 볼 수 있는 사업의 파탄, 소송 패소, 주택 화재, 혹은 건강상의 위기 등—을 다시 떠올림으로써 세금 인상의 효과를 추정하는 것이다. 인생사에서 비슷한 특성을 공유하는 그러한 사건을 전혀 만나지 않는다는 것은 흔치 않은 일이며, 그런 사건은 사람을 비참하게 만든다.

더욱 중요한 것으로 그러한 사건은 그 밖의 특징도 한 가지 공유하는 데, 바로 세금의 증가와는 아무 상관도 없다는 사실이다. 즉 그러한 사건은 다른 사람의 소득에는 영향을 주지 않고 내 소득만 줄어들게 만든다. 반면 높은 세금은 모두의 소득을 동시에 감소시킨다. 이러한 차이야말로 '모든 인지적 착각의 어머니'를 이해하는 데 중요한 단서를 제공한다.

대다수 부유한 사람들은 스스로도 이내 시인하는 대로 사람들이 합리적 수준에서 필요하다고 여기는 것보다 훨씬 더 많은 재산을 가지고 있다. 세금 인상이 모종의 위협을 제기한다면 오른 세금은 부자들이 필생의 특우량 제품 사는 일을 더욱 어렵게 만들 수도 있다. 하지만 '특별하다'는 것은 필연적으로 상대적인 개념이다. 특별해진다는 의미는 어느 면에서 기대되는 것보다 두드러진다는 의미다. 그리고 거의 예외 없이 특별한 것은 공급량이 제한적이다. 예를 들어 센트럴파크가 저 아래로 내려다보이는 경관을 자랑하는 펜트하우스 아파트는 그리 흔치 않다. 부유한 사람들은 그런 아파트를 손에 넣으려면 역시나 같은 것을 원하는 다른 사람들보다 더 비싼 값을 부를 수 있어야 한다. 이러한 입찰 경쟁의 결과는 거의 전적으로 상대적 구매력에 좌우된다. 그런데 부유한 사람 모두가 더 높은 세금을 낼 경우 그들의 상대적 구매력은 전혀 달라지지 않으므로, 결국 그 펜트하우스는 전과 다름없이 동일한 사람들의 수중에 돌아간다.

이에 대한 그럴듯한 반론이 있다. 즉 부유한 미국인에게 부과하는 높은 세율이 그들을 미국 트로피 프라퍼티[trophy property: 트로피 홈(trophy home)이라고도 부르며, 미국에서 상위 1~2퍼센트 내에 드는 최고급 주택 혹은 부동산을 말한다—옮긴이]의 입찰 경쟁에서 외국의 과두제 집권층 출신보다 불리한 위치에 놓는다는 내용이다. 하지만 이러한 불이익은 비거주 구매자에게 추가 부담금을 부과하면 쉽게 제거할 수 있다.

거듭 말하거니와 높은 세금이 우리에게 어떤 영향을 줄지 상상하려고 노력할 때 세율이 지속적으로 하락해온 지난 역사는 우리로 하여금 세금이 오른 시기들을 돌아보지 못하게 막는다. 플랜 B는 우리의 소득이 감소했던 시기를 회고해보는 것이다. 하지만 그와 같은 하락은 대부분 다른 사람의 소득은 동일한데 우리 자신의 소득만 떨어진 경우에 해당한다. 이처럼 상대적 소득이 감소하면 우리는 고통을 느낀다. 하지만 세금 증가는 누구의 상대적 소득도 감소시키지 않는다.

감정과 기억은 긴밀하게 연관되어 있다. 어떤 경험이 강력한 감정과 더욱 *끈끈하게* 짝을 이루고 있을수록 우리는 그것을 기억할 가능성이 크다.[3] 이혼, 주택 화재, 사업 파산, 건강상의 위기, 기타 개인의 소득을 크게 떨어뜨리는 사건은 강력한 감정을 불러일으킨다. 이러한 감정은 그와 관련한 기억에 세 가지 특성을 불어넣는다. 요컨대 그런 기억은 생생하고, 고통스럽고, 그리고 쉽게 되살릴 수 있다. 이러한 특성은 세금 인상이 촉발할 착각을 크게 강화한다.

그 착각은 손실 기피 현상으로 인해 더욱 심각해진다. 손실 기피에 따르면, 사람들은 동일한 크기의 이익을 통해 경험하는 즐거움보다 동일한 크기의 상실에 대해 훨씬 더 강렬한 고통을 맛본다. 심리학적으로, 개인이 '이미' 소유하고 있는 사유재에 대한 상상된 손실(imagined loss)은 아직 일어나지도 않은 공공 투자로 얻게 될 '앞으로의' 이익을 압도한다. 하지만 사람들이 일반적으로 손실에 적응하는 속도를 감안해보건대 정책을 결정할 때 이러한 비대칭은 중요하게 여길 필요가 거의 없다.

요컨대 사람들이 세금을 인상하면 속상해질 거라고 믿는 데는 전혀 이상할 게 없다. 하지만 그것은 그야말로 순전한 인지적 착각이다. 그리고 그로 인해 초래되는 손실의 규모가 어마어마하므로, 그것을 '모든 인지적 착각의 어머니'라고 부르는 것은 결코 과장이 아니다.

내가 수십 년 동안 경제학개론 강좌를 강의하면서 발견한 바와 같이, 반복은 효과적인 학습의 중요한 핵심이다. 따라서 나의 핵심 주장을 요약해주는 간단한 사고 실험으로 이 장을 마무리하고자 한다.

부자에게 세금을 많이 부과하는 세상 A와 그렇지 않은 세상 B, 이렇게 2개의 세상이 있다고 가정해보자. 세금이 높은 세상 A에서 가장 부유한 운전자들은 세금이 낮은 세상 B에서 부유한 운전자들이 선택하는 차량인 33만 3000달러짜리 페라리 F12 베를리네타(Ferrari F12 Berlinetta)가 아니라 15만 달러 하는 포르쉐 911 터보(Porsche 911 Turbo)를 구입한다. 하지만 상대적으로 하찮은 그 포르쉐에는 물리적으로 핸들링과 성능에 영향을 미치는 모든 설계상의 특성이 총망라되어 있기에 두 차량의 절대적 차이는 극히 미미하다. 두 경우에서 운전자들은 최상의 자동차를 몬다는 동일한 자부심을 유지할 수 있다. 이용 가능한 증거에 따르면, 두 세상의 다른 모든 특성이 정확하게 동일함에도 이 두 환경의 부유한 운전자들 간에는 그 어떤 측정 가능한 정도의 행복 차이도 감지하기 어렵다.

하지만 물론 다른 특성은 동일하지 않을 것이다. 두 세상의 정부가 모두 더없이 낭비적이라 하더라도, 세금이 높은 세상 A에서는 추가적인 세수의 적어도 일부분이 도로의 유지 보수 같은 공공 투자에 쓰일 것이다. 따라서 현실적인 질문은 다음과 같다. "30센티미터 깊이의 포트홀이 군데군데 파여 있는 도로에서 33만 3000달러짜리 페라리를 모는 사람과 잘 관리된 도로에서 15만 달러 하는 포르쉐를 굴리는 사람 가운데 누가 더 행복할까?"

시시한 질문이다. 정신이 똑바로 박힌 운전자라면 아무도 좋은 여건의 도로에서 포르쉐를 모는 것보다 엉터리 도로에서 페라리를 굴리는 편을 선호하지 않을 테니 말이다.

'모든 인지적 착각의 어머니'는 사회가 어느 누구에게도 고통스러운 희생을 요구하지 않고 추가적인 공공 투자의 결실을 누릴 수 있음을 암시한다. 이것이 당신에게 급진적 주장이라는 인상을 준다면, 그것은 그 주장이 정말로 그렇기 때문이다.

하지만 그 주장은 논리적으로 오직 한 가지 단순한 전제―일정 지점(서구 국가에서는 이미 오래전에 그 지점을 지났다)을 넘어서면 대다수 형태의 개인적 소비가 광범위하게 증가한다 해도 사람들이 충분하다고 여기는 기준은 거의 올라가지 않는다―에서 나온 것이다.

이 전제는 아마도 인간 행복의 결정 요소에 관한 수십 년간의 신중한 연구에서 나온, 시비 논란의 여지가 거의 없는 결과일 것이다. 부자에게 높은 세금을 부과하는 조치가 고통스러운 희생을 요구한다고 주장하는 사람들은 커다란 장애물에 부딪친다. 즉 이 입장을 견지하려면 그들은 신중하게 수집된 숱한 증거를 타당하지 못하다며 반박할 수 있어야 한다.

---

현재 당면한 과제가 심각하다는 것을 인정하는 사람들 가운데 우리가 신속하게 행동에 나서야 한다는 것을 부인하는 사람은 없다. 하지만 그럼에도 우리는 어쩐 일인지 그렇게 하는 데 계속 실패해왔다. 일례로 2018년 미국에서는 이산화탄소 총배출량이 전년도보다 실제로 3.4퍼센트나 늘어났다.[4]

하지만 증가 추세에 있는 행동 전염 연구가 희망의 근거가 되어주고 있다. 그러한 연구가 풍부하게 실증하고 있듯이, 때로 전면적인 변화 가능성은 우리 모두가 상상하는 것보다 훨씬 더 크다. 가장 중요한 것은 전염성 있는 대화를 재빠르고도 광범위하게 시작하는 것이다.

우리가 어떻게 그 전선에서의 진보를 촉발할 수 있느냐, 이것이 이 책의 마지막인 다음 장에서 다룰 주제다.

# 그저 질문하라, 말하지 말고

여러 해로운 형태의 행동 전염은 방대한 규모의 손실을 낳는다. 하지만 우리는 흔히 전염의 논리를 제대로 이해하지 못하기 때문에, 그간 이러한 손실을 완화하는 데서, 혹은 심지어 그러한 손실을 인식하는 데서조차 진척을 이루지 못했다. 이것은 어떤 의미에서 볼 때 개탄스러운 상황이지만, 다른 의미에서 보면 기회이기도 하다.

나쁜 소식이라면 우리가 행동 전염이 야기하는 문제에 효과적으로 대처하지 못함으로써 매년 문자 그대로 수조 달러에 달하는 손해를 입어왔다는 점이다. 좋은 소식이라면 그러한 손실을 야기하는 개인적 인센티브를 변화시키는 일이 비교적 손쉽다는 것이다. 우리는 어느 누구에게도 고통스러운 희생을 강요할 필요 없이 우리 마음대로 쓸 수 있는 자원—기후 변화로 인한 위협 등 긴급한 문제를 해결하는 데 쓸 수 있는 자원—의 양을 크게 키울 수 있다. 이 책을 쓰면서 내가 진정으로 소망한 바는 이 프로젝트를 어떻게 시작할 것인지에 대해 사람들이 대화를 나누도록 장려할 수 있으면 하는 것이었다.

이러한 기획이 부딪친 도전은 실로 엄청나다. 어쨌든 수십 년의 세월을 흘러보내고서야 의회는 대기 오염과 수질 오염을 완화하는 조치와 관련한 경제학자들의 권고를 받아들였다. 오염 물질 배출에 대한 과세, 재생 에너지원에 대한 대대적 투자를 지지하는 진정으로 강력한 논의가 진행되었는데도 이처럼 오랜 세월이 걸린 것을 보면 우리가 좀더 발 빠르게 행동하지 못하는 것은 흔히 정책적 해결책 그 자체의 결함 때문이라기보다 그 해결책의 지지자로서 우리 자신의 흠결 때문임을 알 수 있다. 정책적 문제에 대한 혁신적 해결책을 수용하도록 입법자들을 설득하는 것은 본질적으로 어렵다.

하지만 아예 불가능한 것은 아니다. 의사소통을 연구하는 학자들은 비슷한 환경에서 진척을 이루어온 전략을 찾아냈다. 이런 전략은 대부분 "무슨 일인가 해보라(do something)"고 듣는 이들을 설득하려는 시도는 가급적 피한다. 그들로 하여금 행동해야 한다고 스스로 결론 내리도록 해주는 대화를 시작하는 편을 선호하기 때문이다.

예를 들어 심리치료사들이 보고하는 바에 따르면, 어떤 여성에게 "당신은 학대받는 관계를 맺고 있다"고 말해줄 경우 흔히 방어적 반응을 촉발하며, 실제로 그녀가 성적 파트너와 계속 관계를 유지할 가능성이 더욱 커진다고 한다. 분명 훨씬 더 효과적인 것은 그저 그녀에게 자신이 맺고 있는 관계에 대해 기술해달라고 요청하는 쪽이다. 그러면 그녀는 그에 응해서 흔히 상황이 옳지 않음을 분명하게 파악할 수밖에 없는 방식으로 자신의 관계를 묘사하게 된다.[1]

유권자에게 인프라에 대한 좀더 과감한 투자를 지지해달라고 설득하고자 시도해온 역사를 돌아보라. 2012년 선거 운동 기간에 오바마 대통령과 당시 매사추세츠주 상원의원 후보 엘리자베스 워런은 둘 다 성공적인 기업가들에게 그러한 투자의 중요성을 상기시키고자 노력했다. 그들의 연설 의사록이 보여주듯, 두 사람은 기업가들에게 이렇게 말했다. 그들이 세금을 들여 닦은 도로에서 시장으로 제품을 운송하고, 공립 학교에서 교육받은 노동자를 고용하고, 공동체가 자금을 대는 경찰관 및 소방관에 의해 보호받고, 우리의 자유 기업 제도 아래서 다른 다양한 이점을 누려왔기 때문에, 다음 세대가 잘 살아가도록 해주는 기회에 투자해야 하는 의무를 수용해야 한다고 말이다.

하지만 많은 기업가들은 그와는 전혀 다른 메시지를 들었다. 그들의 연설은 기업가에게 본인이 잘해서 성공한 게 아니라고, 사실상 기업가들은 그들이 누리고 있는 높은 지위를 차지할 자격이 없다고 말하는 것처럼 들렸다. 두 연설은 이내 "당신들은 그것을 건설하지 않았다(you-didn't-build-that)" 연설로 알려지게 되었다. 발췌 영상이 삽시간에 입소문을 탔고, 수백만 건의 격분한 논평이 쏟아졌다.

하지만 기업가들은 그들의 성공이 부분적으로는 외부 요인에서 비롯되었다는 것을 우리가 애써 상기시키지 않으면 다르게 반응한다. 즉 우리가 그러는 대신 그냥 그들이 정상에 이르도록 도와주었을 가능성이 있는 외부 요인의 예를 떠올려볼 수 있겠냐고 물으면, 그들은 그 질문에 대해 기꺼이 생각해보고, 흔히 자기가 운이 좋았던 예를 떠올리면서 분명한 즐거움을 느낀다. 이러한 대화를 나누고 나면 그들은 왕왕 우리가 해야 하는 추가적인 공공 투자에 대한 제안을 자청하기도 한다.

환경 오염 완화 정책에 대한 대화는 어렵지만(그 정책의 장점에 관한 공정한 평가가 이루어지고 있음에도), 행동 외부성 완화 정책에 대한 대화는 그보다 한층 더 어려운 것 같다. 하지만 그러한 대화는 그에 따른 잠재적 이득이 더

없이 크기 때문에 우리는 그에 어떻게 접근해야 하는지를 좀더 신중하게 따져보아야 한다.

대화 방식은 새로운 아이디어 채택에 어떻게 영향을 미치는가? 내가 이 문제에 관심을 갖게 된 것은 부분적으로 몇 년 동안 대학에서 함께 일한 두 고위 행정가와 정책에 대해 논의하면서 느낀 현저한 차이 때문이다. 둘 중 한 사람은 대학 총장이고, 다른 한 사람은 그 대학의 여러 칼리지 중 한 곳의 학장이었다. 내가 지지하는 특정한 학문적 정책 이니셔티브에 대해 두 사람과 대화를 나눌 때면, 각각은 거의 비슷한 비율로 나에게 유리하도록 판결했다. 마찬가지로 나에게 반대하는 경우의 수도 비슷했다. 따라서 놀라움으로 다가온 것은 그들의 결정에 대한 내 반응이 그들이 나를 지지하는지 여부가 아니라 그 결정에 앞선 논의의 성격이 어땠느냐에 크게 좌우되었다는 사실이다.

첫 번째 행정가인 총장이 내게 반대할 때면, 그에 대한 나의 존경심은 조금도 줄어들지 않은 채로 남아 있었다. 반면 두 번째 행정가인 학장이 판결을 내릴 때면, 그것이 긍정적인 것이든 부정적인 것이든, 그에 대한 나의 평가는 그때마다 한 단계씩 나빠졌다. 총장은 내 주장에 신중하게 귀를 기울였고, 나의 논의를 이해했을 뿐 아니라 그 나름의 언어로 그 논의를 정리해서 다른 사람들이 그 논의의 장점을 이해하도록 만들 수 있음을 분명하게 보여주었다. 내가 어떤 것에 대해 불분명하거나 불완전하게 말하면, 그는 재빨리 알아차리고 통찰력 있는 후속 질문(follow-up questions)을 던졌다. 내게 반대할 때조차 보통 내가 가치 있게 여기는 다른 목표를 달성하는 대학의 역량을 지키기 위해 그래야 했다는 본인 의견을 들려주었다.

두 번째 행정가와의 경험은 첫 번째 경우와 사뭇 달랐다. 그는 건성으로 들었으며, 내 제안 가운데 그 어떤 것에 대해서든 질문한 경우를 단 한 차례도 기억해낼 수 없다. 게다가 그는 내가 왜 그 제안이 가치 있다고 여기는지 이해했다는 느낌을 전혀 전달하지 못했다. 내게 반대할 때는 그 이유에 대해 굳이 설명하려고 애쓰지도 않았다. 더러 내 제안에 동의하는 경우에도 본인에게 도움이 되는 이유 때문에 그렇게 한 것 같았다.

당시 나는 두 사람에 대한 내 감정이 크게 다르다는 데 대해 회의감이 들었다. 나는 그저 첫 번째 행정가에게 매료된 것인가? 두 번째 행정가에 대한 내 견해가 그저 사회적 기술의 부족을 드러내는 것일지도 모를 행동에 대한 너무 가혹한 판단은 아닐까? 그러나 잠깐만 돌아보아도 그런 우려는 말끔히 가신다. 진정한 매력은 감정 지능(emotional intelligence)—다른 사람에게 마음을 쓰고자 하는 욕구뿐 아니라 다른 사람의 눈으로 세상을 바라볼 수 있는 능력—에서 나온다. 나의 자녀들이 가졌으면 하고 바라는 특성이기 때문에, 그 특성을 갖춘 첫 번째 행정가에 대해 칭찬하고, 그것이 결여된 두 번째 행정가에 대해 탄식하는 것은 당연하다.

인간 대화의 내용을 연구하는 학자들은 내가 두 행정가에게 그토록 판이하게 반응한 이유를 설명하는 데 아무런 어려움을 느끼지 않을 것이다. 이 분야에서 드러난 일관된 결과는 질문하기가 대화 파트너들이 공유한 목표를 향해 나아가도록 촉구하는 유일하게 강력한 도구라는 것이다. 대부분의 대화에서 여러 상이한 유형의 질문이 많지만, 후속 질문은 유독 특별한 힘을 지니는 듯하다. 이 분야를 선도하는 하버드 경영대학의 앨리슨 우드 브룩스(Alison Wood Brooks)와 레슬리 존(Leslie John)이 썼다시피 "후속 질문은 대화 파트너에게 당신이 듣고 있으며 마음을 쓰고 있으며 더 알기를 원한다는 신호를 보낸다. 후속 질문을 많이 던지는 파트너와 상호 작용하는 사람은 상대가 자신의 이야기를 경청하고 자신을 존중

한다는 느낌을 받는 경향이 있다".[2]

대화 연구자들이 사용하는 한 가지 방법은 구직 면접, 첫 번째 데이트, 작업 회의 같은 논의에 참여한 직후의 피험자들과 인터뷰하는 것이다. 이런 논의를 마치고 나오는 피험자들은 청하지도 않았는데 흔히 이런 불만을 토해내곤 한다. "(그 또는 그녀가) 나한테 질문을 좀더 많이 했으면 좋았을 텐데", "(그 또는 그녀가) 나한테 아무 질문도 하지 않다니 믿을 수가 없어."[3]

어떤 연구는 사람들이 온라인 채팅 혹은 대면 상태의 속성 데이트를 통해 15분 만에 상대에 대해 더 많은 것을 알아내고자 애쓰는 대화 수천 건을 분석했다. 일부 참석자들은 이야기를 나누는 동안 적어도 9가지 질문을 하도록 지시를 받았고, 나머지는 4가지 이하의 질문을 하라는 이야기를 들었다. 온라인 채팅에서 사람들은 질문을 더 많이 던진 파트너에게 훨씬 더 호감을 보였다. 속성 데이트 참가자들의 경우, 더 많이 질문한 파트너와 다시 만나는 데 대해 관심을 보일 가능성이 더 컸다.[4]

적극적으로 질문하기는 적어도 소크라테스 시기 이래 서구의 철학적 전통에서 핵심 요소였으며, 동양 철학에서는 그 기원이 훨씬 더 오래전으로 거슬러 올라간다. 예를 들어 힌두교 경전 《우파니샤드》(고대 인도의 철학서―옮긴이)에서 학생들은 현자인 스승에게 6가지 질문을 던진다. 부처가 제자들에게 독려했던 질문하기는 오늘날의 불교에까지 살아남아 있는 전통이다. 질문하기에 대한 강조는 동양과 서양의 전통에서 독자적으로 발달해온 것으로 여겨진다. 그리고 한 연구자가 말했듯이 "양쪽 전통 모두 고도의 수련과 연습을 통해 이 기술을 연마했다".[5]

오랫동안 법학 대학의 중요한 교수법이었던 소크라테스식 질문법은 그간 다른 학문 분야에서도 점점 더 강조되어왔다. 예를 들어 고등학교 생물 교사 가나트 브릴(Ginat Brill)과 아나트 야덴(Arnat Yarden)이 수행한 신중한 조사는 연구 논문을 숙제로 내주면 학생들이 좀더 질문 지향적으로 학습에 접근하게끔 자극한다는 것을 실증적으로 보여주었다. 두 교사는 이렇게 썼다.

질문하기는 과학적 사고를 발달시키는 데 필요한 기본 기술이다. 하지만 과학 수업을 진행하는 방식은 대개 학생들의 질문을 자극하지 못한다. 학생들을 과학적 탐구 과정에 좀더 친숙하게 만들기 위해, 우리는 고등학생에게 어울리는 연구 논문을 기반으로 하는 발달생물학 교육과정을 개발했다. 연구 논문이 탐구할 질문을 제기하고, 그 답에 이르는 사건들을 실증적으로 보여주고, 그리고 새로운 질문을 제기하기 때문에, 우리는 그것을 통한 학습이 질문을 제기하는 학생의 능력에 어떤 영향을 미치는지 조사하고자 했다. 우리는 학생들에게 교수 이전, 교수가 이루어지는 동안, 교수 이후 각각 배아 발생과 관련해 알게 된 내용 가운데 흥미로운 것이 무엇이냐고 물었다. 더불어 수업 시간 동안 구두로 이루어지는 학생들의 질문을 추적 관찰했다. 각각의 질문은 특성(properties)·비교(comparisons)·인과관계(causal relationships), 이렇게 3개 범주에 따라 점수를 매겼다. 우리가 발견한 결과에 따르면, 학생들은 연구 논문을 통해 배우기 전에는 특성 범주에 속한 질문만을 하는 경향이 있다. 반면 연구 논문을 통해 교수가 이루어지는 동안이나 교수 이후에는 고차원적 사고력과 독창성을 드러내는 질문을 제기하는 경향이 있다. 교과서를 가지고 가르칠 때는 교수가 이루어지는 동안과 교수 이후에도 이 같은 변화를 관찰할 수 없었다.[6]

마케팅 담당자들이야 예전부터 알고 있던 사실이지만, 사람들의 의견은 겉보기에 좀더 유익한 통계적 증거보다는 개인적 경험이나 친구의 경험에 의해 더 쉽게 영향을 받는다. 따라서 질문하기의 중요성에 대한 나 자신의 견해도 의심의 여지없이 교실에서 이런 접근법을 사용해본 나의 오랜 개인적 경험을 통해 형성되었을 것이다.

나는 40년 넘는 세월 동안 경제학개론 강좌를 가르쳐왔다. 그중 처음 20년 동안 내가 제공한 학습량은 전국의 여러 대학에서 가르치는 전통적 버전의 경제학개론과 매우 흡사했다. 이런 강좌는—브릴과 야텐이 기술한 전통적인 생물 수업과 마찬가지로—질문하도록 자극하는 데 거의 기여하지 못했다. 미국에서만 해마다 수백만 인시(人時, person-hour: 한 사람이 한 시간에 처리하는 작업량의 단위—옮긴이)를 그 같은 강좌에 할애하고 있다. 하지만 전국 차원의 어느 조사에 따르면, 학생들은 이런 강좌 가운데 하나를 수료하고 6개월이 지난 뒤 기본적인 경제 법칙에 대한 지식을 확인하는 시험을 치를 경우, 그 강좌를 결코 들어본 적 없는 이들보다 크게 나은 성적을 받지 못한다.[7] 초창기에 내 수업을 들은 학생들이라고 해서 그보다 더 나았으리라는 보장은 전혀 없다.

하지만 1980년대 말, 나는 내 접근법을 바꾸었다. 그 무렵 코넬 대학의 '나이트 글쓰기 프로그램(Knight Writing Program)'이 여러 학문 분야에 걸친 교수자로 하여금 학생들에게 그 분야의 주제에 관한 논문 쓰기를 요구하도록 장려하는 기획에 내 강좌도 포함되었기 때문이다. 그에 따라 결국 '경제학 박물학자(economic naturalist: 학생들이 같은 제목의 과제에 대해 제출한 것들 가운데 흥미로운 것을 골라 해설을 달아 출간한 책《The Economic Naturalist: In Search of Explanations for Everyday Enigmas》는 2007년 우리나라에《이코노믹 씽킹》이라는 제목으로 번역·출간되었다—옮긴이)' 쓰기 과제로 자리 잡게 되는 것이 탄생했다. 그 과제에서 나는 학생들에게 자신이 개인적으로 경험했거나 관찰한 어떤 유형의 사건 및 행동과 관련해 흥미로운 질문을 만들고, 그런 다음 그 강좌에서 논의한 경제 법칙을 활용해 그 질문에 그럴듯한 답을 적어보라고 요청했다.

나는 강의 계획서에 이렇게 썼다. "허용 분량은 500단어다. 수많은 빼어난 논문은 그보다 훨씬 더 짧다. 에세이에 현란한 용어를 많이 섞어 쓰는 것은 자제해달라. 여러분이 경제학 강좌를 한 번도 들어본 적 없는 친척에게 말하고 있다고 상상하라. 최고의 논문은 그런 사람들도 분명하게 알아들을 수 있는 논문이며, 일반적으로 그런 논문은 그 어떤 대수학도 그래프도 사용하지 않는다."

흥미로운 질문은 듣는 이가 즉시 답이 무엇인지 알고 싶도록 만드는 질문이다. 처음에 학생들은 그러한 질문을 떠올리기가 쉽지 않다는 것을 발견하지만 연습을 하면 빠른 속도로 나아진다. 나는 질문이 흥미로운지 아닌지 알아보는 좋은 방법은 친구들에게 그 질문을 던져보고 그들의 반응을 살피는 것이라고 학생들에게 말해준다.

학생들의 과제 가운데 내가 가장 좋아하는 것은 과거에 가르친 그레그 발렛(Greg Balet)이 이렇게 적어서 제출한 것이다. "규제자들은 심지어 식료품 가게까지 두 블록만 자동차로 운전하면 되는 거리임에도 걸음마쟁이 아이에게 정부가 승인한 안전띠를 매도록 요구하면서, 왜 뉴욕시에서 로스앤젤레스까지 5시간 동안이나 비행할 때는 그 아이가 안전띠를 매지 않고 부모 무릎에 앉도록 허락하는가?"

그레그의 말에 따르면, 이 질문을 던지자 급우들이 깊은 흥미를 보였다. 그들에게 답을 떠올려보라고 요구했을 때, 그가 접한 가장 일반적인 반응은 비행기는 추락하면 모두가 사망할 가능성이 높으므로 안전띠를 매는 게 그리 중요치 않다는 내용이었다. 하지만 그는 이내 그것은 올바른 설명이 될 수 없음을 깨달았다. 비행하면서 안전띠를 매는 주된 이유는 심한 난기류로 인해 다칠지도 모를 위험을 줄이기 위해서이기 때문이다. 듣자 하니 상업적 비행을 막 시작한 초창기에는 그 위험이 자동차 사고로 인한 상해의 위험보다 훨씬 더 컸다. 이는 규제자들이 자동차에서 안전띠 착용을 요구하기 훨씬 전에 비행기에서 그것을 의무화한 이유를 말해줄 수도 있다.

내가 가르치려 애쓰는 가장 중요한 경제 원리 가운데 하나가 '비용-편익' 법칙인데, 이에 의하면 어떤 조치를 취하는 것은 오직 그에 따른 이익이 그에 요구되는 비용과 같거나 그보다 커야만 가능하다. 이 단순한 법칙은 그레그로 하여금 다음과 같은 결론에 도달하게 만들었다. 즉 비행기에서 안전띠를 착용함으로써 얻는 이득이 자동차를 운전하면서 안전띠를 착용했을 때 얻는 이득보다 더 크기 때문에, 비행기에서 걸음마쟁이에게 안전띠 착용을 의무화하지 않는 데 대한 경제적으로 타당한 근거는 '비용-편익' 테스트 가운데 비용 측면에 놓여 있어야 할 것이다. 아닌 게 아니라 그것은 중요한 통찰로 드러났다.

일단 당신이 본인의 자동차에 안전띠를 설치하면, 걸음마쟁이에게 안전띠를 매게 하는 비용은 무시해도 좋을 정도로 미미하며, 그렇게 하는 데 필요한 노력 역시 그저 잠깐이면 된다. 반면 만약 비행기를 타고 미국 횡단 여행을 하고 있는데 걸음마쟁이에게 안전띠를 매게 하려면, 당신은 추가 좌석을 끊어야 할 테고 그럴 경우 여비는 수백 달러 이상 치솟을 것이다. 규제자들은 자신의 생각을 이러한 명시적 언어로 기술하는 데 거북함을 느낄 수도 있지만, 어쨌거나 그들이 비행기 여행에서 걸음마쟁이에게 안전띠 제한을 요구하지 않는 까닭은 그렇게 하는 데 비용이 너무 많이 들기 때문이다.

나는 학생들에게 질문하도록 격려한 시도가 그들이 기본적인 경제 법칙에 장기적으로 숙달하는 데 극적인 도움을 주었음을 보여주는 여하한 체계적 증거도 가지고 있지 않다. 다만 전통적인 경제학개론 강좌는 그 어떤 오래가는 가치도 더해주지 않는 듯하므로, 내가 그 같은 접근법으로 방향 전환한 시도가 큰 해를 끼쳤을 리 없다는 것만큼은 자신한다. 그뿐만 아니라 그런 접근법이 도움이 되었을지도 모른다는 것을 보여주는 최소한 몇 가지 징후는 있다. 예컨대 많은 학생이 추수감사절 휴가를 보내러 집에 갈 때면 저녁 식사 자리에서 나누는 대화에 급우들이 던진 최고의 '경제학 박물학자' 질문이 포함되곤 한다고 말한다. 그런가 하면 매년 동창회가 열리는 주말 동안에는, 몇 년 전 졸업한 예전 학생들이 내 사무실에 들러 자기네가 그동안 떠올리고 대답한 질문에 대해 내게 들려주곤 한다.

최고의 질문 가운데 일부는 역설적인 혹은 모순적인 요소를 동반한다. 개인적으로 내가 가장 좋아하는 것은 과거의 학생 제니퍼 덜스키(Jennifer Dulski)가 제기한 질문이다. "왜 신부들은 두 번 다시 입지 않을 웨딩드레스에 수천 달러를 쏟아붓는 반면, 앞으로 공식적 의복이 필요한 수십 건의 행사에 참여할지도 모를 신랑은 대체로 그보다 저렴한 턱시도를 대여하는가?" 이런 질문을 제기하면 즉각적으로 대화의 꽃이 핀다. 따라서 수많은 학생이 마지막 논문 제출 마감이 끝나고도 한참 뒤까지 그 과제에 대해 계속 생각하고자 하는 동기를 갖는 것은 그리 놀랄 일이 아니다. 2007년에 학생들이 제출한 과제 가운데 내가 좋아하는 것만 골라 묶어낸 선집은 내가 출간한 다른 어느 책보다 더 많이 팔렸다.[8]

또한 좋은 질문을 하면 조직에서 가치를 창출하는 데 도움이 된다는 증거도 있다. 예를 들어 저술가인 폴 슬론(Paul Sloane)의 말에 따르면, 그레그 다이크(Greg Dyke)가 2000년 BBC 방송국 사장에 취임하자마자 취한 조치 가운데 하나는 한자리에 모인 직원들한테 "여러분에게 도움이 되도록 상황을 개선하기 위해 내가 해야 할 단 한 가지 일은 무엇이냐"고 묻는 식으로 인사를 건넨 것이었다.[9] 여느 때와 다름없이 장황하고 지루한 프레젠테이션을 할 거라 예상한 직원들은 다이크가 새로 온 사람으로서 직원들이 그에게 배워야 할 것보다 그가 직원들에게 배워야 할 것이 더 많음을 인식했다는 데 호의적인 반응을 보였다. 슬론은 BBC 직원들이 정말이지 "모두가 꼭 공유했으면 하는 수많은 훌륭한 아이디어"를 가지고 있었으며, 다이크는 결국 그중 상당수를 이행하는 데까지 나아갔다고 썼다.

질문하기의 중요성을 보여주는 또 한 가지 증거는 대립하는 견해에 노출시키는 것만으로는 당파적 주제에 대한 사람들의 생각을 바꾸는 데 거의 도움이 되지 않음을 보여주는 연구들에서 나온다. 예컨대 최근 실시한 어느 실험에서, 실험자는 민주당원 트위터 이용자와 공화당원 트위터 이용자로 구성된 대규모 표집에게 반대하는 당 소속 저명인사들의 트위터 계정을 팔로하라고 요청했다. 그사이 피험자들에게는 환경 규제, 이민, 사회적 약자 우대 정책(affirmative action), 성 소수자 권리, 기업의 이윤, 정부의 예산 낭비 등 민주당원과 공화당원을 첨예하게 갈라놓는 이슈 10가지에 관해 의견을 묻는 질문을 던졌다.

이 실험은 정치적 양극화는 반대 의견을 좀처럼 들을 수 없는, 뜻이 비슷한 집단으로의 분리에서 비롯한 결과라는 가설을 검증해보기 위해 설계되었다. 하지만 이 가설은 전혀 지지를 얻지 못했다. 반대되는 의견에 대한 노출은 정치적 양극화를 줄이는 게 아니라 도리어 그와 정반대 효과를 낳았다. 즉 공화당원은 훨씬 더 보수적으로, 민주당원은 약간 더 자유주의적으로 만들었다.[10]

반면 잘 제기한 질문은 극도로 양극화한 이슈에 대해서조차 견해를 바꿔주는 것으로 드러났다. 예컨대 어느 신중한 현장 실험은 10분도 채 되지 않는 시간 동안 이루어진 잘 짜인 대화가 트랜스젠더 권리법 같은 극도로 양극화한 이니셔티브에 대해서조차 반대 의견을 줄일 수 있음을 실증적으로 보여주었다.[11] 다양한 형태의 주거 및 고용 차별로부터 트랜스젠더를 보호해주는 마이애미-데이드 카운티 위원회(Miami-Dade County Commission)의 2014년 법령에 대한 반발을 완화하는 방안을 찾아냈으면 하는 바람에서 실험자들은 지역 유권자에게 이 이슈에 관해 호별 방문자들과 이야기를 나눠보도록 요청했다. 이 대화의 중요한 특징을 엿볼 수 있는 것으로, 실험자들은 호별 방문자에게 설득하려고 노력하기보다 그저 경청하라고 지시를 내렸다. 실험을 수행한 저자 데이비드 브루크먼(David Broockman)과 조슈아 칼라(Joshua Kalla)는 이렇게 썼다.

호별 방문자들은 먼저 각 유권자에게 그 자신이 다르다는 이유로 부정적 판단의 대상이 되어본 경험에 대해 들려달라고 부탁했다. 그런 다음 그 경험이 어떻게 트랜스젠더의 경험을 들여다보는 창이 되어주는지 생각해보도록 그들을 독려했다. 트랜스젠더의 관점에 서볼 수 있는 유권자의 능력을 키워주었으면 하는 바람에서였다. 이러한 개입은 유권자에게 그 같은 연습이 그들의 마음을 달라지게 만들었는지 여부와 만약 그랬다면 어떻게 달라지게 만들었는지 기술해달라고 요청함으로써 적극적인 프로세싱을 독려하는 또 한 차례의 시도로 마무리되었다. 대화는 평균 약 10분 정도 이어졌다.[12]

호별 방문자들은 또한 10분 동안 두 번째 거대 유권자 집단과 리사이클링에 대해 대화를 진행하는 식으로 통제 집단을 꾸렸다. 실험 집단과 통제 집단의 참가자에게는 3일 뒤, 3주 뒤, 6주 뒤, 3개월 뒤, 이렇게 네

번 초기 대화를 이어가는 후속 조사지를 발송했다.

이 간단한 개입은 놀라우리만큼 효과적인 것으로 드러났다. 4장에서 언급한, 동성 간 결혼에 대한 반대가 이번 세기의 처음 15년 동안 이례적일 정도로 빠르게 약화한 현상을 떠올려보라. 브루크먼과 칼라는 자신들의 마이애미-데이드 개입이 그보다 훨씬 더 큰 변화를 그보다 훨씬 더 빠르게 이끌어냈다며 이렇게 썼다. "그 10분간의 대화는 트랜스젠더 혐오증을 큰 폭으로 줄여주었는데, 그 감소 폭은 1998~2012년 미국인들 사이에서 평균적으로 동성애 혐오증이 줄어든 정도보다 한층 더 컸다."[13]

일부 참가자의 경우, 저자들은 6주 뒤 조사에서 트랜스젠더에 반대하는 '공격성 광고(attack ad: 정당이나 입후보자가 자신의 정치적 견해를 긍정적으로 홍보하기보다 경쟁자를 비판하는 데 초점을 맞추는 광고—옮긴이)'를 포함함으로써 애초의 대화가 낳은 효과를 무로 돌리려 시도하는 실험을 실시했다. 이 광고는 트랜스젠더 권리법이 여자 화장실을 이용하는 어린 소녀들에 대한 공격을 부추긴다는 근거 없는 주장을 부각했다. 예상대로 이 같은 버전의 조사지를 받아 든 실험 집단의 구성원은 그에 앞선 두 번의 조사에서 보여준 반응보다 트랜스젠더 권리법에 대한 지지를 거둬들인 것으로 드러났다. 하지만 여전히 다른 통제 집단의 구성원보다는 그 법령에 대해 훨씬 더 높은 지지를 보냈다. 더욱 인상적인 것은 그 광고가 실험 집단의 구성원에게 끼친 효과는 잠정적인 것으로 드러났다는 사실이다. 3개월 뒤의 조사에서 그 효과가 완전히 사라진 것이다.[14]

브루크먼과 칼라가 활용한 대화 기법을 개발한 것은 정치 조직자 데이브 플라이셔(Dave Fleischer)와 로스앤젤레스에 본부를 둔 게이 권리 옹호 조직 리더십 랩(Leadership LAB)에 있는 그의 동료들이었다. 그들이 추구한 목적은 캘리포니아주의 유권자들이 2009년 제8번 발의안(Prop 8) 국민

투표에서 동성 간 결혼 합법화에 반대한 이유를 알아내는 데 있었다. 플라이셔는 이 기법을 **딥 캔버싱**(deep canvassing)이라고 불렀으며, 그 본질은 유권자로 하여금 대화의 대부분을 담당하도록 만드는 것이다. "우리는 열린 질문을 던진 다음 경청한다. 그리고 이어서 그들이 우리에게 들려준 말을 토대로 다시 열린 질문을 던진다."[15]

학습 이론가들은 다른 누군가가 우리에게 어떤 정보에 대해 말해줄 때보다 우리가 적극적으로 어떤 결론에 이르는 방법을 도출해낼 때 그 정보를 더욱 효과적으로 습득한다고 설명한다.[16] 2018년 5000여 명의 피험자를 포함한 64개의 이전 조사에 대한 어느 메타분석이 확인한 바에 따르면, 학생들의 학습은 어떤 개념을 자기 스스로에게 설명해보도록 요청받을 때가 그 개념을 다른 방식으로 그에게 제시할 때보다 더욱 효과적이다. 거기에 포함된 조사는 자기 설명(self-explanation)을 촉구하는 방식의 학습 결과, 그리고 다른 다양한 교수법—교수자에 의한 강의, 문제 풀이, 해결된 문제의 학습, 교과서 학습 등—이 낳은 학습 결과를 비교했다.[17]

학교 밖에서 나 자신이 경험한 일 가운데 자기 설명의 힘을 가장 생생하게 보여준 예는 부담적정보험법(Affordable Care Act, ACA: '오바마케어'라고도 부르며, 2010년 버락 오바마 대통령이 서명한 미국 연방법의 하나. 이 법은 미국에서 1965년 메디케어와 메디케이드 이후 가장 중요한 의료보험 제도 정비 사례다—옮긴이)의 반대자들과 나눈 대화였다. 먼저 간략한 배경 설명을 하고자 한다. 이 법의 초안은 세 가지 조항을 중요한 특징으로 삼았다. 첫째, 보험사에 심지어 기존에 심각한 질병을 앓고 있는 이를 포함한 모든 참가자가 동일 요율로 보험 증서를 사용할 수 있도록 요구한 조항. 둘째, 명령(mandate)을 통해 보험을 구매하지 않기로 선택한 사람에게는 벌금을 부과하도록 요구한 조항. 셋째, 저소득층에 정부 보조금을 제공하기로 한 조항. 부담적

정보험법에 대해 모종의 의견을 가진 사람들 사이에서 첫 번째와 세 번째 조항은 폭넓은 지지를 얻었다. 하지만 두 번째 명령 조항은 오바마케어 반대자들로부터 널리 공격받았으며, 수많은 집단에서 평이 대단히 좋지 않았다. 부담적정보험법의 초안 작성자들은 왜 세 가지 핵심적 특징이 모두 실행되지 않으면 그 법이 제대로 작동할 수 없는지 거듭 유권자에게 설명하고자 애썼다. 하지만 그와 같은 시도는 보기 좋게 실패했다.

그러나 그 기저를 이루는 개념은 전혀 복잡하지 않았다. 게다가 만약 입법자들이 올바른 질문을 제기할 생각만 있었다면, 유권자는 어려움 없이 그 개념을 이해할 수 있었을 것이다. 내가 오바마케어 반대자들과 대화한 경험은, 드러난 가장 중요한 단 한 가지 문제는 다음과 같다는 것을 설득력 있게 보여주었다. 예컨대 정부가 주택보험 회사로 하여금 이미 화재로 집을 잃은 사람들에게 그들이 감당 가능한 요율의 화재보험을 제공하도록 강요한다면, 주택보험 회사에는 무슨 일이 일어날까?

그 질문은 거의 대답 그 자체다. 화재보험 회사의 보험 증서는 시장에서 1년에 약 몇백 달러 가격으로 이용할 수 있다. 그런데 화재보험 회사에 이미 화재로 집이 불타버린 사람들에게 그 보험 증서를 같은 가격에 제공하라고 강요한다면, 제정신 박힌 소비자치고 누가 자신의 집이 실제로 불타버리지도 않았는데 보험을 들겠는가? 판매된 모든 보험 증서가 보험 회사에 수십만 달러 하는 주택을 대체하도록 의무를 지울 것이기에, 보험 회사는 순식간에 도산할 것이다. 화재보험 시장은 오직 보험 회사들이 자기네가 보증하는 대다수 주택이 화재 피해를 입지 않으리라는 것을 알기에 굴러갈 수 있다. 그들이 적정 가격에 수천 건의 보험 증서를 판매해서 얻는 수입이 이따금 소실되는 주택을 대체하는 데 드는 비용을 감당하고도 남을 거라고 판단하는 것도 바로 그 때문이다.

하지만 규제받지 않는 건강보험 시장은 그런 식으로 작동할 수 없다. 진즉부터 중병을 앓고 있는 환자는 이미 불탄 집의 소유주와 매우 흡사하다. 보험 회사에 감당 가능한 가격에 이런 환자를 보장해주도록 강제한다면, 보험 회사가 상당액의 돈을 손해 보게 되리라는 사실을 보험 회사도 환자도 알고 있다. 민간 보험 회사가 이런 환자를 보장해줄 수 있는 유일한 상황은 그들 대다수가 건강한 사람들로 이뤄진 풀(pool)의 일원일 때뿐이다. 그리고 그것이 정확하게 두 번째 명령이 오바마케어의 기본적 특징의 하나가 된 이유다.

어떤 사람은 그 이유를 순전히 혼자 힘으로 알아낼 수 있다. 만약 정부가 주택보험 회사로 하여금 이미 화재로 주택을 잃은 사람들에게 저렴한 화재보험을 판매하도록 강요할 경우 주택보험 회사에 무슨 일이 일어날지 생각해볼 기회를 얻게 된다면 말이다. 하지만 아무도 그런 질문에 대한 답을 생각해보지 않았기 때문에, 그 명령의 논리를 설명하려는 시도가 무수히 이루어졌음에도 유권자로서는 그 논리가 종잡을 수 없게 여겨졌다.

물론 질문하기가 중요한 정책적 이슈에 관해 더욱 효과적으로 의사소통하도록 촉구하는 유일한 전략은 아니다. 예를 들어 심리학자 매슈 볼드윈(Matthew Baldwin)과 요리스 라메르스(Joris Lammers)는 시간 프레이밍(temporal framing)이 자유주의자와 보수주의자가 상이한 환경 정책 옵션을 평가하는 방식에 극적으로 영향을 미칠 수 있음을 보여주었다.[18] 그들의 작업은 보수주의자는 과거에 집중하는 경향이 있으며 자유주의자는 미래에 더욱 주목하는 것 같다는 관측으로부터 시작한다. 과장되었지만 이로운 둘 간의 차이에 대한 이 같은 특성 묘사가 시사하는 대로, 보수주의자는 현재가 과거보다 더 나쁘기 때문에 우리는 이전 정책을 되살려야 한다

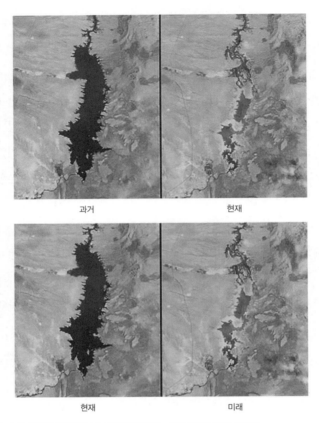

과거                            현재

현재                            미래

**그림 13.1** 시간 프레이밍은 환경 보호 조치를 지지하는 데 영향을 미친다. NASA.

고 생각하는 반면, 자유주의자는 미래가 현재보다 더 나쁠 것이기 때문에 현재 정책을 바꾸어야 한다고 생각한다.

볼드윈과 라메르스는 계속해서, 스스로를 보수주의자라고 규정한 사람들은 과거 상태와 현재 상태를 대비해 보여줄 때 환경 보호 조치를 수용할 가능성이 훨씬 더 많으며, 현재 상태와 미래 상태를 비교하는 식으로 기술할 때는 그 같은 조치를 수용할 가능성이 한층 적다는 것을 보여주었다.

이 조사 결과를 실제로 보여주는 생생한 예는 두 집단의 보수주의자에게 각각 어느 특정 강 유역의 건강 상태가 어떻게 변화했는지 보여준다고 주장하는 똑같은 사진 두 쌍을 보여주었을 때 나타났다. 첫 번째 집단에게는 그림 13.1 상단의 두 사진이 강의 과거 조건과 현재 조건을 비교한 것이라고 말했다. 두 번째 집단에게는 하단의 두 사진을 보여주면서 각각 같은 강 유역의 현재 상태와 미래 상태를 보여주는 사진이라고 밝혔다. 보수주의자들이 강 보호 조치에 보내는 지지는 '현재-미래' 집단보다 '과거-현재' 집단에서 훨씬 더 높았다.

이는 보수주의자를 상대로 환경 보호에 대한 지지를 이끌어내고자 하는 사람은 과거보다 현재 환경의 질이 더 나빠진 측면에 주목해야 함을 말해준다. 볼드윈과 라메르스는 자유주의자들의 견해는 그와 동일한 시간 프레이밍 조작을 통해서는 크게 달라지지 않는다고 밝혔다.

이와 유관한 연구에서 다른 심리학자들은 사람들이 일반적으로 자기가 선호하는 정책의 반대자들과 논의할 때 도덕적 논쟁을 활용하는 데 무능하다는 것을 보여주었다. 도덕 기반 이론(Moral Foundations Theory)에 따르면, 도덕적 추론은 일반적으로 별개의 감정 모듈에 단단히 기반을 두고 있다.[19] 가장 흔하게 꼽히는 다섯 가지 감정 모듈은 아래와 같다.

1. **배려**(care): 다른 사람을 소중히 여기고 보호하기
2. **공정**(fairness) 혹은 **균형**(proportionality): 공유한 규칙에 따라 정의 제공하기
3. **충성**(loyalty) 혹은 **내집단**(ingroup): 당신이 속한 집단·가족·국가와 조화 이루기
4. **권위**(authority) 혹은 **존중**(respect): 전통과 합법적 권위에 복종하기
5. **신성**(sanctity) 혹은 **순수**(purity): 역겨운 물건·음식·행동에 대한 혐오

심리학자 조너선 하이트(Jonathan Haidt)를 비롯한 도덕 기반 이론 지지자들에 따르면, 자유주의자들은 이 감정 모듈 가운데 처음의 두 가지를 강조하는 경향이 있다. 영향력 있는 논문에서 심리학자 매슈 파인버그(Matthew Feinberg)와 롭 윌러(Robb Willer)가 실증적으로 보여준 바에 따르면, 양쪽 정치 진영에 속한 사람들은 자신이 선호하는 정책을 지지하기 위해 도덕적 주장을 이용할 때면 자기 진영이 선호하는 특정 모듈을 언급하는 경향이 있다. 그런데 이것은 그들의 주장이 반대자에게는 훨씬 덜 효과적이 되게끔 만드는 전략이다.[20]

현재 추구하고 있는 목적과 관련해서, 그들의 연구 결과 가운데 좀더 흥미로운 대목은 정적과 논쟁을 시도할 때, 반대자들이 강조하는 도덕적 관심사를 담은 언어로 표현하면 주장이 훨씬 더 효과적이라는 사실이다. 한 가지 예를 들어보자. 보수주의자들은 일반적으로 오바마케어에 결사반대했음에도 불구하고, 그들의 반대는 정의나 공정 프레이밍을 통해 그 프로그램을 옹호하는 글을 읽을 때보다 순수 프레이밍을 통해(가령 아픈 사람에게 노출되는 것을 줄이는 방식으로서) 그 프로그램을 옹호하는 글을 읽을 때 훨씬 큰 폭으로 완화되는 경향이 있었다.

---

이제 나는 의사소통 이론가들의 조사 결과를 염두에 두면서, 작은 정부를 지지하는 한 보수주의자와의 대화를 상상하고자 애써볼 것이다. 행동 전염이 정책적 개입에 도움을 주는 적절한 타깃이 될지도 모를 가능성에 대해 그가 좀더 고민해보도록 이끄는 대화다. 나는 우리가 동의할 수 있는 이슈의 범위가 넓어지길 희망하므로, 그를 나의 적이라기보다 파트너라

고 부를 것이다. 하지만 초장부터 내가 하려는 일이 가망 없어 보이지는 않도록 하기 위해, 그가 피구 클럽의 일원이라고—즉 과세가 환경 오염을 억제하는 가장 효과적이고 공정한 방법(11장 참조)임을 이미 인정한 사람이라고—가정함으로써 내 파트너를 다소 불리한 입장에 놓을 것이다.

그런가 하면 나 자신의 이득을 너무 크게 요구하지는 않도록 하기 위해, 작은 정부를 표방하는 보수주의자들로부터 지속적으로 비난받아온 정책을 옹호하려고 노력할 것이다. 구체적으로 나는 높은 수준의 설탕 소비는 비만 확산과 관련한 여러 가지 심각한 건강상의 문제를 야기한다는 근거에 대한 합당한 반응으로서 설탕 든 탄산음료에 대한 과세를 권유할 것이다.[21] 비만율이 미국보다 훨씬 더 높게 증가해온 멕시코는 최근 비만 확산을 저지하기 위한 바람에서 설탕 든 탄산음료에 과세하기 시작했다. 멕시코에서는 그 세금을 채택한 뒤 탄산음료에 대한 소비가 첫 번째 해에는 5.5퍼센트, 두 번째 해에는 9.7퍼센트 감소했다.[22]

물론 작은 정부를 지향하는 수많은 보수주의자들은 그 어떤 새로운 세금을 부과하는 데에도 반대할 것이다. 하지만 그 같은 반대가 내 파트너에게는 유용하지 않을 터이다. 같은 피구 클럽 회원으로서 그와 나는 둘다 이미 환경 오염을 억제하는 최선의 방법으로 과세를 지지한 전력이 있다. 하지만 만약 내가 모든 과세는 일종의 도둑질이라고 주장하는 누군가와 어쩌다 대화를 나누게 된다면, 다음과 같은 질문을 던져보는 게 유익할 것이다. "세금을 내는 것이 순전히 자발적인 사회에서는 대체 무슨 일이 벌어질까?" 11장에서 보았듯이 그 질문은 '세금은 도둑질'이라는 입장에 본시 붙박인 깊은 모순을 부각해준다. 따라서 나는 여기서 내 파트너가 우리는 **무언가**에 세금을 매겨야 한다는 데 대해서만큼은 동의한다고 가정할 것이다. 또한 나는 우리 둘 다 오염에 과세하면 오염이 다른 사람에게 가하는 피해를 줄일 수 있기에 오염에 과세해야 한다는 아이디어에 찬성한다고 가정할 것이다.

첫 번째 기회를 맞이했을 때 나는 파트너에게 이렇게 물을 것이다. "당신은 탄산음료 소비가 사회적 행동이라는 데 동의하나요?" 만약 그가 확신하지 못할 경우 나는 사실상 모든 영역에서 나온 증거에 따르면, 우리의 소비 패턴은 우리가 속한 사회 조직에서 만나는 다른 사람들의 소비 패턴을 모방하는 경향이 있다고 주장할 것이다. 그리고 이러한 경향성은 어른보다 아이들에게 더 강하므로, 일부 학생이 설탕 든 탄산음료를 더 많이 소비하면 다른 학생들의 소비도 덩달아 늘어나게 될 거라고 믿는 것은 타당해 보인다고 말할 것이다. 파트너가 동의한다면 그와 나는 또한 설탕 든 탄산음료의 소비와 독성 오염 물질 배출은 중요한 특징을 공유하고 있다는 데도 동의할 수 있을 터이다. 그것은 바로 다른 사람에게 피해를 안기는 행동이라는 점이다. 그리고 어떤 재화의 가격이 올라가면 그 재화에 대한 수요가 줄어들기 때문에, 과세가 두 경우 모두에서 피해를 낮춰준다는 결론에 이르게 된다.

탄산음료 과세에 대한 또 한 가지 흔한 반대는, 사람들은 자기 스스로 어떤 음료를 사 마실지 결정할 자유가 있다는 주장을 근거로 삼는다. 하지만 설탕 든 탄산음료에 대한 과세는 당연히 아무에게서도 그 자유를 박탈하지 않는다. 그것은 단지 설탕 든 탄산음료의 소비를 좀더 비싸게 만들고, 그렇게 함으로써 결국 탄산음료의 소비 정도를 줄여준다. 우리는 이미 무엇엔가에 세금을 매겨야 한다는 데는 동의했고, 두 사람은 개략적으로 다른 사람에게 피해 입히는 행동에 과세하는 쪽이 바람직하다는 데도 동의한다. 따라서 분명한 다음 번 질문은 "설탕 든 탄산음료보다 세금 매기기에 **더 좋은** 것이 있는가?"다.

나는 조심스럽게 내 파트너가 설탕 든 탄산음료보다 세금 매기기에 **더 나쁜** 것이 많이 있다는 데 쉽게 동의하리라고 말할 것이다. 앞서 지적했다시피 예컨대 오늘날 미국에서 연방 정부 세수의 상당 비율은 지급 급여세로 충당되고 있다. 이 세금은 노동자 한 사람에 대한 고용 비용을 12.4퍼센트나 상승시키므로, 쌍방에 이득이 되는 수많은 거래를 가로막는다. 예를 들어 누군가를 고용할 경우 그 기업의 순수입이 시간당 20달러 상승하며 그 노동자는 시간당 18달러를 받고 기꺼이 그 일을 하고자 한다면, 기업도 노동자도 그런 고용이 이루어지길 바랄 것이다. 하지만 이 경우 고용 비용을 2달러 넘게 올려놓는 지급 급여세 탓에 그 일은 성사되지 않는다. 따라서 나는 굳이 물어보지 않고도 내 파트너가 그걸 지급 급여세의 바람직하지 않은 부작용이라고 여길 것으로 생각할 수 있다.

돈은 대체 가능하므로 우리가 탄산음료에 과세함으로써 거둬들인 돈은 지급 급여세에서 그만큼을 덜 거둬도 된다는 의미라고 해석할 수 있다. 그러한 전환은 전체적으로 보아 좋은 일 아닌가? 만약 설탕 든 탄산음료 과세가 사회적으로 이로운 행동에 대한 세금을 줄이도록 해주는 유일한 과세라면 파트너는 내 제안을 지지할 수도 있을 것이다. 하지만 그는 아마도 탄산음료보다 과세하기에 훨씬 더 나은 경우가 있을 거라며 나를 가로막고 나설지도 모른다. 그럴 경우 나는 이렇게 물을 것이다. "특별하게 염두에 둔 거라도 있나요?" 그는 아마 내가 느끼기에 설득력 있다 싶은, 설탕 소비보다 훨씬 더 피해가 큰 행동의 예들을 생각해낼 것이다. 하지만 내 편에서도 지급 급여세 외에 우리가 오늘날 이로운 행동에 과세하고 있는 다른 예들을 떠올릴 수 있다. 이런 식으로 우리는 세금 매기기에 가장 좋은 행동과 가장 나쁜 행동의 목록을 써내려가고, 그런 다음 우리가 어떤 특정 변화에 대해 동의할지 논의해갈 수 있다.

내 파트너는 동료들이 잠재적인 10대 흡연자에게 미치는 영향을 완화하는 장치로서 담뱃세를 부과하는 데 반대하는 경우와 비슷한 이유로 탄산음료 과세에 반대할 가능성도 있다. 그는 아마 사람들은 언제나 담배를 피우지 않는 쪽을 선택할 수 있듯이, 설탕 든 탄산음료를 마시지 않는 편을 선택할 수 있다고 주장할 것이다. 나 역시 곧바로 인정하겠지만 타당한 의견이다.

그러나 앞서 살펴본 대로, 10대의 흡연율이 수많은 부모를 비롯한 다른 사람에게 그들로서는 피할 도리가 없는 피해를 안겨준다는 것은 통계적으로 분명한 사실이다. 그와 비슷한 이유들로 오늘날의 음료 소비 패턴은 수많은 다른 사람에게 어찌해볼 재간이 없는 피해를 가하게 된다. 내 파트너는 분명 대다수 부모와 친구들은 자기가 깊이 마음 쓰는 이들이 비만해지거나, 무리한 다이어트가 낳은 당뇨병 때문에 절단·신장병 등 여러 가지 심각한 질환으로 고생하길 원치 않는다는 데 동의할 것이다. 그런 것들은 합당한 욕구가 아니란 말인가?

오늘날 우리의 사회적 환경이 설탕 든 탄산음료를 지나치게 소비하도록 부추기며, 그로 인해 심각한 건강 문제가 야기될 가능성이 커졌다는 것은 과학적으로 명확하게 밝혀진 사실이다. 만약 오늘날의 소비 유형이 앞으로도 계속 이어진다면, 수백만 명의 부모가 자녀들이 건강한 성인으로 성장하는 모습을 보고 싶어 하는 평범한 목표를 이루지 못하리라는 것은 통계적으로 분명하다. 이런 부모들은 달리 의지할 데가 있는가? 그들이 자녀로 하여금 동료들과 다른 진로를 정하도록 독려하기 위해 할 수 있는 일이란 거의 없다. 어떤 일정 지점을 지나면 자녀들에게 영향을 미치기 위한 더 이상의 노력이 외려 역효과를 낳는 것으로 드러날 수도 있다.

내 파트너는 또한 다음과 같은 이유에서 설탕 든 탄산음료에 과세하는 조치를 반대할지도 모르겠다. 즉 관료들이 그렇게 하도록 허용하면 끔찍한 보모 국가(nanny state: 보모처럼 개인을 과보호하거나 개인의 선택을 간섭하는 국가—옮긴이)를 향해 거침없이 질주하는 위험한 비탈길로 치닫게 된다고 말이다. 다른 사람들이 입는 피해를 보호하기 위해 대학 캠퍼스에서 연설하는 것을 금지하려는 최근 시도에 비추어 이러한 이유의 반대는 나를 크게 주저하도록 만들었다.[23] 가령 내가 캠퍼스 연사들이 그들의 감정을 해칠지도 모른다고 걱정하는 사람들에게 보일 수 있는 최선의 반응이 그저 둔감해지라고 촉구하는 것이라 믿으면서도, 설탕 든 탄산음료에 대한 우려에 보이는 최선의 반응이 그것을 마시지 말도록 촉구하는 것이라고 믿지 않는 이유는 무엇인가? 나는 왜 관료들이 과학을 올바르게 이해하고, 오직 다른 사람들—그들로서는 스스로 그 피해에서 벗어나는 데 엄두도 내지 못할 정도로 많은 비용이 든다—에게 진짜로 피해 입히는 행위에 대해서만 과세할 거라고 믿는가?

나는 이러한 질문에 담긴 우려에 공감한다. 하지만 그 우려가 설탕 든 탄산음료에 과세하지 않음으로써 우리가 겪게 될 상실에 대한 나의 우려보다 더 크지는 않다. 그 상실에는 설탕 소비가 건강에 끼치는 나쁜 결과가 계속 늘어나고 있는 것뿐 아니라, 현재 진정으로 유익한 행동에 부과하는 세금을 줄여줄 기회를 잃었다는 것도 포함된다. 과세는 보모 국가와 관련 있는 틀에 박힌 지나친 규제보다 개인의 자율을 더욱 존중해주는 해법이기도 하다. 그리고 마지막으로 위험한 비탈길로 치닫는다는 주장을 진지하게 받아들인다는 것은 일단정지 표시(stop signs), 빨간 신호등, 절도나 살인을 금하는 법률 등 행동을 규제하는 모든 시도를 포기해야 한다는 말과 같다. 합리적인 사람이라면 누구도 이런 관점을 지지하지 않을 것이다. 우리는 늘 어느 정도는 위험한 비탈길을 따라가고 있기 때문에, 탄산음료에 대한 과세가 바닥치기 경쟁을 시작하게 만들 거라고 가정할 수는 없다.

끝으로 내 파트너는 탄산음료 과세가 사람들을 쉽게 이용 가능한 비과세 대체품으로 옮아가도록 유도할 가능성이 있다며 반대할 수도 있다. (실제로 내 친구 한 명의 입장이 정확히 이와 같았다.) 그는 이렇게 물을지도 모르겠다. 호화 승용차에 대한 과세가 운전자들을 비과세 호화 SUV로 갈아타도록 만든 것처럼, 탄산음료 세금도 사람들로 하여금 그저 사탕과 과자를 더 많이 소비하도록 내몰 수 있지 않을까? 좋은 질문이다! 11장에서 논의한 대로 고가품 소비의 상당 부분이 상호 상쇄적이고 따라서 더없이 낭비적이라면, 총소비에 대한 누진세는 특정 사치품에 대한 세금보다 훨씬 더 효과적이다. 그와 비슷하게 만약 지나친 설탕 소비가 문제라면 총설탕량을 기반으로 식품과 음료에 과세하는 것이 설탕 든 탄산음료에만 과세하는 것보다 훨씬 더 나은 해결책이리라. 여기서 내 파트너의 반대는 탄산음료 세금 그 자체에 대한 반대가 아니라 다른 형태의 식이성 설탕에까지 과세하지 않는 데 대한 반대다.

한마디로 피구세를 환경 외부성을 위해 선택하는 해결책으로 보는 것은 피구 클럽 회원들이 심지어 탄산음료 과세처럼 이론이 분분한 예에서조차 행동 외부성과 관련해 유사한 결론에 이르도록 만드는 듯하다는 게 내 생각이다. 어쨌든 두 경우 모두 찬성의 논리가 시시콜콜한 모든 면에서 동일하다. 작은 정부를 지지하는 나의 보수주의자 대화 파트너도 상황을 이런 식으로 볼까? 이 주제를 두고 나눈 수많은 실질적 대화를 기반으로 판단하건대, 나는 그 질문에 대해 "때로는 그렇지만 언제나 그런 것은 아니다"라고 대답할 수 있다.

그러나 만약 당신이 공공 정책에 관심이 있다면 비록 위에서 보듯 이따금씩만 성공적이라 하더라도 그와 같은 대화를 시도해보는 것은 충분히 가치 있는 일이다.

———————————

이전에 쓴 책[《성공과 운: 행운과 실력주의 신화(Success and Luck: Good Fortune and the Myth of Meritocracy)》를 말한다. 우리나라에는 2018년 《실력과 노력으로 성공했다는 당신에게: 행운, 그리고 실력주의라는 신화》라는 제목으로 번역·출간되었다—옮긴이]에서 내가 천착한 주제 가운데 하나는 다음과 같다. 즉 성공적인 사람들은 흔히 인생에서 만나는 얼핏 사소하고 무작위적인 것처럼 보이는 사건들의 중요성을 알아차리지 못하기 때문에, 자신들이 시장에서 누리는 엄청난 물질적 보상을 당연시하는 지나친 특권 의식을 키우는 경향이 있다는 것이다.[24] 틀림없이 대단히 성공적인 사람들은 열심히 일하고 재능도 많다. 하지만 결정적인 순간에 운도 좋았음에 틀림없을 것이다. 여하튼 그들만큼 열심히 일하고 그들만큼 재능도 있지만 그들에 한참 못 미치는 결과만 손에 쥔 사람들도 수두룩할 테니 말이다.

문제는, 사람들은 본인의 성공이 순전히 자기 힘으로 이루어졌다고 생각하면 흔히 후대에도 비슷한 기회를 열어줄 수 있는 투자에 쓰일 세금을 지지하는 데 덜 적극적이 된다는 것이다. 하지만 그들의 삶에서 운이 중요하게 작용했음을 그들에게 상기시키려는 시도는 적대적 반응을 불러일으키는 것 같다.

나는 순전히 우연찮게 이와 같은 장애물을 가장 빠르게 뛰어넘을 수 있는 방법이 성공한 친구들에게 그들 역시 운이 좋았음을 상기시키는 그 어떤 시도도 하지 않는 것임을 깨달았다. 내가 그러는 대신 그저 정상에 이르기까지 본인이 누려온 행운의 예를 떠올려볼 수 있겠냐고 묻자, 그들은 전혀 화를 내거나 방어적으로 반응하지 않았다. 도리어 눈을 반짝이면서 관련 사례를 찾아내기 위해 본인의 기억을 반추했다. 그리고 마침내 하나의 예를 생각해내면 그것에 대해 신나게 들려주었다. 그 사례를 소개하는 과정은 흔히 또 다른 사례를 떠오르게 만들고, 그들은 역시 그것에 대해서도 열심히 들려주었다. 많은 경우 결국 그들은 장차 정부가 진보를 촉진하기 위해 착수할 가능성이 있는 투자에 대해 논의해보고 싶어 했다.

다른 경우에서도 사람들에게 운이 좋았던 때가 언제였는지 사례를 들어달라고 청하면 쉽게 흥미로운 이야기를 이끌어낼 수 있었다. 한 친구가 대학원 시절에 겪은 이야기를 들려주었다.

1970년 서던퍼시픽(Southern Pacific)의 오클랜드 철도역 구내에서 심야 교대 근무를 하던 중이었어. 집에 야구 모자를 두고 왔다는 사실을 깨달은 거야. 그리 대수로운 문제는 아니었지. 비가 내리기 시작하기 전까지는 말이야. 어떤 직원이 자기 트럭에 있던 여분의 안전모를 나한테 빌려주었어. 그날 밤늦게, 3층짜리 자동차 수송 화차에서 200파운드 무게의 강철판이 떨어져서 나를 덮쳤어. 몇 미터가량 내동댕이쳐진 나는 그 자리에서 의식을 잃었지. 병원에 사흘간 입원했고, 6주가 지나서야 회복했어. 다시 업무에 복귀한 첫날, 사고가 났던 날 밤에 같이 근무했던 직원 가운데 한 명이 기념품으로 간직하고 싶어 할지도 모르겠다면서 나한테 그 안전모를 건네주었어. 그 강철판이 안전모를 거의 뚫고 지나갔다는 사실을 확인하고 경악했지. 의심의 여지없이 내가 야구 모자를 집에 두고 오지 않았다면, 그 금속판은 내 두개골을 두 동강 냈을 거야. 나는 그 '행운의' 안전모를 오랫동안 고이 간직하고 있었는데, 버지니아주로 이사하면서 잃어버리고 말았어.

또 다른 경우, 나는 최근 대학 때 급우에게 나의 행운 책(《성공과 운: 행운과 실력주의 신화》－옮긴이) 초안 원고를 보여주면서 자신이 겪은 우연한 사건에 대해 들려달라고 청했다. 그는 졸업 후 더없이 성공적인 기업가가 되었는데, 규제자들을 상대해본 경험을 통해 정부에 깊은 회의를 품고 있었다. 내 질문을 받은 그는 앞의 사례만큼이나 잊히지 않을 일화를 들려주었다.

자네는 1985년에 내가 번개를 맞고 거의 죽을 뻔했다는 사실을 모를 걸세. 나는 서서히 정신을 잃었고, 빛도 음악도 천사도 없었지. 당시 만약 심폐소생술과 리더십을 갖춘 사람이 그 자리에 없었더라면 나 역시 지금 이 자리에 없을 걸세. 그뿐만이 아니야. 어릴 때 나는 앨라배마주 제미슨(Jemison)의 메인 스트리트에서 어느 1940년식 자동차 앞으로 달려갔지. 운전자는 나를 보지 못했고, 그래서 정확히 가슴을 차 범퍼에 부딪쳤어. 천만다행으로, 차에 부딪치면서 당시 그 차들에 예외 없이 달려 있던 업라이트(upright: 일부 클래식 차량의 앞부분을 장식한 수직 기둥－옮긴이)를 두 팔로 반사적으로 끌어안았어. 그 덕분에 바퀴 밑으로 쓸려 들어가지 않은 채 차에 매달려 질질 끌려갔지. 거리를 지나던 사람들이 그 광경을 보고 운전자를 뒤따라가 차를 멈추게 했어.

하지만 우리 대화는 거기서 끝나지 않았다. 그는 여전히 철저한 보수주의자임에도 나에게, 자신이 다채로운 방식으로 운이 좋았음을 깨닫도록 이끌어준 대화 덕분에 사회 안전망을 강화하기 위한 투자를 지지해야겠다는 생각이 한층 더 강하게 들었다고 말했다.

만약 당신의 시간 가운데 최소한 일부만이라도 당신과 모든 견해가 일치하지는 않는 사람과 대화를 나눠보면 새로운 뭔가를 배울 가능성이 많을 것이다. **확증 편향**(confirmation bias)은 우리가 빠지기 쉬운 가장 중요한 인지적 편견 가운데 하나를 나타나는 심리학 용어다. 훌륭한 과학자는 자신의 가정이 잘못일 수도 있음을 보여주는 증거를 찾아 나서지만, 우리 대다수의 자연스러운 욕구는 우리가 애초에 가진 믿음을 확실히 해주는 정보에 대해 더욱 수용적이다. 그와 모순되는 정보에 눈감는 경향은 당신이 어떤 아이디어를 믿어야 한다는 동기가 강할 때 특히 커진다. 그 아이디어를 믿고 싶어 하는 사람은 "제가 그것을 믿을 수 있을까요?(Can I believe it?)"라고 묻는다. 반면 그 아이디어가 잘못이길 바라는 사람은 "제가 그것을 믿어야 하나요?(Must I believe it?)"라고 묻는다. 적어도 우리 시간의 일부만이라도 생각이 다른 사람들과의 대화에 투자한다면 우리가 확증 편향에서 벗어날 가능성은 한층 커질 것이다.

하지만 물론 몇몇 대화 파트너는 애당초 피하는 게 상책이다. 최근 몇 년 동안 점차 분명해졌듯이, 어떤 입장이 잘못임을 거의 확실하게 알고 있으면서도 그것을 공개적으로 지지하는 사람 또한 적지 않다.[25] 만약 당신이 그런 사람들의 입장을 폭로해야 하는 공적인 토론장에 초대된 게 아니라면, 그들과 이야기를 나누면서 쓸데없이 에너지를 허비할 이유는 전혀 없다.

그러나 대안적인 사실을 기꺼이 수용하려는 이들의 수가 점차 증가하는데도, 대다수 사람은 계속해서 자신의 믿음이 옳다고 믿는다. 하지만 전술한 대로, 단지 반대 의견에 노출되는 것만으로는 그러한 믿음이 달라지지 않는다. 아니 외려 더 강화되는 경향이 있다.[26] 그러나 다른 한편 여러 실험적 증거는 특정 방식으로 짜인 대화는 믿음과 태도 두 가지 모두

에 크고 지속 가능한 변화를 일으킨다는 것을 분명하게 보여준다.[27]

누군가 다른 사람을 설득하고자 노력할 때 전략적이 되기로 단단히 마음먹은 경우, 틈만 나면 또래 가운데 높이 존경받길 좋아하는 대화 파트너들에게 집중하겠다고 결심할 수 있다. 심리학자 벳시 레비 팔럭(Betsy Levy Paluck)이 공동 저자들과 함께 보여준 바와 같이, 예를 들어 학교에서 '남을 괴롭히는 행위(bullying)'를 억제하기 위한 개입은 사회 관계망 데이터에 의해 가장 인기 있는 것으로 판명된 학생들에게 초점을 맞추면 성공 가능성이 훨씬 더 커진다.[28] 비슷한 맥락에서 경제학자 후안 다비드 로발리노(Juan David Robalino)와 사회학자 마이클 메이시(Michael Macy)는 흡연 영역에서도 역시나 가장 인기 있는 학생들이 자신의 흡연 행위를 통해 또래가 담배를 피우도록 이끄는 데 가장 강력하고도 지속적인 영향력을 행사하는 이들임을 보여주었다.[29]

하지만 지나치게 전략적이거나 목표 지향적으로 대화에 접근하는 것은 역효과를 낳을지 모른다고 믿을 만한 이유도 있다. 따라서 에세이스트 앤드루 멀(Andrew Merle)이 적은 바와 같이 "당신이 진정으로 대답에 관심을 가질 때만 질문은 진짜 질문이다. 만약 당신이 상대의 반응에 관심이나 흥미가 없다면 질문은 아무짝에도 쓸모가 없다. 당신은 이런 식으로 그저 건성으로 체크리스트에 체크하듯 할 수는 없다".[30]

멀의 견해는 이전에 내가 쓴 책의 비판론자에 대한 나의 반응에 암묵적으로 깔려 있었다. 내가 진정한 신뢰성이 잠재적 거래 파트너의 귀중한 자산이므로 정직한 사람들은 심지어 경쟁이 치열한 환경에서조차 물질적으로 잘 살아갈 수 있다(6장 참조)는 것을 보여주고자 시도한 책이다.[31] 〔1988년 출간한 《이성 안의 열정: 감정의 전략적 역할(Passions within Reason: The Strategic Role of the Emotions)》을 말한다—옮긴이.〕 만약 이런 사람들을 충분히 정확하게 찾아낼 수 있다면, 그들은 신뢰를 요구하는 성공적인 사업을 통해 상당한 보상을 누릴 수 있다. 그런데 몇몇 비판론자는 내가 정직하게 행동하도록 이끄는 동기로 물질적 이득을 언급한 것은 잘못이라고 불평하는 글을 썼다. 하지만 그러한 반대는 내 뜻을 잘못 알고 하는 소리다. 내가 기술한 메커니즘은 오직 사람들이 다른 사람들 속에서 진정한 신뢰성을 감지할 수 있을 때만 작동한다. 그와 관련한 감정적 신호 메커니즘을 고려하건대, 단지 물질적 보상을 얻기 위해 신뢰할 만한 것처럼 보이고자 노력하는 사람은 진정한 신뢰성을 지닌 사람으로 받아들여질 가능성이 없다. 그러한 시도는 그 어느 것도 쓸모없을 터이다. 마치 좀더 자연스러워 보이기 위해 의식적으로 노력함으로써 좀더 인기를 얻고자 희망하는 것처럼 말이다.

더욱 중요한 것으로, 가치 있는 아이디어에 대해 다른 사람들에게 들려주는 일을 중시하는 열정에는 그 어떤 가식적 의도를 드러내는 기미도 없다. 1985년 출간한 두 번째 책[《올바른 연못을 고르는 법: 인간 행동과 지위 추구 (Choosing the Right Pond: Human Behavior and the Quest for Status)》를 말한다—옮긴이]에서, 나는 왜 좌파 진영의 사회 비평가들이 수많은 사회악의 원인을 막강한 기업주들의 착취, 경쟁 부족, 혹은 기타 다양한 시장 실패 탓으로 돌리는 우를 저질러왔는지 설명하고자 노력했다.[32] 나는 그 동일한 사회악들은 그렇다기보다 되레 자멸적인 과잉 경쟁의 결과였다고 주장했다. 1985년 1월 그 책을 출간했을 때, 나는 의회가 누진 소비세를 비롯해 내가 권고한 정책 가운데 몇 가지를 그해가 가기 전에 법제화할 수도 있으리라고 기대했다. 그로부터 수십 년이 지나는 동안 그 정책들 가운데 단 한 가지도 채택되지 않는 것을 보면서 당연히 나는 그러한 기대가 얼마나 순진한 것이었는지를 고통스럽게 깨달았다.

몇 권의 책을 내고 나서 그때마다 내가 다시 책을 써야 하는지 말아야 하는지 알 길이 없었다. 이번에도 마찬가지였지만, 인간의 수명은 유한하므로 이 책은 그 전보다 내 마지막 책이 될 가능성이 더 크다. 또한 나는 설사 이 책을 읽는 독자 모두가 내 권고들이 타당하다는 것을 전적으로 확신한다 해도, 그들의 수가 너무 적어서 내가 가장 중시하는 정책 논의에 식별 가능한 영향을 미칠 수 없음을 잘 알고 있다. 따라서 만약 내 아이디어가 그러한 논의에 영향을 미치려면 내 권고에 대해 다른 사람들에게 계속 이야기하고자 하는 동기를 그들에게 부여해야 할 것이다.

1960년대에 많은 경제학자가 열정적으로 관심을 기울인 아이디어도 마찬가지였다. 이산화황 배출권 거래 제도를 이행함으로써 산성비 문제에 대처하자는 그들의 제안이 특히 그랬다. 수십 년 동안 입법자들로부터 외면당해온 그 권고가 생산적인 대화를 촉발하기에 이르렀다. 경제학자들은 제가 가르치는 학생들과 그 제안에 대해 이야기를 나누었고, 그들 가운데 일부가 미 의회의 정직원이나 인턴으로 일하게 되면서 상원의원이나 하원의원과 그 문제에 대해 적극적으로 토론했고, 다시 그들은 그 문제를 자신의 동료 국회의원들과 논의했다. 진척이 빠른 속도로 이루어지지는 않았지만, 이러한 대화는 마침내 의회의 1990년 청정대기법 수정안이 발효됨으로써 시장이 이산화황 배출권 거래 제도를 채택하도록 만드는 결과를 낳았다.

하지만 논의의 진척이 항상 그렇게 오래 걸리는 것은 아니다. 가령 앞서 동성 간 결혼과 관련한 법률적 입장 변화에 대해 살펴보았듯이 행동 전염의 놀라운 위력은 그보다 훨씬 더 논쟁적인 정책 제안들의 경우에서도 급격한 변화를 낳는 대화를 촉발할 수 있다.

행동 전염의 위력을 깨닫게 되면서 무엇이 유익한 대화를 촉진하는지에 대해 더 많은 것을 배우고 싶다는 욕구가 솟구쳤다. 나는 이내 올바른 질문을 제기하는 것이 얼마나 효과적인지 기술한 연구를 접했다. 초기에 클리블랜드 시티 클럽(City Club of Cleveland)의 CEO 댄 몰스럽(Dan Moulthrop)이 인터뷰어로서 자신의 오랜 경험에 기초한 조언을 들려준 TEDx 토크 동영상을 본 것이다.[33] 그가 구체적으로 권고한 내용 상당수는 앞서 인용한 실험적 연구의 결과가 지지해주는 것들이었다. 하지만 그가 그 연설에서 주장한 것 가운데 하나는 내가 알기로 다른 데서 언급된 적이 없는 내용이었다. 그는 누군가에게 던지는 질문 가운데 가장 강력하고 유익한 질문은 바로 "당신은 어디에 열정을 느끼는가?"라고 말했다.

아무도 과거에 내게 그런 질문을 던져본 일이 없으며, 처음에는 내가 거기에 답할 수 있는지도 알 길이 없었다. 나는 경제학자이고 열정과는 거리가 먼 부류다. (과거에 누군가 농담처럼 말했다시피, 경제학자는 회계사가 될 만큼 개성이 뚜렷하지 못한 사람이다.) 나는 아마도 경제학자들에게 열정 따위는 없다고 생각한 것 같다. 하지만 잠시 되돌아보고 나서 생각을 달리하게 되었다. 실제로 대다수 경제학자는 효율성에 대한 깊은 헌신을 공유하며, 나도 거기서 예외는 아니다. 대부분의 사람처럼 나는 수많은 것에 관심을 쏟지만, 사실상 내가 가장 열정을 기울이는 것은 다름 아닌 효율성이다. 내가 직업적으로 생각하고 글을 쓰는 거의 모든 것에 생기를 불어넣는 것이 바로 효율성이다.

효율성은 심지어 내가 하는 대부분의 하찮은 선택에도 영향을 미친다. 예컨대 뉴욕 대학에서 1년간 연구년을 보낼 때, 효율성은 내가 지하철에서 어디에 앉을지까지 좌우했다. 그해에 8번가에 있는 내 아파트에서 가장 가까운 역은 입구가 두 군데로 나뉘어 있었다. 하나는 3번가 쪽이고 다른 하나는 8번가 쪽이었다. 그 역을 향해서 북쪽으로 지하철을 타고 갈 때면 나는 언제나 맨 앞 차량에 앉았고, 남쪽으로 갈 때면 맨 뒤 차량에 앉았다. 두 경우 모두 그렇게 해야만 8번가 출구까지 걷는 걸음을 최소화할 수 있기 때문이다.

하지만 효율성은 훨씬 더 심오한 인간 관심사의 중심에 놓여 있기도 하다. 우리가 좀더 효율적인 결과를 낳는 정책을 채택하면 언제나 모든 사람이 제가 이루고자 하는 것을 좀더 많이 성취할 수 있다. 만약 고의적인 선택의 결과로 비효율성, 특히 대규모 비효율성을 초래한다면, 그것은 도덕적으로 혐오스러운 것으로서 비난받아 마땅할 터이다.

내가 이 책에서 서술한 여러 손실의 규모나 범위가 실로 엄청나다는 데는 의심의 여지가 없다. 낭비적 소비 패턴의 경우, 손실이 수십 년 동안 발생했다. 기후 변화의 경우, 가장 심각한 손실은 아직 도래하지도 않았다. 하지만 두 가지 형태의 손실은 대부분 고의적인 선택의 결과라기보다 의도치 않은 부작용이며, 따라서 도덕적 분노의 대상으로는 적절치 않다. 그럼에도 이 같은 어마어마한 규모의 손실은 우리가 가장 열정을 기울이기에 적합한 핵심 관심사다. 나는 간단한 정책 변화만으로 누구로부터도 고통스러운 희생을 강요하지 않은 채 그러한 손실의 상당 부분을 줄일 수 있다고 주장했다. 하지만 이러한 주장이 옳다는 것을 충분한 정도의 사람들에게 설득하는 데 실패할 수도 있다. 그렇더라도 그렇게 하고자 애써보지 않는다면 도저히 이 세계를 마음 편하게 떠날 수 있을 것 같지가 않다.

물론 효과적으로 대화하는 법에 대한 나의 가르침이 필요 없는 사람도 많을 것이다. 그들은 본질적으로 호기심이 많고 감정 지능이 높아서 그저 자연적으로 대화에 능하다. 하지만 대화 연구자 앨리슨 우드 브룩스가 썼다시피 "우리 대다수는 충분한 질문을 던지지도 않고, 적절한 방식으로 질문을 제시하지도 않는다. 좋은 소식은 우리가 질문을 던지면 자연스럽게 우리의 감정 지능을 키울 수 있고, 그것은 다시 우리를 더 좋은 질문자로 만들어주는 선순환 구조가 이루어진다는 점이다".[34]

따라서 내가 희망하는 것은 당신이 나서서 많은 질문을 던지는 것이다. 당신은 회의주의자들로 하여금 당신의 견해를 수용하도록 설득하는 데 매번 성공하지는 못할 것이다. 설사 그렇더라도 분명 좀더 만족스러운 관계를 개발할 테고, 그러는 과정에서 수많은 멋진 이야기를 듣게 될 것이다.

# 맺음말

●

나는 10여 년 동안 주기적으로 기후 현안에 관한 글을 써왔기에 동료 경제학자 대다수보다 그 주제를 다룬 과학 문헌을 좀더 면밀하게 살펴보았다. 그 과정에서 온난화가 제기하는 위협이 얼마나 심각한지 깊이 우려하게 되었다. 이러한 우려는 내가 9장의 첫 번째 초안에서 쓴 내용의 상당 부분을 잘 살려주었고, 그 원고는 2018년 12월 말에 완성되었다.

그로부터 채 두 달도 지나지 않아 《거주 불능 지구》가 출간된 직후, 나는 연구자들이 그때까지 우리 행성의 기후 변화에 관해 알아낸 바를 포괄적으로 담아낸 그 책의 저자 데이비드 월러스웰스의 혜안에 크게 놀랐다. 나는 비록 그가 인용한 중요한 논문 대다수를 이미 읽었는데도 그가 그려낸 위협의 규모를 파악하는 데는 완전히 실패한 것이다. 오늘날까지 이루어진 가장 권위 있는 기후 연구를 총망라한 그의 작업은 상황이 정말이지 우리 대다수가 상상하는 것보다 훨씬 더 심각하다는 자신의 결론을 충분히 뒷받침해주었다.

월러스웰스는 또한 많은 연구자가 "불필요한 우려를 제기해 세상을 소란케 한다(alarmism)"는 이유로 비난받는 게 두려워서 그 위협의 전말에 대해 기술하길 꺼리고 있다고 밝혔다. 듣자 하니 일부는 좀더 솔직하게 보고하면 많은 사람이 그 도전을 아예 가망 없다고 여겨서 자포자기하게 될지도 몰라 우려했다고 한다. 하지만 《거주 불능 지구》는 그와 전혀 다른 반응을 지지하는 책으로 읽을 수도 있다.

오늘날 우리의 대기 중에 순환하고 있는 모든 이산화탄소의 절반 이상은 1988년 이후 이루어진 인간 활동의 결과다. 1988년은 기후학자 제임스 핸슨(James Hansen)이 의회에서 위험천만한 온난화 추세가 이미 진행 중이라고 증언한 해다. 월러스웰스는 이러한 인식이 존재했음에도 우리는 계속해서 대기 중에 온실가스를 놀랄 만한 속도로 내뿜고 있다고 지적한다. 그는 이렇게 썼다. "당연히 그래야 하지만 만약 이것이 당신에게 비극적으로 여겨진다면, 오늘날 그것을 중단시키는 데 필요한 모든 도구를 우리가 가지고 있음을 기억하라. 공세적으로 화석 에너지를 차차 폐기하기 위한 정치 조직과 탄소세, 농업적 관례에 대한 새로운 접근, 그리고 전 세계적으로 소고기와 유제품 식이에서 벗어나기, 그린 에너지와 탄소 포집을 위한 막대한 공공 투자 등이 그것이다."[1] 마침내 그는 이렇게 결론 내렸다. "상황이 얼마나 나빠지느냐는 사실상 과학이 답할 문제가 아니다. 그것은 인간 활동에 달려 있다. 재난을 멈추게 하기 위해 우리는 얼마나 많은 일을, 얼마나 빠르게 해야 하는가?"[2]

이제 얼마 남지 않은 부인론자를 뺀 세계 인구 대다수는 특히 그들 자신에게 고통스러운 희생을 요구하지만 않는다면, 분명 기후 변화 속도를 늦추는 데 기여할 수 있는 기회를 반길 것이다. 하지만 물론 염세주의자들은 냉큼 우리가 결국 실천하는 데 실패하리라는 자신들의 예측을 지지할 만큼 고통스러운 희생이 불가피하다고 지적한다.

그들의 회의론은 그리 놀랄 게 못된다. 새뮤얼 존슨(Samuel Johnson)이 말한 대로 "아무것도 하지 않는 것 역시 모든 인간의 힘(power) 가운데 하나다". ("아무것도 하지 않는 것 역시 하나의 선택이다"라는 의미로 이해하면 될 듯하다. 우리말로 다소 부자연스럽지만 바로 다음 문장과의 연결 때문에 '힘'을 살려서 번역했다—옮긴이.) 아무것도 하지 않을 수 있는 힘과 아무것도 하고 싶지 않은 강렬한 (그리고 문서로 잘 정리되어 있는) 욕구가 함께 어우러질 경우 기대할 수 있는 결과는 바로 무기력이다.[3] 지구 온난화에 진지하고 적극적으로 대처하려면 수많은 영역에 걸쳐서 생활 방식을 상당 정도로 변화시켜야 한다. 하지만 우리는 습관의 동물이기에 그러한 변화에 저항하려는 경향을 보인다. 탄소세에 대한 저항은 특히 거세며, 몇몇 사법권 관할 구역에서 탄소세 부과는 그것을 지지하던 정치 지도자들의 패배를 재촉했다. 이런 마당이라 우리가 그간 이렇다 할 진척을 이루지 못한 것은 그리 놀라운 일이 아니다.

하지만 현상을 유지하고자 하는 완강하고 비타협적인 세력이 여전히 버티고 있음에도, 때로는 아무도 생각할 수 없을 정도로 빠르게 극적인 변화가 일어나곤 한다. 미국에서 성인 인구의 흡연자 비율이 단 몇십 년 만에 60퍼센트 넘게 떨어진 사실, 그리고 동성 간 결혼에 대한 태도가 그보다 훨씬 더 빠르게 변화한 사실을 기억하라. 또한 정치적 소요의 가시적 기미도 거의 없이 수십 년을 보낸 뒤, 옛 소련 회원국 정부들이 1년도 되지 않는 기간에 도미노처럼 무너진 사실도 기억하라.

이러한 사건들 각각에서, 그 변화를 추동하는 가장 중요한 힘은 바로 행동 전염이다. 흡연의 경우, 새로운 세금과 규제가 최초 교란자지만 7장에서 보았듯이 그보다 훨씬 더 중요한 힘은 역시 행동 전염이다. 즉 한 사람의 흡연자가 금연을 택하면, 그의 동료 집단에 속한 또 다른 한 사람도 담배를 끊거나 아니면 흡연을 삼가게 될 거라는 말이다. 동성 간 결혼은 남들에게 피해를 입히지 않는다는 앤드루 설리번의 설득력 있는 주장은 그 주제에 대한 전국 차원의 대화를 시작하는 데 도움을 주었지만, 4장에서 살펴본 바와 같이 여론의 급격한 변화에 가장 중요하게 작용한 것은 다름 아닌 행동 전염이다. 즉 몇몇 사람이 공개적으로 마음을 바꾸었다고 밝히면, 다른 사람들은 그렇게 하는 것이 좀더 안전하다고 느끼는 식이다. 그리고 역시나 4장에서 논의한 대로, 옛 소련이 몰락한 것은 행동 전염의 폭발적 위력을 보여주는 또 하나의 교과서적 예다. 억압적 정권에 맞서 솔직하게 발언하는 시민이 한 명씩 늘어날 때마다 다른 사람들이 솔직하게 발언하는 일이 그만큼 덜 위험해진 것이다.

윌러스웰스는 우리가 지구 온난화 추세에 도전하는 데 필요한 동기를 충분하게 불러일으킬 수 있는지, 그리고 우리가 성공하기 위한 자원을 끌어모을 수 있는지 물었다. 경제학자와 기후학자는 지구 온난화를 표준적 환경 외부성이라고 본다. 전 세계적으로 서둘러 높은 탄소세를 부과하라고, 그린 테크놀로지에 과감하게 투자하라고 촉구하는 문제 말이다. 오직 이런 관점으로만 무장한 사람에게는 실패를 예측하는 쪽이 한층 분별력 있어 보일 것이다.

전통적인 설명이 강조한 대로, 산업 시대 전(前) 기간 동안 아무 처벌 없이 온실가스를 배출하도록 허락받았다는 사실이야말로 지구 온난화 문제의 근본 원인이다. 하지만 환경 외부성 내러티브는 그 과정에서 행동 전염이 담당하는 중요한 역할을 간과한다. 8장과 9장에서 살펴본 대로, 행동 외부성은 왜 우리가 더 큰 집을 지어왔는지, 더 큰 차를 운전해왔는지, 그리고 그 밖에 무수히 많은 에너지 집약적 활동에 참여해왔는지를 설명해주는 단연 가장 중요한 요인이다. 우리가 그런 선택을 하는 것은 그 가격이 올바르지 않게 매겨져 있기 때문이 아니라, 그것이 그저 우리 같은 사람들이 흔히 하는 일이기 때문이다.

물론 그 동전의 다른 면은 우리가 우리 자신의 선택을 바꾸게 되는 가장 강력한 동기는 우리와 비슷한 다른 사람들이 그렇게 하고 있느냐일 거라는 점이다. 이웃이 지붕에 태양 전지판을 설치하면 우리 역시 그렇게 할 가능성이 커진다. 그들이 플러그인(plug-in) 전기 자동차를 구매하면, 우리 역시 그것을 고려해볼 가능성이 한층 높아진다. 그리고 동료들이 환경적 관심에 따른 반응으로 식생활을 바꾸면 우리 역시 그들을 모방할 가능성이 훨씬 많아진다.

따라서 행동 전염이 우리 선택에 어떻게 영향을 미치는지 이해하면, 개인들로 하여금 온실가스 배출량을 제한하도록 독려하는 정책의 효율성을 우리가 얼마나 과소평가해왔는지 드러날 것이다. 또한 행동 외부성은 너무나 막강하기 때문에 개인의 에너지 사용을 직접적으로 바꿔주는 정책은 어떤 것이든 그 직접적 효과를 뛰어넘는, 흔히 상당 배수의 파급 효과를 낳을 것이다.

회의주의자들은 올바르게도 적잖은 재정적 희생을 촉구하는 데 대해 광범위한 저항이 뒤따르리라고 지적한다. 하지만 우리가 보아왔듯 이와 관련해서도 지구 온난화를 막기 위해 요청되는 가장 중요한 조치들 상당수는 그러한 희생을 전혀 수반하지 않는다. 예를 들어 부자들은 다른 사람보다 훨씬 더 많은 에너지를 소비하기 때문에 높기는 하지만 세수 중립 탄소세를 부과하면 실제로 절대 다수의 납세자가 사용할 수 있는 가처분 소득은 외려 증가한다. 적절하게 설계한 세금 환급 계획에 따르면, 전체 인구의 무려 90퍼센트가 재정적 수혜자가 된다.

물론 부자들은 세수 중립 탄소세를 부과하면 소비할 수 있는 돈이 줄어드는 처지에 놓인다. 하지만 이러한 납세자를 위해 도움을 청하지는 말

라. 그들은 사람들이 합리적 수준에서 필요하다고 여기는 것보다 훨씬 더 많은 재산을 가지고 있다. 그뿐만 아니라 심지어 지금껏 제안된 것 가운데 가장 높은 탄소세를 시행한다 해도 원하는 특우량 제품을 살 수 있는 그들의 능력에는 아무런 변화가 없다. 결국 필생의 특우량 제품은 공급이 부족하므로 그것을 원하는 사람은 다른 사람들과 입찰 경쟁을 벌여야 한다. 그런데 부자들 모두가 높은 세금을 내게 되면 값을 매기는 그들의 상대적 능력은 전혀 영향을 받지 않는다. 따라서 센트럴파크를 내려다보는 동일한 펜트하우스 아파트는 결국 전과 다름없는 사람들에게로 돌아간다. 본문에서 나는 그 단순한 사실을 이해하지 못한 데서 오는 조세 저항을 '모든 인지적 착각의 어머니'라고 불렀다(12장 참조).

그 착각은 또한 우리가 그린 테크놀로지(green technology)에 대한 대규모 공공 투자에 필요한 일반적 세수를 높이지 못하게 가로막기도 한다. 만약 인간 행복의 결정 요인을 탐구한 수많은 문헌이 확정적으로 단 한 가지 조사 결과를 보여준다고 말할 수 있다면, 그것은 일정 수준을 넘어서는 광범위한 개인 소비 증가는 삶의 만족도를 지속 가능하게 높여주지 않는다는 결과다.[4] 미국에서 상위 1퍼센트 소득자의 소비는 이 수준을 훌쩍 뛰어넘는다. 그 집단이 국민소득에서 차지하는 몫—현재 21퍼센트가 넘는다—은 최근 몇십 년 동안 크게 증가했고, 1920년 이래 그 어느 때보다 높다. 이들 집단에만 높은 세금을 부과해도 그 누구에게든 고통스러운 희생을 요구하지 않고 우리가 그린 테크놀로지에 필요로 하는 대대적인 투자비를 확보할 수 있다.

물론 '모든 인지적 착각의 어머니'는 계속해서 높은 세금에 대한 부자들의 반대를 부채질하고 있다. 하지만 인지적 착각은 고정불변한 것이 아니다. 이 특정한 착각을 불러일으키는 근본 문제는 중학생들도 쉽게 이해할 수 있을 만큼 간단하다. (만약 당신 가까이에 중학생이 있으면 이 주장을 시험해 보라!) 행동 전염의 위력을 깊이 이해하면 '모든 인지적 착각의 어머니'를 확실하게 떨쳐낼 수 있다.

많은 기후 변화 옹호론자〔기후 변화 부인(부정)론자의 상대 개념. 가우뚱겠지만 '기후 변화를 옹호한다고?' 같은 오해를 불러일으킬 수도 있겠다 싶어 부연 설명을 하자면, 기후 변화가 실재하며 인간 활동에 의해 발생했음을 인정하는 사람을 의미한다—옮긴이〕는 '의식적인 소비'(즉 자발적인 개인의 에너지 사용 자제)가 공공 정책 전선에서 펼쳐지는 단호한 정치적 활동의 대체물이 될 수는 없다고 경고한다. 월러스웰스는 이와 관련해 다음과 같이 설명한다.

의식적인 소비와 건전성은 둘 다 일종의 구실로서 신자유주의에 영향을 받은 기본 전제에서 나온 것이다. 그 기본 전제란 소비자 선택이 정치적 정체성뿐 아니라 정치적 가치를 널리 알리는 정치적 활동의 대체물로 쓰일 수 있다, 시장과 정치 세력이 공유하는 최종 목표는 시장의 합의에 의해 논쟁적인 정책을 효과적으로 개선하는 것이 되어야 한다, 그리고 그러는 사이 슈퍼마켓이나 백화점에서는 사람들이 그저 바람직한 구매 행위를 이어감으로써 세상에 기여할 수 있다는 것이다.[5]

나는 오랫동안 개인의 소비 결정만으로는 온난화 위협을 저지할 가망이 거의 없다는 월러스웰스의 견해를 공유해왔다. 우리에게는 공공 정책의 대담한 변화 역시 필요한 것이다. 하지만 행동 전염의 위력을 연구하면서 의식적인 소비도 내가 전에는 알아차리지 못했던 방식으로 정책 전선의 진보를 촉진할 수 있다고 수긍하게 되었다. 태양 전지판을 설치하는 행위, 전기 자동차를 구입하는 행위, 혹은 좀더 기후 친화적인 식이법을 선택하는 행위는 비단 다른 사람이 그와 비슷한 조치를 취하도록 만들 가능성만 키워주는 게 아니다. 그것들은 그 행위자의 기후 변화 옹호론자로서 정체성을 더욱 공고히 해주기도 한다. 또한 그 과정에서 그 행위자가 강력한 기후 관련 입법에 찬성하는 후보들을 지지하고, 그들이 당선되는 데 힘을 보태기 위해 이웃을 설득하러 나서도록 이끌어준다.

온난화 저지는 대대적인 사회 운동—그 정점은 조직적인 기후 방해주의자들이 투표에서 완패하는 결과다—이 없으면 정말이지 무망한 일이다. 하지만 그러한 사회 운동을 전개하는 것은 사람들이 기후에 기울이는 관심이 그들의 개인적 소비 선택에 좀더 많은 영향을 미치게 될 때 한결 더 쉬워질 것이다. (다시 한 번 강조하거니와 월 듀런트가 습관의 힘에 대한 아리스토텔레스의 지혜를 자기 언어로 세련되게 표현했듯이 "우리는 우리 자신이 반복적으로 행하는 모든 것의 총체다".)

행동 전염이 희망을 담고 있다고 여기는 또 한 가지 이유는 우리가 최근에 캘리포니아주에서 그랬던 것처럼 행동 전염으로 국내 정치 영역에 급속하고도 광범위한 변화가 일어나는 상황을 이미 목도했기 때문이다. 그리 멀지 않은 과거에만 해도 캘리포니아주의 정치 지도자들은 세금 감면, 학교 예산 삭감, 인프라에 대한 투자 축소, 이민자에 대한 맹공에 지나치게 주력했다. 그들은 이런 식으로 오늘날 수많은 전국 차원의 정치 지도자들이 취하게 될 입장을 미리 예견하고 기묘하게 선수를 쳤다.

하지만 더 이상은 아니다. 캘리포니아주 유권자들은 그에 맞섰다. 그리고 유익한 집단적 행동을 방해하는 지도자를 공직에서 몰아내자 개혁 노력이 급물살을 탔다. 이제 캘리포니아주는 교육, 인프라, 환경 보호에 대한 지원을 늘렸음에도 흑자 예산을 누리고 있다. 그 주는 인구가 지속적으로 증가하고 있지만 온실가스 총배출량은 큰 폭으로 줄어들었다. 그리고 이러한 노력에 돈을 대기 위해 최고 세율을 높이면 부자들이 떼로 그 주를 떠날 거라는 끔찍한 예측이 있었지만, 실제로 상위 1퍼센트 거주자의 인구 유출은 다른 어떤 소득 집단에서보다 낮았다.

정치학자들이 오랫동안 지적해왔다시피, 캘리포니아주에서 벌어지는 일은 흔히 10여 년 뒤 미국의 다른 주들에서도 일어난다.

또한 행동 전염의 힘을 더욱 깊이 인식하면 가장 시급한 두 가지 당면 과제—경제적 불평등과 기후 위기—를 해결하는 정치 전략에 대해 생각해보는 데도 도움이 된다. 그린 뉴딜 지지자들은 이 두 가지 문제를 동시에 해결하지 못하면 현재의 교착 상태를 뚫고 나가기 위한 폭넓은 정치 연합체를 꾸리기가 어렵다고 주장해왔다. 그에 대한 반대자들—상당수는 좌파 진영에 속해 있다—은 두 가지 문제를 한꺼번에 다루는 것은 너무 감당하기 벅차고 돈도 많이 들기 때문에 두 영역 다에서 실패할 게 뻔하다며 반박한다. 하지만 불평등을 누그러뜨리기 위해 필요한 누진세가 정치적으로 영향력 있는 부유한 유권자에게 고통스러운 희생을 요구한다고 가정하는 이러한 비판은 '모든 인지적 착각의 어머니'를 간과하고 있다. 즉 만약 정치 지도자들이 유권자에게 높은 최고 세율을 부과해도 입찰 경쟁에서 성공할 수 있는 부자들의 상대적 능력은 달라지지 않는다고 설명해준다면, 유권자 대다수는 아무런 실질적 희생도 따르지 않음을 이해할 것이다.

한마디로 양면전이 올바른 길이다. 경제 불평등을 가장 효과적으로 완화해주는 바로 그 같은 정책들이 동시에 탄소 중립을 성취하는 데 필요한 경제적 비용을 줄여줄 것이기 때문이다. 두 가지 문제를 따로따로 해결하는 최선의 정책들이 대단히 협력적인 것으로 드러나려면 드물게 허용되는 행운이 따라주어야 한다.

희망컨대 이러한 의견이 분명히 한 바와 같이, 온난화 위협을 막을 수 있는 우리의 능력을 비관하기에는 아직 이른 감이 있다. 또한 사람들 대부분이 변화를 가져오리라고 알고 있는 행동에 나서려는 강한 동기를 가진다는 사실은 의심할 수 없다. 작고한 애플의 공동 창립자 스티브 잡스(Steve Jobs)가 언젠가 말했다시피 "우리는 이 거대한 우주에 작은 족적을 남기기 위해 존재한다. 그렇지 않다면 존재할 아무런 이유가 없다". 물론 우리 가운데 이 우주에 커다란 족적을 남길 수 있는 처지에 놓인 이는 별로 없을 것이다. 그렇기는 하지만 우리 대다수가 유익한 일을 성사시키고자 하는 강렬한 욕구를 지녔음을 여러 증거는 분명하게 보여준다.

나는 그러한 기본적 동기의 힘을 내 맏아들이 아주 어렸을 적에—아마 태어난 지 5~6개월쯤 되었을 때였던 것 같다—처음으로 의식하게 되었다. 아이를 품에 안고 전깃불 스위치를 향해 벽 쪽으로 걸어가서 스위치를 켰다 껐다 했다. 스위치와 전깃불의 관계를 곧바로 이해한 아이가 스스로 스위치를 딸각거리기 위해 달려들었다. 아이가 불을 켜고 끌 수 있는 자신의 능력을 경험했을 때 그 눈에 어린 기쁨을 나는 똑똑히 알아보았다. 큰애의 세 남동생도 그때의 형만 한 개월 수에 이르렀을 때 정확히 같은 반응을 보였다. 내 손자와 두 손녀, 그리고 셀 수도 없는 친구의 자녀들도 마찬가지였다.

이 욕구가 원초적 형태에서는 비교적 무차별적이다. 불을 켰다가 끄는 것은 현관 벨을 연거푸 누르는 것보다 더 만족스럽지도 덜 만족스럽지도 않은 행위다. 하지만 우리가 성장함에 따라 그 욕구는 점차 뭔가에 집중된다. 우리는 그저 어떤 일인가 일어나도록 만들었다는 사실 자체보다는 우리의 행동이 빚어내는 실질적 효과에 더욱 관심을 기울인다. 그리고 우리가 재빨리 발견한 바와 같이, 가장 커다란 만족은 뭔가 유익하거나 칭

찬받을 만한 일이 일어나도록 만든 데서 온다.

이러한 주장을 분명하게 뒷받침하는 증거는 사회적 반감을 불러일으키는 직종에 종사할 사람을 구하는 고용주들이 마주한 어려움에서 찾아볼 수 있다. 예를 들어 담배 회사의 광고 카피라이터를 모집하려면 미국암협회(American Cancer Society)의 동일 직종 종사자보다 보수를 꽤 더 주어야 한다. 요컨대 공공선에 복무하고자 하는 인간의 본래적 욕구는 우리 마음 속 깊이 드넓게 자리 잡고 있다. 행동 전염의 힘을 더욱 깊이 이해하면 그러한 욕구에 호소하는 행위가 지닌 어마어마한 잠재력을 분명하게 알아볼 수 있다.

연구자들은 기후 변화가 제기하는 위협의 전모를 알게 되면 많은 사람이 희망을 잃을 수도 있다고 우려할 정도로 신중했다. 하지만 월러스웰스가 물었다시피 "우리는 왜 우리의 예외성을 의심하고, 머잖아 종말이 오리라고 가정하는 식으로만 기후 변화를 이해하는 쪽으로 기우는가? 우리의 예외성이 힘을 발휘할 거라고 믿는 쪽을 선택하면 왜 안 되는가?"[6]

기후 변화가 제기하는 위협을 깨닫고 놀라는 것은 당연한 반응이다. 하지만 여전히 행동할 시간이 남아 있으며 우리는 희망과 절망 사이에서 선택할 수 있기에 무턱대고 절망에 젖어 있을 이유는 없다. 대신 우리 행성의 생존 가능성을 보존하는 협력체의 일부가 됨으로써 깊은 만족감을 얻으려고 노력해보면 어떨까? 어떻게든 두려움에 짓눌리지 않기 위해 애써온 수많은 사람은 시련을 맞으면 되레 활력을 되찾곤 한다. 기후 변화 옹호론자 캐서린 윌킨슨(Katharine Wilkinson)이 말했다. "더없이 중요한 순간에 살아 있다는 것은 얼마나 아름다운 일인가."[7]

# 감사의 글

이 프로젝트 관련 작업을 진행하는 동안 수많은 사람이 유익한 조언과 격려를 건네주었다. 늘 그렇듯이 특히 아내 Ellen McCollister에게 감사하다. 그녀의 날카로운 언어 감각은 처음 만났을 때 내가 그녀한테 강렬하게 매료되도록 해주었던 장점 가운데 하나다. 초안에 대한 그녀의 통찰력 있는 의견은 그 어디에도 비할 수 없을 만큼 소중했다.

또한 네 아들 David, Jason, Chris 그리고 Hayden에게도 고마움을 전하고 싶다. 그들은 유익한 의견과 격려를 제공해주었을 뿐 아니라 내가 인간 본성에 대해 많은 것을 배울 수 있도록 해준 원천이었다. 구체적으로 언급하지 못해서 미안하지만 그 밖에도 감사드리고 싶은 이들이 많다. Phil Cook, Dan Gilbert, Thomas Gilovich, Mark Kleiman, 그리고 Larry Seidman은 내가 이 책에서 논의한 여러 이슈에 대해 상당한 식견을 드러냈으며, 놀라울 정도로 너그럽게 유익하고도 시의적절한 피드백을 제공해주었다. 또한 5장과 13장의 초안을 읽고 유용한 코멘트를 해준 Karen Gilovich, '작은 세상(small worlds)'이라는 개념의 세계에 입문할 수 있도록 도와준 Duncan Watts와 Steven Strogatz, 흡연과 음주에 대한 자신들의 경험적 연구를 정확하게 이해하고 정리했다고 확인해준 Debra Dwyer와 Mir Ali에게 감사드린다. Kate Antonovics, Nick Barr, Tom Barson, Jag Bhalla, Alison Wood Brooks, Micky Falkson, Paul Greenberg, Ori Heffetz, Szu-Chi Huang, Leslie John, Duk Gyoo Kim, Michael Macy, Greg Mankiw, Dennis Reagan, David Rose, Kate Rubenstein, Sunita Sah, Leah Stokes 그리고 Cass Sunstein은 유익한 코멘트와 제안을 제공해주었다. Paul Roberts와 Li Mei Lin은 더없이 소중한 연구 조력자였다.

또한 나의 대리인 Andrew Wylie와 James Pullen에게도 감사드린다. 그들이 처음 내 기획안에 대해 보여준 열정 덕택에 이 책을 써보겠다고 마음먹을 수 있었다. 그리고 마지막으로 시종 열정적으로 지원하고 유익하게 안내해준 Princeton University Press의 Joe Jackson, 그리고 빼어난 원고 교열 작업을 담당해준 Lauren Lepow에게 고마움을 전한다.

이 책에 끝끝내 남아 있는 잘못이며 결함은 당연히 전적으로 내 탓이다.

# 주

**머리말**

1. Jeffrey E. Stake, "Are We Buyers or Hosts? A *Memetic* Approach to the First Amendment" (2001), https://www.repository.law.indiana.edu/facpub/220.

2. David Wallace-Wells, *The Uninhabitable Earth: Life after Warming* (New York: Tim Duggan Books, 2019), p. 3.

3. William Strunk, Jr., and E. B. White, *The Elements of Style* (New York: Macmillan, 1959), p. xv.

4. Ibid.


**01 논쟁의 개요**

1. Simon Chapman, *Smoke Signals: Selected Writings* (Sydney, Australia: Sydney University Press, 2016), p. 314.

2. Geoffrey T. Fong, David Hammond, Fritz L. Laux, Mark P. Zanna, K. Michael Cummings, Ron Borland, and Hana Ross, "The Near-Universal Experience of Regret among Smokers in Four Countries: Findings from the International Tobacco Control Policy Evaluation Survey," *Nicotine & Tobacco Research* 6, suppl. 3 (December 2004): S341S351.

3. Mir M. Ali and Debra S. Dwyer, "Estimating Peer Effects in Adolescent

Smoking Behavior: A Longitudinal Analysis," *Journal of Adolescent Health* 45, no. 4 (October 2009): 402-408.

4. Henry J. Kaiser Family Foundation, "Percent of Adults Who Smoke by Gender" (2017), https://www.kff.org/other/state-indicator/smoking-adults-by-ge nder/?currentTimeframe=0&sortModel=%7B%22colId%22:%22Location%22,%22s ort%22:%22asc%22%7D.

5. John Stuart Mill, *On Liberty*, The Library of Economics and Liberty, https:// www.econlib.org/library/Mill/mlLbty.html.

6. Jonathan M. Samet, Erika Avila-Tang, Paolo Boffetta, Lindsay M. Hannan, Susal Olivo-Marston, Michael J. Thun, and Charles M. Rudin, "Lung Cancer in Never Smokers: Clinical Epidemiology and Environmental Risk Factors," *Clinical Cancer Research* 15, no. 18 (September 15, 2009): 5626-5645.

7. National Association of Attorneys General, Master Settlement Agreement Related Information, naag.org, 2019.

8. W. Kip Viscusi, "Cigarette Taxes and the Social Consequences of Smoking," National Bureau of Economic Research Working Paper No. 4891, October 1994, https://www.nber.org/papers/w4891.pdf.

9. Jonathan H. Gruber and Sendhil Mullainathan, "Do Cigarette Taxes Make Smokers Happier?" *B.E. Journal of Economic Analysis & Policy* 5 no. 1 (July 13, 2005): 1-45.

10. Ashlesha Datar and N. Nicosia, "Association of Exposure to Communities with Higher Ratios of Obesity with Increased Body Mass Index and Risk of Overweight and Obesity among Parents and Children," *JAMA Pediatrics* (January 22, 2018), https://www.rand.org/pubs/external_publications/ EP67466.html.

11. Solomon E. Asch, "Effects of Group Pressure on the Modification and Distortion of Judgments," in *Groups, Leadership and Men*, ed. H. Guetzkow (Pittsburgh, PA: Carnegie Press, 1951), 177-190.

12. Stanley Milgram, "Behavioral Study of Obedience," *Journal of Abnormal and Social Psychology* 67, no. 4 (1963): 371-378.

13. Abraham Lincoln, "Temperance Address," Springfield, Illinois, February 22, 1842, http://www.abrahamlincolnonline.org/lincoln/speeches/temperance.htm.

14. Marshall Burke et al., "Global Non-linear Effect of Temperature on Economic Production," *Nature* 527 (October 2015): 235-239.

## 02 맥락이 인지에 미치는 영향

1. Richard Layard, "Human Satisfactions and Public Policy," *Economic Journal* 90, no. 363 (1980): 727-750, p. 741.

2. 좀더 폭넓은 논의를 위해서는 Tom Gilovich, Dacher Keltner, Serena Chen, and Richard Nisbett, *Social Psychology*, 5th ed. (New York: W. W. Norton, 2018) 의 9장을 참조하라.

3. T. D. Wilson and N. Brekke, "Mental Contamination and Mental Correction: Unwanted Influences on Judgments and Evaluations," *Psychological Bulletin* 116, no. 1 (July 1994): 117-142.

4. 심리학자 대니얼 카너먼은 이 메커니즘을 '시스템 1(System 1)'이라고 부른다. Daniel Kahneman, *Thinking Fast and Slow* (New York: Farrar, Straus and Giroux, 2011)를 참조하라.

5. Andrew M. Colman, "Titchener Circles," *A Dictionary of Psychology* (New York: Oxford University Press, 2009).

6. T. Pappas, "The Impossible Tribar," *The Joy of Mathematics* (San Carlos, CA: Wide World Publishers/Tetra, 1993).

7. "Escher's 'Waterfall' Explained," Optical Illusions, August 11, 2008, https://www.opticalillusion.net/optical-illusions/eschers-waterfall-explained/.

8. Richard Russell, "A Sex Difference in Facial Contrast and Its Exaggeration by Cosmetics," *Perception* 38 (2009): 1211-1219.

9. Nina Jablonsky and George Chaplin, "The Evolution of Skin Coloration," *Journal of Human Evolution* 39, no. 1 (July 2000): 57-106.

10. Gustav Theodor Fechner, D. H. Howes, and E. G. Boring, eds., *Elements of Psychophysics* (1860), vol. 1, trans. H. E. Adler (New York: Holt, Rinehart and Winston, 1966). 페히너는 그의 이름을 딴 법칙, 즉 페히너의 법칙으로 귀결

되는 여러 실험을 실시한 에른스트 베버(Ernst Weber)의 제자였다. 페히너 자신이 설명한 바에 따르면, 페히너 법칙이란 주관적 감각은 자극 강도의 로그에 비례한다는 것을 의미한다. **베버-페히너 법칙**이라는 용어는 이따금 이와 같은 관계를 설명할 때 쓰이곤 한다.

11. Stanislas Dehaene, *The Number Sense: How the Mind Creates Mathematics* (Oxford: Oxford University Press, 2011).

12. Lav R. Varshney and John Z. Sun, "Why Do We Perceive Logarithmically?" *Significance*, February 2013, 28-31.

13. Ibid., p. 28.

14. Lav R. Varshney, P. J. Sjostrom, and D. B. Chklovskii, "Optimal Information Storage in Noisy Synapses under Resource Constraints," *Neuron* 52, no. 3 (2006): 409-423.

15. Leslie Lamport, "Buridan's Principle," *Foundations of Physics* 42, no. 8 (August 2012): 1056-1066.

16. Amos Tversky and Itamar Simonson, "Context-Dependent Preferences," *Management Science* 39, no. 10 (October 1993): 1179-1189.

17. Daniel Kahneman and Amos Tversky, "Prospect Theory: An Analysis of Decision under Risk," *Econometrica* 47 (1979): 263-291.

18. Daniel Kahneman, Jack L. Knetsch, and Richard H. Thaler, "The Endowment Effect: Evidence of Losses Valued More than Gains," in *Handbook of Experimental Economics Results*, vol. 1 (Amsterdam: North-Holland, 2008), chap. 100.

19. Michael Lewis, "The Economist Who Realized How Crazy We Are," Bloomberg Opinion, May 29, 2015, https://www.bloomberg.com/opinion/articles/2015-05-29/richard-thaler-the-economist-who-realized-how-crazy-we-are.

## 03 동조 욕구

1. Paul Marsden, "Memetics and Social Contagion: Two Sides of the Same Coin?" *Journal of Memetics—Evolutionary Models of Information Transmission* 2 (1998), http://cfpm.org/jom-emit/1998/vol2/marsden_p.html.

2. Ibid.

3. 좀더 일반적인 설명을 위해서는 Marco Iacobani, *Mirroring People: The New Science of How We Connect with Others* (New York: Farrar, Straus and Giroux, 2008)를 참조하라.

4. Tanya L. Chartrand and John A. Bargh, "The Chameleon Effect: The Perception-Behavior Link and Social Interaction," *Journal of Personality and Social Psychology* 76, no. 6 (June 1999): 893-910.

5. Elaine Hatfield, J. T. Cacioppo, and R. L. Rapson, *Emotional Contagion* (New York: Cambridge University Press, 1994).

6. Sushil Bikhchandani, David Hirshleifer, and Ivo Welch, "A Theory of Fads, Fashion, Custom, and Cultural Change as Informational Cascades," *Journal of Political Economy* 100 (1992): 992-1026.

7. Timur Kuran and Cass Sunstein, "Availability Cascades and Risk Regulation," University of Chicago Public Law & Legal Theory Working Paper No. 181, 2007, https://chicagounbound.uchicago.edu/cgi/viewcontent.cgi?article=1036&context=public_law_and_legal_theory.

8. Cass R. Sunstein, *How Change Happens* (Cambridge, MA: MIT Press, 2019).

9. Abhijit V. Banerjee, "A Simple Model of Herd Behavior," *Quarterly Journal of Economics* 107, no. 3 (August 1992): 797-817.

10. Stephani K. A. Robson, "Turning the Tables: The Psychology of Design for High-Volume Restaurants," *Cornell Hospitality Quarterly* 40, no. 3 (June 1999): 56-63.

11. Susan Cotts Watkins, *From Provinces into Nations: Demographic Integration in Western Europe, 1870-1960* (Princeton, NJ: Princeton University Press, 2016).

12. David F. Scharfstein and Jeremy Stein, "Herd Behavior and Investment," *American Economic Review* 80, no. 3 (June 1990): 465-479; Elihu Katz, Martin L. Levin, and Herbert Hamilton, "Traditions of Research on the Diffusion of Innovation," *American Sociological Review* 28, no. 2 (April 1963): 237-252.

13. Tatsuya Kameda, Keigo Inukai, Thomas Wisdom, and Wataru Toyokawa, "The Concept of Herd Behaviour: Its Psychological and Neural Underpinnings,"

in *Contract Governance*, ed. Stefan Grundmann, Florian Möslein, and Karl Riesenhuber (Oxford: Oxford University Press, 2015), chap. 2; Terry Connolly and Lars Åberg, "Some Contagion Models of Speeding," *Accident Analysis and Prevention* 25, no. 1 (1993): 57-66; and Alicia Oullette, "Body Modification and Adolescent Decision Making: Proceed with Caution," *Journal of Health Care Law and Policy* 15, no. 1 (2012), https://core.ac.uk/download/pdf/56355486.pdf.

14. Gordon B. Dahl, Katrine Løken, and Magne Mogstad, "Peer Effects in Program Participation," *American Economic Review* 104, no. 7 (July 2014): 2049-2074.

15. Edward L. Glaeser, B. Sacerdote, and J. A. Scheinkman, "Crime and Social Interactions," *Quarterly Journal of Economics* 111 (1996): 507-548.

16. Colin Loftin, "Assaultive Violence as a Contagious Social Process," *Bulletin of the New York Academy of Medicine* 62, no. 5 (June 1986): 550-555.

17. John Maynard Keynes, *The General Theory of Employment, Interest, and Money* (London: Macmillan, 1936).

18. Glenn C. Loury, "Self- Censorship in Public Discourse: A Theory of 'Political Correctness' and Related Phenomena," *Rationality and Society* 6, no. 4 (October 1994): 428-461.

19. Erving Goffman, *The Presentation of Self in Everyday Life* (Garden City, NY: Doubleday, 1959).

20. Philip J. Cook and Kristen A. Goss, "A Selective Review of the Social Contagion Literature" (미출간 원고, Sanford School of Public Policy, Duke University, 1996).

## 04 행동 전염의 역학

1. Andrew Sullivan, "Here Comes the Groom: A (Conservative) Case for Gay Marriage," *New Republic*, August 28, 1989, https://newrepublic.com/article/79054/here-comes-the-groom.

2. Supreme Court of the United States, Obergefell et al. v. Hodges, Director, Ohio Department of Health, et al., 2015년 6월 26일 판결, https://www.

supremecourt.gov/opinions/14pdf/14-556_3204.pdf.

3. Lyle Denniston, "Opinion Analysis: Marriage Now Open to Same-Sex Couples," SCOTUSblog, June 26, 2015.

4. Nate Silver, "Change Doesn't Usually Come This Fast," FiveThirtyEight, June 28, 2015, https://fivethirtyeight.com/features/change-doesnt-usually-come-this-fast/.

5. Ibid.

6. Justin McCarthy, "Two in Three Americans Support Same-Sex Marriage," Gallup, May 23, 2018, https://news.gallup.com/poll/234866/two-three-americans-support-sex-marriage.aspx.

7. Anna Brown, "Five Key Findings about LGBT Americans," Pew Research Center, June 13, 2017, https://www.pewresearch.org/fact-tank/2017/06/13/5-key-findings-about-lgbt-americans/.

8. McCarthy, "Two in Three Americans Support Same-Sex Marriage."

9. Sabrina Eaton, "Sen. Rob Portman Comes Out in Favor of Gay Marriage after Son Comes Out as Gay," *Cleveland Plain Dealer*, March 14, 2013, https://www.cleveland.com/open/2013/03/sen_rob_portman_comes_out_in_f.html.

10. "Cheney Backs Gay Marriage, Calls It a State Issue," NBC News, June 2, 2009, http://www.nbcnews.com/id/31066626/#.XTHa6HspC71.

11. Paul Graham, "What You Can't Say," January 2004, http://paulgraham.com/say.html.

12. Pamela Duncan, "Gay Relationships Are Still Criminalized in 72 Countries, Report Finds," *Guardian*, July 27, 2017.

13. BBC Newsbeat, "The Countries Where People Still Eat Dogs for Dinner," BBC.com, April 12, 2017.

14. 다시 한 번 Duncan J. Watts and Steven H. Strogatz, "Collective Dynamics of 'Small World' Networks," *Nature* 393 (June 4, 1998): 440-442를 참조하라.

15. Timur Kuran, *Private Truths and Public Lies* (Cambridge, MA: Harvard University Press, 1997).

16. Everett Rogers, *The Diffusion of Innovations* (New York: The Free Press of

Glencoe, 1962); Thomas C. Schelling, *Micromotives and Macrobehavior* (New York: W. W Norton, 1978); and Malcolm Gladwell, *The Tipping Point: How Little Things Can Make a Big Difference* (New York: Little Brown, 2000).

17. Edward N. Lorenz, "Deterministic Nonperiodic Flow," *Journal of the Atmospheric Sciences* 20, no. 2 (March 1963): 130-141.

18. Jules Henri Poincaré, "Sur le problème des trois corps et les équations de la dynamique: Divergence des séries de M. Lindstedt," *Acta Mathematica* 13, nos. 1-2 (1890): 1-270; Norbert Wiener, "Nonlinear Prediction and Dynamics," in *Proceedings of the Third Berkeley Symposium on Mathematical Statistics and Probability* (Berkeley: University of California Press, 1954-1955), 247-252; and James Gleick, *Chaos: Making a New Science* (London: Heinemann, 1987).

19. Sunstein, *How Change Happens*.

20. MeToo, 2006, https://metoomvmt.org/about/#history.

21. Jodi Kantor and Megan Twohey, "Harvey Weinstein Paid Off Sexual Harassment Accusers for Decades," *New York Times*, October 5, 2017, https://www.nytimes.com/2017/10/05/us/harvey-weinstein-harassment-allegations.html.

22. Ibid.

23. Ronan Farrow, "From Aggressive Overtures to Sexual Assault: Harvey Weinstein's Accusers Tell Their Stories," *New Yorker*, October 23, 2017 (인쇄판); 2017년 10월 10일 포스팅한 온라인판, https://www.newyorker.com/news/news-desk/from-aggressive-overtures-to-sexual-assault-harvey-weinsteins-accusers-tell-their-stories.

24. Emily Shugerman, "Me Too: Why Are Women Sharing Stories of Sexual Assault, and How Did It Start?" *Independent*, October 17, 2017, https://www.independent.co.uk/news/world/americas/me-too-facebook-hashtag-why-when-meaning-sexual-harassment-rape-stories-explained-a8005936.html.

25. Andrea Park, "#MeToo Reaches 85 Countries with 1.7 Million Tweets," CBS News, October 24, 2017, https://www.cbsnews.com/news/metoo-reaches-85-countries-with-1-7-million-tweets/.

26. Ben Thompson, "Goodbye Gatekeepers," Stratechery, October 16, 2017, https://stratechery.com/2017/goodbye-gatekeepers/.

27. Hannah Hartig and Abigail Geiger, "About Six-in-Ten Americans Support Marijuana Legalization," Pew Research Center, October 8, 2018, https://www.pewresearch.org/fact-tank/2018/10/08/americans-support-marijuana-legalization/.

28. William A. Galston and E. J. Dionne, Jr., "The New Politics of Marijuana Legalization: Why Opinion Is Changing," Governance Studies at Brookings, May, 2013, https://www.brookings.edu/wp-content/uploads/2016/06/Dionne-Galston_NewPoliticsofMJLeg_Final.pdf.

29. Jack S. Blocker, Jr., "Did Prohibition Really Work? Alcohol Prohibition as a Public Health Innovation," *American Journal of Public Health* 96, no. 2 (February 2006): 233-243.

30. Galston and Dionne, "The New Politics of Marijuana Legalization."

31. Graham, "What You Can't Say."

32. Ibid.

33. Silver, "Change Doesn't Usually Come This Fast."

34. Sullivan, "Here Comes the Groom."

35. Mychal Denzel Smith, "The Truth about 'The Arc of the Moral Universe,'" *Huffington Post*, January 18, 2018, https://www.huffpost.com/entry/opinion-smith-obama-king_n_5a5903e0e4b04f3c55a252a4.

36. Theodore Parker, "Of Justice and the Conscience," in *Ten Sermons of Religion* (Boston: Crosby, Nichols and Company, 1853), 84-85.

37. Cass R. Sunstein, Sebastian Bobadilla-Suarez, Stephanie Lazzaro, and Tali Sharot, "How People Update Beliefs about Climate Change: Good News and Bad News," Social Science Research Network, September 2, 2016, https://papers.ssrn.com/sol3/papers.cfm?abstract_id=2821919

## 05 성 혁명 재고

1. Bill Petro, "History of the Summer of Love-1967: Sex, Drugs, and Rock &

Roll," Medium, May 31, 2017, https://medium.com/history-of-the-holidays/history-of-the-summer-of-love-1967-sex-drugs-and-rock-roll-cf8f9d9db91f.

2. Gardiner Harris, "It Started More than One Revolution," *New York Times*, May 3, 2010.

3. Stuart Koehl, "Beyond the Pill: Looking for the Origins of the Sexual Revolution," First Things, May 11, 2010, https://www.firstthings.com/web-exclusives/2010/05/beyond-the-pill-looking-for-the-origins-of-the-sexual-revolution.

4. Claudia Goldin, "What 'the Pill' Did," CNN, May 7, 2010, http://www.cnn.com/2010/OPINION/05/06/pogrebin.pill.roundup/index.html.

5. Emma Gray, "Penicillin Started the Sexual Revolution, Not the Pill, Says Economist," *Huffington Post*, January 29, 2013, https://www.huffpost.com/entry/penicillin-sexual-revolution_n_2567622?guccounter=1.

6. Andrew M. Francis, "The Wages of Sin: How the Discovery of Penicillin Reshaped Modern Sexuality," *Archives of Sexual Behavior* 42, no. 1 (January 2013): 5-13, https://link.springer.com/article/10.1007/s10508-012-0018-4.

7. Kerry Grens, "Sex and Drugs: Did 20th-Century Pharmaceutical and Technological Advances Shape Modern Sexual Behaviors?" *Scientist*, July 2014에 인용된 내용. https://www.the-scientist.com/notebook/sex-and-drugs-37242.

8. Ibid.

9. Lynn Dueníl, *The Modern Temper: American Culture and Society in the 1920s* (New York: Hill and Wang, 1995), p. 136.

10. Grens, "Sex and Drugs"에서 인용한 내용.

11. David John Frank, Bayliss J. Camp, and Stephen A. Boutcher, "Worldwide Trends in the Criminal Regulation of Sex: 1945-2005," *American Sociological Review* 75, no. 6 (December 2010): 867-893, https://journals.sagepub.com/doi/pdf/10.1177/0003122410388493.

12. Grens, "Sex and Drugs"에서 인용한 내용.

13. Marina Adshade, *Dollars and Sex: How Economics Influences Sex and Love* (New York: Chronicle Books, 2013).

14. Donald Cox, "The Evolutionary Biology and Economics of Sexual Behavior and

Infidelity" (미출간 원고, 2009). (Adshade, *Dollars and Sex*에서 인용한 내용.)

15. Ronald A. Fisher, *The Genetical Theory of Natural Selection* (Oxford: Clarendon, 1930).

16. Richard Harris, "Why Are More Baby Boys Born than Girls?" National Public Radio, March 30, 2015, https://www.npr.org/sections/health-shots/2015/03/30/396384911/why-are-more-baby-boys-born-than-girls.

17. "Mid-Twentieth Century Baby Boom," Wikipedia, https://en.wikipedia.org/wiki/Mid-twentieth_century_baby_boom.

18. US Census, "Median Age at First Marriage, 1890 to Present," *Decennial Censuses*, 1890-1940, and *Current Population Survey, Annual Social and Economic Supplements,* 1947 to 2018, US Census Bureau, 2018, https://www.census.gov/content/dam/Census/library/visualizations/time-series/demo/families-and-households/ms-2.pdf.

19. Jeremy E. Uecker and Mark D. Regnerus, "BARE MARKET: Campus Sex Ratios, Romantic Relationships, and Sexual Behavior," *Sociological Quarterly* 51, no. 3 (2010): 408-435, https://www.ncbi.nlm.nih.gov/pmc/articles/PMC3130599/.

20. National Center for Education Statistics, Digest of Education Statistics: 2007, NCES 2008- 022. March 2008, https://nces.ed.gov/programs/digest/d07/tables/dt07_179.asp?referrer=report.

21. Uecker and Regnerus, "BARE MARKET."

22. 저자들은 자신들보다 먼저 이 주제에 관심을 기울인 저서로 Marcia Guttentag and Paul F. Secord, *Too Many Women? The Sex Ratio Question* (Beverly Hills, CA: Sage, 1983); and Kathleen A. Bogle, *Hooking Up: Sex, Dating, and Relationships on Campus* (New York: New York University Press, 2008)를 꼽았다.

23. Uecker and Regnerus, "BARE MARKET," p. 1.

24. Ibid.

25. Ibid., p. 10.

26. Ibid., p. 7.

27. Mark Regnerus and Jeremy Uecker, *Premarital Sex in America* (New York: Oxford University Press, 2011).

28. 이 점에 관해서는 George A. Akerlof, Janet L. Yellen, and Michael L. Katz, "An Analysis of Out-of-Wedlock Childbearing in the United States," *Quarterly Journal of Economics* 111, no. 2 (May 1996): 277-317을 참조하라.

29. Kate Taylor, "Sex on Campus: She Can Play That Game, Too," *New York Times*, July 12, 2013, https://www.nytimes.com/2013/07/14/fashion/sex-on-campus-she-can-play-that-game-too.html?pagewanted=all&_r=0.

30. Ibid.

31. Hanna Rosin, "Boys on the Side," *Atlantic*, September 2012, https://www.theatlantic.com/magazine/archive/2012/09/boys-on-the-side/309062/.

32. Leah Fessler, "A Lot of Women Don't Enjoy Hookup Culture—So Why Do We Force Ourselves to Participate?" *Quartz*, May 17, 2016, https://qz.com/685852/hookup-culture/.

33. Kathrin F. Stanger-Hall and David W. Hall, "Abstinence-Only Education and Teen Pregnancy Rates: Why We Need Comprehensive Sex Education in the U.S.," *PLOS ONE*, October 14, 2011, https://journals.plos.org/plosone/article?id=10.1371/journal.pone.0024658.

34. Planned Parenthood, "History of Sex Education in the U.S.," November 2016, https://www.plannedparenthood.org/uploads/filer_public/da/67/da67fd5d-631d-438a-85e8-a446d90fd1e3/20170209_sexed_d04_1.pdf.

## 06 신뢰

1. Plato, *Republic* (360 BCE), trans. Benjamin Jowett, bk. 2, http://classics.mit.edu/Plato/republic.3.ii.html.

2. O. B. Bodvarsson and W. A. Gibson, "Gratuities and Customer Appraisal of Service: Evidence from Minnesota Restaurants," *Journal of Socioeconomics* 23 (1994): 287-302.

3. David Sally, "A General Theory of Sympathy, Mind-Reading, and Social Interaction, with an Application to the Prisoners' Dilemma," *Social Science*

*Information* 39, no. 4 (2000): 567-634.

4. Charles Darwin, *The Expression of Emotions in Man and Animals* (1872; Chicago: University of Chicago Press, 1965).

5. Paul Ekman, *Telling Lies* (New York: W. W. Norton, 1984).

6. Darwin, *The Expression of Emotions*.

7. 좀더 본격적인 논의로는 Sally, "A General Theory of Sympathy"를 참조하라.

8. 기회주의적인 개인들은 우리가 믿을 만한 거래 파트너인지 아닌지 확인할 때 사용하는 신호가 있다면 무엇이든 모방하고자 하는 분명한 유인을 가진다. 따라서 선택 압력은 사기 치는 능력을 조장하며, 이런 능력이 발휘되는 예를 인간의 상호 작용에서 너무나 흔하게 볼 수 있다. 만약 정서적으로 헌신한다는 것을 드러내는 신호를 완벽하게 아무 비용도 들이지 않고 모방할 수 있다면, 이런 신호는 결국에 가서 유용성을 잃어버릴 것이다. 시간이 지나면서 자연선택은 가짜 신호를 진짜 신호의 완벽한 대체물로 만들 테고, 결국 헌신을 시사하는 능력을 멸종으로 몰아넣을 것이다. 하지만 돈도 들지 않고 완벽한 모방이 모종의 신호를 무용지물로 만들 거라는 의견도 전략적 신호 보내기를 수반하는 평형의 가능성을 완전히 배제하는 것은 아니다. 자연선택은 유용한 신호를 모방하는 데 능하겠지만, 현재의 신호를 모방하기 어렵게 바꾸는 일도 잘할 가능성이 있다. 그리고 원래의 신호는 이 과정에서 흔히 이로운 출발선에 놓이기 때문에, 대단히 맞히기 어려운 표적일 수도 있다. 적어도 그것은 움직이는 표적이다. 그 신호를 모방하려는 시도의 성패는 연역적으로 판가름할 수 있는 문제가 아닌 것이다.

9. 가령 다음과 같은 자료를 참조하라. Paul Ekman, W. V. Friesen, and S. Ancoli, "Facial Signs of Emotional Experience," *Journal of Personality and Social Psychology* 39 (1980): 1125-1134; Paul Ekman and E. Rosenberg, eds., *What the Face Reveals: Basic and Applied Studies of Spontaneous Expression Using the Facial Action Coding System* (FACS) (New York: Oxford University Press, 1997); and J. M. Fernández-Dols, F. Sánchez, P. Carrera, and M. A. Ruiz-Belda, "Are Spontaneous Expressions and Emotions Linked? An Experimental Test of Coherence," *Journal of Nonverbal Behavior* 23 (1997): 163-177.

10. Sally, "A General Theory of Sympathy"; and David DeSteno, Cynthia Brazeal, Robert Frank, David Pizarro, J. Baumann, L. Dickens, and J. Lee, "Detecting

the Trustworthiness of Novel Partners in Economic Exchange," *Psychological Science* 23 (2012): 1549-1556을 참조하라.

11. Robert H. Frank, Thomas Gilovich, and Dennis T. Regan, "The Evolution of One-Shot Cooperation," *Ethology and Sociobiology* 14, no. 4 (July 1993): 247-256.

12. 일회성 협력에 대한 경험적 연구를 대상으로 폭넓은 메타분석을 실시한 샐리(Sally, "A General Theory of Sympathy")는 그와 같은 사례가 그리 드물지 않음을 확인했다.

13. Aristotle, *Nicomachean Ethics* (350 BCE), trans. W. D. Ross, bk. 2, http://classics.mit.edu/Aristotle/nicomachaen.2.ii.html.

14. Will Durant, *The Story of Philosophy: The Lives and Opinions of the World's Greatest Philosophers*, pt. 7 (New York: Simon and Schuster, 1967).

15. 웨이터가 자신이 팁으로 받은 주당 500달러에 대해 세금을 내지 않는다고 가정하면, 주급 375달러에 대한 세율 20퍼센트를 적용할 경우 그가 받는 세후 소득은 800달러가 될 것이다.

16. 이를테면 M. G. Allingham and A. Sandmo, "Income Tax Evasion: A Theoretical Analysis," *Journal of Public Economics* 1 (1972): 323-338; and S. Yitzhaki, "A Note on Income Tax Evasion: A Theoretical Analysis," *Journal of Public Economics* 3 (1974): 201-202를 참조하라.

17. Bernard Fortin, Guy Lacroix, and Marie-Claire Villeval, "Tax Evasion and Social Interactions," *Journal of Public Economics* 91 (2007): 2089-2112.

18. James Andreoni, B. Erard, and J. Feinstein, "Tax Compliance," *Journal of Economic Literature* 36, no. 2 (1998): 818-860; James Alm, Gary H. McClelland, and William D. Schulze, "Changing the Social Norm of Compliance by Voting," *Kyklos* 52 (1999): 141-171, and James Alm, Gary H. McClelland, and William D. Schulze, "Why Do People Pay Taxes?" *Journal of Public Economics* 48 (1992): 21-38.

19. Brian Erard and Jonathan S. Feinstein, "The Role of Moral Sentiments and Audits Perceptions in Tax Compliance," *Public Finance/Finances Publiques* 49 (1994): 70-89 (Supplement); and "Honesty and Evasion in the Tax Compliance

Game," *RAND Journal of Economics* 25, no. 1 (February 1994): 1-19.

20. M. Spicer and L. A. Becker, "Fiscal Inequity and Tax Evasion: An Experimental Approach," *National Tax Journal* 33, no. 2 (1980): 171-175.

21. Jörg Paetzold and Hannes Winner, "Tax Evasion and the Social Environment," VOX CEPR Policy Portal, December 17, 2016, https://voxeu.org/article/tax-evasion-and-social-environment.

22. Ahmed Riahi-Belkaoui, "Relationship between Tax Compliance Internationally and Selected Determinants of Tax Morale," *Journal of International Accounting, Auditing and Taxation* 13 (2004): 135-143.

23. Jesse Eisinger and Paul Kiel, "I.R.S. Tax Fraud Cases Plummet after Budget Cuts," *New York Times*, October 1, 2018.

24. Emily Horton, "Underfunded I.R.S. Continues to Audit Less," Center on Budget and Policy Priorities, April 18, 2018, https://www.cbpp.org/blog/underfunded-irs-continues-to-audit-less.

25. Ibid.

26. Ibid.

27. Jesse Eisinger and Paul Kiel, "The IRS Tried to Take on the Ultrawealthy. It Didn't Go Well," ProPublica, April 5, 2019, https://www.propublica.org/article/ultrawealthy-taxes-irs-internal-revenue-service-global-high-wealth-audits?utm_content=bufferd7919&utm_medium=social&utm_source=twitter&utm_campaign=buffer.

28. John A. Koskinen, Prepared Remarks before the Urban-Brookings Tax Policy Center, Washington, DC, April 8, 2015, http://www.taxpolicycenter.org/sites/default/files/alfresco/publication-pdfs/2000180-prepared-remarks-of-irs-commissioner-before-tpc.pdf.

29. David Barstow, Suzanne Craig, and Russ Buettner, "Trump Engaged in Suspect Tax Schemes As He Reaped Riches from His Father," *New York Times*, October 2, 2018, https://www.nytimes.com/interactive/2018/10/02/us/politics/donald-trump-tax-schemes-fred-trump.html.

30. George A. Akerlof and Robert J. Shiller, *Phishing for Phools: The Economics*

of *Manipulation and Deception* (Princeton, NJ: Princeton University Press, 2015).

## 07 흡연, 식생활 그리고 음주

1. George Washington, "From George Washington to Major General Stirling, March 5, 1780," Founders Online, US National Archives, https://founders.archives.gov/documents/Washington/03-24-02-0525.

2. L. Chassin, C. C. Presson, S. J. Sherman, D. Montello, and J. McGrew, "Changes in Peer and Parent Influence during Adolescence: Longitudinal versus Cross-Sectional Perspectives on Smoking Initiation," *Developmental Psychology* 22, no. 3 (1986): 327-334.

3. Charles Manski, "Identification of Endogenous Social Effects: The Reflection Problem," *Review of Economic Studies* 60 (1993): 531-542.

4. Mir M. Ali and Debra S. Dwyer, "Estimating Peer Effects in Adolescent Smoking Behavior: A Longitudinal Analysis," *Journal of Adolescent Health* 45, no. 4 (October 2009): 402-408.

5. Centers for Disease Control and Prevention, "Overweight and Obesity," 2016, https://www.cdc.gov/obesity/adult/defining.html.

6. Adela Hruby and Frank B. Hu, "The Epidemiology of Obesity: A Big Picture," National Institutes of Health, NCBI, 2015, https://www.ncbi.nlm.nih.gov/pmc/articles/PMC4859313/.

7. Patrick Basham and John Luik, "Is the Obesity Epidemic Exaggerated? Yes," *BMJ* 336, no. 7638 (February 2, 2008): 244.

8. Hruby and Hu, "The Epidemiology of Obesity."

9. Craig M. Hales, Cheryl D. Fryar, Margaret D. Carroll, David S. Freedman, and Cynthia L. Ogden, "Trends in Obesity and Severe Obesity Prevalence in US Youth and Adults by Sex and Age, 2007-2008 to 2015-2016," *Journal of the American Medical Association* 319, no. 16 (2018): 1723-1725.

10. Cynthia L. Ogden, Margaret D. Carroll, Brian K. Kit, and Katherine M. Flegal, "Prevalence of Childhood and Adult Obesity in the United States, 2011-2012,"

*Journal of the American Medical Association* 311, no. 8 (February 26, 2014): 806.

11. Ibid.

12. Nicholas A. Christakis and James H. Fowler, "The Spread of Obesity in a Large Social Network over 32 Years," *New England Journal of Medicine* 357 (July 26, 2007): 370-379.

13. Ibid., p. 371.

14. Ibid., p. 377.

15. Ann Smith Barnes and Stephanie A. Coulter, "The Epidemic of Obesity and Diabetes," *Texas Heart Institute Journal* 38, no. 2 (2011): 142-144.

16. Rebecca M. Puhl and Chelsea A. Heuer, "Obesity Stigma: Important Considerations for Public Health," *American Journal of Public Health* 100, no. 6 (June 2010): 1019-1028.

17. Y. Claire Wang, Klim McPherson, Tim Marsh, Steven L. Gortmaker, and Martin Brown, "Health and Economic Burden of the Projected Obesity Trends in the USA and the UK," *Lancet* 378, no. 9793 (August 27-September 2, 2011): 815-825.

18. Alesha Datar and Nancy Nicosea, "Assessing Social Contagion in Body Mass Index, Overweight, and Obesity Using a Natural Experiment," *JAMA Pediatrics* 172, no. 3 (January 22, 2018): 239-246.

19. Puhl and Heuer, "Obesity Stigma."

20. Philip J. Cook, *Paying the Tab: The Costs and Benefits of Alcohol Control* (Princeton, NJ: Princeton University Press, 2007).

21. Alcohol: Weighing Risks and Potential Benefits," Mayo Clinic, https://www.mayoclinic.org/healthy-lifestyle/nutrition-and-healthy-eating/in-depth/alcohol/art-20044551.

22. National Institute on Alcohol Abuse and Alcoholism, National Institutes of Health, "Alcohol Facts and Statistics," https://www.niaaa.nih.gov/alcohol-health/overview-alcohol-consumption/alcohol-facts-and-statistics.

23. National Center for Statistics and Analysis, "2014 Crash Data Key Findings

(*Traffic Safety Facts Crash Statistics*, Report No. DOT HS 812 219),"
Washington, DC: National Highway Traffic Safety Administration, 2015,
https://crashstats.nhtsa.dot.gov/Api/Public/ViewPublication/812219.

24. World Health Organization, *Global Status Report on Alcohol and Health*,
2014 edition, https://www.who.int/substance_abuse/publications/global_
alcohol_report/msb_gsr_2014_1.pdf?ua=1.

25. Jennie Connor and Sally Caswell, "Alcohol-Related Harm to Others in New
Zealand," *New Zealand Journal of Medicine* 125, no. 1360 (August 24, 2012):
11-27.

26. Michael Kremer and Dan Levy, "Peer Effects and Alcohol Use among College
Students," *Journal of Economic Perspectives* 22, no. 3 (Summer 2008): 189-
206.

27. Ibid., p. 196

28. Ibid., p. 198

29. Ibid., p. 200

30. Ibid., p. 198

31. 예컨대 다음을 참조하라. A. Clark and Y. Loheac, "It Wasn't Me, It Was Them!
Social Influence in Risky Behavior by Adolescents," *Journal of Health Economics*
26, no. 4 (2007): 763-784; N. Evans, E. Gilpin, A. J. Farkas, E. Shenassa, and
J. P. Piere, "Adolescents' Perception of Their Peers' Health Norm, *American
Journal of Public Health* 85, no. 8 (1995): 1064-1069; P. Lundborg, "Having
the Wrong Friends? Peer Effects in Adolescent Substance Use," *Journal of
Health Economics* 25 (2006): 214-233; and E. Norton, R. Lindrooth, and S.
Ennett, "Controlling for the Endogeneity of Peer Substance Use on Adolescent
Alcohol and Tobacco Use," *Health Economics* 7 (1998): 439-453.

32. Mir M. Ali and Debra S. Dwyer, "Social Network Effects in Alcohol Consumption
among Adolescents," *Addictive Behaviors* 35, no. 4 (April 2010): 337-342.

33. Ibid., p. 340.

34. Christakis and Fowler, "The Spread of Obesity," p. 378.

## 08 소비의 폭포 효과

1. Fred Hirsch, *Social Limits to Growth* (Cambridge, MA: Harvard University Press, 1976).

2. Scott Coulter, "Advancing Safety around the World," Occupational Health and Safety, February 1, 2009, https://ohsonline.com/Articles/2009/02/01/Advancing-Safety-World.aspx.

3. Thomas C. Schelling, "Hockey Helmets, Concealed Weapons, and Daylight Saving: A Study of Binary Choices with Externalities," *Journal of Conflict Resolution* 17, no. 3 (1973): 381-428.

4. Robert H. Frank, "The Demand for Unobservable and Other Nonpositional Goods," *American Economic Review* 75 (March 1985): 101-116.

5. Thorstein Veblen, *The Theory of the Leisure Class* (1899; New York: Penguin, 1994); James Duesenberry, *Income, Saving, and the Theory of Consumer Behavior* (Cambridge, MA: Harvard University Press, 1949); Harvey Leibenstein, "Band-wagon, Snob, and Veblen Effects in the Theory of Consumers' Demand," *Quarterly Journal of Economics* 64, no. 2 (May 1, 1950): 183-207; Richard Easterlin, "Does Economic Growth Improve the Human Lot? Some Empirical Evidence," in *Nations and Households in Economic Growth: Essays in Honor of Moses Abramowitz*, ed. Paul A. David and Melvin W. Reder (New York: Academic Press, 1974), 89-125; and Richard Layard, "Human Satisfactions and Public Policy," *Economic Journal* 90, no. 363 (1980): 737-750.

6. Marianne Bertrand and Adair Morse, "Trickle-Down Consumption," *Review of Economics and Statistics* 98, no. 5 (December 2016): 863-879; Ed Diener, Ed Sandvik, Larry Seidlitz, and Marissa Diener, "The Relationship between Income and Subjective Well-Being: Relative or Absolute?" *Social Indicators Research* 28 (1993): 195-223; Bill Dupor and Wen-Fang Liu, "Jealousy and Equilibrium Over-consumption," *American Economic Review* 93, no. 1 (2003): 423-428; Ada Ferreri-Carbonell, "Income and Well-Being: An Empirical Analysis of the Comparison Income Effect," *Journal of Public Economics* 89, nos. 5-6 (2004): 997-1019; Jordi Galí, "Keeping Up with the Joneses: Consumption

Externalities, Portfolio Choice and Asset Prices," *Journal of Money, Credit and Banking* 26, no. 1 (1994): 1-8; Mark Grinblatt, Matti Keloharju, and Seppo Ikaheimo, "Social Influence and Consumption: Evidence from the Automobile Purchases of Neighbors," *Review of Economics and Statistics* 90, no. 4 (2008): 735-753; Ori Heffetz, "A Test of Conspicuous Consumption: Visibility and Income Elasticities," *Review of Economics and Statistics* 93, no. 4 (2011): 1101-1117; Norman Ireland, "Status-Seeking, Income Taxation and Efficiency," *Journal of Public Economics* 70 (1998): 99-113; Olof Johansson-Stenman, Fredrik Carlsson, and Dinky Daruvala, "Measuring Future Grandparents' Preferences for Equality and Relative Standing," *Economic Journal* 112, no. 479 (2002): 362-383; Duk Gyoo Kim, "Positional Concern and Low Demand for Redistribution of the Poor," *European Journal of Political Economy* 56 (January 2019): 27-38; Lars Ljungqvist and Harald Uhlig, "Tax Policy and Aggregate Demand Management under Catching Up with the Joneses," *American Economic Review* 90, no. 3 (2000): 356-366; Erzo Luttmer, "Neighbors as Negatives: Relative Earnings and Well-Being," *Quarterly Journal of Economics* 120, no. 3 (August 2005): 963-1002; Michael McBride, "Relative-Income Effects on Subjective Well-Being in the Cross-Section," *Journal of Economic Behavior and Organization* 45, no. 3 (2001): 251-278; David Neumark and Andrew Postlewaite, "Relative Income Concerns and the Rise in Married Women's Employment," *Journal of Public Economics* 70, no. 1 (1998): 157-183; Yew-Kwang Ng, "Relative-Income Effects and the Appropriate Level of Public Expenditure," *Oxford Economic Papers* 39, no. 2 (1987): 293-300; Andrew J. Oswald, "Altruism, Jealousy and the Theory of Optimal Non-linear Taxation," *Journal of Public Economics* 20, no. 1 (1983): 77-87; Robert A. Pollak, "Interdependent Preferences," *American Economic Review* 66, no. 3 (1976): 309-320; Luis Rayo and Gary S. Becker, "Evolutionary Efficiency and Mean Reversion in Happiness" (mimeographed, University of Chicago, 2004); Arthur J. Robson, "Status, the Distribution of Wealth: Private and Social Attitudes to Risk," *Econometrica* 60, no. 4 (1992): 837-857; Larry Samuelson,

"Information-Based Relative Consumption Effects," *Econometrica* 72, no. 1 (2004): 93-118; Laurence S. Seidman, "Relativity and Efficient Taxation," *Southern Economic Journal* 54, no. 2 (1987): 463-474; Amartya Sen, "Poor, Relatively Speaking," *Oxford Economic Papers* 35, no. 2 (1983): 153-169; Sara J. Solnick and David Hemenway, "Is More Always Better? A Survey on Positional Concerns," *Journal of Economic Behavior and Organization* 37, no. 3 (1998): 373-383; Nigel Tomes, "Income Distribution, Happiness and Satisfaction: A Direct Test of the Interdependent Preferences Model," *Journal of Economic Psychology* 7 (1986): 425-446; Bernhard M. S. Van Praag, and Arie Kapteyn, "Further Evidence on the Individual Welfare Function of Income: An Empirical Investigation in the Netherlands," *European Economic Review* 4, no. 1 (1973): 33-62; Ruut Veenhoven, "Is Happiness Relative?" *Social Indicators Research* 24 (1991): 1-24.

7. Donald J. Boudreaux, "Monkeying Around with Redistribution," Café Hayek, https://cafehayek.com/2013/05/monkeying-around-with-redistribution.html.

8. John Maynard Keynes, "Economic Possibilities for Our Grandchildren," in *Essays in Persuasion* (New York: Harcourt Brace, 1932), 358-373.

9. Elizabeth Warren and Amelia Warren Tyagi, *The Two-Income Trap: Why Middle-Class Mothers and Fathers Are Going Broke* (New York: Basic Books, 2003).

10. John Sullivan, "McCain Warns against Hasty Mortgage Bailout, " *New York Times*, May 25, 2008, https://www.nytimes.com/2008/03/25/us/politics/25cnd-mccain.html.

11. "1955 Thunderbird Road Test: Remembering Motor Trends," *Motor Trend*, June 2, 1999.

12. Honda 0-60 Times, https://www.zeroto60times.com/vehicle-make/honda-0-60-mph-times/; K. C. Colwell, "2015 Porsche Spyder Tested: 2.2 Seconds to 60!" *Car and Driver*, November 2016, https://www.caranddriver.com/features/a15111035/the-2015-porsche-918-spyder-is-the-quickest-road-car-in-the-world-feature/.

13. Inequality.org, "Income Inequality in the United States," https://inequality.org/facts/income-inequality/.

14. Colleen Egan and Melissa Minton, "Playboy Mansion Sold for $100 Million," *Architectural Digest*, August 16, 2016, https://www.architecturaldigest.com/gallery/playboy-mansion-for-sale-200-million-hugh-hefner-staying.

15. Candace Jackson, "Who Wants to Buy the Most Expensive House in America?" *New York Times*, December 23, 2017.

16. Nicholas Kulish and Michael Forsythe, "World's Most Expensive Home? Another Bauble for a Saudi Prince," *New York Times*, December 16, 2017.

17. Candace Jackson, "Would You Pay $1 Billion for This View?" *New York Times*, July 28, 2018.

18. Kulish and Forsyte, "World's Most Expensive Home?"

19. Joe Pinsker, "Are McMansions Making People Any Happier?" *Atlantic*, June 11, 2019.

20. "Cost of US Weddings Reaches New High As Couples Spend More per Guest to Create an Unforgettable Experience, according to The Knot 2016 Real Weddings Study," PRNewswire, February 2, 2017, https://www.prnewswire.com/news-releases/cost-of-us-weddings-reaches-new-high-as-couples-spend-more-per-guest-to-create-an-unforgettable-experience-according-to-the-knot-2016-real-weddings-study-300401064.html.

21. Andrew Francis-Tan and Hugo M. Mialon, "A Diamond Is Forever and Other Fairy Tales: The Relationship between Wedding Expenses and Marriage Duration," *Economic Inquiry* 53, no. 4 (October 2015): 1919-1930.

22. Robert H. Frank, Adam Seth Levine, and Oege Dijk, "Expenditure Cascades," *Review of Behavioral Economics* 1 (2014): 55-73.

23. Ibid.

24. Ibid.

25. Sarah A. Donovan and David H. Bradley, "Real Wage Trends: 2001-2017," Congressional Research Service, March 15, 2018, https://fas.org/sgp/crs/misc/R45090.pdf.

26. Robert H. Frank, "Supplementing Per-Capita GDP as Measure of Well-Being" (2010년 1월 콜로라도주 덴버에서 열린 American Economic Association 연례회의 에 제출한 논문).

27. George Loewenstein and Shane Frederick, "Hedonic Adaptation: From the Bright Side to the Dark Side," in *Understanding Well-Being: Scientific Perspectives on Enjoyment and Suffering*, ed. Daniel Kahneman, Ed Diener, and Norbert Schwartz (New York: Russell Sage, 1998).

28. Stephen J. Galli, Mindy Tsai, and Adrian M. Pilioponski, "The Develop-ment of Allergic Inflammation," *Nature* 454, no. 7203 (July 24, 2008): 445-454.

29. Robert H. Frank, *Luxury Fever* (New York: The Free Press, 1999)의 6장을 참 조하라.

30. Leaf Van Boven and Thomas Gilovich, "To Do or to Have? That Is the Question," *Journal of Personality and Social Psychology* 85, no. 6 (2003): 1193-1202.

31. Amit Kumar, Matthew Killingsworth, and Thomas Gilovich, "Waiting for Merlot: Anticipatory Consumption of Experiential and Material Purchases," *Psychological Science* 25, no. 10 (2014): 1924-1931.

32. Sara J. Solnick and David Hemenway, "Is More Always Better? A Survey on Positional Concerns," *Journal of Economic Behavior and Organization* 37 (1998): 373-383.

33. Heffetz, "A Test of Conspicuous Consumption."

34. Robert H. Frank, *Choosing the Right Pond: Human Behavior and the Quest for Status* (New York: Oxford University Press, 1985)의 8장을 참조하라.

35. 여기서 '거의'라고 덧붙인 것은 국가들이 원칙적으로 자국민에게 더 낫고 더 많은 공공재를 제공하고자 경쟁할 수 있기 때문이다. 하지만 대다수 국가에서는 오직 극 히 일부 국민만이 정기적으로 해외여행을 다니며 다른 나라로 이민 가는 것을 고 려하는 국민 역시 적기 때문에, 이런 유의 경쟁은 그다지 중요한 것 같지 않다.

36. InfrastructureReportCard.Org, 2017 Report Card on Infrastructure: Roads, https://www.infrastructurereportcard.org/wp-content/uploads/2017/01/Roads-Final.pdf.

37. InfrastructureReportCard.Org, 2017 Report Card on Infrastructure: Bridges, https://www.infrastructurereportcard.org/wp-content/uploads/2017/01/Bridges-Final.pdf.

38. InfrastructureReportCard.Org, 2017 Report Card on Infrastructure: Dams, https://www.infrastructurereportcard.org/wp-content/uploads/2017/01/Dams-Final.pdf.

39. Bruce Bartlett, "Are the Bush Tax Cuts the Root of Our Fiscal Problem?" *New York Times*, July 26, 2011.

40. Jim Tankersley, "How the Trump Tax Cut Is Helping to Push the Federal Deficit to $1 Trillion," *New York Times*, July 25, 2018.

41. Sara Solnick and David Hemenway, "Are Positional Concerns Stronger in Some Domains Than in Others?" *American Economic Review, Papers and Proceedings* 95, no. 2 (May 2005): 147-151; and Solnick and Hemenway, "Is More Always Better?" 위치성의 범주 간 차이를 보여주는 추가 증거가 필요하면 A. X. Yang, C. K. Hsee, and X. Zheng, "The ABIS: A Survey Method to Distinguish between Absolute versus Relative Determinants of Happiness," *Journal of Happiness Studies* 13, no. 4 (2011): 729-744를 참조하라.

42. Renée M. Landers, James B. Rebitzer, and Lowell J. Taylor, "Rat Race Redux: Adverse Selection in the Determination of Work Hours in Law Firms," *American Economic Review* 86 (1996): 329-348.

43. David Neumark and Andrew Postlewaite, "Relative Income Concerns and the Rise in Married Women' Employment," *Journal of Public Economics* 70 (1998): 157-183.

## 09 기후 위기

1. D. R. Reidmiller, C. W. Avery, D. R. Easterling, K. E. Kunkel, K. L. M. Lewis, T. K. Maycock, and B. C. Stewart, eds., *Impacts, Risks, and Adaptation in the United States: Fourth National Climate Assessment*, vol. 2, U.S. Global Change Research Program (Washington, DC: US Government Publishing Office, 2018), p. 1.

2. Ibid.

3. A. P. Sokolov, P. H. Stone, C. E. Forest. R. Prinn, M. C. Sarofim, M. Webster, S. Paltsev, and C. A. Schlosser, "Probabilistic Forecast for Twenty-First-Century Climate Based on Uncertainties in Emissions (without Policy) and Climate Parameters," *Journal of Climate* 22 (October 2009): 5175-5204.

4. Summary for Policymakers, in *Global Warming of 1.5℃*, IPCC, 2018, https://www.ipcc.ch/sr15/.

5. Coral Davenport, "Major Climate Report Describes a Strong Risk of Crisis as Early as 2040," *New York Times*, October 8, 2018.

6. James Inhofe, *The Greatest Hoax: How the Global Warming Conspiracy Threatens Your Future* (Washington, DC: WND Books, 2016).

7. National Oceanographic and Atmospheric Administration, "2017 Was the Third-Warmest Year on Record for the Globe," January 18, 2018, https://www.noaa.gov/news/noaa-2017-was-3rd-warmest-year-on-record-for-globe.

8. Ibid.; and Laura Geggel, "Data Confirm That 2018 Was 4th Hottest Year on Record, NASA Finds," LiveScience, February 6, 2019, https://www.livescience.com/64700-2018-heat-record.html.

9. Summary for Policymakers, in *Climate Change 2001: The Scientific Basis*, IPCC, 2001, "Figure 1: Variations of the Earth's surface temperature over the last 140 years and the last millennium," https://www.ipcc.ch/site/assets/uploads/2018/03/WGI_TAR_full_report.pdf; National Research Council, *Committee on Surface Temperature Reconstructions for the Last 2,000 Years* (Washington, DC: National Academies Press, 2006).

10. André Stephan and Robert H. Crawford, "The Relationship between House Size and Life- Cycle Energy Demand: Implications for Energy Efficiency Regulations for Buildings," *Energy* 116 (2016): 1158-1171.

11. US Department of Transportation Federal Highway Administration, 2017 National Household Travel Survey, table 27, https://nhts.ornl.gov/assets/2017_nhts_summary_travel_trends.pdf.

12. Dave Barry, *Dave Barry Is Not Taking This Sitting Down* (New York: Crown,

2000).

13. "Number of U.S. Aircraft, Vehicles, Vessels, and Other Conveyances," US Department of Transportation, https://www.bts.gov/content/number-us-aircraft-vehicles-vessels-and-other-conveyances.

14. "SUVs and Crossovers Overtake Sedans to Become Most Popular Vehicle Body Style in the U.S., IHS Automotive Finds," IHS Markit, July 16, 2014, https://news.ihsmarkit.com/press-release/automotive/suvs-and-crossovers-overtake-sedans-become-most-popular-vehicle-body-style-.

15. Nathan Bomey, "Honda, Toyota, Nissan Car Sales Plunge, but SUVs Rise: U.S. Auto Sales Likely Up in August," *USA Today*, September 4, 2018.

16. Keith Bradsher, *High and Mighty: The Dangerous Rise of the SUV* (New York: Public Affairs, 2002).

17. Mark J. McCourt, "Upwardly Mobile," *Hemmings Motor News*, December, 2012.

18. Summary for Policymakers, in *Global Warming of 1.5°C*, IPCC, 2018.

19. Rebecca Bellan, "The Grim State of Electric Vehicle Adoption in the U.S.," CityLab, October 15, 2018, https://www.citylab.com/transportation/2018/10/where-americas-charge-towards-electric-vehicles-stands-today/572857/.

20. "Energy Use in Food Production," Choose Energy, November 19, 2015, https://www.chooseenergy.com/blog/energy-101/energy-food-production/.

21. Ezra Klein and Susannah Locke, "Forty Maps That Explain Food in America," Vox, June 9, 2014, https://www.vox.com/a/explain-food-america.

22. Susan Bredlowe Sardone, "Wedding Statistics and Honeymoon Facts & Figures," TripSavvy, December 24, 2018, https://www.tripsavvy.com/wedding-statistics-and-honeymoon-facts-1860546.

23. Saqib Rahim, "Finding the 'Weapons' of Persuasion to Save Energy," *New York Times*, June 21, 2010.

24. Ibid.

25. Ibid.

26. Hunt Allcott, "Social Norms and Energy Conservation," *Journal of Public*

*Economics* 95 (March 21, 2011): 1082-1095.

27. Ibid.

28. Bryan Bollinger and Kenneth Gillingham, "Peer Effects in the Diffusion of Solar Photovoltaic Panels," *Marketing Science*, November-December, 2011, 900-912.

29. Marcello Graziano and Kenneth Gillingham, "Spatial Patterns of Solar Photovoltaic System Adoption: The Influence of Neighbors and the Built Environment," *Journal of Economic Geography* 15 (2015): 815-839.

30. David F. Scharfstein and Jeremy Stein, "Herd Behavior and Investment," *American Economic Review* 80, no. 3 (June 1990): 465-479; Elihu Katz, Martin L. Levin, and Herbert Hamilton, "Traditions of Research on the Diffusion of Innovation," *American Sociological Review* 28, no. 2 (April 1963): 237-252.

31. Felix Richter, "The Global Rise of Bike Sharing," Statista, April 10, 2018, https://www.statista.com/chart/13483/bike-sharing-programs/.

32. Patrick Sisson, "Electric Scooters Growing at 'Unprecedented Pace,' Finds New Transit Survey," Curbed, July 24, 2018, https://www.curbed.com/2018/7/24/17607698/electric-scooter-bird-lime-spin-adoption-transit.

33. T. J. McCue, "Global Electric Bike Market Is Still Moving Fast," Forbes, April 12, 2018, https://www.forbes.com/sites/tjmccue/2018/04/12/the-global-electric-bike-market-is-still-moving-fast-sondors-e-bike-offers-glimpse/#7e5c5d2631ff.

34. Roland Irle, "USA Plug-in Sales for 2018 Full Year," EV-volumes.com, 2019, http://www.ev-volumes.com/country/usa/.

35. Jesper Berggreen, "Almost One Third of All New Car Sales in Norway in 2018 Were for Pure Electric Vehicles," CleanTechnica, January 3, 2019, https://cleantechnica.com/2019/01/03/almost-one-third-of-all-new-car-sales-in-norway-in-2018-were-for-pure-electric-vehicles/.

36. Franklin Schneider, "Is Walkability a Passing Fad, or Is It Here to Stay?" Urban Scrawl, May 12, 2016, https://urbanscrawldc.blog/2016/05/12/is-walkability-a-passing-fad-or-is-it-here-to-stay/.

37 "Walk Scores Are Now on Zillow," Zillow Group, February 24, 2009, https://www.zillowgroup.com/news/walk-scores-are-now-on-zillow/.

38. Gary Pivo and Jeffrey D. Fisher, "The Walkability Premium in Commercial Real Estate Investments," *Real Estate Economics* 10 (2011): 1-35.

39. Sheharyar Bokhari, "How Much Is a Point of Walk Score Worth?" RedFin, August 3, 2016, https://www.redfin.com/blog/how-much-is-a-point-of-walk-score-worth.

40. Ibid.

41. Maria Creatore et al., "Association of Neighborhood Walkability with Change in Overweight, Obesity, and Diabetes," *Journal of the American Medical Association* 315, no. 20 (2016): 2211-2220.

42. David Leonhardt, "The Story of 2018 Was Climate Change," *New York Times*, December 30, 2018.

43. Brian K. Sullivan, Alexandra Semenova, and Eric Roston, "Wall Street Embraces Weather Risk in New Era of Storms," *Bloomberg*, April 1, 2019.

44. Jeff Halverson, "The Second 1000-Year Rainstorm in Two Years Engulfed Ellicott City. Here's How It Happened," *Washington Post*, May 28, 2018.

45. Colin Campbell and Catherine Rentz, "How Ellicott City Flooded: A Timeline," *Baltimore Sun*, June 1, 2018.

46. Environmental Defense Fund, "How Climate Change Plunders the Planet," EDF, 2017, https://www.edf.org/climate/how-climate-change-plunders-planet.

47. Associated Press, "Global Warming Is Shrinking Glaciers Faster than Thought," *Los Angeles Times*, April 8, 2019.

48. Tapio Schneider, Colleen M. Kaul, and Kyle G. Pressel, "Possible Climate Transitions from Breakup of Stratocumulus Decks under Greenhouse Warming," *Nature Geoscience* 12 (2019): 163-167.

49. David L. Chandler, "Explaining the Plummeting Cost of Solar Power," *MIT News*, November 20, 2018, http://news.mit.edu/2018/explaining-dropping-solar-cost-1120.

50. David Keith, Geoffrey Holmes, David St. Angelo, and Kenton Heidel, "A

Process for Capturing CO₂ from the Atmosphere," *Joule* 2, no. 8 (August 15, 2015): 1573-1594.

. Wallace-Wells, *The Uninhabitable Earth*, p. 170.

52. David Roberts, "The Green New Deal and the Case against Incremental Climate Policy," Vox, March 28, 2019, https://www.vox.com/energy-and-environment/2019/3/28/18283514/green-new-deal-climate-policy.

53. Ibid.

## 10 규제자는 행동 전염을 무시해야 하는가

1. Derk Pereboom, *Free Will, Agency, and Meaning in Life* (New York: Oxford University Press, 2014).

2. Jasmine M. Carey and Delroy Paulhus, "Worldview Implications of Believing in Free Will and/or Determinism: Politics, Morality, and Punitiveness," *Journal of Personality* 81, no. 2 (April 2013): 130-141.

3. Kathleen D. Vohs and Jonathan W. Schooler, "The Value of Believing in Free Will," *Psychological Science* 19, no. 1 (2008): 49-54.

4. R. F. Baumeister, E. A. Sparks, T. F. Stillman, and K. D. Vohs, "Free Will in Consumer Behavior: Self-Control, Ego Depletion, and Choice," *Journal of Consumer Psychology* 18 (2008): 4-13.

5. Thomas Nadelhoffer, Jason Shepard, et al., "Does Encouraging a Belief in Determinism Increase Cheating? Reconsidering the Value of Believing in Free Will," OSF Preprints, May 5, 2019, https://osf.io/bhpe5/.

6. Sam Harris, *Free Will* (New York: The Free Press, 2012)을 참조하라.

7. George Ainslie, *Picoeconomics* (Cambridge: Cambridge University Press, 1992).

8. Gerald Dworkin, "Paternalism, " in *Morality and the Law*, ed. Richard Wasserstrom (Belmont, CA: Wadsworth, 1971).

9. 이를테면 Colin Camerer, Samuel Issacharoff, George Loewenstein, and Matthew Rabin, "Regulation for Conservatives: Behavioral Economics and the Case for 'Asymmetric Paternalism,'" *University of Pennsylvania Law Review*

151 (2003): 1211-1254를 참조하라.

10. 특히 Richard H. Thaler and Cass R. Sunstein, *Nudge* (New Haven, CT: Yale University Press, 2008)를 참조하라.

11. Frans de Waal, "How Bad Biology Is Killing the Economy," *RSA Journal*, December 20, 2009, http://www.emory.edu/LIVING_LINKS/empathy/ Reviewfiles/RSA Journal.html.

12. Elizabeth Levy Paluck, Hana Shepherd, and Peter M. Aronow, "Changing Climates of Conflict: A Social Network Experiment in 56 Schools," *PNAS* 113, no. 3 (January 19, 2016): 566-571.

13. Kevin J. Jones, "A Grave Problem—NJ Ban on Religious Headstone Sales Could Violate Constitution," Catholic News Agency, March, 2015, https:// www.catholicnewsagency.com/news/a-grave-problem-nj-ban-on-religious-headstone-sales-could-violate-constitution-58838.

14. Tanya D. Marsh, "A Grave Injustice to Religious and Economic Liberty in New Jersey," *Huffington Post*, August 28, 2016, https://www.huffpost.com/ entry/grave-injustice_b_8057730.

15. Daniel Carpenter and David A. Moss, *Preventing Regulatory Capture: Special Interest Influence and How to Limit It* (New York: Cambridge University Press, 2014), p. 13.

16. Robert S. Smith, "Compensating Wage Differentials and Public Policy: A Review," *Industrial and Labor Relations Review* 32 (1977): 339-352에서 인용한 내용.

17. Richard A. Posner, *Economic Analysis of Law* (Boston: Little Brown, 1973).

18. Ronald Coase, "The Problem of Social Cost," *Journal of Law and Economics* 3 (1960): 1-44.

19. 예컨대 Natasha Dow Schüll, *Addiction by Design: Machine Gambling in Las Vegas* (Princeton, NJ: Princeton University Press, 2013)를 참조하라.

20. Jonah Berger, *Contagious: Why Things Catch On* (New York: Simon and Schuster, 2013).

## 11 좀더 지원적인 환경 조성하기

1. Arthur C. Pigou, *The Economics of Welfare* (London: Macmillan, 1920).

2. Curtis Carlson, Dallas Burtraw, Maureen L. Cropper, and Karen Palmer, "Sulfur Dioxide Control by Electric Utilities: What Are the Gains from Trade?" *Journal of Political Economy* 108, no. 6 (December 2000): 1292-1326; A. Denny Ellerman, Paul L. Joskow, Richard Schmalensee, Juan-Pablo Montero, and Elizabeth M. Bailey, *Markets for Clean Air: The U.S. Acid Rain Program* (Cambridge: Cambridge University Press, 2000); and Nathaniel O. Keohane, "What Did the Market Buy? Cost Savings under the U.S. Tradeable Permits Program for Sulfur Dioxide," Working Paper YCELP-01-11-2003, Yale Center for Environmental Law and Policy, October 15, 2003.

3. Gabriel Chan, Robert Stavins, Robert Stowe, and Richard Sweeney, "The $SO_2$ Allowance Trading System and the Clean Air Act Amendments of 1990: Reflections on Twenty Years of Policy Innovation," Harvard Environmental Economics Program, January 2012, https://dash.harvard.edu/bitstream/handle/1/8160721/RWP12-003-Stavins.pdf.

4. Henry Goldman, "New York City Council Approves Manhattan Traffic Fees," Bloomberg.com, April 1, 2008.

5. Holly Jean Buck, "The Need for Carbon Removal," *Jacobin*, July 24, 2018, https://www.jacobinmag.com/2018/07/carbon-removal-geoengineering-global-warming.

6. Brad Plumer, "New U.N. Climate Report Says Put a High Price on Carbon," *New York Times*, October 8, 2018.

7. University of Michigan Energy Survey, "Carbon Taxes and the Affordability of Gasoline," September 2017, https://www.umenergysurvey.com/assets/C-taxG-aff_12Sep2017.pdf.

8. Motoring FAQs: Environment, RAC Foundation, 2018, https://www.racfoundation.org/motoring-faqs/environment#a22.

9. Coral Davenport, "White House Pushes Financial Case for Carbon Rule," *New York Times*, July 29, 2014.

10. Megan Geuss, "Energy Jobs Reports Say Solar Dominates Coal, but Wind Is the Real Winner," Ars Technica, May 17, 2018, https://arstechnica.com/information-technology/2018/05/energy-jobs-reports-say-solar-dominates-coal-but-wind-is-the-real-winner/.

11. Maria Panezi, "When $CO_2$ Goes to Geneva: Taxing Carbon across Borders without Violating WTO Obligations," *CIGI Papers* 83 (November 2015), https://www.cigionline.org/sites/default/files/cigi_paper_no.83_web.pdf.

12. "World's Richest 10 Percent Produce Half of Carbon Emissions, While Poorest 3.5 Billion Account for Just a Tenth," Oxfam International, December 2, 2015, https://www.oxfam.org/en/pressroom/pressreleases/2015-12-02/worlds-richest-10-produce-half-carbon-emissions-while-poorest-35.

13. Justin Gillis, "Forget the Carbon Tax for Now," *New York Times*, December 27, 2018.

14. Hal Bernton, "Washington State Voters Reject Carbon-Fee Initiative," *Seattle Times*, November 6, 2018.

15. Reuters in Ottawa, "It's No Longer Free to Pollute: Canada Imposes Carbon Tax on Four Provinces," *Guardian*, April 1, 2019.

16. Brad Plumer and Nadja Popovich, "These Countries Have Prices on Carbon. Are They Working?" *New York Times*, April 2, 2019.

17. 나는 피구 클럽의 창립 멤버로 참가해달라는 맨큐의 요청을 받은 사실을 기쁘게 생각한다. 여기서 피구 클럽 회원—생존자든 사망자든—의 면면이 얼마나 다양했는지를 그 목록의 일부를 제시함으로써 보여주고자 한다. Anne Applebaum, Kenneth Arrow, Katherine Baiker, Jack Black, Alan Blinder, Michael Bloomberg, Judith Chevalier, Noam Chomsky, John Cochrane, Tyler Cowen, Laura D 'Andrea Tyson, Thomas Friedman, David Frum, Jason Furman, Bill Gates, Al Gore, Lindsey Graham, Alan Greenspan, Kevin Hassett, Katharine Hayhoe, Dale Jorgenson, Juliette Kayyem, Joe Klein, Morton Kondrake, Charles Krauthammer, Paul Krugman, Arthur Laffer, Anthony Lake, David Leonhardt, Steven Levitt, Ray Magliozzi, Megan Mc- Ardle, Daniel McFadden, Adele Morris, Alan Mullaly, Elon Musk, Ralph Nader, Gavin Newsome,

William Nordhaus, Grover Norquist, Bill Nye, Leon Panetta, Richard Posner, Robert Reich, Kenneth Rogoff, Nouriel Roubini, Jeffrey Sachs, Bernie Sanders, Isabel Sawhill, Brian Schatz, George Schultz, Joseph Stiglitz, Andrew Sullivan, Laurence Summers, Richard Thaler, John Tierney, Hal Varian, Paul Volcker, Sheldon Whitehouse, 그리고 Neil Young.

18. Alan Hunt, *Governance of the Consuming Passions* (New York: St. Martin's Press, 1996), p. 19.

19. Ibid., p. 24.

20. Robert H. Frank, *Luxury Fever: Why Money Fails to Satisfy in an Age of Excess* (New York: The Free Press, 1999), pp. 199, 200.

21. James K. Glassman, "How to Sink an Industry and Not Soak the Rich," *Washington Post*, July 16, 1993.

22. Irving Fisher and Herbert Wescott Fisher, *Constructive Income Taxation: A Proposal for Reform* (New York: Harper & Brothers, 1942).

23. Laurence S. Seidman, "Overcoming the Fiscal Trilemma with Two Progressive Consumption Tax Supplements," Working Papers 14-04, University of Delaware, Department of Economics, 2014, https://ideas.repec.org/p/dlw/wpaper/14-04.. html.

24. Amy Bell, "401(k) Plans and All Their Benefits," Investopedia, November 2, 2018, updated June 25, 2019, https://www.investopedia.com/articles/ investing/102216/understanding-401ks-and-all-their-benefits.asp.

25. Richard H. Thaler and Cass R. Sunstein, *Nudge: Improving Decisions about Health, Wealth, and Happiness* (New Haven, CT: Yale University Press, 2008).

26. Brigitte C. Madrian and Dennis F. Shea, "The Power of Suggestion: Inertia in 401(k) Participation and Savings Behavior," *Quarterly Journal of Economics* 116, no. 4 (November 2001): 1149-1187.

27. Eric J. Johnson and Daniel Goldstein, "Do Defaults Save Lives?" *Science* 302 (2003): 1338-1339.

28. Alain Samson, "A Simple Change That Could Help Everyone Drink Less,"

*Psychology Today*, February 25, 2014.

29. Robert Cialdini, *Influence: Science and Practice*, 4th ed. (Needham Heights, MA: Allyn & Bacon, 2001).

30. N. J. Goldstein and Robert B. Cialdini, "Using Social Norms as a Lever of Social Influence," in *Science of Social Influence*, ed. Anthony R. Pratkanis (New York: Routledge, 2014).

31. Jane Black, "Small Changes Steer Kids toward Smarter Lunch Choices," *Washington Post*, June 9, 2010.

32. "Policy Makers around the World Are Embracing Behavioral Science," *Economist*, May 18, 2017, https://www.economist.com/international/2017/05/18/policymakers-around-the-world-are-embracing-behavioural-science.

33. David Meyer, "Congestion Pricing Was Unpopular in Stockholm, Until People Saw It in Action," Streetblog NYC, November 28, 2017, https://nyc.streetsblog.org/2017/11/28/congestion-pricing-was-unpopular-in-stockholm-until-eople-saw-it-in-action/.

34. Ibid.

35. Ibid.

36. Jesse McKinley and Vivian Wang, "New York State Budget Deal Brings Congestion Pricing, Plastic Bag Ban, and Mansion Tax," *New York Times*, March 31, 2019.

37. Winnie Hu, "Congestion Pricing. N.Y. Embraced It. Will Other Clogged Cities Follow?" *New York Times*, April 1, 2019.

## 12 모든 인지적 착각의 어머니

1. Richard Wiseman, "Ten of the Greatest Optical Illusions," *Daily Mail*, September 25, 2010.

2. Richard H. Thaler, "Toward a Positive Theory of Consumer Choice," *Journal of Economic Behavior and Organization* 1, no. 1 (March 1980): 39-60.

3. 예를 들어 Elizabeth A. Phelps, "Emotion and Cognition: Insights from Studies of the Human Amygdala," *Annual Review of Psychology* 57(January 10, 2006):

27-53을 참조하라.

4. Brad Plumer, "U.S. Carbon Emissions Surged in 2018 Even As Coal Plants Closed," *New York Times*, January 8, 2019.

## 13 그저 질문하라, 말하지 말고

1. 이런 특성에 대해 내게 들려준 이는 오랫동안 성적 학대 피해자를 치료해온 심리치료사 캐런 길로비치(Karen Gilovich)와 뉴욕주 톰킨스 카운티(Tompkins County) 소재 권익옹호센터(Advocacy Center)의 상임이사 헤더 캠벨(Heather Campbell)이었다. 가정 폭력 상담사들을 지도하는 프로그램에서 사용하는, 가령 다음과 같은 교재의 내용과도 일치하는 내용이다. Liana Epstein, *Domestic Violence Counseling Training Manual*, Cornerstone Foundation, 2003, https://www.scribd.com/document/273282828/Domestic-Violence-Training-Manual.

2. Alison Wood Brooks and Leslie K. John, "The Surprising Power of Questions," *Harvard Business Review*, May-June, 2018.

3. Ibid.

4. Alison Wood Brooks, Karen Huang, Michael Yeomans, Julia Minson, and Francesca Gino, "It Doesn't Hurt to Ask: Question-Asking Increases Liking," *Journal of Personality and Social Psychology* 113, no. 3 (September 2017): 430-452.

5. Ronald D. Vale, "The Value of Asking Questions," *Molecular Biology of the Cell* 24, no. 6 (March 15, 2013): 680-682.

6. Ginat Brill and Arnat Yarden, "Learning Biology through Research Papers: A Stimulus for Question-Asking by High-School Students," *Cell Biology Education* 2 (Winter 2003): 266-274.

7. W. Lee Hansen, Michael K. Salemi, and John J. Siegfried, "Use It or Lose It: Teaching Economic Literacy," *American Economic Review* 92, no. 2 (May 2002): 463-472.

8. Robert H. Frank, *The Economic Naturalist: In Search of Explanations for Everyday Enigmas* (New York: Basic Books, 2007).

9. Paul Sloane, "Ask Questions: The Single Most Important Habit for Innova- tive

Thinkers," InnovativeManagement, https://innovationmanagement.se/imtool-articles/ask-questions-the-single-most-important-habit-for-innovative-thinkers/.

10. Christopher A. Bail, Lisa P. Argyle, Taylor W. Brown, John P. Bumpus, Haohan Chen, M. B. Fallin Hunzaker, Jaemin Lee, Marcus Mann, Friedolin Merhout, and Alexander Volfovsky, "Exposure to Opposing Views on Social Media Can Increase Political Polarization," *PNAS* 115, no. 37 (September 11, 2018): 9216-9221.

11. David Broockman and Joshua Kalla, "Durably Reducing Transphobia: An Experiment on Door-to-Door Canvassing," *Science* 352, no. 6282 (April 8, 2016): 220-224.

12. Ibid., p. 221.

13. Ibid., p. 220

14. Ibid., p. 223

15. Brian Resnick, "These Scientists Can Prove It 's Possible to Reduce Preju-dice," Vox, April 8, 2016, https://www.vox.com/2016/4/7/11380974/reduce-prejudice-science-transgender.

16. Brian Resnick, "Most People Are Bad at Arguing. These 2 Techniques Will Make You Better," Vox, November 20, 2018, https://www.vox.com/2016/11/23/13708996/argue-better-science.

17. Kiran Bisra, Qing Liu, John C. Nesbit, Farimah Salimi, and Philip H. Winne, "Inducing Self-Explanation: A Meta-Analysis," *Educational Psychology Review* 30 (September 2018): 703-725.

18. Matthew Baldwin and Joris Lammers, "Past-Focused Environmental Com-parisons Promote Pro-Environmental Outcomes for Conservatives," *PNAS* 113, no. 52 (December 27, 2016): 14953-14957.

19. Jonathan Haidt and Jesse Graham, "Mapping the Moral Domain," *Journal of Personality and Social Psychology* 101, no. 2 (2011): 366-385; Jonathan Haidt, *The Righteous Mind: Why Good People Are Divided by Politics and Religion* (New York: Pantheon Books, 2012).

20. Matthew Feinberg and Robb Willer, "From Gulf to Bridge: When Do Moral

Arguments Facilitate Political Influence?" *Personality and Social Psychology Bulletin* 41, no. 12 (October 7, 2015): 1665-1681.

21. Vasanti S. Malik, Barry M. Popkin, George A. Bray, Jean-Pierre Després, and Frank B. Hu, "Sugar Sweetened Beverages, Obesity, Type 2 Diabetes and Cardiovascular Disease Risk," *Circulation* 121 (March 23, 2010): 1356-1364.

22. M. Arantxa Colchero, Juan Rivera-Dommarco, Barry M. Popkin, and Shu Wen Ng, "In Mexico, Evidence of Sustained Consumer Response Two Years after Implementing a Sugar-Sweetened Beverage Tax," *Health Affairs* 36, no. 3 (March 2017): 564-571.

23. Greg Lukianoff and Jonathan Haidt, *The Coddling of the American Mind: Good Intentions and Bad Ideas Are Setting Up a Generation for Failure* (New York: Penguin Press, 2018).

24. Robert H. Frank, *Success and Luck: Good Fortune and the Myth of Meritocracy* (Princeton, NJ: Princeton University Press, 2016).

25. Shanto Iyengar and Douglas S. Massey, "Scientific Communication in a Post-Truth Society" (November 26, 2018), *PNAS* 116, no. 16 (April 16, 2019): 7656-7661.

26. Bail et al., "Exposure to Opposing Views on Social Media Can Increase Political Polarization."

27. Broockman and Kalla, "Durably Reducing Transphobia."

28. Elizabeth Levy Paluck, Hana Shepherd, and Peter M. Aronow, "Changing Climates of Conflict: A Social Network Experiment in 56 Schools," *PNAS* 113, no. 3 (January 19, 2016): 566-571.

29. Juan David Robalino and Michael Macy, "Peer Effects on Adolescent Smoking: Are Popular Teens More Influential?" *PLOS ONE* 13, no. 7 (July 12, 2018), https://journals.plos.org/plosone/article/comments?id=10.1371/journal. pone. 0189360.

30. Andrew Merle, "Why You Should Ask More Questions (and Actually Care about the Answers)," Medium, November 13, 2017, https://medium.com/@ andrewmerle/why-you-should-ask-more-questions-and-actually-care-about-

the-answers-6abddcd25a2d.

31. Robert H. Frank, *Passions within Reason: The Strategic Role of the Emotions* (New York: W. W. Norton, 1988).

32. Robert H. Frank, *Choosing the Right Pond: Human Behavior and the Quest for Status* (New York: Oxford University Press, 1985).

33. Dan Moulthrop, "The Art of Asking Questions," TedxSHSS, December 18, 2015, https://www.youtube.com/watch?v=hZSY0PssqH0.

34. Brooks and John, "The Surprising Power of Questions."

**맺음말**

1. Wallace-Wells, *The Uninhabitable Earth*, pp. 226, 227.

2. Ibid., p. 219.

3. William Samuelson and Richard Zeckhauser, "Status-Quo Bias in Decision Making," *Journal of Risk and Uncertainty* 1 (1988): 7-59.

4. 관련 문헌을 좀더 광범위하게 고찰하려면 내가 쓴 *Luxury Fever* (New York: The Free Press, 1999)의 5장과 6장을 참조하라.

5. Wallace-Wells, *The Uninhabitable Earth*, p. 189.

6. Ibid., p. 225.

7. Katharine Wilkinson, "How Empowering Women and Girls Can Help Stop Global Warming," TEDWomen, 2018, https://www.ted.com/talks/katharine_wilkinson_how_empowering_women_and_girls_can_help_stop_global_warming?language=en.

# 옮긴이의 글: 행동 전염의 그림자와 빛

●

"나쁜 사람은 없어. 나쁜 상황이 있는 거지." 몇 년 전 개봉된 모 영화의 명대사로 회자되던 말이다. 인생을 좀 아는 나이에 접어든 사람이라면 절로 고개를 끄덕이게 되는 통찰력 있는 말이다. 악한의 변명처럼 들릴 수도 있는 이 말은 이 책의 핵심 주제랄 수 있는 "문제는 사람이 아니라 상황이다"와도 일맥상통한다. 반복이 학습에 효과적이라는 해명과 함께 저자는 본문의 여러 맥락에서 몇 가지 표현을 네댓 차례 되풀이한다. 그 중 책의 주제를 가장 집약적으로 담아낸 표현은 "사회적 환경은 우리에게—더러 좋은 쪽으로 하지만 주로는 나쁜 쪽으로—강력한 영향을 미친다"이다.

이는 (사회)심리학과 경제학의 교차 지점에 놓인 행동경제학의 주된 탐구 주제다. 저자는 평생에 걸쳐 사회적 행동과 경제적 행동에서의 경쟁과 협력에 주목하는 연구를 진행해온 행동경제학자로서 자신이 지칭한 이른바 '행동 전염' 개념을 통해 그와 관련한 현상을 개괄적으로 조망한다. 2부의 내용이다. 3부에서는 흡연, 비만, 문제적 음주, 성 문화, 상호 상쇄적인 낭비적 소비, 에너지 집약적 활동 등 행동 전염을 보여주는 다양한 사례를 소개한다. 4부에서는 행동 전염 논의의 통찰을 반영한 공공 정책을 추진함으로써 개인에게 좋은 쪽으로 영향을 미치는 좀더 지원적인 사회적 환경을 조성하자고 촉구한다. 여기서 저자의 핵심 논리는 과세 제도가 규제 제도보다 지시적이거나 계몽적인 성격은 덜하고 효과는 더 낫다는 것이다. 저자는 현재 세수의 대부분을 조달하는 소득세나 지급 급여세처럼 바람직한 행동에 대한 과세는 줄이고, 흡연이나 설탕 든 탄산음료 소비 같은 바람직하지 않은 행동에 대한 과세는 늘리는 식의 재조정이 필요하다고 주장한다. 학자들 사이에서도 여전히 의견이 분분한 주장이기에, 그것이 타당하고 설득력 있는 주장인지는 독자들 각자가 판단해야 할 몫이다.

로버트 프랭크는 수많은 책을 집필했지만 나는 그를 무엇보다 《승자독식사회(The Winner-Take-All Society)》의 저자로 기억한다. 《승자독식사회》는 그가 필립 쿡과 공동 집필한 책으로 1995년 출간되었고, 우리나라에는 2008년 번역·소개되었다. 처음에 이 책을 번역하기로 했을 때, 저자가 《승자독식사회》를 쓴 로버트 프랭크라는 사실이 더없이 반가웠다. 먼지를 뒤집어쓴 채 책꽂이에 꽂혀 있는 책 《승자독식사회》를 꺼내 이리저리 뒤적거리니, 초판이 나오자마자 사서 열심히 밑줄 그으며 읽은 흔적이 보인다. 제목 자체가 많은 것을 담고 있는 《승자독식사회》는 1등과 2등은 그저 간발의 차이에 불과한데도 1등에게 주체할 수 없으리만치 과한 보상을 몰아주는 사회가 그 안에서 살아가는 개인들의 삶을 어떻게 망가뜨리는지 고발한다.

그 책이 나온 지 25년이 흘렀건만 그가 진단한 승자 독식은 잦아들기는커녕 더욱 기승을 부리고 있다. 미국은 극소수의 수중에 사회 전체의 부 가운데 상당 비율이 몰리는 고도의 빈익빈 부익부 사회로 치닫고 있으며, 우리나라 역시 충실하다 할 만큼 그 추세를 따르고 있다. 그래서 지금 오히려 과거보다 승자 독식에 대한 그의 경고가 더욱 뼈아프게 다가오는 듯하다. 1등만 기억하는 더러운 세상에서 헛된 경쟁의 소용돌이에 휘말린 채 고달픈 삶을 이어가는 우리들 나날의 삶 자체가 그가 파헤친 승자 독식의 증거가 아닌가. 이 책은 무엇보다 같은 저자가 그 문제의식의 연장선상에서 집필한 것이라는 점이 마음에 들었다.

하지만 저자는 책 말미에 행동 전염의 정책적 함의에 대해 들려주면서, 자신의 제언을 진지하게 논의하고 채택하기란 어려울 거라며 회의감을 드러냈다. "1985년 1월 나의 두 번째 책《올바른 연못을 고르는 법: 인간 행동과 지위 추구》를 출간했을 때, 나는 의회가 누진 소비세를 비롯해 내가 권고한 정책 가운데 몇 가지를 그해가 가기 전에 법제화할 수도 있으리라고 기대했다. 그로부터 수십 년이 지나는 동안 그 정책들 가운데 단 한 가지도 채택되지 않는 것을 보면서 당연히 나는 그러한 기대가 얼마나 순진한 것이었는지를 고통스럽게 깨달았다. ……몇 권의 책을 내고 나서 그때마다 내가 다시 책을 써야 하는지 말아야 하는지 알 길이 없었다. 이 번에도 마찬가지였지만, 인간의 수명은 유한하므로 이 책은 그 전보다 내 마지막 책이 될 가능성이 더 크다. 또한 나는 설사 이 책을 읽는 독자 모두가 내 권고들이 타당하다는 것을 전적으로 확신한다 해도, 그들의 수가 너무 적어서 내가 가장 중시하는 정책 논의에 식별 가능한 영향을 미칠 수 없음을 잘 알고 있다."

그러나 그는 오랜 기간 동안 숱한 시도와 좌절을 거치긴 했지만 끝내 채택되기에 이른 이산화탄소 배출권 거래 제도, 그리고 그보다 훨씬 더 빠른 진척을 보인 '동성 간 결혼' 합법화 사례를 들면서, 행동 전염이 대단히 논쟁적인 정책적 제안들에서도 급격한 변화를 이끌어내는 위력적인 촉매제가 될 수 있다고 덧붙인다. 요컨대 행동 전염은 주로는 나쁜 쪽으로 그러나 더러 좋은 쪽으로 영향을 미치므로, 공공 정책이 그 영향의 물꼬를 좋은 쪽으로 틀고자 노력한다면 모두에게 이로운 사회적 환경이 창출될 거라는 말이다. 이것이 역자가 옮긴이의 글 제목을 행동 전염의 '빛과 그림자'가 아니라 '그림자와 빛'이라고 단 이유다.

거시경제학자 펠릭스 마틴(Felix Martin)은 영국의 유명 시사·문예 주간지 〈뉴 스테이츠먼(New Statesman)〉에 이 책을 매우 소중한 신간이라고 소개하면서, 분별력 있는 정책 입안자라면 2010년대에 《넛지(Nudge)》가 그랬던 것처럼 2020년대에는 이 책을 중요한 매뉴얼로 삼아야 한다고 조언했다. 이 책을 통해 행동 전염 현상을 좀더 깊이 이해하고 그 통찰을 반영한 공공 정책을 실시해 승자 독식 사회, 빈익빈 부익부 사회의 문제점을 재조정함으로써 좋은 삶을 향해 한 발 내딛는 데 기여하고자 하는 저자의 바람이 이번만큼은 꼭 이루어지길 바란다.

2021년 봄

김홍옥

# 찾아보기

간접흡연 23~26, 82, 158, 161~164, 170, 243, 247, 255, 259, 264

간판들 34~36

감세와 일자리 법안 208

감정 314

감정 전염 75

개를 잡아먹는 것 94

개인적 저축 205, 209~210, 286~291

개입주의 39, 163, 250

갤스턴, 윌리엄 105~107

거울 뉴런 시스템 73~74

걷기에 알맞음 232~234

결혼식(웨딩) 197, 228

경구 피임약 113~118, 127~128

경제 불평등 → 소득 불평등 참조

경제학

 -과 관련한 의사 결정 요인으로서 맥락
 (정황) 33~34

 -과 관련한 의사 결정 요인으로서 사회
 적 힘 150~151, 187~188

 - 교수법 16, 326~329

 -에서 '보이지 않는 손' 모델 12, 34~
 37, 155~156

 -에서 외부성 42

 -에서 행동 모델 44~45, 50, 75, 77~
 80, 114, 127~128, 139~140, 150~151,
 155~156, 187~188, 208~212, 307~
 310

 -에서 행동 전염 80~81

 이기심과 - 12, 34~37, 139~140, 144

 작업장 안전에 관한 - 182~184

고든, 린다 117

고스, 크리스틴 80

고프먼, 어빙 78

골딘, 클라우디아 115

공감 141~143, 253~254

공공재/공공 투자   205~207, 289~290, 300, 311, 314~316

공공 정책

　개인적인 소비에 관한 -   187~188, 205

　-과 저열한 감정   187~188, 193

　기후 변화에 대한 -   13~14, 227, 237~ 240, 275~282, 355~365

　사회적 변화를 촉진하기 위한 -   108~ 111

　-에서 분배에 대한 관심   272~274, 279~ 280

　-을 시행하기 위한 전략들   264~290, 319~354

　-을 위한 정당화   23~26, 39~40, 82~ 83

　-의 관심사로서 행동 전염   13~14, 22~ 27, 81~83, 158, 243~261, 338~345, 359~360

　-의 기준으로서 효율성   266~267, 274~ 275, 279, 353

　-의 예로서 흡연 관련 정책   22~27

　-의 장애물들   67, 311~316, 320

　-의 장애물로서 '모든 인지적 착각의 어머니'   67, 311~316

　효과적인 - 기반   46

　→ 과세; 규제(규정)도 참조

공공 정책 도구로서 대화   321~323

공리주의   254

공정노동기준법   210

과세

　누진 소비세   286~292

　-로부터 얻는 순이익   275~282, 286~ 291, 311~316, 359

　부자에 대한 -   17~18, 207~208, 281, 287~290, 299~300, 311~316, 359~ 360

　사치품에 대한 -   285

　사회적으로 이로운 행동에 대한 -   272

　세율   207~208, 271, 312~314

　-에 대비되는 규제   38, 43, 83~84

　-에 대한 적대감   270, 300

　-에서의 부족액   207~208

　-에 의해 촉진되는 사회적 이익   38~ 39, 83~85

　오염에 대한 -   43, 265~270, 320

　-와 관련한 '모든 인지적 착각의 어머니'   17, 299~300, 311~316, 360~361, 363

　-와 기후 변화 정책   240

　외부성에 대한 -   42

　-의 고려 사항으로서 공정성   84, 267

　-의 대상   271~272

　-의 필요성   38~39, 84, 271

　이산화탄소에 대한 -   275~281

　조세 순응   150~155

　탄산음료에 대한 -   339~344

　피구세   265~268, 271~272, 274~275, 279, 282, 292, 296~299, 344

　해로운 행동에 대한 -   82~84

광고   260

괴테, 요한 폰,《젊은 베르테르의 슬픔》
69

교육과 주택 가격 183~184, 189~190,
199~200, 222~223

구글 216

국립 청소년 건강 종단 연구 174

국세청(미국) 153~155

국제 변화 연구 법안 215

군사적 군비 경쟁 44, 178, 181~182

궤어, 존, '여섯 단계 분리' 10

규제(규정)

　개인의 행위 주체성과 - 25~26, 243~
　261

　개입주의적 - 39~40, 163, 250

　과도한 - 255~257

　노동 시간과 관련한 - 210~211

　-를(을) 정당화하는 근거로서 무고한 옆
　사람의 행복 23~24, 83~84, 106, 163,
　243, 264~265

　부정행위와 관련한 - 147

　시장 실패와 - 256~258

　-에 대한 반대 22~23, 25~26, 38~39,
　163, 243~245, 260~261

　-와(과) 대비되는 과세 38~39, 43, 82~
　85

　은퇴 저축과 관련한 - 209~210

　작업장 안전과 관련한 - 183~184, 249~
　250, 256~257

　전화 요금과 관련한 - 273~274

　헬멧 착용과 관련한 - 39~41, 185~186

흡연과 관련한 - 22~27, 81~82, 131,
　158, 243, 247, 251~254, 263

규제 포획 256~257

그라지아노, 마르셀로 231

그레이엄, 폴 93~94, 107~108

그루버, 조너선 26

그리스월드 판결(1965) 116

그린 뉴딜 14, 239, 363

글래드웰, 맬컴 99

글레이저, 에드워드 76~77

글릭, 제임스 99

금주 운동 31~32

금지 106

긍정적 피드백 96, 127, 169

기념물건설업자협회 255

기본적 귀인 오류 28~31, 244

기업에 대한 규제 260

기예넷, 스테판 228

기후 변화 215~240

　-가 야기한 기후 재난들 234~237, 277~
　278

　-를 해결하기 위한 기술 238, 276~277

　- 문제를 다루는 방편으로서 과세
　275~281

　-에 관한 여론 219~220, 234~236

　-에 대한 반응 14, 227, 237~240, 275~
　281, 355~365

　-에 미치는 행동 전염의 효과 216, 358~
　362

　-와 관련한 소득 불평등 14, 239~240,

363
　-의 경제적 위험　45
　-의 원인　215~216
　-의 위험　13~14, 216~218, 237~238,
　　355~356
　-의 회의론자와 부인론자　215, 219,
　　236, 239, 356~357
　전 세계적 기온 변화　217~221
　주택 건축과 -　223
　주택 시장과 -　222~223
길로비치, 토머스　144, 204
길링엄, 케네스　231


나비 효과　99
넛지 운동　294~295
〈네이처 지오사이언스〉　237
넥스트젠 재단　281
넷플릭스　103
노란 조끼 시위　279
노어퀴스트, 그로버　282
노역지수　199~200
노예제　95, 110
노이마르크, 데이비드　211
〈뉴요커〉　101
뉴욕시　272~273, 297~298
뉴욕주　273
〈뉴욕타임스〉　100~101, 128, 155, 208,
　　229, 234, 281
닉슨, 리처드　79~80

다윈, 찰스　11, 57, 137~138, 142
다이크, 그레그　329~330
담배기본정산협약　24
대마초 합법화　104~107
더발, 프랑스　253
덜스키, 제니퍼　329
데스티네이션 웨딩　228
도덕 기반 이론　337~338
도덕성
　공감과 -　141, 253~254
　도덕적 유행　108
　도덕적 추론 방식　337~338
　-에 대한 회의론　135~138, 143
　-을 향한 동기 부여　137, 141
　자연선택과 -　137~142
　자유 의지와 -　245~247
　행동 전염과 -　138~156
도슨, 로사리오　101
도킨스, 리처드　11
동료 영향　83, 158~176
　→ 행동 전염도 참조
동성 간 결혼　89~96, 108~110, 332~333,
　　351, 357~358
동정심 → 공감 참조
동조　69~80
듀랜트, 윌　147, 362
듀젠베리, 제임스　187
드와이어, 데브라　160~163, 174~175
드워킨, 제럴드　250
디온, E. J., 2세　105~107

디폴트 옵션 292~293
딥 캔버싱 333

라메르스, 요리스 335~337
라이벤스타인, 하비 187
랜더스, 르네 211
랩슨, 리처드 75
러셀, 리처드 57
레그너러스, 마크 122~126
레드핀 233
레비, 댄 171~174
레비처, 제임스 211
레오나르도 다빈치 195
레온하르트, 데이비드 234
레우테르스베르드, 오스카르 53
레이디 가가 101
레이어드, 리처드 50, 187
로렌즈, 에드워드 99
로리, 글렌 78~79
로발리노, 후안 다비드 349
로버츠, 데이비드 239
로빈스, 팀 226
로신, 해나 129
로저스, 에버렛 99
로프틴, 콜린 77
리건, 데니스 144
리더십 랩 332
링컨, 에이브러햄 31~32, 40

마스든, 폴 69
마시, 타냐 256
마이크로모빌리티 차량 231
마케팅 260
마크롱, 에마뉘엘 279~281
매독 116
매드리언, 브리지트 292
매몰 비용 308, 310
매케인, 존 190
맥고원, 로즈 100
맥락(정황)
 -에 영향을 미치는 개인의 행동 44,
  81, 157~158, 260~261
 -에 영향을 받는 금전적 평가/의사 결정
  17~18, 45, 49~50, 60~61
 -에 영향을 받는 판단 32~33
 -에 좌우되는 인지 28~29, 49~67
 -을 바꾸기 위한 집단적 행동 37~38
 의사 결정에 영향을 미치는 - 61~63
 -의 영향을 받는 개인의 행동 28~34,
  37~38, 80~81, 244~246, 255, 261,
  263~264
 -이 부지불식간에 미치는 영향 51
 → 행동 전염도 참조
맨스키, 찰스 159
맨큐, N. 그레고리 282
멀, 앤드루 349
멀레이너선, 센딜 26
메디케이드 24
메이, 일레인 타일러 117

메이시, 마이클 349

메트로파울로스, 대런 194

멕시코 339

멘켄, H. L. 211

모든 인지적 착각의 어머니 17, 67, 299~
300, 303~304, 307, 311, 313~316,
360~361, 363

모방 72~75, 143, 381(8)

몰스럽, 댄 352

무고한 옆 사람을 보호하기 위한 규제
23~24, 83~84, 106, 163, 243, 264~
265

무리 행동 → 행동 전염 참조

무의식적인 행동

　구직 인터뷰 191~192

　모방 74

　성격에 대한 판단 143

　-에 영향을 미치는 맥락(정황) 37, 52

　의사 결정 72

　인지 49, 51, 58, 66

　정보 과부하와 - 16, 301

물리적 외부성 42~43, 265~270

미국 국립보건원 170

미라맥스 100, 102~103

미 의회 153, 206~208, 215, 221, 269, 285,
297, 320, 350~351, 356

미투 운동 99~104

밀, 존 스튜어트 23, 81, 250

밀그램, 스탠리 9~10, 29~31

밀그램 실험 29~31

밀라노, 앨리사 101~102

밈 10~13, 69, 111~112


바그, 존 74

바네르지, 아브히지트 75

바르시니, 라브 60

바우마이스터, 로이 245

바틀릿, 브루스 208

반 보벤, 리프 204

발렛, 그레그 327

방사능 물질 노출에 관한 규제 249~250

배리, 데이브 224

배출권 거래제 접근법 268~269, 296

버크, 에드먼드 111

버크, 타라나 100

베버의 법칙(정신물리학) 58~60, 371(10)

베버-페히너의 법칙 371(10)

베블런, 소스타인 180, 187

베이컨, 케빈 10~11

베커, L. A. 151

베킨세일, 케이트 101

보수주의자

　-의 도덕적 추론 방식 337~338

　이슈들에 관한 -의 시간 프레이밍
335~337

보스, 캐슬린 245

보이지 않는 손 12, 34~37, 155~156, 252

볼드윈, 매슈 335~337

볼링거, 브라이언 230~231

볼스테드 법안 106

부담적정보험법 → 오바마케어 참조

부드로, 도널드 187~188

부시, 조지 W. 207~209

부정행위 135~156, 381(8)

부처 324

뷔리당의 당나귀 61~62

브래드셔, 키스 225

브로워, 트레비스 298

브루크먼, 데이비드 331~332

브룩스, 앨리슨 우드 323, 353~354

브릴, 기나트 324~326

블룸버그, 마이클 272

비너, 하네스 151

비만 164~169, 227~229, 339

비스쿠시, 킵 24

비용-편익 법칙 82, 114, 127~128, 328

비위치재 181~182, 205~206

빈 살만, 모하메드 194


사치금지법 284~285

사형 78~79

사회보장 제도 209~210

사회적 규제 → 공공 정책; 규제(규정) 참조

사회적 변화의 수단으로서 합리적 주장
    108~112

사회적 이익

    과세로 인한 - 275~282, 285~291,
        299~300, 311~316, 359~360

-을 깨닫기까지 걸리는 시간 27

-을 낳는 행동 전염 12, 27~28

-의 원천으로서 이기심 12, 34~37,
    155~156

사회적 환경 → 맥락(정황) 참조

산성비 42~43, 221, 269~270, 297, 351

상대적 이점(입장) 17, 34, 49~50, 52,
    60~61, 67, 180~182, 187~189, 191~
    192, 197, 200~201, 204, 209~211, 313

상속세 290~292

섀프터, 윌리엄 루퍼스 10~11

선, 존 60

선스타인, 캐스 75, 99, 292~295

선택 → 의사 결정 참조

선택 설계 292~295

설리번, 앤드루 89~90, 109~110, 358

성교육 132~133

성 행동 113~134

    -과 관련한 규제 131~133

    성 혁명 113~128

    -에 대한 사회적 태도 116~120, 127~
        128

    -에 대한 성별 태도 118~125

    -에 영향을 미치는 요인으로서 경구 피
        임약 113~117, 127

    -에 영향을 미치는 요인으로서 성비 불
        균형 118~127

세계은행 295

세이드먼, 로런스 288

셰이, 데니스 292

셀링, 토머스　99, 140, 185~186

소득 불평등　14, 193~200, 239~240, 360, 363

소련　96, 357~358

소비

　경험 -와 재화 -　204

　-로 인한 경제적 낭비　45

　-로 인한 전국 차원의 손실　177, 181~ 182, 212~213, 283~284

　맥락(정황)이 -에 미치는 영향　61~62

　소득 수준과 -　193~200

　-에서의 군비 경쟁　181~182

　- 의사 결정　177

　- 폭포 효과　177, 196~199, 209~212, 290

　행동 전염이 -에 미치는 효과　44~45, 187~213

소크라테스　324

손실 기피　63~66, 272, 314

솔니크, 새라　204

수정헌법 제18조　106

수정헌법 제21조　106

슈나이더, 프랭클린　232~233

슈테판, 안드레　222

스미스, 애덤　12, 34, 36~37, 141, 155~ 156, 183, 252~253, 257

스쿨러, 조너선　245

스타이어, 톰　281

스테이크, 제프리　12

스톡홀름(스웨덴)　296~297

스트렁크, 윌리엄　15~16

스트로가츠, 스티븐　11

스파이서, 마이클　150~151

스포츠 유틸리티 차량(SUV)　81, 83, 224~ 227, 275

슬론, 폴　329~330

시간 프레이밍　335~337

식품 산업　227

신념(믿음)

　-에 미치는 사회적 영향력　95~96

　유행과 -　108

　-을 변화시키는 수단으로서 대화　348~ 349

　-을 변화시키는 전략　108~111

　-의 가변성　92~96

　-이 변화한 사례들　89~96, 104~107

　→ 유권자의 신념(믿음)도 참조

신뢰　141~156

신뢰할 만하다고 말해주는 신호　140, 143~145, 381(8)

실러, 로버트　156

실버, 네이트　90, 92, 109

아리스토텔레스　147, 362

아이디어42　295

안드레오니, 제임스　150

알리, 미르　160~163, 174~175

알코올 소비　106, 169~175

애드셰이드, 마리나　119~120

애시, 솔로몬 28, 72
애시의 실험 28~29
애커로프, 조지 156
앨름, 제임스 150
야덴, 아나트 325~326
얼굴 표정 142~143
에러드, 브라이언 150
에머슨, 랠프 월도 260
에스허르, M. C., 〈폭포〉 53~55
엘리, 리처드 180
엘리아손, 요나스 297
엘리콧시티, 메릴랜드주 235~236
여섯 단계 분리 10
오바마, 버락 90, 295, 320
오바마케어 334~335, 338
오버거펠 대 호지스(2015) 89~91, 110
오염 42~44, 265~270, 320
오코너, 로런 100, 102
올콧, 헌트 230
올트먼, 로버트, 〈플레이어〉 226
와인스타인, 하비 100~103
와츠, 던컨 11
외부성 42
　→ 물리적 외부성; 행동 외부성도 참조
우드, 레이철 에번 101
《우파니샤드》 324
워런, 엘리자베스 187, 200, 321
워싱턴, 조지 157
워크 스코어 233
월러스웰스, 데이비드 13, 238, 355~356,

358, 361, 365
웨이터의 딜레마 149~150, 152
웨커, 제러미 122~126
위너, 노버트 99
위더스푼, 리즈 101
위치재 179~182, 205~206, 286
위치재적 군비 경쟁 181, 201, 306
위치재적 군축 협약 186
윌러, 롭 338
윌킨슨, 캐서린 365
유권자의 신념(믿음)
　유권자들이 가지고 있는 '모든 인지적
　　착각의 어머니' 17, 299~300, 306~
　　307, 311~316, 360~361, 363
　유권자들이 사용하는 휴리스틱 75~
　　76, 78~79
　-을 겨냥한 의사소통 전략 239, 281,
　　295~296, 320~321, 331~354
　-을 변화시키는 요인들 92, 106
유튜브 103
유행 31~32, 40~41, 107~108
의사 결정
　개인적 -과 집단적 - 177, 208, 309
　맥락(정황)이 -에 미치는 영향 61~63
　소비에 관한 - 177~178
　손실 기피와 - 63~66
　-에 대한 개인(이기)주의적 접근 114
　-을 위한 선택지 제시 292~294
　-의 비용-편익 모델 114, 127~128,
　　328

→판단도 참조

의사소통 전략

  대화　320~324, 330~338, 344~354

  시간 프레이밍　335~337

  -의 사례　338~345

  질문하기　323~331

의식적인 소비　361

의식적인 인식 →무의식적인 행동 참조

이기심

  사회적 이익과 -　252, 257~258

  -으로 얻는 사회적 이익　12, 34~37,
  155~156

  -을 표현하는 수단으로서 부정행위
  139~140, 144, 155

이산화탄소 배출량　238, 276, 278, 280,
316

이산화황 배출권　43, 221, 269~270, 284,
296, 351

이스털린, 리처드　187

〈이코노미스트〉　294

이혼　198

인지〔맥락(정황)에 좌우되는〕　28~29,
49~67

인지적 착각　301~302

  → 모든 인지적 착각의 어머니도 참조

인터넷

  -에 힘입은 행동 전염　99~102

  -이 약화시킨 게이트키퍼의 역할　102~
  104

인프라　205~206, 320~321

인호프, 제임스　219

자살　69

자연선택

  감각 인지와 -　57, 60

  공감과 -　253

  다윈의 - 개념　11

  도덕성과 -　137~142

자유에 대한 제약　23, 27, 36, 186, 209~
210, 249~251, 258

자유 의지　244~247

자유주의자

  -의 도덕적 추론 방식　338

  이슈들에 관한 -의 시간 프레이밍
  335~337

자유지상주의　23, 248~251, 258

자제력(자기 통제)　248~249

작업장 안전　181~184, 249~250, 256~
257, 304~306

잠재의식적 행동 →무의식적인 행동 참조

잡스, 스티브　364

저드, 애슐리　100

적응

  -과 소비 폭포 효과　201

  동조와 -　72~73

  -력　202

  믿음과 -　95

  -에서 인지가 맡은 역할　52, 57, 60

전화 요금　273~274

절제만 강조하는 성교육 프로그램 132~
133
정보 폭포 효과 75, 78
정부간기후변화위원회(IPCC) 13~14,
218, 227, 276~277
정치인의 행동 78~79
정치적 양극화 330
정치 철칙 272
존, 레슬리 323
'존스네 따라하기' 191~192
존슨, 새뮤얼 356~357
졸리, 앤젤리나 101
'좋은 기회를 놓치는 데 따른 두려움' 78
주식 시장 77~78
주택 크기와 가격 179~180, 189~191,
196, 199~204, 222~223, 287~288
지급 급여세 39, 84, 209, 272, 275, 341
직업 보건 및 안전국 184, 256
질로 233
질문하기 323~330, 349, 353~354
집단적 행동 문제 37~38, 184~186, 251,
278, 306, 309~311


차트랜드, 타냐 74
착시 28~29, 49~57, 59~60, 301~303
청정대기법 43, 269~270, 351
체니, 딕 93
체이신, 로리 159
체크무늬 그림자 착각 301~303

최소 식별 차이 58
치알디니, 로버트 228~230, 293


카너먼, 대니얼 307
카시오포, 존 75
칸, 앨프리드 273~274, 279
칼라, 조슈아 331~332
캐리, 재스민 245
캔토, 조디 100
캘리포니아주 362~363
커린치, 프리제스, 《연쇄》 9
케네디, 앤서니 89, 110
케인스, 존 메이너드 77, 112, 188
코넬 대학 '나이트 글쓰기 프로그램' 326~
328
코스, 로널드 258
코스키넌, 존 154~155
코엘, 스튜어트 114
쿠란, 티무르 96
쿠오모, 마리오 79
쿡, 필립 80
크레머, 마이클 171~174
크로포드, 로버트 222
크루그먼, 폴 282
크리스타키스, 니컬러스 165~168
크리스티, 크리스 255
클라크, 존 베이츠 180
클린턴, 힐러리 90~91
키스, 데이비드 238

킨제이 보고서 117

킹, 마틴 루서, 2세 110

탄산음료 339~344

탄소세(이산화탄소세) 275~282, 356~360

탄소 포집 기술 238, 356

탈러, 리처드 292, 294~295, 307

태양 전지판 12, 216, 230~231

태양 전지판 사용 275

테일러, 로웰 211

테일러, 케이트 128~129

토지이용제한법 36, 195, 257~258, 283

톰슨, 벤 102~103

투헤이, 메건 100

트랜스젠더 권리 331~332

트럼프, 도널드 155

트버스키, 아모스 66, 307

트위터 101~102, 104, 330

티아기, 아멜리아 워런 189, 200

티치너 서클 52~53

티핑 포인트 99

팁을 주는 행위 136~137

파산 198

파울러, 제임스 162~167

파인버그, 매슈 338

파인스타인, 조너선 150

파커, 시어도어 110

판단

  맥락(정황)이 -에 미치는 영향 32~33

  상대적 크기에 대한 - 59~60, 67

  → 의사 결정도 참조

팔럭, 벳시 레비 349

패로, 로넌 101

패퀸, 애나 101

팰트로, 귀네스 101

펀트, 앨런, 〈벌거벗은 여인에 대해 어떻게 생각하시나요?〉 70~71

페니실린 116~118

페슬러, 리어 129~130

페이스북 104

페촐트, 외르크 151

페히너 법칙 371(10)

펜로즈, 라이어널 53

펜로즈, 로저 53

펜로즈 삼각형 53~55

평가 → 판단 참조

포스틀웨이트, 앤드루 211

포트먼, 롭 92

폴허스, 델로이 245

푸앵카레, 앙리 99

프랑스 279~281

프랜시스, 앤드루 116

프랭크, 데이비드 존 117~118

프레이밍햄 심장 연구 165~167

프로젝트 선루프 216~217

프리드먼, 밀턴 186, 209

플라이셔, 데이브  332~333

플라톤,《국가론》  135

피구, 아서 세실  265~269, 271, 282~283, 299

  피구세  265~268, 271~272, 274~275, 279, 282, 292, 296~299, 344

피구 클럽  282~283, 339, 344, 400(17)

피들러, 루이스 A.  272

피셔, 어빙/허버트  286

피셔, R. A.  120~121


합리적 선택 이론  307~310

해리스, 샘  247

핸슨, 제임스  356

햇필드, 일레인  75

행동경제학  66, 251, 292, 307~311

행동 수정  176

행동 외부성

  널리 만연한 -  85

  -에 대한 과세  84~85, 283, 344

  -에 대한 규제  44, 264

  -의 정의  264

행동 전염

  -과 관련한 규제에서 트레이드오프  27

  도덕적 행동과 -  138~156

  -에 대한 정당화  70~71, 76

  -에 비추어본 변화의 속도  96~99, 351, 356~358

  -에서 인터넷이 맡은 역할  99~100

  -에 영향을 받는 대중의 태도  89~107

  -으로 인한 손실  25~26, 67, 82~83, 158, 177, 212, 216~217, 319, 353

  -으로 인한 이익  80, 175

  -을 본격적으로 다루는 공공 정책  13~14, 22~27, 81~83, 158, 243~261, 338~345, 359~360

  -의 동인으로서 긍정적 행동 대 부정적 행동  80

  -의 영향을 받는 소비  44~45, 187~213

  -의 예로서 범죄  76~77

  -의 예로서 비만  164~169

  -의 예로서 알코올 소비  169~175

  -의 예로서 조세 순응/탈세  150~155

  -의 예로서 주식 시장  77~78

  -의 예로서 태양 전지판  12, 216, 230~231

  -의 예로서 흡연  12, 17, 24~27, 157~164, 247~248, 251~252, 254~255, 263~264

  -의 예로서 SUV  223~227

  -의 정의  14, 70

  -의 중요성  26~27, 81

  -이 공무원과 정책 입안자들에게 미치는 영향  297~298

  '존스네 따라하기'와 -의 차이  191~192

  통제 불가인 -의 특성  133

  → 맥락(정황)도 참조

행복  200, 202~205, 212~213, 316

행운(운)  345~347

**행위 주체성**

  −과 자유 의지 244~247

  −과 자제력(자기 통제) 248~249

  기본적 귀인 오류와 − 28, 244

  사회적 규제에 맞선 주장의 근거로서 −
  25~26, 243~261

  −에 의해 영향을 받는 환경 44, 80, 157,
  261

  환경과 유전이 −에 미치는 영향 245

  환경이 −에 미치는 영향 28~34, 244~
  246, 255, 261, 263~264

**허시, 프레드** 180~181, 187

**헌신 문제** 140

**험프리, 휴버트** 80

**헤먼웨이, 데이비드** 204

**헤페츠, 오리** 205

**헤프너, 휴** 194

**헬멧 규정** 39~42, 185~186

**현시 선호 이론** 208~212

**호턴, 에밀리** 153~154

**혼잡 통행료** 272~274, 296~298

**화이트, E. B.** 15

**화이트헤드, 마크** 295

**확증 편향** 348

**황금의 기회, 속임수를 쓸 수 있는** 139~
  140, 146~147

**혹업** 123, 128~130

**휘발유세** 277

**흄, 데이비드** 141

**흡연**

  −과 관련한 규제 22~27, 81~82, 131,
  158, 243, 247, 251~254, 263

  −과 관련한 후회 22

  널리 만연한 − 21~22, 158, 357

  −에 영향을 미치는 요인들 22, 25, 157

  −이 일으키는 피해 12, 17, 22~27, 82,
  131, 161~164, 243, 252, 259

  행동 전염과 − 12, 17, 24~27, 157~164,
  247~248, 251~252, 254~255, 263~
  264

**1000년 강우** 235

**HBO** 103

**opticalillusion.net** 54, 56